Leo Klüger · Lache, denn morgen bist Du tot

Leo Klüger

Lache, denn morgen bist Du tot

Eine Geschichte vom Überleben

Aus dem Schwedischen
von Verena Reichel

Piper
München Zürich

Mit 18 Abbildungen aus dem Privatbesitz des Autors.
Die Fotos auf den Bildseiten 4 und 5 stammen aus dem Dokumentationsarchiv des Österreichischen Widerstandes, Wien; die auf Bildseite 3 aus der Österreichischen Nationalbibliothek, Wien.

Die schwedische Originalausgabe erschien 1996 unter dem Titel »Dömd till livet« bei Bonnier Alba, Stockholm.

ISBN 3-492-04022-5

Gesetzt aus der Bembo
Gesamtherstellung: Pustet, Regensburg
Printed in Germany

»Wer lacht, gewinnt – wer weint, wird nur bedauert«

Für meine liebe Frau und
meine geliebten Kinder.
Ohne sie wäre dieses Buch
nicht zustande gekommen.
Ihr Wunsch nach einem
Dokument für die
Nachgeborenen gab mir die Kraft,
mich zu erinnern.

Prolog

DAS IST KEIN Roman. In diesem Buch möchte ich wahrheitsgetreu von meinen Erlebnissen während des Zweiten Weltkriegs berichten. Ich habe mich bemüht, nichts hinzuzutun und nichts auszusparen. Spekulationen oder Analysen, warum das alles so geschehen ist, habe ich vermieden. Statt dessen habe ich mich dafür entschieden, von jener Zeit so zu erzählen, wie ich sie damals erlebt habe. Bei Kriegsausbruch war ich siebzehn Jahre alt und hatte keine Ahnung von Politik. Die Welt war noch ein Abenteuer, das vor mir lag. Doch bevor ich meine Geschichte erzähle, möchte ich etwas über meinen familiären Hintergrund sagen.

Ich bin 1921 in Wien geboren. Als ich knapp zwei Jahre

alt war und mein Bruder vier, verließ meine Mutter ihren rumänischen Mann. Meine frühe Kindheit ist mir kaum in Erinnerung. Nur an meine Großeltern mütterlicherseits erinnere ich mich mit großer Freude; sie waren damals schon sehr alt, doch außerordentlich liebevoll.

Als ich ungefähr sechs war, gab unsere Mutter uns, trotz heftiger Proteste unserer Großeltern, in ein Heim für elternlose Kinder. Sie war jung und für den damaligen Zeitgeschmack eine schöne Frau, die ihr eigenes Leben führen wollte. Wir waren für sie eine Belastung.

Mehrere Jahre lang wartete Großvater täglich mit einem Groschen oder ein paar Süßigkeiten vor der Schule und begleitete uns dann zu dem nahegelegenen Heim. Am Eisentor umarmte er uns zum Abschied, und das tat gut. Sein Tod 1931 hat in meinem Gedächtnis tiefe Spuren hinterlassen.

Das Kinderheim wurde mit strenger und liebloser, aber nicht ungerechter Disziplin geführt. Es war ein jüdisches Heim, jedoch ohne religiöse Erziehung.

Dank meiner Singstimme gehörte ich in all den Jahren zum Chor des Heims. Wir sangen und spielten Theater und gehörten außerdem zu einem Kinderchor, der im Turnertempel sang, einer großen, in einiger Entfernung gelegenen Synagoge. Vor jedem Gottesdienst, am Sabbat oder an Feiertagen, brachte man uns zur Synagoge, wo wir zusammen mit anderen Kindern und männlichen Chormitgliedern sangen.

Ich war gern im Heim. Unsere Köpfe waren kahlgeschoren, und wir trugen alle die gleiche, jedoch für Sonn- und Schultage unterschiedliche Anstaltskleidung, immer sauber und adrett. Wir besuchten die städtische Schule, mußten jedoch während des Religionsunterrichts das Klassenzimmer verlassen. Uns störte das wenig, wir spielten solange Fußball.

Selten bekamen wir Familienbesuch. Ich selbst suchte immer nach einem Vorwand, um meine Mutter nicht treffen zu müssen. Ich habe sie nie näher kennengelernt und daher nicht erfahren dürfen, was Mutterliebe heißt.

Mit vierzehn verließ ich das Kinderheim und zog in ein Heim für Lehrlinge. Ende 1937 kehrte ich zu meiner Familie zurück.

Im März 1938 beginnt meine Erzählung.

Daß mich das Schicksal meiner Mutter, von dem ich in Belgien erfuhr, nicht tiefer berührte oder erschütterte, hat seine einfache Erklärung darin, daß man nicht um jemand trauert, der einem unbekannt ist. Auch nach eventuellen Verwandten habe ich nicht geforscht. Heute habe ich kein Bedürfnis, sie zu treffen, falls noch welche von ihnen am Leben sind.

Es wäre gewiß angebracht gewesen, jene Menschen eingehender vorzustellen, die an den wechselnden Geschehnissen dieser Zeit beteiligt waren. Leider haben wir einander nicht näher kennengelernt. Nicht wirklich. War einer als Schriftsteller oder Musiker bekannt, dann war er das eben, mehr wußte man nicht. Es fehlten ganz einfach die Voraussetzungen für menschliche Beziehungen.

Es war das erklärte Ziel der Nazis, alles auszurotten, was nach ihrer Meinung von Übel war. Auch viele Persönlichkeiten des kulturellen Lebens wurden vergast, ob sie nun der Menschheit unschätzbare Werte zugeführt hatten oder dies noch hätten tun können. Ich habe überlebt, und ich kann und will berichten.

Ich bitte euch, hört zu.

1

DENKT MAN AN den Frühling in Wien, so stellt man sich die Stadt gern im März vor: die Luft ist sanft, angenehm lau, verliebte Paare schlendern scheinbar sorglos durch den vielbesungenen Prater, in dem schon einige Bäume blühen. Auch ältere Paare – die Wintergarderobe haben sie gerade eingemottet – genießen die schmeichelnd warme Märzsonne. Freundlich sagt man sich »Grüß Gott«, wenn man sich in ein Gartenlokal setzt, und bald genug findet man ein Gesprächsthema – weit weg von Politik.

So war es einmal.

Das alles änderte sich 1938, am Freitag, dem 11. März; für viele Österreicher ein Unglückstag. Am Abend zuvor hatte Bundeskanzler von Schuschnigg eine Ansprache im

Radio gehalten und das österreichische Volk zu Ruhe und Ordnung ermahnt. Er war gerade von einem Besuch in Deutschland zurück, wo er mit Adolf Hitler über irgend etwas verhandelt hatte. Keiner wußte so recht, wie es weitergehen würde. Zu diesem Zeitpunkt noch nicht. An den Straßenecken standen die Leute und diskutierten und spekulierten darüber, was geschehen würde. Würde Deutschland es tatsächlich wagen, die Grenze zu überschreiten? Würden wir ihnen den Krieg erklären, wenn sie sich eine feindliche Handlung erlaubten? Ich war nicht der einzige, der schweigend dabeistand. Was sollte ich sagen? Ich war noch keine siebzehn, und mir fehlte die Angst ebenso wie die Einsicht. Mir war nicht einmal klar, daß einem als Jude Gefahr drohte, wenn Hitler die Grenze überschritt.

Doch auch zu Hause gab es nun hitzige Diskussionen darüber, wie sich unsere Zukunft unter einem Naziregime gestalten würde. Freilich war ich schon mit Braunhemden in Berührung gekommen, aber die waren eine kleine Minderheit, und wenige nahmen sie ernst. Einige meiner christlichen Freunde hatten schon früh SA-Sympathien gezeigt, aber wir konnten immer noch miteinander verkehren, ohne daß sie irgendwelche Antipathien gegen Juden äußerten.

An diesem Freitag besuchte ich wie gewöhnlich die Berufsschule, und obwohl die aktuelle Situation in den Pausen ein Thema unter den Schülern war, beschränkte ich mich selbst vorwiegend aufs Zuhören. Es ging mir nicht unter die Haut. Die Unruhe in der Luft ließ mich zwar nicht unberührt, aber es gab keine greifbare Veränderung, die meine Aufmerksamkeit auf sich gezogen hätte.

Um vier war für mich Schulschluß. Auf dem Heimweg kam ich am Kino Vindobona vorbei. Um fünf ging ich hinein, um einen Western mit dem damaligen Helden

Tom Mix zu sehen. Als ich um sieben das Kino verließ, war nichts mehr wie zuvor. Die breiten Straßen hatten sich in der Zwischenzeit mit einer Menschenmenge gefüllt, die sich wie eine träge Dampfwalze mal in die eine, mal in die andere Richtung bewegte.

»Wohin wollt ihr?« rief ich überrascht. »Zum Parlament!« rief jemand zurück. Wohin ich den Blick auch richtete, sah ich Hakenkreuze. Die Polizisten, die nicht einmal ansatzweise versuchten, diese lärmende Völkerwanderung zur Ordnung zu rufen, trugen allesamt Armbinden mit Hakenkreuzen. Die Autos, die sich hupend durch die Massen schoben, hatten mit Hakenkreuz verzierte Standarten auf dem Kühler. Aus fast jedem Fenster hing die österreichische Fahne, stolz flatternd, rot-weiß-rot, jetzt aber mit einem aufgenähten Hakenkreuz. Die Leute riefen sich zu, die Deutschen hätten die Grenze überschritten, und viele schrien »Heil Hitler!«.

Ich traute meinen Augen nicht. Woher hatten so viele Menschen so schnell diese Fahnen hervorzaubern können? In diesen Gedanken traf ich auf dem Heimweg ein paar Kameraden, die offenbar irgendwohin unterwegs waren.

»Wohin?« fragte ich.

»Zum Rathaus. Wir wollen uns prügeln.«

Ich schloß mich ihnen an. Als wir am Augarten, dem großen Park, vorbeikamen, schnitten wir aus großen Ästen Stöcke. Wir fingen an zu rennen, und etwas außer Atem fragte ich, mit wem wir uns prügeln wollten. »Mit den Nazis.« Am Ziel war die Schlägerei schon voll entbrannt. Jeder ging anscheinend auf jeden los. Es war unmöglich zu entscheiden, wer zu welchem Lager gehörte. Wir selbst machten es uns zur Aufgabe, den Leuten die Hakenkreuze vom Revers zu nehmen.

Mit heulenden Sirenen traf das gefürchtete Überfallkommando ein, und Polizisten quollen aus den Wagen. Mit ihren Schlagstöcken sorgten sie schnell und brutal für Ordnung. Immer deutlicher war das Geräusch von Marschliedern und Stiefeltritten zu hören. Die SA-Formation näherte sich, die Schlägereien ebbten ab, und Tausende und Abertausende schrien »Sieg Heil« mit heiseren Stimmen und ausgestreckten Armen, ein Willkommensgruß, den wir zum ersten, aber nicht letzten Mal hörten.

Auf Anraten meiner christlichen Kameraden steckte ich mir ein Hakenkreuz an, zwar das kleinste in meiner Sammlung, aber immerhin. Dann machten wir uns bedrückt auf den Heimweg. Mitternacht war schon vorbei, und als ich zu Hause ankam, fand ich zu meiner Überraschung die Wohnung voll von Freunden meiner Mutter. Ich berichtete, was ich erlebt hatte, und die folgende, ziemlich wirre Diskussion gab mir doch eine Ahnung von dem, was geschehen würde – mit Österreich, vor allem aber mit den Juden.

An meinem Arbeitsplatz, einer bekannten Textilfabrik mit 250 Angestellten, veränderte sich einiges. Die Fabrik gehörte zwei jüdischen Brüdern, die beim Personal sehr beliebt waren. Beide Brüder befanden sich zu dem Zeitpunkt in Holland.

Nun tauchte ein holländischer Konsul mit einer Vollmacht auf, die sämtliche Befugnisse auf ihn übertrug. Die Fabrik sollte verkauft werden, und er hatte den Auftrag, sie weiterzuführen, bis sich ein Käufer gefunden hätte. Es wurde viel getuschelt darüber, bis der Konsul in einer Pause eine Rede hielt, die herzlichsten Grüße der Brüder überbrachte und dafür rauschenden, wohlwollenden Beifall erntete.

Kaum eine Woche später wurde die Fabrik als jüdisches Eigentum beschlagnahmt. Neben dem Konsul, der kraft seiner Vollmacht als Eigentümer auftrat, wurden zwei Kommissare eingesetzt, um die Führung des Unternehmens zu kontrollieren.

Nach dem Krieg traf ich in London meine früheren Chefs und erfuhr, daß der Konsul die Fabrik zwar an ein großes deutsches Textilunternehmen verkauft hatte, aber die beiden Brüder hatten danach weder vom Konsul noch vom Erlös die geringste Spur gesehen.

Große Veränderungen geschahen in der Fabrik. Alle jüdischen Mitarbeiter wurden fristlos entlassen, Arbeiter wie Angestellte. Ich war die einzige Ausnahme. Ein junger SS-Mann in schwarzer Uniform, mit blankpolierten Stiefeln und dem Totenkopf an der Schirmmütze, hatte meinen früheren jüdischen Abteilungsleiter ersetzt, und wie sich zeigte, brauchte er bis auf weiteres meine Hilfe. Wir verstanden uns erstaunlich gut. Er erhöhte meinen Lohn und gab mir eine Bescheinigung, die mich als »wertvollen Juden« auswies. Sie sollte mich vor den immer häufiger vorkommenden Verhaftungen schützen.

Zwar war diese Bescheinigung von einem gewissen Wert, mir war jedoch klar, daß ich dieses Privileg nur solange genoß, wie ich gebraucht wurde. Der katholische Verlobte meiner Mutter, dessen Bruder in Nazi-Kreisen verkehrte, riet uns zur Flucht ins Ausland. Und bald zog er bei meiner Mutter aus, um sich selbst und sie nicht unnötig in Gefahr zu bringen. Arier, die mit Personen jüdischer Abstammung zusammenlebten, wurden von den Nazis gebrandmarkt, und es fehlte nicht an Denunzianten. Statt dessen trafen sich die beiden an Orten, wo sie sicher sein konnten, daß keiner sie von früher kannte. Bei diesen Gelegenheiten steckte meine Mutter sich bedenkenlos das Hakenkreuz an. Sie war blond, groß und ansehnlich, und gewöhnlich trug sie einen hellen Trenchcoat, ein

Kleidungsstück, das für eine Jüdin alles andere als typisch war.

Meine früheren Freunde schlossen sich größtenteils der Hitlerjugend an. Sie wollten nicht mehr mit mir sprechen oder wagten es nicht. Ihre Uniformen, kurze schwarze Samthosen und blendend weiße kurzärmlige Hemden, wirkten respekteinflößend. Wie sie selbst meinten. Der Pöbel hatte die Macht übernommen. Jüdische Geschäfte wurden geplündert, Fenster eingeschlagen, und der Davidstern wurde mit dicker weißer Ölfarbe an Türen und Fenster gemalt. Vor den Geschäften schmierte man »Judenschwein« in Großbuchstaben auf den Bürgersteig. Anschließend zwang man die Ladenbesitzer, es abzuwaschen. Mit jedem Tag wurde das schlimmer. Man legte es auf die Alten und Schwachen an und fügte ihnen eine Demütigung nach der anderen zu. Was konnten sie dem entgegensetzen? Das Volk hatte offenbar seinen Spaß daran.

Als ich eines Abends von der Arbeit nach Haus kam, hatte sich eine Menschenmenge auf der anderen Straßenseite versammelt. Ich wurde neugierig und ging hinüber. Inmitten der Menge kniete eine ältere Jüdin auf dem Pflaster und schrubbte an einem aufgemalten Davidstern herum. Die Aufgabe, Ölfarbe mit Wasser und Seife zu entfernen, schien hoffnungslos. Zwei SA-Männer in braunen Uniformen und blanken Stiefeln hatten sich vor ihr aufgebaut, die Fäuste in die Seite gestemmt, und überschütteten sie zur Freude der Zuschauer mit Schimpfwörtern. Die Leute genossen das Schauspiel. Ihr Mann, schon in die Jahre gekommen, füllte schweigend und geduldig zwei Wassereimer für sie. Zwei verschmutzte Pelzmäntel, zum Aufnehmen des Wassers gedacht, lagen daneben. Auf Kommando machte die Frau fruchtlose Versuche, das Wasser damit aufzuwischen, aber da Pelz für diesen Zweck nicht mit einem Putzlumpen vergleichbar ist, gab das Ergebnis wiederum Anlaß zu brüllen: »Du Judenschwein! Du wirst schon noch arbeiten lernen!«

Tags darauf berichtete ich meinem SS-Mann von diesem Vorfall, um seine Meinung zu dieser Demütigung zu hören. Sein Kommentar war ebenso einfach wie leichtverständlich. Jedermann müsse einsehen, daß Österreich jetzt dem deutschen Recht unterstehe, und nach deutschem Recht wären Juden »vogelfrei«, das heißt rechtlos. Er meinte, ich persönlich hätte nichts zu fürchten. Mit seiner Bescheinigung könnte ich mich sicher fühlen.

Angst hatte ich zwar nicht, aber ich wurde vorsichtiger und blieb immer seltener stehen, wenn ich sah, daß man Juden mißhandelte oder beleidigte. Öfter machte ich von meinem Hakenkreuz Gebrauch, das ich hinterm Knopfloch am Revers trug. Jederzeit, an einer Bushaltestelle, in der Straßenbahn oder vor einem Kino konnten blutjunge Burschen der Hitlerjugend brüllen: »Juden hierher!« und sie zu irgendeiner sinnlosen Arbeit zwingen. Wenn ich ihnen über den Weg lief, bückte ich mich rasch, und mit einem einfachen Griff verwandelte ich mich in ein Parteimitglied, bis die Gefahr vorüber war. Übung macht den Meister. Natürlich begriff ich, daß dieses Versteckspiel auf die Dauer unhaltbar war, konnte mich aber trotzdem nicht zur Flucht entschließen. Wohin sollte ich flüchten? Und wie sollte ich hier wegkommen?

Täglich gab es neue Gerüchte darüber, wer geflüchtet war. Es wurden immer mehr. Offenbar wollten die Juden nicht länger an dem Spektakel teilnehmen, hatten keine Lust, die »Wiener« zu unterhalten. Mein Bruder hatte sich zu Bekannten in Leipzig abgesetzt. Von da aus wollte er versuchen, nach Belgien zu flüchten. Auch der Bruder meiner Mutter, Onkel Fritz, plante die Flucht nach Brüssel. Ein ehemaliger Arbeitskollege von mir, entlassen wie alle anderen Juden, tendierte eher zur Schweiz. Ich teilte seine Meinung. Zum einen war es näher, vor allem aber sprachen wir dieselbe Sprache. Die Schwierigkeiten, die es bedeuten würde, in das eine oder andere Land zu flüchten, zogen wir überhaupt nicht in Betracht. Meine Mutter und ihr Verlobter planten eine Reise nach Südamerika. Meine wunderbare Großmutter, leider herzkrank und schon über siebzig, hatte keinen Gedanken an eine Flucht. Kurz nachdem ich weggegangen war, starb sie eines natürlichen Todes. Gott sei Dank. Nun waren zwei Monate seit dem »Anschluß« vergangen, und die Freiheit für Juden war äußerst begrenzt.

Man konnte leicht den Eindruck bekommen, die Juden wären Deutschlands und Österreichs einziges Problem. Auf den Rückenlehnen der Parkbänke stand jetzt »Nur für Arier«. Es gab eine Reihe von Parks in Wien und Tausende von Bänken, aber keine einzige Bank mit der Aufschrift »Nur für Juden«.

Unsere berühmten Wiener Cafés, wo man sich bei einer Tasse Kaffee und einem Glas Wasser verabredete, eine Partie Schach oder Karten spielte oder einfach die Zeitung las, waren über viele Jahre auch bei Juden beliebte Treffpunkte gewesen. Doch damit war jetzt Schluß. Den jüdischen Besitzern entzog man die Lizenz, und die christlichen Gastwirte hängten Schilder aus, auf denen »Juden nicht erwünscht« stand.

Und wo waren unsere populären Straßenmusikanten mit ihren neuen Schlagern geblieben? Verboten waren sie schon immer gewesen, aber kein Polizist wäre auf den Gedanken gekommen, ihnen den Mund zu verbieten, vielmehr standen die Ordnungshüter hinter einer Ecke und hörten selbst gern zu. Wo waren sie jetzt? Wurden keine Lieder mehr komponiert, die wir pfeifen konnten? Ich kam an unserem beliebten »Stadtpark« mit seinen wunderbaren Konzerten vorbei und stieß auf ein neues Schild: »Juden Eintritt verboten«. Das Orchester spielte *Wien, du Stadt meiner Träume.*

Unsere Flucht war jetzt bis ins kleinste Detail geplant. Wir lagen zu Hause auf dem Bauch und studierten die Karte. Die Schweiz war unser Ziel. Bei Feldkirch wollten wir die Grenze überqueren. Zweifel hatten wir keine. Nur das Datum hatten wir noch nicht festgelegt. Leider wurde unser Fluchtplan von den Plänen meines Onkels durchkreuzt. Er hatte sich entschieden, nach Belgien zu gehen, und ich sollte ihn begleiten. Mein Kollege entschloß sich, uns Gesellschaft zu leisten. Der Fluchttag wurde auf den dritten Juni festgesetzt. Wir durften keine Notizen machen. Wir hatten uns den gesamten Reiseplan einzuprägen, ebenso die Adressen, die mein Onkel als Treffpunkte vorbereitet hatte, falls wir uns trennen müßten.

Die erste Station war München. Von da aus sollten wir nach Aachen fahren, dort über die Grenze gehen, weiter mit dem Zug nach Lüttich und dann zur Endstation Brüssel. Einfach und übersichtlich erläuterte uns mein Onkel, wie alles verlaufen sollte. Wir nickten Beifall, wir hatten begriffen.

Wien blieb Wien. Die Juden hatten ihre Probleme, und der Fluchttag rückte näher. Am Tag vor der Abreise ging ich wie üblich zur Arbeit, niemand sollte Verdacht schöpfen, welche Pläne ich hatte. Auf dem Heimweg nahm ich ein Taxi, um die immer häufigeren Razzien zu vermeiden. Bis dahin hatte ich das Leben, das wir seit fast drei Monaten zu führen gezwungen waren, manchmal als beunruhigend, vor allem als lästig empfunden. Jetzt ergriff mich ein Gefühl der Spannung. Ich sollte in ein gänzlich fremdes, französischsprachiges Land aufbrechen. Mein Schulfranzösisch war so lala, und ich übte nun selbst mit Fragen wie beispielsweise: »Hast du einen Springbrunnen in deinem Garten?«, worauf ich antwortete: »Nein, das habe ich nicht.« Oder: »Hast du die Königin gesehen?« Antwort: »Nein, das habe ich nicht.« Ich beendete bald diese albernen Versuche, da ich einsah, daß mir niemand solche Fragen stellen würde. Ich malte mir die Stadt in meiner Phantasie aus, ohne zu bedenken, daß die Flucht anders enden könnte, als von uns geplant. Ich wollte nach Brüssel und damit basta.

Als ich nach Hause kam, war schon alles gepackt. Meine wenigen Habseligkeiten fanden in einem kleinen Koffer Platz, und außerdem wäre es sicher unklug gewesen, mit Gepäck beladen eine illegale Auswanderung anzutreten. Die Stimmung war sehr gedämpft, als ich mich zur Abreise bereitmachte. Meine Großmutter weinte, meine Mutter weinte, und ich hatte einen Kloß im Hals. Ich fühlte mich entsetzlich einsam. Es war nichts mehr zu sagen. Ich war schon auf dem Weg.

Es war gegen sieben, der Zug sollte um neun abgehen. Ich wollte mich noch von ein paar jüdischen Freunden verabschieden, die an der Ecke auf der anderen Straßenseite standen. Als ich hinunterkam, sah ich, daß auch ein paar christliche junge Leute da waren, also zog ich es vor, nichts von meiner Reise zu sagen. Wir standen da und schwatzten, als ich plötzlich eine scharfe Stimme vernahm: »Alle Juden mitkommen!« Ich tat so, als hätte ich nichts gehört, doch die Stimme wiederholte: »Hört ihr schlecht, ihr Schweine?« Noch immer reagierte ich nicht, bis jemand meinen Namen rief. Als ich mich umdrehte, sah ich zu meinem großen Erstaunen meinen Mitschüler Heinz.

»Heinzi«, sagte ich, »du machst dir wohl einen Scherz mit uns?« Er starrte mich an, seine Augen blitzten, und zwischen zusammengebissenen Zähnen zischte er: »Einreihen!« Da begriff ich, er meinte es ernst.

Ich hatte keine Wahl. Drei Kerle von der Hitlerjugend in unserem eigenen Alter führten uns vier Juden zu einer Schule in der Nähe, wo wir die Böden schrubben sollten. Zwar verlangten sie nicht von uns zu singen, aber im Marschtakt sollte es sein. »Eins, zwei, eins, zwei.« Meine Situation war ziemlich prekär. Da stand ich in meinem besten Anzug – dem einzigen, den ich besaß –, um neun sollte der Zug abgehen, und jetzt sollte ich also Böden schrubben. Das war undenkbar.

»Heinzi«, versuchte ich es nochmal, »heute habe ich keine Zeit, ich mache es morgen, ich habe ein Rendezvous.«

»Die Jüdin kann warten«, fauchte er mich an.

Mir brach der kalte Schweiß aus vor lauter Angst, den Zug zu verpassen.

Ich räumte ein paar Stühle weg und überlegte. An der Tür stand ein SA-Mann und überwachte unsere Arbeit. Da fiel mir die Bescheinigung von meinem SS-Mann ein. Ich ging zu dem Wächter und bat ihn mit ernster Miene, das Dokument zu lesen. Und ich fügte hinzu: »Außerdem hat man mir die Ernennung zum Ehrenarier oder Ehrenjuden versprochen«. Grinsend gab er mir den Schein zurück, mit einem »Mach, daß du wegkommst, Bengel«. Ich nahm die Beine unter den Arm, vermutlich stellte ich einen neuen Rekord auf, und dabei dachte ich dankbar an meinen SS-Mann.

Zu Hause herrschte helle Panik. Meine Mutter hatte durchs Fenster gesehen, daß ich abgeführt wurde, und sie war überzeugt, man hätte mich verhaftet. Inzwischen waren mein Onkel und mein Kollege eingetroffen, und nach dem Abschied mit Küssen und Umarmungen war es Zeit fürs Taxi zum Bahnhof.

Wir hatten ausgemacht, in denselben Wagen einzusteigen, uns aber nicht ins selbe Abteil zu setzen. Sobald mein Onkel festgestellt hätte, von welchem Gleis der Zug abging, wären wir Fremde füreinander. »Hu, wie spannend«, dachte ich, steckte lässig mein Hakenkreuz an und tauchte im Gewimmel unter. Jetzt war ich einer von ihnen. Ein Reisender.

An einem Zeitungsstand kaufte ich eine Illustrierte. Daneben lag ein Stapel mit der deutschen Hetzzeitung *Der Stürmer*; ich kaufte ein Exemplar. »Man kann nie wissen«, dachte ich. Völlig ungeniert spazierte ich dann in der Halle herum, bis mir der Gedanke kam, ich könnte auf jemanden stoßen, der mich kannte. Für alle Fälle stellte ich mich an eine mächtige Säule, die mir Schutz bot. An der Oberfläche wirkte ich vermutlich ruhig, dafür zitterte ich innerlich um so mehr. Fast fühlte ich mich wie in einem Abenteuerfilm oder einem Roman. Ich steckte mir eine Zigarette an und hörte hinter mir eine Stimme: »Darf ich um Feuer bitten?« Erschrocken drehte ich mich um. Es war mein Kollege. Zwar lachten wir, aber trotzdem warf ich mir meinen Leichtsinn vor.

Nun war es Zeit, den Zug zu besteigen.

Ich fand einen Fensterplatz in einem noch leeren Raucherabteil, belegte den Platz mit meinem Koffer und ging dann hinaus auf den Gang, um nach den beiden anderen zu sehen. Ich wünschte ihnen eine angenehme Reise, und dasselbe wünschte ich bei dieser Gelegenheit einer jungen Dame, die mich überrascht ansah, doch höflich erwiderte: »Danke, gleichfalls.« Als ich zurückkam, war das ganze Abteil belegt. Mit einem »Guten Abend« setzte ich mich auf meinen Platz.

Neben mir saßen zwei ältere Damen. Gegenüber ein SS-Mann mit dem Totenkopf an der Mütze, ich vermutete, er gehöre zur gefürchteten Gestapo. Da diese Situation für mich neu war, wußte ich nicht, wie ich mich verhalten sollte. Er unterhielt sich freundlich mit einer jungen Dame an seiner Seite. Neben dieser saß ein äußerst elegant gekleideter älterer Herr. Mit unbewegter Miene blätterte ich zerstreut in meiner Illustrierten und tat so, als würde ich die Bilder betrachten. Die Unruhe breitete sich im ganzen Körper aus. Meine Gedanken kreisten um den Mann gegenüber. Das Abteil zu wechseln, wagte ich nicht, aus Angst, Verdacht zu erregen. Vielleicht könnte ich Schlaf vortäuschen, das würde mir jedenfalls Fragen ersparen. Ich deutete ein Gähnen an und überlegte fieberhaft, welche Fragen er mir stellen könnte und wie ich sie beantworten sollte, aber in meinem Kopf stand alles still. Ich legte die Zeitung auf den Schoß, steckte mir eine Zigarette an und sah an ihm vorbei. Er war jung, vielleicht fünfundzwanzig, und hatte für mein Gefühl ein freundliches Gesicht. Er flüsterte seiner Nachbarin etwas ins Ohr, worauf sie verschämt lachte. Es war ein schönes Lachen. »Wie hübsch sie ist«, dachte ich, »bestimmt ist sie seine Geliebte«.

Seine Stimme unterbrach meine Gedanken.

»Na, junger Mann, ich sehe, du liest den Stürmer.«

Erschreckt von seiner Frage, griff ich nach der Zeitung.

»Ja«, erwiderte ich, »bei uns zu Hause lesen wir ihn gern, mein Vater hat ihn mir als Reiselektüre mitgegeben«.

Ich war zufrieden, daß ich so schnell und direkt geantwortet hatte. Da ich an seiner Aussprache merkte, daß er nicht aus Wien war, fühlte ich mich etwas sicherer und konnte mir ein kleines Grinsen leisten.

»Gut«, sagte er, »wie heißt du?«

»Hans«, sagte ich, das mußte reichen.

Fieberhaft suchte ich nach einem Nachnamen, aber außer meinem eigenen fiel mir keiner ein. Glücklicherweise fragte er nicht danach.

»Dein Vater, was macht er?«

»Sie meinen seinen Beruf?« fragte ich ein bißchen schüchtern, nur um Zeit zu gewinnen für die nächste Lüge.

»Er ist Kommunalrat«, antwortete ich dann unbefangen und mit fester Stimme. Dabei fühlte ich mich richtig stolz, der Sohn eines Kommunalrats zu sein.

»Aha«, sagte er, »und wohin geht die Reise?«

»Zu meiner Tante nach München.«

Es war herrlich, frei heraus etwas zu erzählen, was durchaus hätte stimmen können. Es war doch nichts Besonderes, eine Tante in München zu haben? Aber jetzt sagte er:

»Ich wohne auch in München, wie heißt deine Tante?«

Jetzt platzt die Sache, dachte ich, wie kann meine Tante bloß heißen?

In rasendem Tempo ratterten die Namen Kohn, Goldstein, Silberstein, Siegel durch meinen Kopf; lauter jüdische Namen, total unbrauchbar. Ein kleiner künstlicher Hustenanfall verschaffte mir eine Frist.

»Fröhlich«, sagte ich, »Grete Fröhlich.«

»Grete Fröhlich«, wiederholte er und rieb nachdenklich sein Kinn. »Ich kenne keine Grete Fröhlich.«

»Nein?« sagte ich, »Sie kennen meine Tante Grete nicht? Wie sollten Sie sie auch kennen? Ist München denn ein Dorf, in dem jeder jeden kennt?«

Schelmisch blinzelte ich seiner hübschen Dame zu, und sie verzog den Mund ein wenig, zum Zeichen des Einverständnisses. Er fand meine Frage höchst amüsant.

»Ha ha ha, München ein Dorf, München ein Dorf, ha ha ha, ja sieh mal an, diese Wiener.«

Obwohl ich es nicht besonders lustig fand, stimmte ich

in sein Lachen ein. Jetzt hatten wir uns offenbar gefunden. Er gab mir eine Karte mit seiner Adresse; falls ich Gelegenheit hätte, sollte ich ihn besuchen. Ich versprach es ihm hoch und heilig.

Die Mitreisenden beteiligten sich nicht an unserem Geplänkel, doch ich bemerkte, daß der ältere Herr mich mit einem zwar nicht bösen, aber leicht vorwurfsvollen Blick betrachtete. Wenn er weder Jude war noch Parteimitglied und meine Geschichte mit dem *Stürmer* für bare Münze nahm, hatte er ja allen Grund, verärgert zu sein. War er Jude und hatte das gleiche Problem wie ich, so befanden wir uns momentan in verschiedenen Lagern. Ich kümmerte mich nicht darum, was er dachte, sondern ging hinaus auf die Toilette. Als ich an meinem Onkel vorbeikam, der am Fenster stand und in die nächtliche Finsternis Deutschlands hinaussah, fragte er flüsternd: »Alles in Ordnung?« Ich antwortete kurz: »Mhm.« Im Abteil setzten sich alle bequem zurecht, um vielleicht ein Nickerchen zu machen. Ich fing an zu gähnen und schloß die Augen halb, um meinem neugewonnenen Freund zu zeigen, daß ich für weitere Gespräche nicht aufgeschlossen war.

Dabei überlegte ich mir weitere mögliche Fragen, weitere Antworten und glaubhafte Lügen. Erschöpft wie ich war, schlief ich ein und wachte erst auf, als der Zug schon in den Münchener Hauptbahnhof einfuhr. Auf dem Bahnsteig verabschiedeten wir uns freundlich voneinander; er klopfte mir auf die Schulter, nannte mich einen tüchtigen Jungen und erbot sich dann noch, mich im Taxi zu meiner Tante mitzunehmen. Das kam überraschend, aber meine Antwort kam genauso schnell:

»Das ist sehr freundlich, aber sie sind leider kürzlich umgezogen, und ich kenne die neue Adresse nicht. Ich werde abgeholt. Aber trotzdem vielen Dank!«

Dabei sah ich ihm direkt in die Augen und lächelte. Leicht erstaunt, aber offenbar zufrieden mit der Antwort, hieß er mich nochmals zu einem Besuch bei ihm zu Hause willkommen. Ich versprach es. Dann nahm er seinen Koffer und den der Dame und ging. In gehörigem Abstand folgte ich ihm zum Ausgang. Ich registrierte den Wagen, in den sie einstiegen. Ich winkte, er winkte zurück. Mit einem Gefühl der Befreiung sah ich den Wagen um die Ecke biegen.

Nachdem ich wieder mit den Meinen vereint war, ließ die Spannung nach, und bei einer Tasse Kaffee erzählte ich von meinem neugewonnenen Freund. Es war noch lange hin bis zum Abgang des Zuges nach Aachen, und wir vertrieben uns die Zeit damit, uns selbst davon zu überzeugen, daß München kein kleines Dorf war.

Die lange Fahrt nach Aachen verlief glatt und angenehm ereignislos, war aber ermüdend. Wir setzten uns zusammen in ein Abteil, da meinem Onkel zufolge die Gefahr, daß wir entdeckt würden, in Deutschland viel geringer war. Das stellten wir nicht in Frage. Wir verließen uns auf sein Wissen. Und es schien, als hätte er recht.

Andere Mitreisende hatten wir nicht, und es gab Platz genug, uns auf den Holzbänken auszustrecken.

Nach der Ankunft in Aachen jedoch waren wir in größter Eile. Wir wollten keine Zeit verlieren bei unserem Versuch, die Grenze zu überqueren, die jetzt in greifbarer Nähe lag. Mein Onkel war in seinem Element. Rasch hatte er die Adressen heraus, wo sich die Menschenschmuggler eingenistet hatten. Tag und Nacht, rund um die Uhr betrieben sie ihr äußerst lukratives Geschäft.

Der Raum, den wir betraten, war ein stinkender Wartesaal, unordentlich und völlig verräuchert. Es herrschte ein Sprachengewirr, doch die Menschen verband ein gemeinsamer Wunsch – zu fliehen. Wertsachen wechselten gegen

Bargeld den Besitzer. Diamanten, Brillanten und Perlen wurden unter die Lupe genommen. Gold wurde auf kleinen Waagen abgewogen. Wollte man über die Grenze kommen, hieß es zahlen. Skrupellose Menschen verdienten damit ein Vermögen. Sogar die Gestapo war involviert, und etliche Grenzposten waren bestochen. Jeder verlangte seinen Teil des Kuchens, und daher war Barzahlung so wichtig. Diamanten, Perlen und Gold waren schwer zu teilen. Offizielle Papiere für eine Ausreise gab es nicht. Das ganze Unternehmen war illegal. War der Vorschuß gezahlt, bekam der Grenzposten ein Zeichen, drehte sich um und ließ den »Reiseleiter« mit seiner Gruppe passieren.

Allerdings kam es hin und wieder vor, daß man einen Transport opferte, um den Vorgesetzten die eigene Wachsamkeit zu beweisen, aber oft geschah es nicht. Die Nachricht von einem solchen Vorfall verbreitete sich wie ein Lauffeuer unter den Flüchtlingen und schuf Unruhe. Aber was sollte man machen? Man zahlte und hoffte auf das Glück.

Wenn jemand kein Geld hatte, kam es zu schrecklichen Szenen. Männer, Frauen und Kinder fielen bittend und bettelnd auf die Knie, doch sie wurden stets kaltblütig abgewiesen: »Kein Geld, kein Mitkommen.«

Am schwierigsten war es, Kinder zu schmuggeln. Der Weg über die Grenze war weit und anstrengend. In nächtlicher Dunkelheit ging man in einer Gruppe durch dichte Wälder und durchwatete kleine Wasserläufe. Kleine Kinder waren den Strapazen kaum gewachsen. Es kam äußerst selten vor, daß die Grenzposten einen Vater mit seinem Kind passieren ließen. Das Kind könnte zu weinen anfangen, und dann war das Risiko, daß ein unbestochener Wachtposten sie entdeckte, zu groß. Man hatte Mitleid mit den Familien, aber mehr auch nicht.

Alle wollten in die Freiheit, die da drüben lag, nur wenige, aber mühselige Kilometer entfernt. Daß es ohnehin nur eine Galgenfrist war, das ahnte keiner von uns.

Als wir flüchteten, war es noch relativ einfach, und die Kosten waren für viele erschwinglich. Später, nachdem die Behörden den Fluchtweg entdeckt hatten, wurde der Übergang für immer geschlossen, und an den Stellen, wo noch ein Durchkommen möglich war, schnellten die Preise in die Höhe. Habenichtse konnten sich die Mühe sparen, denn bald kostete es das Zehnfache.

Wir drängten uns nun auch in diesem stinkenden, verqualmten Raum und hörten auf das lautstarke Gefeilsche; wir selbst nahmen nicht daran teil, denn wir hatten nichts zu bieten. Wir lachten über unseren Onkel, der sein zornigstes Gesicht machte. Er nannte die Preise schweinisch überteuert, warf den Schleppern Erpressung vor und schalt sie schließlich skrupellose Ausbeuter. Doch bei wem und wo er sich beschweren wollte, sagte er nicht.

Eintausend Mark kostete es jeden, der über die Grenze wollte; mein Reisekapital betrug gerade hundert Mark, und es sollte für die ganze Reise nach Brüssel reichen. Die Schlepper machten einen fetten Gewinn. Rund um die Uhr wurden Stunde für Stunde zehn Flüchtlinge über die Grenze gebracht.

Mein Onkel schlich herum wie ein Tiger auf dem Sprung. Überall steckte er seinen Kopf hinein und hörte sich um. Er fragte nach dem Weg zum nächsten belgischen Grenzort, und er wiederholte seine Fragen in der Hoffnung, irgendwann die Antworten zu bekommen, die er so dringend brauchte. Lebhaft erklärte er, es sei sein dritter Versuch, über die Grenze zu kommen, diesmal nicht allein, daher suche er einen Leiter für seine Expedition. Wir taten so, als würden wir ihn nicht kennen, und amüsierten uns über seine phantasievollen Erklärungen. Plötzlich sahen wir, wie er in Begleitung eines gut gekleideten Mannes durch die Tür verschwand.

Unterdessen waren wir mit einem jungen Mann ins Gespräch gekommen, der uns darüber aufklärte, daß die Flucht nachts einfacher sei, auch wenn man dabei riskierte, auf die sogenannten »Streifen« zu stoßen. Der Preis, tausend Mark, war der gleiche, ob man tags ging oder nachts.

»Wir haben keine tausend Mark«, vertraute ich ihm an.

»Dann müßt ihr in Deutschland bleiben.«

Das war ein wahres Wort, und jeder Kommentar erübrigte sich.

Genauso plötzlich wie mein Onkel verschwunden war, kehrte er wieder zurück. Er winkte uns zu und rief: »Kommt«, und schon war er wieder weg. Wir bahnten uns mit den Ellenbogen einen Weg durchs Gedränge zum Ausgang. Draußen stand er und hielt sich eine Zeitung vors Gesicht. Er sagte nichts, lief nur los, und wir hinter ihm her. Wir rannten nicht gerade um den Weltrekord, aber schnell genug. In der Hand hielt er einen Zettel und spähte ab und zu auf die Straßennamen. Mit den Straßen schien er bemerkenswert vertraut, blieb nur ein einziges Mal stehen, einen kurzen Moment, um sich zu vergewissern, ob wir auf dem richtigen Weg waren. Das waren wir offenbar, denn er eilte wortlos weiter, und wir hinterher. So ging es etwa eine Viertelstunde in zügigem Tempo voran. In einer Nebenstraße machte er halt vor einem kleinen Café. Wir verschnauften und gingen dann hinein. Wir waren die einzigen Gäste und wählten den letzten Tisch, ganz hinten im Lokal. Dann bestellten wir bei dem wortkargen Kellner drei Tassen Kaffee. Er brachte die Getränke, kassierte und ging wieder, ohne daß wir ein Wort gewechselt hätten. Mein Onkel nahm einen Schluck, beugte sich vor über den Tisch und sagte:

»Heute abend gehen wir über die Grenze.«

»Hast du Geld besorgt?« fragte ich.

»Nein, aber eine Karte, die einen gangbaren Weg zeigt.«

Dabei zog er einen weiteren zerknüllten Zettel heraus, den er offenbar ergattert hatte und nun mit der Handfläche auf dem Tisch glattstrich.

»Fabelhaft!« flüsterte ich und begriff nun, warum wir hatten rennen müssen.

Die handgezeichnete Karte zeigte ein Zollhaus, verschiedene Wege, einen Wald mit gekennzeichneten Bäumen, die man zu finden hatte, um ihnen zu folgen. Die deutschen wie die belgischen Grenzposten waren mit Kreuzchen markiert, ebenso die Grenzsteine.

Unser Ziel war der kleine belgische Ort Gemmenich, der etwa sechs Kilometer von der Grenze entfernt lag, obwohl auf unserer Karte zehn km stand, da wir einen Umweg machen mußten. Wir zerbrachen uns nicht den Kopf über die zusätzlichen vier Kilometer, statt dessen studierten wir immer wieder eifrig die Route – das Zollhaus, die Bäume, den Wald, die Steine. Wir warteten bis zum Anbruch der Dunkelheit und nahmen dann die Straßenbahn zur Endstation. Nach einem zehnminütigen Spaziergang entdeckten wir das eingezeichnete Zollhaus. Der Beschreibung folgend, bogen wir nach links ab. Eine weitere Kontrolle ließ uns vermuten, daß wir auf dem richtigen Weg waren.

Ohne ein Wort setzten wir unsere Wanderung fort, mit direktem Kurs auf das Ziel. Die Dunkelheit um uns her hatte sich vertieft. Der schwache Mondschein drang nicht durch die Baumkronen und war keine Hilfe. Also heraus mit der Karte und einer kleinen Taschenlampe, die mein Onkel in weiser Voraussicht besorgt hatte. Nun mußten wir die Grenzsteine suchen. Als wir endlich einen gefunden hatten, war es ein deutscher. Immer noch hoffnungsvoll gingen wir weiter, und bald stießen wir auf einen belgischen Stein. Onkel Fritz, selbstverständlich unser Leiter, kamen Bedenken. Wir blieben stehen und nahmen uns wieder den kleinen Zettel vor. Geradeaus, rechts oder links? »Falsch«, sagte einer von uns. »Richtig«, sagte der andere. »Vielleicht«, sagte der dritte. Wir gingen weiter und blieben stehen und gingen weiter und blieben stehen. Und dann fanden wir einen neuen Stein mit einem »B«. Mein Onkel kommandierte Halt: »Wir sind geradeaus gegangen und auf einen belgischen Stein gestoßen. Also weiter in diese Richtung.«

Der nächste Stein war deutsch. Wir waren vollständig verwirrt.

»Ich schlage vor, wir gehen zuerst nach rechts und dann nach links«, sagte mein Gefährte, und das erschien mir logisch. Nach einer Weile kamen wir zu einem »B«-Stein, einem anderen als zuvor. Nun wußten wir weder aus noch ein. Jedenfalls waren wir uns einig, daß wir entweder falsch gegangen waren oder daß die Karte nicht stimmte, und wir entschieden uns alle drei für das erste.

Die Nacht war klar, und wir machten einen Versuch, uns an den Sternbildern zu orientieren. Der Sternenhimmel war derselbe wie zu Hause in Wien, aber es gelang uns trotzdem nicht, den Kurs nach Belgien zu bestimmen. Enttäuscht setzten wir uns hin und überlegten. Die friedvolle Stille um uns her wurde nur gelegentlich von einer Frage unterbrochen: »Was meinst du?«, beantwortet mit einer Gegenfrage: »Was meinst du selbst?« Bis wir zu dem Schluß kamen, wenn wir zwei belgische Steine fänden und auf der Verlängerung dieser Linie weitergingen, müßten wir nach Belgien gelangen. Wir waren der festen Überzeugung, es gehe geradeaus voran und nicht zurück. Gesagt, getan.

Wir legten Zweige aus, die unseren »B«-Stein deutlich markierten, und machten uns auf die Suche nach dem nächsten. Mit größter Vorsicht schlichen wir herum, hin und wieder legten wir eine Markierung für den Rückweg. Endlich fanden wir den nächsten »B«-Stein. Ebenso vorsichtig tasteten wir uns wieder zurück, überzeugt, wir hätten den Weg nach Belgien gefunden. Mein Onkel streckte den Arm aus und gab die Richtung an.

Nach knapp fünfzig Schritten der nächste Stein: mit einem »D«. Wir erstarrten. Ein Blick auf die Karte half uns nicht im geringsten. Bei einer neuerlichen Beratung stellten wir fest, die Grenze müsse unregelmäßig verlaufen und die Steine seien entsprechend gesetzt. Also blieb nur die Rückkehr zum Ausgangspunkt. Nicht lange, und wir sahen unsren lieben »B«-Stein wieder, der einladend am selben Platz stand, als hätte er auf unsere Wiederkehr gewartet. Wie kann ein kalter Stein nur so viel Wärme ausstrahlen! Wir hatten unseren Stein gern. Nun galt es, den Zwilling zu finden. Wir suchten und fanden ihn.

Wieder streckte mein Onkel den Arm aus und sagte: »Jungens. Wenn Moses das konnte, können wir es auch. Jetzt oder nie.« Und einstimmig erwiderten wir: »Jetzt!« Wir gingen ein Stück zurück und dann geradeaus. Plötzlich öffnete sich der Wald, und ein sternklarer Himmel leuchtete über einer großen, stark abschüssigen Wiese vor uns. Unterhalb der Wiese verlief eine breite Straße, auf der Autos in beide Richtungen fuhren. In welcher Richtung lag Belgien?

»Nach links, abwärts«, meinte mein Gefährte.

»Aachen liegt doch in Norddeutschland, also aufwärts.«

Wir betrachteten unseren Geographielehrer, ohne etwas zu sagen. Er formte beide Hände zu einem Fernglas und spähte in die Ferne. Ich erbot mich, über die Wiese zu schleichen und einen Versuch zu machen, die Richtung zu bestimmen. Von meinem Ausguck aus konnte ich jedoch leider nur feststellen, daß genauso viele deutsche wie belgische Autos in beide Richtungen fuhren.

Verzweifelt suchte ich nach einem Schild als Anhaltspunkt. Da entdeckte ich eins, das absolut nicht deutsch war. Genauso vorsichtig kroch ich wieder zu den anderen zurück und erstattete Bericht. Siegesgewiß, denn wir waren tatsächlich in Belgien, überquerten wir ohne Hast die Wiese. Ein schmaler Weg führte uns hinab und direkt zu einer belgischen Kneipe. Sie war abseits gelegen und nur von einer Laterne über dem Eingang beleuchtet. Wir konnten nicht hineinsehen, aber wir hörten Stimmen von drinnen und öffneten die Tür zunächst einen Spalt weit. Ein paar Männer saßen an einem massiven runden Tisch und sahen uns an, als wir an ihnen vorbeigingen, um uns in eine Ecke zu verziehen. Der Wirt, ein Mann von beträchtlichem Umfang, eine weiße Schürze über den dicken Bauch gespannt, kam an den Tisch und nahm wortlos unsere Bestellung entgegen. »Drei Bier, bitte!« Er brachte das Bier, sagte, was es kostete, und ging wieder. Natürlich begriffen sie, was für welche wir waren, bestimmt waren wir nicht als erste genau dort über die Grenze gekommen, aber sie verhielten sich diskret. An ihrem Tisch saß auch ein katholischer Priester und stopfte eine große gelbe Pfeife, die er dann umständlich anzündete. Wir wechselten einen Blick, und Onkel Fritz flüsterte: »Der Priester.« Er faßte Mut, ging zu ihm hin und bat ihn an unseren Tisch.

Der Priester war sehr freundlich. Er stellte keine Fragen.

Wir baten um Auskunft, wie weit es bis Gemmenich sei. Es war nicht weit, doch er riet uns davon ab, bei Dunkelheit weiterzugehen. Er half uns, unsere kleine Reisekasse beim Wirt zu wechseln, und mit einem freundlichen »viel Glück« kehrte er zu seiner Gesellschaft zurück.

So waren wir endlich in Belgien, in der Freiheit, weg aus Deutschland, außer Gefahr. Lachend drückten wir uns gegenseitig die Hände. Trotz der späten Stunde fühlten wir keine Müdigkeit und stießen fröhlich an. Die anderen Gäste waren schon gegangen, als wir zahlen wollten, doch der Wirt winkte abwehrend mit der Hand und meinte in tadellosem Deutsch: »Schon gut, schon gut. Sie werden das Geld noch brauchen.«

Wir bedankten uns herzlich und baten ihn, den nächsten Weg nach Gemmenich zu beschreiben. Auch wenn die Unsicherheit nachgelassen hatte, zogen wir es vor, ein wenig abseits vom Weg zu gehen. An ein Nachtquartier hatten wir nicht gedacht, aber angesichts einiger einladender Heuhaufen auf der Wiese machte sich unser unterdrücktes Schlafbedürfnis geltend. Zum ersten Mal empfand ich ganz stark das Gefühl völliger Freiheit, und ich kroch hinein, bis ich fast bedeckt war vom duftenden Heu, und schlief ein.

Der Körper fühlte sich steif und zerschlagen an, als meine Gefährten mich weckten. Ein kühler, aber wunderbar sonniger Morgen begrüßte uns. So gut es ging, lasen wir uns das Heu von der Kleidung, und bald waren wir wieder unterwegs. Gegen halb acht erreichten wir Gemmenich, ein kleines, aber – soweit wir es beurteilen konnten – sehr gepflegtes Dorf.

Die Straße war gesäumt von schmucken kleinen Häusern in blühenden Gärten. Die Menschen, an denen wir vorbeikamen, waren alle sehr geschäftig, erwiderten aber freundlich unseren Gruß. An einem Haus blieben wir stehen und erkundigten uns nach dem Weg zum Bahnhof. Unbekümmert setzten wir unseren Weg fort und genossen es, mitten auf der Fahrbahn zu gehen.

Auf halbem Weg begegneten wir zwei Gendarmen, die sich auf ihre Fahrräder stützten und uns offenbar erwarteten. Wir gingen direkt auf sie zu, und sie begrüßten uns mit »Guten Morgen!« Wir freuten uns, daß sie deutsch sprachen, und erwiderten:

»Guten Morgen!«

»Wohin wollen Sie?« fragte der eine mit freundlicher Stimme.

»Nach Brüssel«, antwortete wahrheitsgemäß mein Onkel.

»Und woher kommen Sie?«

»Aus Deutschland.«

Und er fügte hinzu, vielleicht um Eindruck zu machen, was wir allerdings überflüssig fanden:

»Wir sind Flüchtlinge aus Wien.«

»Bitte folgen Sie uns.«

Der Tonfall des Gendarmen war so sanft, daß man hätte meinen können, er wollte uns zum Frühstück einladen.

Und genau das tat er, als wir aufs Revier kamen.

Sie begnügten sich mit den Papieren, die wir vorzuweisen hatten, den Geburtsurkunden, da wir weder Pässe besaßen noch Ausreise- oder Einreisegenehmigungen. Nach einem Telefongespräch erschien eine Dame mit einem Korb am Arm. Sie deckte im Nebenraum einen kleinen Tisch mit frischem Weißbrot, Butter und Marmelade und köstlich duftendem, frisch gebrühtem Kaffee. Dabei nickte und lächelte sie immerzu. Was sie uns zu sagen versuchte, verstanden wir allerdings nicht. Wir erwiderten das Lächeln. Belgier waren freundliche Menschen, die wir schon zu schätzen gelernt hatten. Gestärkt von dem guten Frühstück warteten wir auf unsere Papiere. Wir wollten den Zug nicht verpassen.

Ein Gendarm kam herein und erkundigte sich, ob das Frühstück zur Zufriedenheit gewesen sei. Höflich bedankten wir uns und rühmten diese großzügige Gastfreundschaft. Sein lächelnder Gesichtsausdruck änderte sich jedoch, als wir nach der Abfahrtszeit des Zuges nach Brüssel fragten. Er sah zuerst uns an, dann zu Boden, dann ging er zum Fenster und schaute hinaus. Nach einem kurzen Moment drehte er sich um und meinte mit trauriger Miene: »Es tut mir wirklich leid, aber unser Bürgermeister, verstehen Sie ...« Er fuhr sich mit den Fingern durchs Haar und auf eine schüchterne und etwas beschämte Art gab er uns zu verstehen, daß er gegen seinen Willen gezwungen sei, uns zur Grenze zurückzubringen. »Der Bürgermeister kann Sie nicht ohne Genehmigung einreisen lassen.«

Wir waren wie gelähmt. Wir konnten einfach nicht glauben, daß Belgien uns an die Deutschen ausliefern würde. Ich sah den muffigen, verqualmten Wartesaal vor mir, hörte das Gezeter der vielen Stimmen, ihr Flehen, ihr Betteln. Sollte unsere bisher so geglückte Flucht auf diese brutale Weise scheitern? Vor lauter Angst fing ich an zu weinen. Mein Onkel flehte ihn an, noch einmal mit dem Bürgermeister zu reden und ihm klarzumachen, in welche Gefahr wir gerieten, wenn man uns an die Deutschen auslieferte. Zwangsarbeit war die mildeste Strafe für unsere Landesflucht. Die Konzentrationslager waren damals noch nicht bekannt. Aber es half alles nichts. Bevor wir aufbrachen, gab man uns Gelegenheit, unsere Kleidung zu säubern. Während wir das taten, erklärten wir, daß wir unsere Sachen ohnehin nicht mehr lange würden tragen können. Er betrachtete uns wortlos.

Völlig verzweifelt wanderten wir wieder los, zurück zur Grenze. Wir drei mit unserem leichten Gepäck und die beiden Gendarmen mit ihren Fahrrädern. Unterwegs winkte uns die Ortsbevölkerung zu und rief »Bonne chance!« In gemächlichem Takt bewegten wir uns auf einem anderen Weg voran als dem, auf dem wir gekommen waren. Mein Onkel führte mit einem unserer Begleiter eine lebhafte Konversation, als befänden wir uns auf einem herrlichen Sonntagsspaziergang. Er bat ihn auch darum, uns wenigstens nicht den deutschen Grenzposten zu übergeben. »Eh bien«, sagte dieser, als wir aus dem Dorf heraus waren und uns dem Waldrand näherten, »wir sind kurz vor der Grenze, und wir werden Sie im Niemandsland freilassen. Sie werden die deutschen Grenzposten sehen, aber Sie können sich sicher fühlen. Sie haben einen Spielraum von etwa zwanzig Metern.«

Am Ziel bekamen wir unsere Papiere zurück. Sie ermahnten uns, nicht nach Gemmenich zurückzukehren, denn dann könnten sie nicht mehr so rücksichtsvoll sein. Auch in einem Dorf namens Moresnet sollten wir nicht über die Grenze gehen. Es sei zwar nur zwei Kilometer entfernt und habe nur einen einzigen Gendarmen, aber dieser hätte auch keine andere Wahl, als uns auszuweisen.

»Könnten Sie uns vielleicht zeigen, in welcher Richtung Moresnet liegt, damit wir dieses Dorf meiden?«

Er lachte und deutete mit ausgestrecktem Arm.

»Da drüben liegt Moresnet.«

Dann schwenkte er den Arm.

»Und da haben Sie Deutschland.«

Bescheiden bedankten wir uns für die Auskunft und versprachen ihm, uns nach seinen Wünschen zu richten. Nun warteten wir auf ihr Verschwinden, jedoch vergeblich. Sie hatten sich auf einen Baumstumpf gesetzt und jeder eine

Pfeife angezündet. Wir gingen etwas abseits, blieben aber in der Nähe der belgischen Grenze. Dann steckten wir uns Zigaretten an.

»Jetzt hauen wir ab!« meinte mein Onkel nach einer Weile. Zwar saßen die Gendarmen noch da, aber jetzt hatten sie uns den Rücken zugekehrt. Wir riefen: »Auf Wiedersehen!« und sie winkten: »Viel Glück!« Zum Schein gingen wir ein Stück geradeaus, achteten aber darauf, das Niemandsland nicht zu verlassen. Kaum außer Sichtweite, schwenkten wir sogleich ab in den Wald, Richtung Moresnet. Vorsichtig und auf der Hut vor dem kleinsten fremden Geräusch, der kleinsten Bewegung, schlichen wir durch den Wald. Da hörten wir jemanden gehen. Erschrocken versteckten wir uns hinter einem Baum. Da kam jemand näher. Wir hatten uns mit Stöcken versehen, notfalls zu allem bereit. Mein Onkel bedeutete uns mit dem Finger an den Lippen: »Wartet!« Die Schritte kamen näher und näher. Dann ging er vorbei, der Mann in Latzhosen mit der Axt über der Schulter.

Wir atmeten auf, doch als wir ihn riefen, hätte den Ärmsten fast der Schlag getroffen. Wir konnten ihn davon überzeugen, daß wir keine Räuber waren, die im Wald herumschlichen, sondern harmlose Flüchtlinge, die nach Moresnet wollten. Er kam selbst aus dem Dorf und wollte uns gern hinführen. Vorangehend, drehte er sich mehrmals unruhig nach uns um, da wir unsere Stöcke behalten hatten. Aber er hatte dafür natürlich seine Axt.

Schon nach einer Viertelstunde sahen wir Moresnet. Der Mann erklärte uns den Weg zum Bahnhof und sagte, wir müßten das ganze Dorf durchqueren. Dann hatte er es plötzlich eilig zu verschwinden, was uns mißtrauisch machte. Ständig in alle Richtungen spähend, um nicht überrumpelt zu werden, suchten wir unsern Weg durchs

Dorf. Glücklicherweise schien es ganz verlassen, denn wir boten bestimmt einen sonderbaren Anblick, wie wir da ängstlich im Gänsemarsch entlangschlichen.

Da erblickten wir ihn plötzlich. Der einzige Gendarm von Moresnet stand am Ende der Straße und schwatzte mit einem anderen Mann. Noch hatte er uns nicht entdeckt. In diesem Moment kamen wir an einem kleinen Feinkostladen vorbei. Wir stürzten hinein und warfen uns hinter die Theke. Die arme Verkäuferin wäre vor Schreck fast in Ohnmacht gefallen, beruhigte sich jedoch, als sie erfuhr, wer wir waren. Sie rief ihre Tochter, die uns einzeln der Reihe nach zum Bahnhof begleitete, um die Fahrkarten zu kaufen. In dieser allerersten Zeit als Flüchtling hatte man das Gefühl, das Wort Flüchtling fungiere als Losung und Signal, daß Hilfe gebracht werde. Besonders schien das für Flüchtlinge aus Deutschland zu gelten, egal welcher Nationalität.

Mein Gefährte fuhr direkt nach Brüssel. Mein Onkel und ich sollten, ohne daß ich recht wußte warum, in Lüttich Station machen. Dort suchten wir die jüdische Gemeinde auf und trafen den Rabbiner. Man lud uns zum Essen ein und bezahlte freundlicherweise unsere Fahrkarten nach Brüssel. Mein Onkel wollte aus irgendeinem Grund einen späteren Zug nehmen und gab mir eine Adresse als Treffpunkt für den nächsten Tag. Dann bestieg ich den Zug. Ich hatte eine Zeitung dabei und lehnte mich bequem zurück. Der Schaffner kam, und ohne aufzusehen, mit einer gewissen Unruhe, reichte ich ihm die Fahrkarte. Mit Erleichterung hörte ich das Klicken der Lochzange, und er gab sie mir mit einem »Merci« zurück.

Mir fiel ein, daß ich noch mein Hakenkreuz unterm Revers versteckt hatte. Ich nahm es ab, betrachtete es und dachte: »Du hast mir gute Dienste geleistet und dafür danke ich dir.« Dann öffnete ich ein Fenster, warf es hinaus und gab dem Wind den Auftrag, es zurückzubringen in sein »Heimatland«.

Lächelnd streckte ich die Beine aus, in einem glückseligen Gefühl von Freiheit, während der Zug weiterrollte, Richtung Brüssel.

2

»BRUXELLES, GARE DU NORD!«

Mit meinem kleinen Koffer in der Hand stand ich da ganz allein, vor mir die riesige Stadt. Was sollte ich tun? An wen mich wenden? Erst am nächsten Tag würde ich meinen Onkel treffen. Vielleicht hätte ich den späteren Zug mit ihm zusammen nehmen sollen. Doch er hatte das nicht gewünscht, und ich hatte ihn nicht nach dem Grund gefragt. Wo war mein Freund geblieben? Viele Fragen gingen mir durch den Kopf, als ich da so allein und ratlos vor den großen Boulevards stand.

Ich holte den Zettel mit der Adresse hervor, die der Treffpunkt für meinen Onkel und mich war. »Rue de la ...«, mehr verstand ich nicht. Wie sollte ich diese »rue«

finden? Und was erwartete mich da? Ich flanierte die breiten Boulevards entlang und versuchte die Frage nach der Adresse zu formulieren. »Monsieur, s'il vous plaît...« Damit war auch schon der Wortschatz meines einjährigen Schulfranzösischs erschöpft. Ich schlenderte weiter, sah mir die Schaufenster an, betrachtete den Verkehr. Der Anblick der wohlgefüllten Delikatessentheken machte mich hungrig.

Mittlerweile fühlte ich mich einigermaßen sicher, war aber trotzdem darauf bedacht, nicht aufzufallen und die Polizisten zu meiden. Ich wußte nicht, wie die Polizeiuniformen hier aussahen. Auf der Flucht nimmt man sich vor jeder Uniform in acht. Briefträger, Flugkapitäne oder Polizisten, man weiß nicht, wer ist wer. Im Weitergehen versuchte ich zu erraten, welches die Uniform der Polizei war.

Dann fiel mir ein, daß ich einen anderen Juden nach dem Weg fragen könnte, falls mir einer über den Weg lief. Aber so einfach war das nun auch wieder nicht. Ich konnte schlecht zu einer wildfremden Person hingehen und sagen: »Verzeihung, aber sind Sie möglicherweise Jude?« Nein, dachte ich, ich muß hören, wie sie reden. Ich faßte die Entgegenkommenden ins Auge und hörte aufmerksam hin. Es war leichter gesagt als getan, einen Juden unter so vielen Nichtjuden ausfindig zu machen.

Scheinbar unberührt ging ich die Straße entlang, spähte dabei aber intensiv um mich. Ich fand es spannend, durch Brüssel zu laufen und nach Juden zu suchen. Und dann endlich – die beiden sehr eleganten Herren waren schon an mir vorbei, doch ich hörte deutlich das Erwünschte – Jiddisch. Mit ein paar raschen Schritten hatte ich sie eingeholt.

»Hallo, Messieurs«, flüsterte ich und präsentierte meinen Zettel. »Wie komme ich zu dieser Adresse?«

Sie blieben stehen und drehten sich um. Nachdem sie mich von oben bis unten gemustert hatten, sagte der eine, der etwas kleiner war als der andere:

»Flüchtling, wie?«

»Ja«, antwortete ich.

»Aus Wien, wie?«

»Ja«, sagte ich wieder.

Er nahm den Zettel und erklärte, es sei die Adresse eines Komitees für hilfsbedürftige Flüchtlinge.

Es war schon ziemlich spät abends, und das Büro war bestimmt schon geschlossen. Trotzdem bat ich sie, mir den Weg zu erklären, da ich nicht wußte, wo ich sonst bleiben sollte. Sie erboten sich, mich hinzubegleiten. Es war nicht weit, und da keiner etwas fragte, wurde nicht viel geredet. Am Ziel sagten sie nur: »Hier ist es.« Als ich ihnen für die Mühe dankte, winkten sie abwehrend und entfernten sich. Ich sah ihnen nach, verwundert, daß sie mich nicht bemitleidet hatten. Damals konnte mich eine solche Situation noch überraschen, aber bald hatte ich begriffen: Meinen Status als Flüchtling stellte das trotzdem nicht unbedingt in Frage.

Ich befand mich in einer kleinen, trüben Gasse. Ich wußte nicht recht, was tun. Es war schon dunkel, und seit ich da stand, hatte sich keine Menschenseele blicken lassen. Es war gegen neun, und mangels anderer Beschäftigung ging ich vor der Haustür auf und ab, ohne recht zu wissen, was ich erwartete. Plötzlich öffnete sich ein Fenster über der Tür, eine Frau streckte den Kopf heraus und fragte mich etwas auf französisch. Aber was? »No compris«, sagte ich.

Sie deutete auf mich, es war ja sonst keiner da.

»Réfugié?« Ich hatte verstanden und nickte bejahend. »Comité fermé«, fuhr sie fort. Ich erwiderte: »Ah oui«, obwohl mir das natürlich bewußt war. Dann schloß sie das Fenster, doch zu meinem großen Erstaunen ging stattdessen die Tür auf, und eine kleine Dame mit krummem Rücken lud mich in ihre Wohnung ein. Unsicher blieb ich an der Tür stehen, aber sie bugsierte mich mit großer Entschiedenheit auf einen Stuhl. Sie stand vor mir, musterte mich gründlich und schüttelte schließlich den Kopf. Mit leicht geballter Hand schlug sie sich gegen die Lippen und sagte »manger«. Ich verstand genau, was sie meinte, und sagte: »Oui, madame.«

Bald hatte sie Butterbrote und Tee aufgetischt, und wir versuchten uns notdürftig zu verständigen. Vermutlich begriff sie nicht viel von dem, was ich sagte, und umgekehrt ging es mir ebenso. Dennoch verstand ich, als sie mit düsterem Ausdruck sagte: »Mon dieu, quelle misère«, daß sie von den unruhigen Zeiten sprach, in denen wir lebten, und mit einem weiteren »Ah oui, madame« gab ich ihr recht. Es wurde allmählich spät, und um ihr nicht länger zur Last zu fallen, bedankte ich mich und machte mich fertig zum Aufbruch.

Da nahm sie mich am Arm, legte meine Handfläche an mein Ohr und fragte: »Dormir?« Das war nicht mißzuverstehen, und ich nickte, konnte aber beim besten Willen nicht erklären, wo ich zu schlafen beabsichtigte. Sie war eine eigensinnige kleine Dame und wiederholte immer wieder ihre Frage: »Mais où?«. Ich gab ihr zu verstehen, daß ich die Nacht schön fand und einen Spaziergang machen wollte, obwohl ich so müde war, daß ich im Stehen eingeschlafen wäre, hätte ich die Augen zugemacht. Wieder hörte ich ihr verständnisvolles »Oh, mon Dieu!«. Dann nahm sie mich an der Hand und führte mich über den Hof zu einem Lastwagen. Der Sitz wirkte einladend, und ihr Angebot, dort zu schlafen, war mir mehr als willkommen.

Sie holte ein Kissen und eine Decke, dann nahm sie

meine Hände in die ihren und sagte: »Bonne nuit, mon petit.« Ich traute mich nicht, sie zu umarmen, aber ich glaube, sie verstand auch so, wie dankbar ich war, als ich ihr gute Nacht wünschte. Hochzufrieden machte ich es mir bequem, und bald schlief ich wie ein Kind, tief und unschuldig.

Am nächsten Morgen wurde ich von meiner guten Fee geweckt und bekam ein Frühstück mit Kaffee, frischem Weißbrot und Marmelade. Von ihrem Fenster aus konnte ich sehen, wie sich der ganze Hof mit Menschen füllte. Satt und zufrieden verabschiedete ich mich von diesem wunderbaren Menschen.

Auf dem Hinterhof versammelten sich Flüchtlinge verschiedenster Herkunft, alle gleich eifrig, von ihrer Flucht zu erzählen. Die Fragen galten fast nie der Mühsal der Flucht, vielmehr diskutierte man das Wohin und Woher. Niemand stellte je die Frage nach dem Warum. Dieses Warum war es, das die Flüchtlinge verband.

Ich ging zu Anmeldung, und während ich auf den Aufruf wartete, drängte ich mich durch die Menge, um meinen Onkel und meinen Freund zu finden. Letzteren hatte ich bald entdeckt, er lehnte halb schlafend an einer Wand. Er hatte die ganze Nacht nicht geschlafen und war müde bis zur Erschöpfung. Nachdem wir einander von unseren Erlebnissen berichtet hatten, unternahmen wir gemeinsam eine Erkundungstour.

Erst spät nachmittags war ich an der Reihe. Die Dame am Schalter war sauer wie Essig und hatte außerdem einen relativ starken Bartwuchs, doch die Registrierung durch sie gab mir das Recht, jede Woche einen geringen Betrag abzuholen. Wie sich zeigte, war dieser Betrag jedoch so klein, daß er kaum für zwei Tage knappster Verpflegung reichte.

Inzwischen hatte ich auch meinen Onkel gefunden, der sich ein Zimmer gemietet hatte. Er empfahl mir, das gleiche zu tun. Ich dankte ihm für diesen Rat und gleichzeitig wurde mir klar, daß ich ab jetzt allein zurechtkommen mußte, genau wie all die anderen Flüchtlinge auch. Ich warf ihm nichts vor, ich stellte keine Fragen. Ich hatte verstanden. Wir waren alle ausgesetzt auf einem Floß, das die Wellen ständig überfluteten, und wer nicht den Mut und die Kraft hatte, sich festzuklammern, der wurde fortgespült, erbarmungslos.

Etwas mißmutig, doch ohne Bitterkeit verließ ich den Hof und ging hinaus auf die Straße. Ich blieb vor der Tür stehen und warf einen Blick hinauf zur Wohnung meiner guten Fee. Das Fenster war geschlossen. Ich stellte meinen kleinen Koffer ab und holte tief Luft. Wo sollte ich ein Dach über dem Kopf finden? Womit Geld verdienen? Ich nahm den Koffer und machte mich auf den Weg. Wohin? Ich hatte keine Ahnung. Planlos lief ich die Straße entlang, bis ich zu einem Tabakladen kam. Ich trat ein und fand zu meinem Erstaunen eine sehr flott gekleidete Dame hinter dem Ladentisch. Sie war nicht nur gut angezogen, sondern auch stark geschminkt. Gedämpfte Lampen verbreiteten einen matten roten Schimmer, der in einem Tabakladen fehl am Platz schien. So ist das wohl in Belgien, dachte ich.

Während ich den Blick über die verschiedenen Tabaksorten in den Regalen gleiten ließ, schwatzte sie drauflos. Ich begriff nichts davon. Statt dessen fragte ich nach den Preisen und deutete auf verschiedene Marken, um die billigste zu erwischen. Plötzlich merkte ich, daß es Attrappen waren. »In Wien ist das nicht so«, überlegte ich, dachte mir aber nichts weiter dabei. Ihr Geplapper störte mich nicht, da ich ohnehin nichts verstand. Ich deutete weiter auf die verschiedenen Marken, aber sie lachte nur.

Erst als sie wiederholt »amour« sagte und einen Vorhang hob, hinter dem sich ein Bett verbarg, ging mir ein Licht auf. Laut lachend schüttelte ich den Kopf. Ich versuchte ihr klarzumachen, daß ich zwar unbedingt ein Bett brauchte, aber zum Schlafen, ohne sie, als mittelloser Flüchtling. Um ihr das anschaulich zu machen, zog ich meine leeren Hosentaschen heraus.

Bei ihr wohnte ich dann über einen Monat lang. Gracielle war Prostituierte, ein Freudenmädchen. Mädchen ist vielleicht etwas übertrieben, aber sie war gut erhalten, da sie sich sorgfältig pflegte. Sie war ihre eigene Chefin und hatte einen großen Kundenkreis. Da sie absolut keine Miete von mir wollte, erwies ich ihr meine Dankbarkeit, indem ich ihr half, nach jedem Kunden sauberzumachen und das Bett zu richten. Wir verstanden uns gut, und tagsüber gingen wir oft spazieren oder ins Kino. Abends, wenn sie arbeitete, saß ich im Laden, und in den Pausen zwischen den Kunden hielten wir einen Schwatz. Es gefiel ihr, mir Französisch beizubringen. Ihr Lachen war herzlich und munter, wenn ich Fehler machte und lauter Unsinn herauskam. Andererseits war sie zufrieden mit meinen Fortschritten und lobte mich, indem sie mich fest an die Brust drückte und auf die Wange küßte. Vielleicht sah sie in mir einen Sohn.

Doch bei aller Sympathie, die ich für sie empfand, trotz der Kleider, die sie mir gekauft hatte, und trotz allem, was sie für mich tat, bei all ihrer Güte und Zärtlichkeit war ich fest entschlossen, mich von ihr zu lösen. Ihr Beruf störte mich nicht, wir sprachen auch nie darüber. Aber ich spürte, so wollte ich nicht leben.

Vorzuwerfen hatte ich mir nichts. Ich hatte sie nie auszunützen versucht, hatte keine Ansprüche an sie gestellt, ebensowenig wie sie an mich. Wir hatten uns ganz einfach aneinander gewöhnt. Doch ich spürte eine Unrast im Körper, die mich von ihr forttrieb. Es fiel mir sehr schwer, ihr das zu erklären, als sie mich weinend umarmte und mich bat, zu bleiben und sie nicht zu verlassen. Sie machte sich Sorgen um mich. Wo sollte ich hin? Wovon wollte ich leben? Als sie begriffen hatte, daß mein Entschluß feststand, gab sie nach und half mir, ein kleines, aber anständiges Zimmer zu finden. Zur Sicherheit bezahlte sie drei Monatsmieten im voraus.

Solange ich bei Gracielle wohnte, traf ich andere Flüchtlinge nur, wenn ich meine Unterstützung abholte. Dabei erfuhr man allerlei, was für gewöhnliche Menschen bedeutungslos war, jedoch von äußerster Wichtigkeit für einen Flüchtling, der sich die Zeit ohne eigentliche Beschäftigung vertreiben mußte. Ich erfuhr, in welchen Lokalen sich die Emigranten trafen. Für uns waren das willkommene Zufluchtsorte, und da sah ich auch christliche Freunde wieder, die aus politischen Gründen geflüchtet waren. Wir schwatzten, spielten Karten oder Schach, tauschten Erfahrungen aus und warteten darauf, daß etwas geschah. Wir lebten in den Tag hinein, hatten kein Ziel. Ein Tag glich dem andern, und das ereignislose Dasein war geprägt von einer gewissen Sorglosigkeit. Das Gefühl, sich nicht um das Ansammeln von Besitztümern kümmern zu müssen, versetzte uns Flüchtlinge in einen Zustand der Gleichmut. Wir lebten in einem Vakuum.

War es schon schwierig genug, eine Aufenthaltserlaubnis zu bekommen (man bekam sie nicht), war eine Arbeitsgenehmigung vollends unerreichbar. Ohne Aufenthaltserlaubnis keine Arbeitsgenehmigung und vice versa. Belgien war das nicht vorzuwerfen. Hätten sie uns Arbeit gegeben, hätten statt dessen die belgischen Arbeiter eine Unterstützung bekommen müssen. Das galt jedenfalls für Brüssel und Antwerpen, wo es von Flüchtlingen nur so wimmelte. Um den Lebensunterhalt zu sichern, mußten wir ohnehin kleine Nebenbeschäftigungen finden, die einen Extraverdienst einbrachten. Davon später mehr.

Solange ich bei Gracielle wohnte, hatte ich mich bei der »Sûreté« melden müssen. In Belgien war es nämlich nicht erlaubt, ein unkontrolliertes Vagabundenleben zu führen. Bei der Sûreté, einer Polizeibehörde, lernte ich einen sehr liebenswerten und freundlichen Kriminalbeamten kennen, der zu den vielen netten Besuchern von Gracielle gehörte. Nach einer Weile wurde ich brieflich zu einer Spezialabteilung beordert; ich sollte ein Paßfoto mitbringen. Ich war fassungslos, als ich nach kurzer Zeit eine sogenannte »carte blanche« ausgehändigt bekam. Ein selten bewilligter Ausweis von unschätzbarem Wert, fast vergleichbar einer permanenten Aufenthaltserlaubnis. Strahlend vor Glück lief ich zu Gracielle, um ihr meine Trophäe zu zeigen. Sie teilte meine überschwengliche Freude, doch ihr verstohlenes Lächeln verriet mir ihren eigenen Anteil an der Ausfertigung dieses von mir so begehrten Papiers.

Der Zustrom von Emigranten wuchs ständig, und den Großteil mußten die Großstädte aufnehmen. In Merxplac, einem Vorort von Brüssel, wurde ein Flüchtlingslager errichtet. Daneben lag ein Vagabundenlager, eine sogenannte Strafanstalt, die nichts mit den Flüchtlingen zu tun hatte. Viele meldeten sich freiwillig zum Aufenthalt im Lager. Praktisch waren sie natürlich dazu gezwungen, da sie keine Möglichkeit hatten, sich und ihre Familien zu versorgen. Jedesmal, wenn ich meinen kleinen Betrag abholte, wurde ich aufgefordert, in das Flüchtlingslager zu ziehen. Immer sagte ich nein. Die Aufforderung wurde mit der

Zeit immer nachdrücklicher, und man drohte damit, andernfalls den Unterhaltsbeitrag zu streichen. Aber dazu waren sie nicht berechtigt. Das wußte ich.

Ich führte ein freies, ungezwungenes Leben. Ganz nach meinem Geschmack. Jedenfalls für den Moment. Diese unfreiwillige, aber berauschende Freiheit hat mich geprägt und mich frühzeitig reifen lassen. Alle Versuche, mir weiszumachen, ich sei zu jung, um allein in der großen Stadt herumzulungern, ließen mich kalt. Ich war frei, ohne Pflichten, ganz auf mich allein gestellt.

Für die Zukunft machte ich mir keine Hoffnungen, es galt von Tag zu Tag zu überleben. Und für den täglichen Lebensunterhalt zu sorgen, gelang mir gar nicht schlecht.

Zuerst machte ich mich auf Arbeitssuche. Einen Beruf hatte ich ja nicht, doch fand ich Gnade vor einem jüdischen Restaurantbesitzer, der eine Hilfskraft für das Abräumen der Tische brauchte. Einen Lohn in barem Geld bekam ich nicht, dafür aber gutes Essen. Die jüdische Küche ist ja bekannt für ihre wohlschmeckenden Gerichte. Da ich kein Kellner war, konnte ich kein Trinkgeld erwarten. Aber ich war immer flink dabei, den Gästen in die Mäntel zu helfen, trug ihnen liegengelassene Zeitungen oder Regenschirme nach, und wenn ich schweigend die Hand hinstreckte, bekam ich stets einen Groschen zum Dank für die Mühe. Dieses Einkommen war nicht groß, aber mehr als willkommen.

Abends traf man sich in einem Emigrantencafé oder ging zum Hunderennen. Bald merkte ich, daß mein Geld nicht reichte für alles, was ich vorhatte. Es galt, neue Einkommensquellen aufzutun. Eine davon war das Betteln. Wer sich nicht schämte, ging betteln. Ich schämte mich nicht. Natürlich gingen wir nicht auf die Straße. Mit der

Mütze in der Hand an einer Ecke zu stehen, war unter unserer Würde.

Man mußte Adressen von großzügigen Firmen ausfindig machen, die aus Mitleid eine Kleinigkeit spendeten. Diese Adressen waren eine Handelsware für sich. Man mußte zahlen, um sie zu bekommen, und hatte man selbst eine ausfindig gemacht, wurde man für die Weitergabe bezahlt. Der Verdienst hing zum einen davon ab, wer bettelte, zum andern von der Ausdauer, und die wiederum richtete sich nach dem akuten Tagesbedarf. Diese Möglichkeit, zu Geld zu kommen, nutzten wohl die meisten der Emigranten. Es war simpel und moralisch unbedenklich. Zum größten Teil waren es Adressen von jüdischen Geschäftsleuten, die es als ihre Pflicht erachteten, uns zu helfen. Aber auch andere belgische Adressen waren im Angebot. Es gab Spezialisten für besonders großzügige Spender. Diese Adressen waren entweder sehr teuer oder überhaupt nicht verkäuflich. Meist blieben sie innerhalb eines sehr kleinen Kreises, der sich streng vertraulich die Beute teilte.

Das normale Betteln spielte sich in Läden verschiedener Art ab. Man ging hinein und sagte auf deutsch oder jiddisch guten Tag. Auf dem Ladentisch warteten im allgemeinen schon ein paar Stapel mit Münzen, und man bekam vom Besitzer einen Franc hingeschoben, nicht mehr und nicht weniger. Man dankte und ging. Einmal täglich durfte man kommen, nicht öfter.

Es war ermüdend, auf diese Weise herumzulaufen, da die Entfernung zwischen den Geschäften oft weit war. Was für eine Rücksichtslosigkeit gegenüber uns Flüchtlingen! Nicht selten nahm ich ein Taxi, um so viele Adressen wie möglich abzuklappern. Trotzdem blieb ein guter Gewinn, und schließlich unterstützte ich damit das belgische Wirtschaftsleben. Jedenfalls den Taxibetrieb. Rasch lernte ich das tägliche »Einkommen« zu verbrauchen.

Die Erfindungsgabe der Emigranten war erstaunlich. Herr Blumenrausch ging in ein ihm bekanntes jüdisches Geschäft. Wenn der Besitzer fragte, was er wünsche, sagte er nur »Hilfe«. Lautete die Antwort: »Tut mir leid«, hielt er sich ein Rasiermesser an die Halsschlagader. Was blieb dem guten Mann übrig? Obwohl er annehmen konnte, die Halsschlagader würde auch bei einer Absage unverletzt bleiben, bestand immerhin die Möglichkeit, daß er zwischen seinen Regalen und Waren einen Selbstmordversuch mit ansehen müßte. Dieses Risiko konnte er nicht eingehen. Also half er.

Frau Wiesler hatte sich auf Privatadressen spezialisiert. Mit drei kleinen, ausgeborgten Kindern klingelte sie an den Türen, und sobald man ihr öffnete, schubste sie die Kinder in die Wohnung. Der Bewohner konnte sie daher schwerlich aussperren, und so wurde auch sie eingelassen. Sogleich fing Frau Wiesler an zu weinen, raufte sich die Haare und bat um Geld, um den Kleinen etwas zu essen zu kaufen. Wies man sie ab, lief sie zur Tür und schrie: »Dann müssen Sie die Kinder behalten.« Aber wer wollte schon fremde Kinder? Sie bekam ihren Willen.

Am erfolgreichsten war jedoch Mana Schön. Mana Schön war nicht ihr richtiger Name, und sie war auch nicht schön. Sie war häßlich und dick und hatte stets »ihren Mann« dabei, der auch nicht ihr richtiger Mann war. Sie war nämlich nicht verheiratet. Jedenfalls nicht mit ihm.

Nun gut, diese Mana Schön suchte ausschließlich bekannte und wohlhabende Leute in deren Büro auf. Ruhig setzte sie sich zurecht und erzählte eine Räubergeschichte. Sie sei adlig und ihr Mann lungenkrank; das war für ihn das Stichwort, Schleim hochzuhusten und nach einem

Spucknapf zu suchen. Weinend fuhr sie fort, ihre Mutter liege im Sterben, und die Kinder seien zu schwach, um sie zu begleiten. Sie sei am Ende ihrer Kraft. Sie brauche Geld.

Beim ersten Nein weinte sie noch lauter, beim zweiten schrie sie ihren Kummer laut heraus. Bekam sie ein drittes Nein, lief sie zum Fenster und rief: »Jetzt springe ich!« Die Leute konnten kaum sagen: »Tun Sie das«. Obendrein lief ihr lungenkranker Mann zu ihr hin, packte ihren Rock und wimmerte: »Sie haben meine Frau auf dem Gewissen.« In diesem Moment wischte sich gewöhnlich der verzweifelte Gastgeber den Schweiß von der Stirn und fragte, wieviel sie bräuchten. Mana Schön, die bereits ohnmächtig am Fensterbrett hing, erwachte nun rasch zum Leben und sagte, wieviel sie haben wollte. Dann wurde nicht geknausert.

Alle diese Möglichkeiten, zu Geld zu kommen, brachten wir einander bei. Die Kniffe hielten nie lange vor, deshalb waren wir immer auf der Jagd nach neuen, gutgläubigen »Opfern«. Ständig kämpften wir mit der Not. Der Vorrat an Ideen durfte nie versiegen, er mußte ständig aufgefüllt werden.

Die Frauen, so fand ich, hatten es leichter. Sie konnten ihre Dienste verkaufen, hatten einen Wert zum Tauschen. Sie brauchten sich dafür nicht zu schämen und taten es auch nicht. Man hatte volles Verständnis für die Mütter, die auf die Straße gehen mußten, um ihre Familien zu versorgen. Die Ehemänner, die nicht genug Geld beschaffen konnten, saßen unterdessen beschämt zu Hause und hüteten die Kinder. Zu ihrem Kummer waren sie gezwungen, die »Arbeit« ihrer Frauen hinzunehmen.

Mein Zimmer war klein, für meine Bedürfnisse völlig ausreichend, aber nicht geeignet, um meine vielen notleidenden Gefährten zu beherbergen. Eine Aufenthaltserlaubnis zu bekommen, war schon immer schwer gewesen, aber seit der Errichtung des Lagers wurde es zur Unmöglichkeit. Die Behörden wollten uns im Lager sammeln, zur besseren Kontrolle.

Da mein Vermieter keinen nächtlichen Besuch duldete, wurde mir gekündigt. Doch schon nach wenigen Tagen hatte ich eine Mansardenwohnung gefunden, die nicht nur billig war, sondern sogar drei Zimmer hatte. Mit dem einzigen Nachteil, daß es dort kein einziges Möbelstück gab. Aber wozu brauchten wir Möbel? Zu viert teilten wir jungen Leute uns die große Wohnung und bezahlten die niedrige Miete, mit der sich der Besitzer begnügte. Er beschaffte vier Betten, Matratzen und Decken. Für Bettwäsche mußten wir selbst sorgen. Wir waren zufrieden. Die Planung der Einrichtung war rasch erledigt.

Die vier Betten stellten wir ins größte Zimmer, an jede Wand eins. In die Mitte kam ein Kübel, damit wir nicht mitten in der Nacht auf den Hof gehen mußten. Zimmerservice war nicht inbegriffen, daher wurde der Kübel erst geleert, wenn er übervoll war. Die Leerung war jedesmal ein Zirkuskunststück. Wir hatten kein elektrisches Licht, eine Kerze an jedem Bett tat es auch. Wenn wir im Bett lagen und rauchten, und das taten wir alle vier, benutzten wir den Eimer als Aschenbecher. Aufzustehen, um die Zigarette auszudrücken, war zu mühsam, also hatten wir trainiert, in den Kübel zu zielen. Hörte man ein *zisch,* hatte man getroffen, hörte man nichts, entschied man, es wäre trotzdem in Ordnung. Nach wenigen Tagen hatten wir uns an den Gestank gewöhnt.

Die Zeit verstrich. Ich war ein paar Monate älter geworden und vielleicht auch ein bißchen reifer, vor allem aber hellhöriger. Ich begegnete Menschen, die ich unter anderen Umständen nie kennengelernt hätte, Wissenschaftlern, Politikern und erfolgreichen Geschäftsleuten, und alle waren wir in der gleichen Situation. Wir waren Flüchtlinge. Unser gemeinsames Schicksal verband uns, und keiner wollte sich seinem Unglücksbruder überlegen zeigen.

Die »großen Jungen« mit ihrer dunklen Vergangenheit waren eine spannende Bekanntschaft. Als Siebzehnjähriger blickte ich zu ihnen auf. Sie boten mir eine Menge Möglichkeiten, Geld zu verdienen, und ohne zu zögern griff ich zu.

Eines Abends spazierte ich mit meinem neuen Freund Manfred und dessen Freundin zu einer »kermesse«. Das war ein Jahrmarkt mit Karussell und allerlei Darbietungen. Manfred war ein ehemaliger Meister im Schwergewichtsboxen, dabei lammfromm. Er lebte von seiner Unterstützung und dem kleinen Nebenverdienst als Ordner bei uns ziemlich lautstarken Flüchtlingen. Damit mußte er sich begnügen, da er sich nicht zum Betteln entschließen konnte wir wir anderen.

An einem Stand sahen wir einen Mann abwechselnd beim Seilhüpfen und Schattenboxen. Interessiert näherten wir uns dem Spektakel. Ein Ausrufer verkündete mit starker Stimme: »Hier, meine Damen und Herren, sehen Sie Suleiman, den noch niemand knockout geschlagen hat. Niemand konnte sich bisher mit seiner Stärke messen. Ich biete jedem hundert Franc, der Suleiman in drei Runden besiegen kann.« Manfred meinte, bestimmt sei an der Sache etwas faul, da Suleiman nicht übermäßig stark aussah. »Das spielt doch keine Rolle«, versuchte ich ihn zu überreden, »laß sie bezahlen!« Schließlich gab er nach, und da sich sonst keiner meldete, hob ich den Arm und rief:

»Ici, monsieur!«

Das Publikum musterte mich und lachte, und auch der Ausrufer grinste, als er sagte:

»Willst du nicht erst noch ein bißchen wachsen?«

»Ich schon«, sagte ich, »aber er nicht, mein Freund hier.«

»Okay, dann kommt ins Zelt!«

Ein Raunen ging durchs Publikum, als sie Manfreds imponierende Gestalt sahen, und bald war das Zelt voll besetzt. Ich mußte den Sekundanten spielen und half Manfred so professionell wie möglich den Oberkörper freizumachen.

Nach der ersten, ereignislosen Runde berichtete Manfred, Suleiman hätte ihn hinters Zelt gebeten. Es ging offenbar um Geld. Manfred wurde ermahnt, vorsichtig zu schlagen, Finten zu machen wie beim Training, und so wurde es ein gutes Match, ganz nach dem Geschmack des Publikums. Danach, in ihrem Wagen hinterm Zelt, gelang es ihnen, Manfred als Lockvogel zu engagieren. Einmal pro Stunde sollten wir die Szene nachspielen, wie sie sich vorhin zugetragen hatte. Ich sekundierte, wischte ihm den Schweiß vom Körper und gab ihm Wasser zu trinken. In der dritten Runde ging ich mit einem Teller durchs Publikum und sammelte. Jeden Abend gab es eine hübsche Summe Geld, die Manfred und ich behalten durften. Nach zwei Wochen zog das Tivoli in die nächste Stadt. Sie erboten sich, uns mitzunehmen, aber das wollten wir nicht.

Sechs Monate waren vergangen, seit ich nach Belgien gekommen war. Es war Winter, das Wetter war scheußlich. Es regnete viel, und meine Laune war genauso trist wie der graue Himmel. Mein Bruder zog von Antwerpen nach Brüssel und hatte kein Dach über dem Kopf, also ließen wir ihn ein paar Nächte bei uns auf dem Boden schlafen.

Onkel Fritz traf ich nur sehr selten, und mein Kamerad bei der Flucht ließ sich nicht blicken. Gelegentlich bekam ich einen Brief von meiner Mutter, doch sie hatte eigentlich nichts zu berichten, was für mich von Belang gewesen wäre. Die Nachricht, daß meine geliebte Großmutter an Altersschwäche gestorben war, betrübte mich, aber gleichzeitig war es gut zu wissen, daß ihr niemand mehr wehtun konnte.

Meine finanzielle Lage war prekär. Man mochte bei diesem Regenwetter nicht herumstreifen oder gar auf Betteltour gehen. Wir hatten nichts Vernünftiges zum Anziehen, deshalb verschliefen wir die Tage größtenteils; abends liefen wir rasch in ein Emigrantencafé und verplauderten die Zeit.

Gerade an einem solchen Abend, als wir wieder nach einem trüben Tag in unserem Café saßen und über Gott und die Welt redeten, zeigte sich Ladi in der Tür. Ladi war einer von den »großen Jungens« und bei uns ein verhältnismäßig seltener Gast. Er sah gut aus, war breitschultrig, stets sorgfältig rasiert und vor allem hervorragend angezogen. Der Mittelscheitel saß wie festgeklebt in seinen dichten Haaren. Er war vielleicht knapp über dreißig und verkehrte wie gesagt nicht in unseren Kreisen. Ladi lachte nie, leistete sich höchstens ein kleines, verstecktes Lächeln. Mit langen Schritten kam er an unseren Tisch, ließ den Blick von einem zum anderen gleiten und sagte mit leiser Stimme:

»Meine Kinder«, sagte er, obwohl wir ihn nie Papa genannt hatten, »ich habe ein neues Geschäft aufgetan.«

»Gut«, sagte einer von uns, »gut für dich, aber davon können wir nicht leben.«

»Doch, gerade ihr könnt davon leben.«

Überrascht sahen wir ihn an. Er beugte sich herunter und flüsterte:

»Frauen.«

»Frauen?« fragten wir im Chor.

»Ja, ich habe ein Lokal gefunden, das Frauen aufsuchen, die gern junge Männer kennenlernen wollen und bereit sind, für Dienstleistungen zu zahlen.«

Ich dachte an Gracielle und mußte kichern. Nach seiner Beschreibung zu schließen war es ganz simpel. Man betrat das Lokal, ließ den Blick suchend schweifen, setzte sich in die Nähe einer Dame, die interessiert sein könnte, und bestellte einen Drink. Hatte man Augenkontakt bekommen, nahm man den Drink, ging an ihren Tisch und fragte höflich und gesittet, ob man sich zu ihr setzen dürfe.

Tiefsinnige Gespräche kamen nicht zustande. Wir wollten schließlich nicht heiraten, nur ein Stündchen oder mehrere miteinander verbringen. Hatte man sich erst geeinigt, bestimmte die Kundin den Lohn. Ladi meinte, das hinge wohl mit der fehlenden Arbeitserlaubnis zusammen. Der Lohn sei gewöhnlich großzügig bemessen, durchaus akzeptabel. »Wie einfach«, dachten wir, überwältigt davon, daß sich auf so leichte und angenehme Weise Geld verdienen ließ.

Ladi verlangte seinen Anteil, zum einen, weil er uns anlernte, zum andern für unsern Schutz. Vor wem er uns beschützen sollte, war ungewiß. Fünfzig Prozent fand er angemessen, doch da er nicht dabei war, wenn das Geschäft abgeschlossen wurde, zog er eine feste Abgabe vor.

Man kann über Ladi sagen, was man will, aber er nahm sich Zeit, um mir ein gutes Benehmen gegenüber den Kundinnen beizubringen, und in der ersten Zeit vermittelte er die meisten Kontakte. Wenn ich mich mal über das Aussehen einer Dame beklagte, entgegnete er gern mit Wehmut im Blick: »Pfui, schäm dich. Hast du kein Mitleid?« Und das hatte ich schließlich.

Zuerst ging alles soweit gut, auch wenn diese Arbeit öfter schwer fiel und mir Unbehagen bereitete, nicht zuletzt wegen des unterschiedlichen Alters meiner Auftraggeberinnen, doch mit Rücksicht auf meine finanzielle Lage konnte ich nicht darauf verzichten. Bald zeigte sich jedoch, daß diese Sportart mich nicht stärkte, sondern beträchtlich an meinen Kräften zehrte. Ich legte Ruhepausen ein. Zuerst einen Tag, dann zwei, dann vier. Ladi war ärgerlich und verzweifelt, weil die anderen an demselben Problem litten. Schließlich fand ich es am besten, mich selbständig zu machen und selbst das Tempo zu bestimmen. Siebzehn Jahre und schon selbständiger Unternehmer. Ich hatte nie Lust auf einen solchen Beruf verspürt, und jetzt war er nur noch eine Plage. Meine Kräfte versiegten, und mein Rücken schmerzte. Wie ein alter Mann kam ich daher, gebeugt und mit langsamen Schritten. Die Leute auf der Straße mochten vielleicht mitleidig überlegen, an welcher Krankheit ich litt. Das größte Problem war, daß mein Zustand es unmöglich machte, auf andere Weise Geld zu verdienen.

Ich suchte Gracielle auf, und sie lachte, als sie mich daherwanken sah. Als ich ihr aber den Grund nannte, wurde sie hysterisch und gab mir eine schallende Ohrfeige, die mich zu Boden warf. Sie half mir wieder auf und umarmte mich. »Das darfst du nicht tun«, sagte sie, »Männer sind für diesen Beruf nicht geschaffen, und du schon gar nicht.« Ich mußte ihr hoch und heilig versprechen, sofort damit aufzuhören, sonst würde sie mich anzeigen. Sie gab mir Geld, das für die nächste Zeit reichte. Ich versprach es ihr nochmals und ging.

Schon tags darauf ging ich zum Komitee und beantragte einen Platz im Lager von Merxplanc, den man mir sofort bewilligte. Das Lager bestand aus freistehenden Ziegelgebäuden, ohne Zaun darum herum. Man konnte nach Belieben kommen und gehen, allerdings mußte man bestimmte Vorschriften befolgen. Das Essen war gut, die Bettwäsche sauber und frisch, die Waschräume waren groß, und die Duschen reichten aus. Es fehlte uns an nichts.

Außerdem gab es Werkstätten zur Umschulung in verschiedenen Berufen, und sogar Unterricht in akademischen Fächern für alle, die ihr Studium nicht hatten abschließen können. Ein Saal war für Theater und andere Auftritte eingerichtet. Dort meldete ich mich an. Der Leiter war ein bekannter Komiker aus Wien, und ich fand mich in diesem Milieu gut zurecht. Ich durfte singen und tanzen und einfachere Texte schreiben. Schon in meiner Schulzeit hatte ich Talent für derlei gezeigt, und später sollte mir das noch von großem Nutzen sein.

Es war eine wunderbare Gemeinschaft. Wir hatten Spaß und halfen einander, wo es nötig war. Jede Woche gaben wir eine Vorstellung – ein Kabarett. An professionellen Künstlern mangelte es nicht, weder an Tänzern noch an Schauspielern. Die Sonntage, an denen wir spielten, waren für viele unserer Kollegen Lieblingstage.

»Kollege« war die übliche Anrede im Lager. Weder »Sie« noch »Du«, sondern schlicht und einfach »Kollege«. Es war notwendig, eine Anredeform zu finden, die allen Flüchtlingen mit ihrer unterschiedlichen sozialen Herkunft entsprach. Nicht zuletzt war der Altersunterschied zu berücksichtigen. Mir als Siebzehnjährigem stand es nicht zu, einen Sechzigjährigen zu duzen, bloß weil er zufällig Flüchtling war. Man bemühte sich, untereinander einen gewissen Respekt zu wahren. Also waren wir Kollegen.

Im Lager zu sein, bedeutete keinerlei Zwang. Es gab keine Wächter oder Gendarmen, die uns beaufsichtigten. Das Lager wurde von Flüchtlingen geleitet, die diese Aufgabe ohne besondere Vorteile übernahmen, um das Lagerdasein so angenehm wie möglich zu gestalten. Für mich bedeutete das Lager eine dringend nötige Erholung, aber nichtsdestoweniger war es ein Lager. Zwar war ich mit dem meisten zufrieden, doch jetzt, da die Sonne wieder so schön schien und die Rückenbeschwerden nachließen, sagte ich meinen Kollegen Lebewohl und fuhr zurück nach Brüssel.

Ich ging schnurstracks zu Gracielle. Ich sah schon vor mir, wie sie sich freuen würde über das Wiedersehen und über meinen Wunsch, wieder eine Weile bei ihr zu wohnen und ein »braver Junge« zu sein. Mit diesen guten Neuigkeiten stürzte ich in den Laden, aber Gracielle war nicht da. Eine schöne junge Frau begrüßte mich:

»Bon soir, mon petit.«

»Où est Gracielle?« fragte ich, ohne ihren Gruß zu erwidern.

Zu meiner großen Enttäuschung erfuhr ich, daß Gracielle der jungen Dame ihr Geschäft überlassen hatte und in eine andere Stadt gezogen war. Niedergeschmettert von diesem traurigen Bescheid, begab ich mich ins Café, in der Hoffnung, jemanden zu treffen, der mir etwas Geld leihen konnte.

Ladi saß mit einigen seiner »Angestellten« an einem Tisch. Er bekundete seine Anteilnahme; es wäre ihm – wie er es so liebenswürdig ausdrückte – eine große Freude, einem in Not geratenen ehemaligen Mitarbeiter zu helfen. Als ich erklärte, ich dächte keinesfalls daran, wieder diese Laufbahn einzuschlagen, unterbrach er mich: »Ich verstehe dich sehr gut, aber falls du es dir anders überlegst, bist du mir jederzeit willkommen.«

Ich bekam hundert Franc auf Pump, und gegen Nachmittag fand ich ein kleines Zimmer. Die Freude darüber, wieder in Freiheit zu leben, wich einem Gefühl grenzenloser Einsamkeit. Ich suchte wieder meinen früheren Bekanntenkreis im Emigrantencafé auf, aber auch unter ihnen fühlte ich mich unsäglich einsam. Jetzt erlebte ich zum ersten Mal die Verlassenheit, die man als Flüchtling empfindet. In den ersten Tagen verließ ich kaum das Zimmer.

Ich wohnte nicht weit vom »Maison de Peuple«, wo man sich für wenig Geld an einer dicken Suppe und einem Stück Brot satt essen konnte. Hatte man kein Geld, bekam man trotzdem Suppe, wenn man darum bat. Wenn ich nicht schlafen konnte, lag ich rücklings auf dem Bett, starrte an die Decke und ließ die Erinnerungen frei durch den Kopf strömen. Mir war durchaus bewußt, daß ich so nicht weiterleben konnte, aber ich hatte keine Initiative, keine Kraft, etwas zu ändern. Statt Zukunftspläne zu schmieden, war ich besetzt von der Vergangenheit.

Da ich keine Kontakte pflegte, mir aber trotzdem die Zeit vertreiben mußte, besuchte ich die Bibliothek, um etwas zum Lesen auszuleihen. Es gab nicht viele deutsche Bücher, aber immerhin fand ich ein Lehrbuch der Psychologie und ein Buch über Spiritismus und Metaphysik mit dem Titel *Damian*. Darin wurde unter anderem ein Mann beschrieben, der mit seiner Mutter in telepathischem Kontakt stand. Zuerst fand ich es interessant, aber je länger ich las, um so verwirrender wurde es. Ich ging in meiner Kammer auf und ab und versuchte, mir auf den Inhalt einen Reim zu machen. Wie könnte ich eine solche Kraft für mein eigenes Leben nutzen? Besaß ich überhaupt solche Kräfte? Und wenn ja, wen sollte ich anrufen? Was sollte ich fragen, falls ich Antwort bekam?

Ich legte mich aufs Bett und starrte an die Decke. Da trat mir das Bild meines Großvaters vor Augen. Ich liebte meinen Großvater, und jetzt sah ich ihn, doch er sagte nichts.

Trotzdem ließ ich ihn in meinem Inneren sprechen, Worte, an die ich mich aus meiner Kindheit erinnerte. Ich sah ihn ganz deutlich, so wie er oft an meinem Bett gestanden und Zeitung gelesen hatte. Ich sah meine geliebte Großmutter, die mich an der Hand hielt, und beide streichelten mich zärtlich. Dann stand ich auf. Ich fror. Ich durfte nicht einem Leben in der Vergangenheit anheimfallen.

Statt dessen studierte ich eifrig die Grundlagen der Psychologie. Mit großem Interesse folgte ich den Anweisungen, wie man Menschen begegnen, wie man sie betrachten sollte und lernen könnte, zu erkennen, wie Menschen durch ihr Verhalten ihren Charakter verraten. Besonders interessant fand ich die Studien in Physiognomie.

Schon am folgenden Tag, im Maison du Peuple, wo es mich nie länger als nötig hielt, begann ich meine praktischen Übungen im Betrachten meiner Mitmenschen. Nun wußte ich sehr genau, daß alle, die ich dort traf, eins gemeinsam hatten – sie waren arm.

Ich eilte nach Hause zu meinen Büchern, um nach Erklärungen für meine Beobachtungen zu suchen. Es wurde noch schlimmer, als ich anfing, mich selbst im Spiegel zu beobachten. Eine Handbewegung, ein Blinzeln konnten bedeutsam sein und brachten mich ins Grübeln. Legte ich die Hand auf den Tisch, fragte ich sofort, wieso. Legte ich sie in den Schoß, fragte ich mich dasselbe. Jede meiner Bewegungen analysierte ich bis ins kleinste Detail.

Da ich trotz ständiger Aufforderungen nicht ins Lager zurückkehren wollte, wurde mir schließlich der Unterhalt gestrichen, und ich mußte wieder betteln gehen. Es ging gut, was ich zusammenbekam, reichte für Essen und Miete. Den größten Teil meiner Zeit verbrachte ich mit meinen Studien.

Durch diesen Zeitvertreib vergaß ich meine Sorgen und lernte zugleich die Kunst, ein Problem methodisch anzugehen. War ich vor eine Schwierigkeit gestellt, legte ich mich rücklings aufs Bett und machte die Augen zu. Dann offenbarte sich mein Großvater. Ich sprach mit ihm, er hörte mir zu, und dann fanden wir zusammen die Lösung. Anschließend stand ich auf und tat das, was ich sollte. Es war selten falsch. Das Bewußtsein, daß ich vollständig auf mich selbst angewiesen war, schenkte mir Stärke und Selbstvertrauen – und das hatte ich als Flüchtling auch dringend nötig.

Allmählich verbreitete sich die Angst vor dem Krieg. In allen Brasserien wurde politisiert, und die Flüchtlinge bereiteten sich darauf vor, weiterzuziehen, aber wohin? Wer würde uns aufnehmen? Mir fiel mein ehemaliger Chef ein, der jetzt in London lebte, wo er ein großes Unternehmen leitete. Wir hatten schon früher einige Briefe gewechselt; jetzt schrieb ich ihm und erkundigte mich nach den Möglichkeiten, eine Einreisegenehmigung nach England zu bekommen. Die Antwort fiel insofern negativ aus, als er mir nicht zur legalen Einreise verhelfen konnte, doch wenn ich auf eigene Faust nach London gelangte, würde er dafür sorgen, daß ich bleiben durfte. Seine Worte gaben mir neue Kraft, und sogleich schmiedete ich Pläne.

Das Schiff nach Dover ging von Ostende ab. Ostende war also mein Ziel. Ich schuftete wie ein Sklave mit meiner Bettelei und gönnte mir nur das Nötigste. Nach einer Woche war ich unterwegs.

Ostende war ein wunderhübscher kleiner Kurort. Ohne an mein eigentliches Anliegen zu denken, schlenderte ich die Strandpromenade entlang. Verzückt blieb ich vor den großen Hotels stehen, mit ihren gepflegten Anlagen und uniformierten Portiers mit blankpolierten Knöpfen, die dem stetigen Strom der Gäste die Türen öffneten. Widerwillig riß ich mich von dem faszinierenden Schauspiel los und begab mich zum Hafen, um herauszufinden, welche Möglichkeiten es gab, ungesehen den Eingang zu passieren, der streng bewacht ein Stück weit von der Fähre lag. Ich lungerte auf der Suche nach einem unbewachten Durchschlupf herum, fand aber keinen. Die ganze Nacht durchstreifte ich den kleinen Ort, und früh morgens schlüpfte ich in einem unbeobachteten Moment durch den Hafeneingang und kam fast bis zum Landungssteg. Hinter ein paar Ballen versteckt, hielt ich Ausschau. Vor dem Aufgang zum Schiff ging ein Wächter in Uniform auf und ab. Die nächste Aufgabe war, an ihm vorbeizukommen. Nach zwei Stunden wurde er abgelöst. Es gab keine Chance, den Posten unentdeckt zu passieren.

Ich zog meine Jacke aus, hängte sie lässig über die Schultern und ging zu dem Wächter. Ich grüßte, er grüßte zurück. Wir plauderten über Abfahrtszeiten und das schöne Wetter, und bald hatte ich erfahren, daß er verheiratet war und zwei Kinder hatte. In dem Gefühl, er sei vertrauenswürdig, sagte ich ihm, wie es um mich stand und daß ich unbedingt an Bord kommen müßte. Von ihm aus gäbe es kein Problem, meinte er, aber hinter der Tür stieß ich auf einen Wächter, der Pässe und Fahrkarten kontrollierte. Dieser holte den Kapitän. Auch der war sehr verständnisvoll, aber ich bekam ein Nein. Er riet mir, eine Genehmigung zum Anheuern auf den Schiffen zu besorgen.

Ich suchte sofort die Adresse auf, die er mir genannt hatte. Der Mann, der mich empfing, hätte mir so gern geholfen, aber – und dabei breitete er die Arme aus – »leider«. Ich bekam eine neue Adresse, mit dem gleichen Ergebnis. Meine »carte blanche« war nicht ausreichend für die Arbeitserlaubnis auf einem Schiff. Drei Tage lang lief ich von einer Stelle zur anderen, aber überall bekam ich die gleiche Antwort: »Ohne Erlaubnis keine Arbeit.«

Müde und verzweifelt machte ich mich auf den Rückweg nach Brüssel, wo ich einen Brief von meiner Mutter vorfand. Er war in Aachen abgeschickt. Sie versuchte offenbar, nach Brüssel zu gelangen. Kurz darauf traf ich eine Dame, die erzählte, Mutter hätten die Mittel für die Flucht gefehlt und sie sei nach Wien zurückgekehrt. Offenbar war es sehr teuer geworden, Hilfe von den Menschenschmugglern zu bekommen. Nach dem Krieg erfuhr ich von meinem Stiefvater, daß sein Bruder als Parteimitglied sie 1941 denunziert und ihre Fluchtpläne vereitelt hatte. Er selbst war eingezogen und an die russische Front geschickt worden. Meine Mutter hatte man nach Riga deportiert und von dort nach Theresienstadt, wo sie nach dem Zeugnis eines Überlebenden das Schicksal so vieler anderer teilte – Transport in die Gaskammer.

Ziellos und planlos ließ ich mich durch Brüssel treiben. Da traf ich einen alten Jugendfreund aus Wien. Er war kein Jude, aber politisch engagiert. Nachdem wir uns eine Weile über unsere Erlebnisse ausgetauscht hatten, nahm er mich mit zu einem politischen Komitee, wo man mir finanzielle Unterstützung zusagte. Mit Lust und Laune beteiligte ich mich an den Diskussionsabenden und lernte viele interessante Leute kennen. Da ich der Jüngste war, nahm mich Doktor Hirse, der Vorsitzende des Vereins, unter seine Fittiche.

Dann kam der 1. September 1939, Deutschland überschritt die Grenze nach Polen, und der Zweite Weltkrieg brach aus. Das war der Startschuß für eine Zeit der Furcht und Unsicherheit für uns alle, ob Jude oder nicht Jude. Auch die Belgier zeigten sich deutlich beunruhigt. Es wurde endlos spekuliert. Man rechnete sich seine eigenen Chancen aus und die Chancen der anderen, aber das alles waren nur Vermutungen. Niemand konnte ahnen, was bevorstand. Wo immer Menschen zusammenkamen, wurde eifrig und heftig diskutiert. Doktor Hirse hatte mit Hilfe der Behörden ein Haus in Hall organisiert, einem kleinen Ort unweit von Brüssel. Das Haus sollte der beruflichen Umschulung politischer Flüchtlinge dienen. Dort war ich oft zu Besuch.

Doktor Hirse wollte mich überreden, da einzuziehen, stieß aber bei mir auf taube Ohren. Das Haus lag zwar mitten im Ort, und man war frei, nach Belieben zu kommen und zu gehen, aber schon damals löste allein das Wort Lager bei mir das große Zittern aus. Zu der Zeit wohnte ich bei einer sehr liebenswürdigen jüdischen Familie mit zwei Töchtern, die eine sechzehn, die andere dreiundzwanzig. Ich war bis über beide Ohren in die Ältere verliebt, und die Jüngere war in mich verliebt. Es war ein Elend. Die Ältere, Golda, war sehr schön. Sie hatte lange, rabenschwarze Haare, die über ihre Schultern fielen, und war geschmeidig wie eine Gazelle. Wenn sie mich mit ihren großen dunklen Augen ansah, bekam ich weiche Knie.

Ich war vollständig vernarrt in sie, und in meinem jugendlichen Überschwang hielt ich das für Liebe. Meistens sah ich sie nur für kurze Momente. Sie arbeitete als Kassiererin in einem Nachtclub, wie sie sagte. Ihre Nachtarbeit zwang sie dazu, tagsüber zu schlafen, und das wiederum bedeutete, daß ich nur wenig Gelegenheit hatte, mit ihr zu reden. War sie erst wach und angezogen, hatte sie es stets eilig wegzukommen. Ich durchlebte also eine unerwiderte Liebe.

Nacht für Nacht lief ich vor dem Haus auf und ab und wartete auf sie. Die Zeit verstrich, es wurde drei, es wurde vier. Ich ging hinein und legte mich ins Bett, und obwohl ich versuchte, mich bis zu ihrer Rückkehr wachzuhalten, schlief ich regelmäßig ein. Dabei sehnte ich mich Tag und Nacht nach ihr. Einmal ergab sich eine Gelegenheit, als sie frei hatte.

Auf meine schüchterne und unbeholfene Art versuchte ich ihr zu erklären, wie tief meine Gefühle für sie seien und wie sehr mich die Sehnsucht quäle. Ich mied jede Andeutung von Erotik. Sie sah mich mit ihren schönen großen Augen an, nahm meinen Kopf in ihre Hände, küßte mich auf den Mund und sagte: »Mon pauvre petit.« Das war alles.

Nachdem ich mich lange genug mit meinen unerwiderten Gefühlen herumgeplagt hatte, fuhr ich zu meinem guten Freund Doktor Hirse und bat um Aufnahme in sein Lager. Ganz im Vertrauen gestand ich ihm meinen Liebeskummer. Wie üblich hörte er zu, ohne mich zu unterbrechen. Als ich fertig war, sagte er: »Obwohl ich dich verstehe, darfst du dir in Kriegszeiten solche Gefühle nicht erlauben. Du wirst deine ganze Kraft brauchen, um den Frieden noch zu erleben.« In Hall lebte ich mich gut ein, und Doktor Hirse ermunterte mich, meine Psychologiestudien fortzusetzen.

Viele von uns meldeten sich freiwillig für den Bedarfsfall zum Eintritt in die französische Armee. Um dies zu dokumentieren, wurde eine rote Flamme auf die Rückseite meiner »carte blanche« gestempelt. Am 10. Mai 1940 erklärte Deutschland Belgien den Krieg. Jetzt wurde es ernst. Wir versammelten uns im großen Saal und bekamen unsere Anweisungen. Schon am nächsten Tag marschierten wir nach Enghien, einem kleinen Ort etwa zehn Kilometer von Hall entfernt. Dort warteten die Eisenbahnwaggons, die uns zur Grenzstation Tournai befördern sollten. In Tournai sollten die Franzosen die Verantwortung übernehmen und uns in die französische Armee eingliedern.

In einer ungeordneten Kolonne marschierten wir also nach Enghien. Wir gingen die Landstraße entlang, und ununterbrochen rasten Militärfahrzeuge vorbei. Über unseren Köpfen kreisten Flugzeuge, und bei näherer Betrachtung erwiesen sie sich als deutsche Maschinen.

Bis dahin war mir der Ernst der Lage nicht wirklich bewußt. Ich konnte noch lachen, als einer von uns sagte: »Fliegen Sie nicht so tief, Herr Deutscher, noch sind wir Zivilisten.« Aber kaum hatte er den Satz beendet, waren sie schon wieder da, diesmal noch tiefer, und nach einer kurzen Schleife flogen sie uns auf der Straße genau entgegen, als hätten sie vor zu landen. Dann knallte es plötzlich … ra ta ta …, die Kugeln pfiffen mir um die Ohren.

»Zu spät«, dachte ich, als ich auch schon in einem Graben lag. Zwei tückische deutsche Maschinen zogen drei Schleifen und beschossen uns, aber ohne zu treffen. »Anfänger«, sagten wir und bemühten uns, nicht so schockiert zu klingen, wie wir es tatsächlich waren. Der überraschende Zwischenfall führte zu großer Verspätung, und wir waren erst um drei Uhr in Enghien. Wieder gesammelt, erreichten wir in ungeordneten Reihen den Bahnhof. Niemand war verletzt. Da standen wir nun ratlos in Erwartung weiterer Anweisungen. Plötzlich heulte ohrenbetäubend eine Sirene. »Verteilt euch«, schrie jemand. Ich hörte das Brummen eines Flugzeugs und sah auf. Planlos rannte ich davon, dann knallte es. »Bomben«, dachte ich. Ich warf mich zu Boden und schützte instinktiv den Kopf mit den Armen. Ein scharfes, pfeifendes Geräusch schwoll an, dann kam die Detonation. Jetzt wußte ich, daß es Bomben waren, und das lähmte mich.

Mir war, als würde der Kopf platzen von all dem Blut, das die Angst emporströmen ließ. Völlig ungeschützt lag ich mitten auf der Straße am Boden. Nur wenige Meter entfernt stand ein kleines Haus. »Zum Haus«, rief ich Edi zu, der neben mir lag. Um uns her fielen die Bomben. Mit wenigen Sätzen hatten wir die Straße überquert und glitten wie Panther über den niedrigen Zaun. »Runter in den Keller«, schrie Edi. »Wo ist der Keller?« schrie ich zurück. Zum Klingeln und Fragen blieb wirklich keine Zeit, so liefen wir um das Haus herum und fanden eine kleine Treppe, die abwärts führte. Die Tür war zugesperrt. Ich zog einen Schuh aus, schlug das Fenster ein und machte die Tür von innen auf. Drinnen suchten wir Schutz hinter zwei großen Eisenkesseln. Wir hörten mehrere Bombeneinschläge und wagten kaum zu atmen. Dann heulte endlich die Sirene wieder, und wir verstanden, daß die Gefahr vorüber war.

Erst jetzt musterten wir unseren »Schutzraum« etwas genauer und brachen in hysterisches Gelächter aus. Die Decke und die Wände waren aus Pappe. Beim kleinsten Treffer wäre alles eingestürzt. Als wir herauskamen, stellten wir fest, daß unsere kleine Holzhütte unbeschädigt war, während die beiden Nachbarhäuser lichterloh brannten. Glücklicherweise hatten die Deutschen nur Brandbomben mit begrenzter Schadenswirkung abgeworfen.

An einer Ecke gegenüber dem Bahnhof stand ein älterer Mann. Er war es, der wegen der fremden Flugzeuge Alarm gegeben hatte. Da wir ohnehin an ihm vorbeikamen, blieben wir stehen und betrachteten sein Instrument. Es sah aus wie ein alter Leierkasten, und es fehlte nur noch ein Affe, der auf seiner Schulter Lose verkaufte. Ich konnte mich nicht zurückhalten und sagte: »Ganz schön simpel.«

»Ah oui«, stimmte er zu.

»Nächstes Mal könnten Sie vielleicht ein bißchen früher die Kurbel betätigen?«

»Was sollte ich machen? Ich habe sie erst so spät gehört«, entschuldigte er sich mit traurigem Gesicht.

Mehr Zeit hatten wir nicht für ihn. Wir halfen, die Verletzten in die Autos zu tragen, die sie ins Krankenhaus bringen sollten. Dann schlugen wir uns durch zum Zug nach Tournai.

3

NACH DIESEM ÜBERRASCHENDEN Zwischenfall scherzten wir zwar weiter, waren aber sehr angespannt. Bald würden wir keine Flüchtlinge mehr sein, sondern aktiv am Verlauf der Ereignisse mitwirken. So stellten wir uns das jedenfalls vor. Wir saßen in Güterwagen, die eigentlich zum Transport von Autos gedacht und daher alles andere als bequem waren. Aber was tat's? Wir waren in guten Händen, unter dem Schutz Frankreichs. So glaubten wir jedenfalls.

Endlich setzte sich der Zug in Bewegung. Der scharfe Wind blies in die Waggons hinein und kühlte unsere überhitzten Köpfe. Schon nach einer Stunde waren wir in Tournai. Eine Stimme rief, wir sollten auf unseren Plätzen sitzenbleiben, und so machten wir es. Wir waren auf Gehorsam bedacht, als Soldaten der französischen Armee.

Draußen herrschte größte Verwirrung. Französische, belgische und englische Soldaten sowie Tausende von Zivilisten schrien durcheinander. Wir saßen wie auf einer Zuschauertribüne und überlegten, worum es wohl ging. Nach einer Weile hatte man sich offenbar geeinigt, und jetzt stürmten die Zivilisten unsere Waggons und wollten ebenfalls Platz finden. So gut es ging, teilten wir den engen Raum mit ihnen, und mit einem kurzen, heftigen Ruck setzte sich der Zug wieder in Bewegung.

»Wohin sind wir unterwegs?« fragte ich einen Ankömmling.

»Nach Frankreich«, antwortete er kurz.

»Aha«, sagte ich nur, obwohl ich seine Antwort merkwürdig fand, denn schließlich waren wir doch schon in Frankreich.

Zwischen Enghien und Tournai hatten wir reichlich Platz gehabt, obwohl es nicht gerade bequem war, aber jetzt drängten wir uns zusammen wie Sardinen. Der Transport war nicht ganz ungefährlich. Die Güterwagen hatten keinen festen Boden, wir saßen auf Schwellen, zwischen denen die Beine herabbaumelten. Solange es hell war, ging es noch an, und die Stimmung war ausgelassen. Hin und wieder stimmte jemand ein Lied an. Wir konnten uns nicht erlauben einzuschlafen. Die Gefahr, zwischen den Schwellen durchzufallen, war groß. Außerdem wehte ein scharfer Wind. Die ganze Nacht durch fuhren wir, und als uns am Morgen ein schöner Sonnenaufgang empfing, wußten wir immer noch nicht, wohin wir unterwegs waren. Aber wir vertrauten auf die Franzosen.

Am Vormittag hielt der Zug mehrmals an, und immer

standen Zivilisten, Männer, Frauen und Kinder, aufgereiht am Bahndamm, als würden sie den Zug erwarten. Sie waren Flüchtlinge in ihrem eigenen Land, Franzosen, die vor den Deutschen flohen wie wir. Die Waggons waren bis zum Bersten gefüllt, was den Vorteil hatte, daß es jetzt praktisch unmöglich war, zwischen den Schwellen abzustürzen, da es keine Zwischenräume mehr gab. Ich saß in der Mitte eingezwängt und sah für mich keine Absturzgefahr. In dem Fall würde es viele andere vor mir treffen.

Wir hatten keine Möglichkeit, auf die Damen Rücksicht zu nehmen, und sie nahmen uns das nicht übel. Das Problem war, seine Bedürfnisse zu verrichten. Für diesen Fall hatten die Franzosen nicht vorgesorgt. Die Männer taten es ziemlich ungeniert, für die Frauen war es schlimmer. Der Zug hielt zwar gelegentlich, doch stets auf freier Strecke, wo es nicht einmal einen Baum gab, um sich dahinter zu verbergen. Während ich meine Notdurft verrichtete, standen ganz in meiner Nähe vier Nonnen und sahen sich um. Sie gingen immer weiter hinaus auf den Acker, aber schließlich hatten sie keine Wahl. Wir anderen wandten uns ab oder schauten in den Himmel. Wir waren alle auf der Flucht, aber es war doch ein großer Unterschied, ob man Flüchtling war oder als französischer Zivilist flüchtete.

Früh am Nachmittag liefen wir in einen großen Bahnhof ein. Wir waren in Orléans. Viele verließen den Zug, auch wir, die zur Armee gehörten. Wir wurden von einigen Militärpersonen, möglicherweise Offizieren, abgeholt, und mit Lastwagen zu einer großen Kaserne gebracht, einer Reihe von Gebäuden rings um einen Exerzierplatz, darin viele große Räume, ausgestattet mit Eisenbetten.

Die ersten Tage vergingen ohne besondere Ereignisse. Wir bekamen relativ gutes Essen, und zwischen den Mahlzeiten wurden wir einzeln von ein paar Militärs zum

Verhör bestellt. Am dritten Tag waren Gerüchte im Umlauf, unter uns gäbe es Spione. Ich war kein Spion, also brauchte mich das nicht zu kümmern. Jedenfalls dachte ich das. Als ich an der Reihe war, betrat ich unbeschwert den Raum und legte meine Papiere auf den Tisch: meine Geburtsurkunde und die »carte blanche«. Erstere legten sie sofort zur Seite. Meine »carte blanche« hingegen unterzogen sie einer gründlichen Prüfung. Sie unterhielten sich flüsternd, musterten mich und flüsterten wieder. Es waren sechs respekteinflößende Herren. Ich stand allein da und versuchte, ein ehrliches Gesicht zu machen. Ihren Blicken begegnete ich mit einem kaum merklichen Lächeln. Doch das Lächeln wich bald der Besorgnis, als ich ihre strengen und ernsten Mienen sah. Der Boden brannte mir unter den Füßen, Schweißperlen traten mir auf die Stirn. Erleichtert atmete ich auf, als sie mich entließen. Ich hatte etwas sagen wollen, verschluckte es aber nach ihrem scharfen »Allez!«.

Verstört und benommen kehrte ich zurück zu meinen Kameraden.

»Warum haben sie mir meine Papiere nicht zurückgegeben?«

»Vielleicht bist du ein Spion«, scherzte Edi.

Ich sah ihn an und schnitt eine Fratze, aber beunruhigt war ich doch. Wieso ausgerechnet ich?

Drei Stunden später sahen wir durchs Fenster, wie sie unten auf dem Exerzierplatz zwei Fallschirmjäger erschossen, die sich als Priester verkleidet hatten. Jetzt wurde ich noch nervöser. Meine Papiere waren doch in Ordnung, und ich würde als Flüchtling und Freiwilliger der französischen Armee beitreten. Ich war kein Spion. Alles war so neu, so fremd, ich verstand es nicht. Aber ich mußte nicht lange grübeln, schon wurde mein Name aufgerufen, und ein Mann in einer mir unbekannten Uniform führte mich in einen großen Saal mit einigen wenigen Betten. Dann verschwand er wieder, ohne ein Wort.

Ich ging in dem Raum auf und ab, schaute hinunter in den Hof und wartete. Stunden später erschien ein junger Kerl, den ich für einen Offizier hielt. Er stellte die gleichen Fragen, die ich zuvor der Kommission beantwortet hatte. Die Fragen waren leicht zu beantworten, da sie mir selbst galten, und dieses Thema lag mir sehr am Herzen. Ich mußte nicht lange nachdenken, sondern antwortete rasch, was ihn offenbar mißtrauisch machte. Hähmisch bemerkte er, mein Gedächtnis sei eine Spur zu gut. Hin und wieder versuchte ich ihn mit einer Frage zu unterbrechen, doch er schnappte sofort zurück: »Ich stelle hier die Fragen.« Trotz meiner Irritation antwortete ich höflich immer und immer wieder auf die gleichen Fragen. Die winzigen Variationen hatte ich schnell durchschaut.

Nach einer Weile konnte ich es nicht lassen, mit ihm zu spielen, indem ich langsamer und nachdenklicher antwortete. Ich kaute auf den Worten herum und zögerte, obwohl ich vorher schon mehrmals genau dasselbe beantwortet hatte. Es machte mir eine klammheimliche Freude, ihn an der Nase herumzuführen. »Wann waren Sie dort? Und warum?« Und dann nochmal wann und wo und warum, immer käute er dieselben Fragen wieder. Ab und zu schaute ich ihn angestrengt an, runzelte die Stirn und sagte nachdenklich: »Ja … warum? Vielleicht habe ich das falsch in Erinnerung, lassen Sie mich überlegen, nein, es war doch so.« Auf diese Weise machten wir weiter. Nach einer Stunde gab er auf und schickte mich zurück zu meinen Kameraden, aber am nächsten Tag wurde ich wieder zum Verhör bestellt. Dieselben Fragen ergaben dieselben Antworten. Ich sah ihn verdutzt an, als er plötzlich fragte:

»Sind Sie Jude?«

»Ja.«

»Auf welche Art sind Sie Jude?«

Mir blieb der Mund offenstehen.

»Auf welche Art ich Jude bin? Das kann ich nicht beantworten. Mir ist nicht bekannt, ob es verschiedene Arten gibt, ich kann nur sagen, ich bin Jude, weil ich so geboren bin.«

Das nahm er hin, und das Verhör fiel an diesem Tag relativ kurz aus. Am nächsten Tag wurde es schlimmer. Früh morgens wurde ich geweckt und in ein kleines Zimmer geführt, in dem nicht mal ein Stuhl stand. Ich ging auf und ab wie ein rastloses Tier.

Nach etwa einer Stunde erschien mein Bekannter. War er zuvor schon nicht direkt unangenehm gewesen, so schien er jetzt die Freundlichkeit in Person. Er fragte, wie es mir gehe und ob ich gut geschlafen hätte, und wirkte beinah wie einer Reklame entstiegen, so sorgfältig gescheitelt und frisch rasiert in seiner gut geschnittenen Uniform. Flüchtig kam es mir, daß ich vielleicht versuchen sollte, Offizier zu werden. Er machte mich ganz kribblig mit seiner übertrieben freundlichen Art. Um eine Frist zu bekommen und meinen Gedanken eine neue Richtung zu geben, sagte ich: »Hoffentlich haben Sie bald die Bestätigung für meine Identität, sonst ist vielleicht der Krieg vorher zu Ende.«

Er antwortete nicht, und ich konnte damals nicht ahnen, wie recht ich hatte.

Sein plötzlich so scharfer Blick und der Kommandoton verhießen nichts Gutes. »In die Ecke da, mit dem Gesicht zu mir!« Seine Stimme war ohne Erbarmen. Nun mußte ich nochmal mein ganzes Leben erzählen, von Geburt an. Ich nutzte die Gelegenheit zu einer scherzhaften Bemerkung: »So weit zurück reicht mein Gedächtnis nicht.«

Er war nicht zum Scherzen aufgelegt. Ich mußte fortfahren.

Während ich unentwegt erzählte, zog er einen Füller aus der Brusttasche und ließ ihn vor meinen Augen kreisen. Ich bat ihn, damit aufzuhören; es war schrecklich irritierend. Er fixierte meine Augen und sagte flüsternd, ich solle weitererzählen, aber nur die Wahrheit, er wolle die Wahrheit wissen. Dabei kam er so nah an mich heran, daß ich seinen Atem spürte. Er flüsterte und flüsterte, und der Füller kreiste ununterbrochen vor meinen Augen. Mir brach der kalte Schweiß aus, ich wurde immer nervöser, als ich merkte, daß es mir schwerer fiel, die Fragen zu beantworten. Mir platzte fast der Kopf, und mir war übel vor Angst. Ich spürte, daß er mich verwirren wollte. Mit einem Mal wurde mir klar: »Hypnose. Er will mich hypnotisieren.« Mein Herz begann zu klopfen, und es hämmerte in mir: »Antworte nicht, warte mit der Antwort, besinn dich.«

Dann hatte ich eine Eingebung. Ich erinnerte mich, bei meinen privaten Studien in Belgien gelesen zu haben, Hypnose sei wirkungslos, wenn der Patient sich dagegen unempfänglich mache. Ich wollte mich unempfänglich machen. Mein leicht verschleierter Blick schärfte sich wieder. Ich sah ihn an und fragte, was er wissen wolle. Nach einem kurzen Blick steckte er den Füller wieder ein und sagte: »Sie können gehen. Das war alles.« Und fügte rasch hinzu: »Für heute.« Total ausgelaugt und mit weichen Knien kehrte ich zu meinen Kameraden zurück. Sie wollten mich ausfragen, aber ich hatte nicht die Kraft, mit ihnen zu reden.

Den ganzen Tag blieb ich für mich, in Gedanken versunken. Es durfte ihm nicht gelingen. Ich würde standhalten. Gründlich erforschte ich mein Gedächtnis nach allem, was ich über Hypnose gelesen hatte, und sagte es mir immer wieder vor. Es sollte ihm nicht gelingen. Spät am Nachmittag des nächsten Tages ließ er mich wieder rufen, aber nun war ich bereit. Wieder ließ er seinen Füller vor meinen Augen kreisen. Ruhig und entspannt begegnete ich seinem Blick, hörte seine Fragen an und antwortete gedämpft, mit denselben Worten, die er schon so oft zuvor gehört hatte. Gleichzeitig wiederholte ich ständig in meinem Inneren: »Es wird ihm nicht gelingen, er kann mich nicht hyponotisieren.«

Bei jeder Frage, vor jeder Antwort wiederholte ich das. Wenn er wieder die alten Fragen stellte, konnte ich gelassen sagen: »Das haben Sie bereits gefragt«, worauf er brüllte, ich solle nur antworten und sonst nichts. Je nervöser er wurde, um so ruhiger wurde ich. Er versuchte es immer wieder aufs neue, mit demselben Resultat. Eine ganze Woche lang quetschte er mich aus. Dann hatten sie offenbar endlich den Bescheid aus Brüssel bekommen, daß ich tatsächlich die Person war, die ich zu sein vorgab. Er ließ mich wissen, jeder Verdacht, daß ich ein deutscher Spion wäre, sei nun ausgeräumt, und ich antwortete: »Vive la France!«, obwohl ich dachte: »Idiot!«

Wieder wurde ich vor die hohen Herren zitiert, diesmal zur Rekrutierung, ich bekam einen Fünfjahresvertrag für die Fremdenlegion.

»Und wenn der Krieg früher zu Ende ist?« fragte ich unschuldig.

»Sie können aus dem Vertrag aussteigen, wann immer Sie wünschen«, antwortete ein Mann, dessen Uniform mit Auszeichnungen bedeckt war.

»Dann muß ich nicht für fünf Jahre unterschreiben«, konterte ich.

Offensichtlich irritierte ihn meine Antwort. Während er in meinen Papieren blätterte, sagte er ohne aufzusehen: »Sie können gehen. Wir werden Ihnen unsere Entscheidung mitteilen.«

Es folgte eine Reihe von ereignislosen Tagen. Wir faulenzten, spielten Karten und schwatzten. Wir bekamen keine Informationen über den Fortgang des Krieges, keine Zeitungen zu lesen, und es war verboten, die Kaserne zu verlassen. Weitere Zivilisten waren eingetroffen. Nur einige wenige bekamen Uniformen, und man hatte eher den Eindruck eines Lagers als einer Kaserne.

Nach einer weiteren Woche bekam ich endlich meinen Vertrag, nicht für fünf Jahre, sondern »pour la durée de la guerre«, d. h. solange der Krieg dauerte. Ich unterschrieb unverzüglich. Und dann kam der Tag, auf den wir alle gewartet hatten.

Der Appell erfolgte früh morgens. Wir sollten uns auf dem Hof einfinden, mit dem gesamten Gepäck. Für mich war das kein Problem, ich besaß nur eine Zahnbürste und ein paar Kleinigkeiten, aber viele schleppten schwere Koffer mit sich herum, und ich überlegte, von wo sie geflüchtet waren und wohin sie glaubten, unterwegs zu sein.

Edi und ich hatten beide den Verdacht, es gehe hier nicht mit rechten Dingen zu. Wieso hatten wir beispielsweise keine Uniformen? Es war sinnlos, darüber zu spekulieren. Wir hatten einen Vertrag mit Frankreich geschlossen, und das war es jetzt, was zählte. Wir brauchten nicht lange zu warten, bis wir per Lastwagen zum Bahnhof gebracht wurden. Edi und ich tauschten Blicke. Irgendwas stimmte nicht, aber was?

Der Zug bestand aus geschlossenen Wagen, auf denen stand, sie seien geeignet für den Transport von acht Pferden oder vierzig Personen. Das Kommando: »In die Wagen einsteigen« wurde gebrüllt, aber keiner zählte uns, keiner rief uns auf. Die französischen Soldaten riefen »Vite! Vite!«, und wir beeilten uns gehorsam mit dem Einsteigen. Wir waren bestimmt doppelt so viele wie die empfohlene Anzahl von vierzig Personen, dazu das ganze Gepäck. Trotzdem beklagte sich niemand. Schließlich waren wir unterwegs, um unsere Pflicht als Freiwillige der französischen Armee zu tun. Das glaubten wir auch beim Verladen noch. Unser Argwohn erwachte erst, als die Türen plötzlich verriegelt wurden und wir im Dunkeln eingesperrt waren. Und er wurde noch stärker, als wir entdeckten, daß die Schlitze, die normalerweise zur Lüftung dienen, mit Brettern vernagelt waren.

Aufgeregte Fragen gingen hin und her. Wir sollten der Armee angehören, aber transportierten die Franzosen ihre Soldaten wirklich auf diese Weise? Und wo verlief eigentlich die Front? Was hatten sie mit uns vor? Es waren viele Wagen auf den Schienen und eine Menge Personen zu befördern. Einige der Männer schienen zu alt, um noch Soldaten zu werden, aber da begann der Zug schon zu rollen. Alle meine Überlegungen änderten nichts an der Situation, also setzten wir uns zurecht und teilten den wenigen Platz, der uns zur Verfügung stand. An die Dunkelheit gewöhnten wir uns schnell. Viele beklagten sich, das Gepäck beanspruche zu viel Platz, aber diese Kritik mußte ich wenigstens nicht auf mich beziehen.

Nach mehrstündiger Fahrt hielt der Zug, die Türen wurden aufgerissen, gefolgt von wildem Geschrei. »Raus aus den Wagen!« Endlich, dachten wir, und gehorchten, als die Garde Mobile, also die Polizei und nicht das Militär, uns befahl, das gesamte Gepäck auszuladen und es auf einen großen Haufen zu legen. Kaum hatten wir etwas frische Luft geschnappt, als sie uns wieder in die Wagen kommandierten. Schnell, schnell, schnell, wir schwangen uns wieder hinauf, und gleich darauf wurden die Türen verriegelt.

Da saßen wir wieder und wunderten uns. Jemand meinte, die Franzosen hätten vielleicht kein Vertrauen zu uns, da sie sich doch mitten im Krieg befänden. Aber in was für einem Krieg? Man hörte keinen Schuß, hatte keine Spur von einem fremden Flugzeug gesehen oder gehört, jedenfalls nicht in Orléans. Dann wurden die Türen von außen aufgerissen, massenhaft Koffer hereingeworfen, und die Riegel rasteten mit einem Ruck wieder ein. Erneut mußten sich die Augen an die Dunkelheit gewöhnen. Dann fingen alle an zu suchen. Die Koffer waren völlig durcheinander, die meisten hatten sie in die falschen Wagen geworfen. Ich schnappte einen Schweinslederkoffer, hielt ihn hoch und fragte nach dem Besitzer. Alle schauten hin, aber in der Dunkelheit war kaum etwas zu erkennen. Als niemand darauf Anspruch erhob, erklärte ich: »Dann gehört er wohl mir« und musterte den Inhalt. Es war ein sogenannter Reiche-Leute-Koffer, gefüllt mit sorgfältig zusammengefalteten, schönen Kleidungsstücken. Ich war nicht auf Bekleidung aus, sondern nur an Essen und Geld interessiert. So legte ich alles zurück und benutzte den Koffer später als Kopfkissen.

Mittlerweile überlegten wir nicht mehr, was unsere Gastgeber mit uns vorhätten. Die Lüftung war unter aller Kritik, ja, so gut wie nicht vorhanden. Die Wärme und der mangelnde Sauerstoff machten das Atmen schwer. Wir mußten uns an den wenigen kleinen Ritzen abwechseln, um Luft zu schnappen. Am ersten Tag geschah überhaupt nichts, der Zug rollte dahin. Tagsüber war die Hitze drückend, und wir mußten uns fast bis auf die Haut ausziehen. Nachts dagegen wurde es kalt. Am nächsten Tag entdeckte jemand durch einen Spalt, daß wir unterwegs nach Südfrankreich waren, und wir versuchten, seine Freude zu verstehen.

Der Durst quälte uns mehr als der Hunger, und wenn der Zug gelegentlich anhielt, hämmerten wir gegen die Wände und schrien aus Leibeskräften nach Wasser. Aber entweder hörte man unser Rufen nicht, oder man kümmerte sich nicht darum, jedenfalls bekamen wir nichts. Am dritten Tag hatten wir keine Kraft mehr zu schreien. Wir redeten auch kaum miteinander, wir waren zu geschwächt – und worüber hätten wir auch reden sollen?

Unsere Augen hatten sich längst an die Dunkelheit gewöhnt. Wir konnten ohne Schwierigkeiten und ohne aufeinander zu treten von unseren Plätzen in die Ecke gelangen, die wir zur Verrichtung unserer Notdurft bestimmt hatten. Der Gestank war furchtbar, und der Haufen mit Exkrementen wuchs immer mehr an. Die Luft stand, und wir bewegten uns nur, wenn es unbedingt nötig war. Der Rachen war ausgetrocknet, die Speicheldrüsen lahmgelegt. Wir lagen völlig ermattet da und lauschten dem gleichmäßig pochenden Geräusch der Schienenstöße. Unsere Körper waren erschöpft, unser Gehirn war lahmgelegt, das Denken hatte aufgehört, und das rhythmische Pochen wirkte einschläfernd.

Am vierten Tag wurden endlich die Türen aufgerissen, grelles Tageslicht drang herein und stach uns in die Augen. Die Garde Mobile brüllte: »Vite! Vite!« Aber jetzt ging es langsam, wenn sie auch noch so brüllten. Nach vier Tagen ohne Essen und Trinken bewegt man sich im Zeitlupentempo. Ich nahm meinen Schweinslederkoffer und bestieg den mir zugewiesenen Lastwagen. Keiner, nicht ein einziger, fragte nach unserem Ziel. Es wäre sinnlos gewesen.

Die Luft tat uns gut, und die Sonne schien, ohne sich um die zu kümmern, die uns Böses wollten, und obwohl wir so verzweifelt waren. Wir konnten uns nicht orientieren, wußten nicht, wo wir waren. Wir sahen große Weinberge, passierten kleine Orte, hatten aber keine aussagekräftigen Anhaltspunkte. Da rief einer: »Ich sehe Wasser« und ein anderer: »Ich sehe das Meer« und ein dritter: »Welches Meer?«

Was wir sahen, war das Mittelmeer. Zwischen dem Meer und unserer Fahrtstrecke lagen Baracken, Unmengen von Baracken. Sie waren in langen Reihen angeordnet und von einem Stacheldrahtverhau umgeben, der entlang der Straße verlief, Kilometer um Kilometer. Kein Zweifel, es handelte sich um ein Lager.

Die Baracken waren auf primitivste Art gebaut, aus dünnen Brettern, stellenweise mit löchriger Teerpappe verkleidet. Undichte kleine Fenster ließen die Sonne auf das Elend da drinnen scheinen. Die Baracken waren direkt auf den Sand gebaut, hier gab es nichts als Sand. Das ganze Lager bestand aus einem großen Sandstrand. Es gab keine Betten, keine Tische, keine Stühle zum Hinsetzen. Niemand war da, um unsere Fragen zu beantworten – falls es überhaupt noch Fragen gab, auf die man eine Antwort wünschte.

Jeder suchte sich einen Schlafplatz im Sand. Ich markierte den meinigen mit dem feinen Schweinslederkoffer, meinem neuerworbenen Besitztum, und machte mich auf, um die Lage zu erkunden. Neue Lastwagen trafen in einem ununterbrochenen Strom ein und setzten Flüchtlinge ab, die sich kraftlos zu den Baracken schleppten. Offenbar gab es für die Franzosen jede Menge Flüchtlinge zu requirieren, aber auch jede Menge Baracken, um sie unterzubringen. Jetzt war mir klar, daß Frankreich uns nicht als Freiwillige in der Armee respektierte, wir waren hier schlichtweg Gefangene. Genauso klar war mir, daß ich nicht in dieser Hölle bleiben würde. Ich würde von hier verschwinden. Es war nur eine Frage der Zeit.

Zu meiner Freude traf ich Bekannte aus der Brüsseler Zeit, und um mich etwas heimischer zu fühlen, holte ich meinen Koffer und »zog mit ihnen zusammen«. Ja, wie soll man die Situation beschreiben, in der wir uns befanden?

Da sitzt man im Sand in einer windschiefen Baracke, hat vier Tage lang weder etwas zu essen noch zu trinken bekommen. Die Sonne scheint, aber keine Menschenseele ist da, um die Frage zu beantworten, was man hier zu schaffen hat. Man ärgert sich, daß man sich freiwillig gemeldet hat, man hat nicht die geringste Ahnung, was außerhalb des Stacheldrahts vorgeht, in Frankreich, in Europa, in der Welt. Und trotzdem findet man sich zurecht und tut das, was in einer solchen Situation zu tun ist. Man macht das Bestmögliche daraus. Also gingen wir los, um nach Wasser zu suchen.

Wir fanden Pumpen, eine Reihe von Pumpen, die ausgetrocknet vor sich hinrosteten. Mehrere erwachsene Kerle umstanden jetzt eine Pumpe und versuchten vergeblich, Wasser hochzuholen.

»Ist unter uns vielleicht ein Moses mit einem Stab?« fragte einer.

»Ich habe einen Stab, heiße aber nicht Moses«, antwortete ein anderer.

»Ich heiße Moses, habe aber keinen Stab«, sagte ein Dritter.

Dabei bearbeiteten wir unermüdlich die Pumpe, die zwar Luft hervorstieß, aber kein Wasser von sich gab.

»Meine Herren!« meldete sich jetzt einer, der nicht pumpte, »ich heiße nicht Moses und habe auch keinen Stab, aber ich heiße Ahron und weiß, wo der Fehler liegt.«

Alle schauten erwartungsvoll auf Ahron. Gelassen und selbstbewußt fuhr er fort:

»Die Pumpe ist ausgetrocknet. Damit sie uns Wasser gibt, müssen wir zuerst Wasser hineinschütten.«

Wir staunten über diese phantastische Erkenntnis.

»Man braucht also Wasser, um Wasser zu bekommen?«

Wie auf ein Zeichen hin drehten wir uns alle gleichzeitig zum Meer.

»Brauchst du nichts als Wasser?«

Und alle rannten wir hinunter zum Strand, in dieser Richtung gab es keinen Stacheldraht.

Da standen wir nun vor diesem unerschöpflichen Wasservorrat und hatte keine Gefäße, um es zu transportieren. Wir konnten es unserem Wasseringenieur nicht bringen. So liefen wir herum und suchten, bis wir eine Baracke fanden, die offenbar einmal als Küche gedient hatte. Sie enthielt nichts anderes als riesengroße Eisenkessel. Wir jagten weiter, und nach langem Suchen fanden wir ein paar rostige Konservendosen, vermutlich von den früheren »Bewohnern« hinterlassen. Je länger wir im Sand gruben, um so mehr Dosen beförderten wir zutage. Das Problem war jetzt, daß sie Löcher hatten, aber wir waren viele, und das bißchen Wasser, das wir im Laufschritt hinaufbrachten, reichte. Wir bekamen Wasser. Zuerst wenig, dann etwas mehr. Als erstes kam eine schwarzbraunrote Soße; langsam wurde sie hellbraun. Wir pumpten ununterbrochen, bis es aussah wie richtiges Wasser.

Wer nicht pumpte, tanzte um die Pumpe herum und trank und trank. Dann tauschten wir, und die zuvor gepumpt hatten, durften jetzt tanzen und trinken. Es war spät geworden, und als wir endlich unseren Durst gelöscht hatten, setzten wir uns in den Sand und sprachen übers Essen. Worüber soll man sonst reden, wenn man Hunger hat? Es gab keine Beleuchtung, aber wir genossen den Mondschein und die Stille in unserer Umgebung.

Plötzlich wurde die Stille unterbrochen: »Hallo! Das Stroh ist da!« Stroh? Wir waren enttäuscht und verblüfft. Stroh? Wir waren doch keine Pferde. Wir konnten kein Stroh essen.

Glücklicherweise war das Stroh als Lager gedacht, was uns an und für sich das Gefühl gab, jemand kümmere sich um uns, aber das füllte nicht unsere ausgehungerten Mägen. Nachdem alle ihr Bett gemacht hatten, glich die Baracke einer einzigen großen strohbedeckten Schlafstatt. Trotz der Erschöpfung konnten wir feststellen, daß man auf Stroh erheblich besser schlief als auf dem harten Holzboden der Eisenbahnwaggons. Wir schliefen ein. Nun hatten wir so viel Wasser, wie wir trinken konnten, und so viel Stroh, wie wir uns wünschen konnten. Nur das Essen fehlte noch.

Wir standen unter der Bewachung der Garde Mobile und wandten uns an einen der Wächter, doch von einer Verpflegung für uns war ihm nichts bekannt. Angeblich war ein Kommandant unterwegs. Dieser traf tatsächlich ein, und unter seiner Aufsicht wurde die Küche instand gebracht. Freiwillige meldeten sich zum Säubern der Kessel und zum Kochen. Tonnen von Rindfleisch wurden in die Küche gebracht, und alle, die nicht beteiligt waren, schauten neugierig zu. Vier Kessel brodelten jetzt. Wenn auch der Duft nicht sättigte, brachte er uns doch eine Verheißung. Um acht Uhr abends sollte es Suppe geben. Von all dem Fleisch, das wir gesehen hatten, war nicht die Rede.

Jetzt war das Essen fertig. Jemand schlug auf einen Topfdeckel, und wir stellten uns in einer Schlange für die Suppe an. Aber worin sollten wir sie holen? Wir hatten keine

Gefäße. Wir liefen hin und her, um unsere rostigen Konservendosen wieder einzusammeln, und nachdem wir sie mit Wasser und Sand geschrubbt hatten, stellten wir uns wieder an. Man mußte die Löcher gut verstopfen, um wenigstens einen Teil des Inhalts zu behalten. Sobald wir ausgetrunken hatten, stellten wir uns wieder hinten an.

Es war ein Jammer um alle, die kein Gefäß erwischt hatten. Einer hatte eine Dose Vaseline gefunden, die er leerte und jetzt als Suppenteller benutzte. Ein anderer nahm seinen Schuh. Aber am meisten tat es einem leid um den Schneider mit seinem Fingerhut. Wie oft er auch rannte und sich immer wieder hinten anstellte, bekam er nie genug. Er gab es bald auf.

Was man uns auch vorwerfen konnte, Vielfraße waren wir an diesem Abend nicht. Schon am nächsten Tag löste der Kommandant einen Teil des Problems. Wir durften uns zu dem benachbarten Dorf aufmachen, das genau wie unser Lager St. Cyprien hieß, und auf dem Weg Konservendosen einsammeln, bis es für alle reichte.

Entlang der ganzen Küstenstrecke lagen Baracken. Erbaut hatten sie die Spanier und die Internationalen Brigaden beim großen Rückzug nach dem Bürgerkrieg 1936–1939. Diese weitgestreckte Lagerstadt war in kleinere Einheiten unterteilt und auf der einen Seite vom Meer begrenzt, auf der anderen Seite von einfachem Stacheldraht. Eine unbewachte Öffnung ermöglichte es uns zu entschlüpfen, um nach eventuellen Verwandten und Freunden zu suchen. Ein paar Kilometer weiter weg befand sich das Lager Nummer acht. Da wohnten die Veteranen der Internationalen Brigaden, die geblieben waren und jetzt ein primitives Dasein führten. Ihr Leben bestritten sie mit verschiedenen Handwerksprodukten, die sie in den umliegenden Dörfern absetzten. Sie konnten nach Belieben kommen und gehen. Wir konnten das nicht.

Für den, der Geld hatte, gab es Essen und Trinken im Überfluß. Schon nach wenigen Tagen war der Schwarzmarkthandel im Gang. Ich hatte kein Geld, daher trennte ich mich nach und nach von meinen Habseligkeiten, jedoch ohne Bedauern. Von meinem letzten Besitztum nahm ich schließlich schweren Herzens Abschied – dem Schweinslederkoffer.

Beim Aufbau des schwarzen Markts dienten uns die beteiligten Wächter auch als Informationsquelle. So erfuhren wir, daß der Krieg für Frankreich schon beendet war, und also auch für uns, die wir bei der französischen Armee unter Vertrag waren. Außerdem hörten wir, daß wir uns in der freien Zone befanden. Allerdings konnten wir uns nicht recht vorstellen, was das für unsere Möglichkeit zu fliehen bedeutete, falls wir nicht durchs Meer wandern wollten wie beim Auszug aus Ägypten. Wo war Moses mit seinem Stab?

Die ersten Tage bekamen wir nur fette Fleischbrühe, was unsere bereits stark strapazierten Mägen vollends verdarb. In unserer Abteilung waren wir ungefähr tausend Gefangene, die sich zwei Latrinen mit insgesamt zwanzig Abtritten teilen mußten. Tag und Nacht standen wir zu Hunderten vor den Latrinen an, da es streng verboten war, den Sand zu beschmutzen. Es bestand die akute Gefahr einer Epidemie. Leider war das Verbot wirkungslos, da der Körper bald nicht mehr dem Willen gehorchte.

Es war ein kläglicher Anblick, wie wir uns mühten, die Anordnung zu befolgen, aber im letzten Moment die Hosen herunterreißen mußten, um danach den Sand wieder zu glätten. Wir warfen uns das gegenseitig nicht vor, es war einfach so.

Durch das schmutzige Stroh wurden wir bald von Flöhen befallen. Tagsüber war es erträglich, denn es war warm und wir hatten nicht viel an. Doch in den Nächten war es kalt, und das ekelhafte, dicke Ungeziefer kroch zu Hunderten in unsere Kleider und nährte sich von unserem Blut, das wir selber so dringend benötigten. Man konnte sich nicht dagegen wehren. Manchmal legten wir uns vor der Baracke in den Sand, aber das war nicht besser, denn dort gab es Sandflöhe, die sich bei Sonnenaufgang in richtige Blutsauger verwandelten. Es war ein Elend.

Wir mußten unter primitivsten Bedingungen leben. Es war eine Art Robinson-Crusoe-Dasein, bei dem wir aus eigener Kraft mit minimalen Mitteln eine Kolonie bilden sollten, als wären wir Leprakranke. Aus Konservendosen fertigten wir Eßgeschirr an, auch Messer und Gabeln, und verkauften es. Die persönliche Hygiene ließ viel zu wünschen übrig. Doch krank werden durfte man nicht, denn es standen keine Medikamente zur Verfügung.

Die Diarrhöe ließ nicht nach. Abgekochte Knochen aus der Küche wurden verbrannt und zwischen Steinen zermahlen. So erhielten wir Kohlepulver. Es half, reichte aber nicht für alle. Dann kamen die Läuse. Jeden Morgen standen wir vor den Baracken und knackten die ekelhaften Schädlinge zwischen den Nägeln, aber es nützte nichts. Die Millionen und Abermillionen von Eiern, die sie ablegten, brachten unerbittlich das Fleckfieber. Die Epidemien grassierten. Wir bekamen Malaria und Ruhr. Alle waren verzweifelt, die Ärzte unter uns wie die übrigen Flüchtlinge – nur die Verantwortlichen reagierten nicht. Sie bewachten diese Hölle, wagten sich jedoch wegen der Ansteckungsgefahr nicht ins Lager. Die allerstrengste Hygiene wurde befohlen. Aber wie sollte die aussehen? Unter diesen Umständen gab es keine Möglichkeit, sich sauberzuhalten.

Seife war ein Luxusartikel und nicht aufzutreiben. Waschschüsseln hatten wir auch keine. Wir mußten uns immer paarweise helfen, einer pumpte, während der andere sich unter dem fließenden Wasser wusch.

Um eine radikale Lösung herbeizuführen, wechselten wir das ganze Stroh aus und verbrannten das alte. Aber es vergingen nur wenige Tage, bis alles wieder war wie zuvor und wir von Läusen und Flöhen wimmelten. Ich blieb von Typhus und Malaria verschont, dafür erwischte mich die Ruhr. Diese Krankheit ist schwer in Worte zu fassen, wie alle körperlichen Plagen. Sie äußert sich in fürchterlichen, unablässig bohrenden Krämpfen, als wollten tausend glühende Eisen den Magen verbrennen. Alle Gedärme sind in Aufruhr und schrauben sich unaufhörlich abwärts. Und selbst wenn man tagelang nichts gegessen hat, spürt man den höllischen Drang, den Magen zu entleeren, ihn von den Qualen zu befreien.

In diesem Zustand etwas zu essen, war undenkbar, und obwohl man die Suppe mit gekochten Rüben und notdürftig gewaschenen, aber ungeschälten Topinamburen aufbesserte, wurde mir schon beim Gedanken an diesen schrecklichen und schließlich widerlich schmeckenden Kartoffelersatz übel. Tagaus, tagein dasselbe Essen.

Fast drei Wochen lang hatte ich mit einem einzigen Gedanken im Kopf darniedergelegen: »Ich muß gesund werden. Ich muß dieser Hölle entfliehen.« Und eines Tages kam die Rettung. Als ich eine bekannte Stimme in der Nähe meines Schlafplatzes hörte, versuchte ich mich aufzurichten. »Doktor Steinberg!« stöhnte ich und sank dann kraftlos zurück. Er hörte mich und blieb stehen. Wir hatten uns in Brüssel kennengelernt, und ich freute mich ungeheuer über das Wiedersehen. Er beugte sich über mich, und nach einer kurzen Untersuchung lief er davon. Nach zehn

Minuten erschien er wieder mit einem Becher abgekochten Wassers und einer kleinen Flasche. Dreiundzwanzig Tropfen von der Flüssigkeit gab er mir auf einem Löffel zusammen mit dem Wasser zu schlucken. Es war unbezahlbares Opium, und vermutlich hat es mir das Leben gerettet.

Noch am selben Tag lösten sich die Krämpfe, und am nächsten Tag war ich wieder auf den Beinen. Ein bißchen weich in den Knien, aber immerhin. Bald konnte ich wieder eine Kleinigkeit essen und war stark genug, um die Flucht zu planen. Ich strich herum und untersuchte das Areal nach allen Seiten hin. Ich kontrollierte sämtliche Abschnitte, bis hin zum letzten Stacheldraht, den ich durchbrechen mußte. Ich beobachtete die Wachablösung bei Tag und bei Nacht und stellte fest, daß nachts nur ein Wächter in jeder Ecke Posten stand. Zwischen ihnen lag ein halber Kilometer. Nach meinen Berechnungen müßte ich nach Sonnenuntergang an ihnen vorbeischlüpfen können, falls der Mond nicht zu hell schien.

Einen Bekannten, der über einiges Geld verfügte, weihte ich in meine Fluchtpläne ein. Er war Feuer und Flamme und wollte unbedingt mitkommen. Noch in derselben Nacht unternahmen wir den ersten Versuch, mußten ihn aber nach ein paar Stunden abbrechen. Der Draht war hart, und unsere Finger taten weh. Trotzdem waren wir guten Muts, immerhin hatte man uns nicht entdeckt. Wir kaschierten das durchbrochene Stück mit Sand und bewachten unsere Öffnung den ganzen Tag. Da keiner etwas merkte, machten wir in der nächsten Nacht weiter. Diesmal gelang uns der Durchbruch, und wir liefen so schnell wie möglich zum nächsten, unbewachten Zaun. Wir versuchten erst gar nicht durchzukommen, sondern kletterten hinüber. Dann rannten wir den Strand entlang und verschnauften erst, als wir uns vor Entdeckung sicher glaubten.

Nach sieben Kilometern waren wir nahe bei Canet-Plage, wo wir die Straßenbahn nach Perpignan nehmen wollten. Um keine Aufmerksamkeit zu erregen, warteten wir den Sonnenaufgang außerhalb des Orts ab und mischten uns dann unter die Bevölkerung. Erst jetzt wurde uns bewußt, wie elend wir aussahen, aber wenn uns die Leute auch verstohlen musterten, wir konnten uns kein Schamgefühl leisten. In Perpignan angekommen, setzten wir uns auf eine Bank und genossen unsere neugewonnene Freiheit in vollen Zügen.

Wir wußten nicht, wohin, aber schon zu dieser frühen Morgenstunde wirkte die Stadt einladend und belebt. Ein Brotwagen fuhr vorbei, beladen mit frisch gebackenen, duftenden Baguettes. Wir riefen dem Kutscher zu: »Monsieur! Wir sind hungrig!«, und da warf er uns eins von den köstlichen Broten zu. Planlos streiften wir umher und gerieten in einen schönen Park mit einem Pavillon in der Mitte. Offenbar war es ein beliebter Treffpunkt, denn viele Leute standen in Grüppchen zusammen und schwatzten. Wir spazierten herum und fanden schließlich eine Gesellschaft, die deutsch sprach. In der Annahme, es seien Flüchtlinge, erkundigten wir uns nach einer jüdischen Gemeinde.

Sie betrachteten uns mißtrauisch und fragten, woher wir kämen. Ihre Blicke verrieten, daß sie dachten, wir wären aus dem Urwald entsprungen; wir sahen völlig abgerissen aus. In Kürze berichteten wir, wie es in dem Lager aussah und daß wir auf der Flucht waren, aber wir fragten nicht, warum sie nicht im Lager waren, warum sie hier in feinen Kleidern herumliefen. Das war nicht unsere Sache. »Seht zu, daß ihr hier wegkommt. Perpignan ist ein kleiner Ort, in dem man euch bald entdecken wird. Fahrt nach Toulouse!« Wir erklärten, wir hätten kein Geld, und es dauerte keine fünf Minuten, da hatten sie genügend für die Fahrkarten nach Toulouse gesammelt.

Zwei Stunden später saß ich in der Bahn. Mein Bekannter wollte einen späteren Zug nehmen, der abends um elf ankam. Die Reise verlief problemlos, und nach der Ankunft bewegte ich mich nicht aus der Bahnhofshalle fort, vor Angst, ihn zu verpassen. Mein Geld reichte gerade für einen Teller Suppe.

Es wurde spät, die letzten Züge waren gefahren, und die Putzkolonne rückte ein. Nun füllte sich die Halle mit Männern, die womöglich noch schlimmer aussahen als ich. Unrasiert, zerlumpt, machten sie zuhinterst in der Halle auf dem Steinboden ihr Nachtlager zurecht. Ich riskierte es, mich ohne Umstände zu ihnen zu setzen.

Da ich mich nicht nennenswert von diesen nächtlichen Gästen unterschied, gingen die patrouillierenden Gendarmen vorbei, ohne mich zu bemerken. Ich hatte den passenden Aufzug. Früh morgens um fünf wurden wir barsch aus der Halle verjagt. Mit steifen Gliedern folgte ich meinen Unglücksbrüdern hinaus. Einer blieb an einem Hydranten stehen, um seine Morgentoilette zu verrichten. Wir halfen uns beim Pumpen, und auch ich spritzte mir etwas Wasser ins Gesicht. Er sah mich erstaunt an, als ich meine Zahnbürste herausholte und mir die Zähne putzte.

Wir fingen eine Unterhaltung an, und da wir beide offenbar mit unbekanntem Ziel unterwegs waren, machten wir uns gemeinsam auf den Weg. Er erzählte nichts von sich, und auch ich sagte nicht, wer ich war. Ab und an blieb er stehen, sprach jemanden an und hielt die Hand auf. Nicht lange, und er hatte genug zusammen, daß es für eine stärkende Tasse Kaffee für jeden reichte. Nach einer Weile waren wir an der Place Wilson, einem Platz mitten in der Stadt, den er als Zentrum des schwarzen Markts bezeichnete. Alle, die nichts mit der Polizei zu tun haben wollten, seien dort anzutreffen, sagte er.

Der Handel war schon früh morgens angelaufen, nahm immer mehr zu im Lauf des Tages, bis gegen Abend das reinste Chaos ausbrach, wenn alle ihre Geschäfte zum Abschluß bringen wollten. Ich versuchte, mit einigen der Händler ins Gespräch zu kommen, aber sie waren zu beschäftigt. Die paar Francs, die ich zusammenbetteln konnte, reichten immerhin, um den schlimmsten Hunger zu stillen. Ich war gerade im Begriff, den »Markt« zu verlassen, um mein Nachtquartier im Bahnhof aufzusuchen, als ich ein schrilles Pfeifen hörte. »Eine Razzia!« durchzuckte es mich, und wie aus der Pistole geschossen rannte ich davon, an einem Gendarmen vorbei, und bog in eine kleine Seitenstraße ein. Ich kannte mich nicht aus, merkte aber sofort, daß die Straße der Arbeitsplatz einiger Mädchen war, die gerade ihre Nachtschicht antraten.

Aus Erfahrung wußte ich, daß die Straßen, in denen die Mädchen arbeiteten, selten von der Polizei besucht wurden; man ließ sie in Ruhe. Also hielt ich mich dort ziemlich lange auf und dankte lachend für alle Angebote, die ich bekam. Ich dachte voller Wärme an die Zeit bei Gracielle.

Ein relativ junges, sehr hübsches Mädchen kam auf mich zu. Ich blieb stehen und erklärte ihr, daß ich ihr gern Gesellschaft leisten würde, solange sie keine Kunden hatte. An meinem Akzent hörte sie, daß ich kein Franzose war, und ich sagte, ich sei auf der Flucht, aber nicht, von wo. Außerdem gestand ich, kein Geld für Ausschweifungen zu haben. Hingegen könne sie mir gern den Weg zum Bahnhof erklären, da ich dort schlafen wolle. Sie hatte Mitleid mit mir. Prostituierte sind oft sehr fürsorglich. Sie nahm mich an der Hand, als wäre ich ihr Sohn, und brachte mich in ihre Wohnung, die in der Nebenstraße lag, im zweiten Stock. Jetzt wollte sie mir unbedingt ein Bett in einem der Zimmer herrichten und mir eine vorübergehende Freistatt geben. Ich versuchte ihr klarzumachen, daß ich weiter müsse und ihr Angebot nicht akzeptieren könne. Ich fühlte mich schmutzig und verlaust, aber davon sagte ich nichts. Sie brachte mir etwas zu essen, und als wir eine halbe Stunde später auf die Straße herunterkamen, gab sie mir einen Fünfziger und eine Adresse, wo ich mit einer Empfehlung von ihr unterschlüpfen könnte, falls die Polizei mich verfolgte.

»Meine liebe Gracielle!« dachte ich. Ich umarmte sie, küßte sie auf die Wange und versprach, wenn möglich, zurückzukommen. Mit raschen Schritten eilte ich weiter, nicht zu einem Hotel, das wäre zu riskant gewesen. Nein, ich lief in der angegebenen Richtung zum Hauptbahnhof. Zuvor hatte ich mir den Namen der Straße eingeprägt, in der das Mädchen wohnte. Fünfzig Franc waren für mich viel Geld.

Als ich am Bahnhof ankam, hatte sich ein Teil der »Familie« bereits versammelt, aber noch war es zu früh, um die Plätze für die Nacht einzunehmen. Ich begrüßte die Anwesenden, und es schien, als sei ich in ihrem Kreis schon akzeptiert. Es war für mich eine Ehrensache, die Freundlichkeit des Mannes zu erwidern, der mir morgens einen Kaffee spendiert hatte. Er nahm meine Einladung zu einem Glas Bier gern an, aus dem bald zwei wurden.

Mir gefiel nur nicht das Funkeln in seinen Augen, als er meinen Fünfziger erblickte. Als wir unsere Schlafplätze einnahmen, schloß ich die Hand fest um mein Geld und legte außerdem meinen Kopf darauf. Ich hatte kein Vertrauen zu ihm, und vor allem brauchte ich mein Geld selbst. Die Nacht verlief ohne Störung, und am Morgen lud ich meinen neuen Freund auf ein gutes Frühstück ein, doch ich borgte ihm nicht die zehn Franc, die er mir auf Ehre und Gewissen unverzüglich zurückzugeben versprach. Unsere Wege trennten sich, da er viel zu tun hatte. Das hatte ich nicht, und so begab ich mich wieder zur Place Wilson. Der Handel fing auch an diesem Tag früh an, aber für mich war er nicht besonders interessant. Ich schlenderte zwischen den Händlern herum, fragte nach den Preisen und gab vor, eventuelle Verdienstmöglichkeiten erkunden zu wollen. Genau wie am Tag zuvor hatte niemand Zeit für mich, aber plötzlich stutzte ich. Ich hatte einen Bekannten entdeckt. »Jack!« rief ich, und er erkannte mich. Jack war Kellner in einem Restaurant in Brüssel gewesen, in dem ich vorübergehend auch beschäftigt gewesen war. Er war sehr elegant angezogen und schien völlig unberührt von den Ereignissen der Zeit.

Nachdem ich ihm kurz von meinen Erlebnissen berichtet hatte, forderte er mich auf, ihm zu folgen. Ein paar Straßen weiter blieb er stehen und sagte: »Hier sind die Quäker, eine große religiöse Hilfsorganisation. Sie werden dir helfen.« »Aha«, sagte ich, und dann entschuldigte er sich, er sei in Eile, und wünschte mir viel Glück. Und schon war er weg. Ich blieb eine Weile vor dem Eingang stehen, beobachtete die Aus- und Eingehenden und stellte fest, daß alle das Haus mit einem Päckchen unter dem Arm verließen. Offenbar bekam man da drinnen etwas. Ich war neugierig, also ging ich hinein.

Es war ein riesiger Saal mit Regalen und Gestellen voller Kleider. Ich fragte jemanden, der anscheinend da arbeitete, wohin ich mich um Hilfe wenden sollte. Er brachte mich zu einem Pater in einer braunen Kutte. Dieser nahm meine Hand und begann mich mit samtweicher Stimme auszufragen: wer ich sei, woher ich komme und wohin ich wolle. Da er Priester war, hätte ich ihm bestimmt die Wahrheit sagen können. Aber ich hielt es nicht für nötig, sondern erfand eine Geschichte von einer Flucht aus Belgien und daß ich auf der Suche nach meinen Eltern sei. Ich gab meinen richtigen Namen an, erklärte aber sofort, ich hätte kein Geld und besäße nur die Sachen, die ich am Leib trug. Während ich erzählte, produzierte ich in regelmäßigen Abständen kleinere Hustenanfälle. Das hatte ich in Brüssel gelernt, es sollte eine leichte Lungenkrankheit vortäuschen und hatte mir schon früher bei Wohltätigkeitsorganisationen geholfen. Er sah mich mit mitleidigen Augen an und fragte, ob ich etwa lungenkrank wäre. »Lungenkrank? Ich?« Jetzt tat ich erstaunt. »Nein, wieso sollte ich lungenkrank sein?« Er fragte, ob ich je untersucht worden sei, und da das nicht der Fall war, verneinte ich.

Er ging zum Telefon und sprach mit jemandem über die Untersuchung eines jungen Mannes. Es seien die Lungen. Dann schaute er mich mit einem freundlichen Lächeln an, und ich schaute traurig drein, obwohl ich innerlich jubelte. Er gab mir zwei Adressen. Eine zum Übernachten, bei der anderen sollte ich nach der Dame fragen, mit der er gerade gesprochen hatte und die für alles übrige sorgen würde. Dann bekam ich Kleider – herrliche, wunderbare, saubere Sachen. Schon bei der Vorstellung breitete sich ein Gefühl des Wohlbehagens im ganzen Körper aus, und ich bedankte mich bei ihm. Zum Abschied strich er mir zärtlich über den Kopf: »Tranquille, mon garçon, es wird alles gut.« Draußen auf der Straße bekam ich leichte Schuldgefühle, weil ich diesen gütigen und mir wohlgesonnenen Menschen beschwindelt hatte. Es reute mich, und bei der Untersuchung würde die Lüge natürlich ans Licht kommen. Andererseits überlegte ich mir, was das wohl für Stellen seien, zu denen er mich schickte. Aber jedenfalls besaß ich jetzt frische Kleider, das war die Hauptsache. Das übrige würde sich schon finden.

Zuerst galt es, die Adressen ausfindig zu machen, bei denen ich mich melden sollte. Nach einigem Umherirren fand ich mich zu meinem Entsetzen vor einem großen, imposanten Gebäude, der Präfektur. Für mich war das gleichbedeutend mit der Polizeibehörde, und da würde ich zu allerletzt hingehen. Bei der zweiten Adresse zögerte ich nicht weniger. Ich stand vor einer hohen Mauer mit einem kleinen Schild am Eingang: »Seminar für junge Priester«. Ich erschrak. Da hatte ich mir eine Suppe eingebrockt, die ich absolut nicht auslöffeln wollte. Nachdenklich ging ich davon.

Zur Polizei konnte und wollte ich nicht gehen, und was sollte ich in einem Priesterseminar? Schließlich konnte ich kein Priester werden, es gibt keine jüdischen Priester, jedenfalls nennen sie sich nicht so. Vielleicht hätte ich mich dem freundlichen Pater bei den Quäkern anvertrauen und ihm sagen sollen, daß ich Jude war. Schlimmstenfalls hätte er mir die Hilfe verweigern können. Dann aber überlegte ich mir das mit dem Priester. Meine Papiere würde ich vernichten, ich hatte ja nur meinen Namen gesagt. Und so würde ich den Krieg als Seminarist überleben. Wunderbar! Phantastisch! Nach dem Krieg würde ich bekennen, wer ich war, mich für die Hilfe bedanken und wäre wieder Jude. Den ganzen Nachmittag machte ich mir Gedanken über mein neues Ich.

Ich setzte mich auf eine Bank, um einen neuen Lebenslauf zusammenzubasteln, und entschied, ich wäre römisch-katholisch. Warum nicht? Dann kamen mir Bedenken. Der Plan würde scheitern, wenn es sich nicht ausgerechnet um

Katholiken handelte. Vielleicht sollte ich besser eine andere Religion wählen? Man müßte mich neu taufen, was ich schwierig fand, denn ich war ja schon getauft. Und welche Art von Taufe? Protestantisch, oder was gab es sonst noch? Den Buddhismus, den Islam, was noch ... ja, Franziskaner natürlich. Der freundliche Priester hatte doch eine braune Kutte getragen, und man hatte ihn mit Pater angeredet. Na schön, Pater, aber zu welcher Religion gehört ein Franziskaner? Das Ganze schien mir sehr kompliziert. Warum war ich aber auch so ungebildet, nicht einmal zu wissen, welchem Glauben ein Franziskaner angehört?

Jetzt hatte ich genug phantasiert, ich konnte es riskieren, das Seminar von innen zu sehen. Bei den Fragen könnte ich mir ja Zeit verschaffen, indem ich schlechtes Französisch vorschützte und entsprechend unverständlich antwortete. Gegen sieben faßte ich mir endlich ein Herz und zog an der Klingelschnur. Ein buckliger Alter mit grauen Haaren öffnete mir und bat mich herein. Ich wurde offenbar erwartet. Er trippelte mit kleinen Schritten vor mir her, und ich folgte ihm zu einem großen Gebäude. Viele kleine Häuser lagen rings um einen Hof verstreut, auf dem junge Priester umhergingen.

Der Mann führte mich in einen großen Saal, möbliert mit langen Tischen und Bänken aus massivem Holz. »Nehmen Sie Platz«, sagt er, »meine Frau bringt gleich etwas zu essen.« Und das tat sie. Die beiden saßen mir auf der Bank gegenüber und sahen schweigend zu, während ich aß. Und ich meinerseits sagte nichts beim Essen.

Es schmeckte köstlich und hätte noch zehn hungrige Bäuche gefüllt. Ich erkundigte mich vorsorglich, ob sie weitere Gäste erwarteten, aber das war nicht der Fall. Zufrieden bedankte ich mich für das gute Essen und zog unbedenklich eine Zigarette heraus. Ich wollte sie gerade anstecken, als der Mann erklärte, es sei nicht üblich, in diesem Bereich zu rauchen. Ich versuchte mich damit zu entschuldigen, daß ich noch kein Priester sei. »Wollen Sie denn Priester werden?« fragte seine Frau. »Wieso?« fragte ich und sah sie an. Da begriff ich, daß man vielleicht gar nicht beabsichtigte, mich zum Priester auszubilden, sondern mir einfach für einige Zeit ein Dach über dem Kopf geben wollte. Das wiederum machte eine Änderung meiner Lebensgeschichte notwendig. Ich beschloß, anonym zu bleiben. Sie stellten mir Fragen, an sich harmlos, sie waren einfach neugierig, aber ich war nicht bereit, auf alles zu antworten. Natürlich wollten sie wissen, woher ich kam.

»Eigentlich komme ich aus Österreich, aber jetzt bin ich auf der Flucht aus Belgien.«

»Aus Belgien?« fragten sie überrascht. »Die Belgier sind doch unsere Freunde.«

»Ja, stimmt«, sagte ich. »So kompliziert ist es eben manchmal, *c'est la vie*.«

Dann fing ich an zu gähnen und mich zu strecken, in der Hoffnung, damit weitere Fragen zu unterbinden.

»Ach«, seufzte ich, »seit drei Tagen habe ich in keinem sauberen Bett geschlafen.«

»Ich verstehe«, sagte der Mann, »aber unser Abt möchte Sie gern noch sprechen, bevor Sie schlafen gehen.«

»Aha«, sagte ich.

Unbedingt wollte er mir noch mitteilen, daß er und seine Frau seit fast vierzig Jahren als Hausmeister und Wirtschafterin in dem Seminar lebten und sich hier sehr wohl fühlten. Das Paket mit meinen neuen Kleidern ließ ich auf der Bank liegen, als ich ihm auf den Hof folgte, um den Abt zu begrüßen.

Er war klein und uralt. Ich schätzte ihn auf etwa zweihundert Jahre. Freundlich reichte er mir die Hand. Die

Bäume, die in dieser sonst ziemlich tristen und öden Umgebung gepflanzt waren, belebten den gepflasterten Hof. Der Abt und ich wandelten auf und ab. Die jungen Priester gingen hintereinander im Kreis auf dem Hof herum, ihre Schritte schienen einem eingeübten Muster zu folgen. Ich bemerkte, daß sie die Hände auf dem Rücken verschränkt hatten. Und da der Abt es genauso machte, folgte ich ihrem Beispiel und legte die Hände auf den Rücken. Jedesmal wenn einer der jungen Priester an uns vorbeikam, verneigte er sich ehrfurchtsvoll. Natürlich war mir klar, daß dieser Gruß nicht mir galt, aber ich erwiderte ihn trotzdem mit einer ebensolchen Verneigung, im gleichen Takt wie der Abt. Es war ein unablässiges Verneigen.

Die Kutten der Priester waren schwarz, also keine Franziskanerkutten; daraus schloß ich, ich könnte Katholik bleiben. Der Abt war wie gesagt winzig, und er sprach sehr leise, mit sanfter, angenehmer Stimme. Um ihn zu verstehen, mußte ich mich zu ihm niederbeugen und das Ohr fast an seinen Mund legen. Es war ermüdend, sich auf diese Weise zu unterhalten, zumal ich mich bei jeder neuen Verneigung wieder aufrichten mußte. Er sprach fast flüsternd, und nach einer Weile ertappte ich mich selbst beim Flüstern.

Tatsächlich war es ein Vorteil, daß wir beide uns kaum hören konnten. Da wir das Gesagte ständig wiederholen mußten, gewann ich Zeit, je nach Bedarf zu antworten. Meine sorgfältig eingeübte Lebensgeschichte war überflüssig. Er redete über allgemeine weltliche Probleme und fragte nichts Persönliches. Die Entwicklung des Krieges spielte er herunter und sprach mehr über menschliches Leiden, jedoch ohne religiösen Bezugspunkt. Ein einziges Mal fragte er mich, was ich jetzt vorhätte. »Tja«, antwortete ich, »wenn ich das wüßte.« Ich ließ ihm Zeit, meine Antwort zu verdauen, während ich auf einen Vorschlag hoffte, beispielsweise, daß ich Priester werden könnte. Doch er sagte nichts. Er schüttelte nur mehrmals den Kopf und sah mich an. Es war das erste Mal bei diesem Gespräch, daß sich unsere Blicke kreuzten.

Um die Priesterlaufbahn brauchte ich mich also nicht zu sorgen. Ich zeigte ihm den Zettel von den Quäkern mit der Adresse und fragte ihn nach der Dame in der Präfektur. »Sie ist Sozialfürsorgerin und ein sehr feiner und aufopfernder Mensch.« Seine Fragen und Antworten waren gleichbleibend kurz. Mehr als das brauchte ich eigentlich nicht zu wissen. Ich war sicher, eine Sozialfürsorgerin würde mich nicht der Polizei ausliefern. Nach einer letzten tiefen Verneigung vor dem Abt und den übrigen Priestern zog ich mich in den großen Speisesaal zurück, um meine Sachen für die Nacht zu holen. Den Hausmeister brauchte ich nicht zu suchen, er hatte die ganze Zeit auf mich gewartet. Vermutlich hätte er gern noch ein bißchen geschwatzt, aber ich entschuldigte mich mit meiner Müdigkeit.

Als ich den Schlafsaal sah, war ich völlig verdutzt. Es standen etwa hundert Betten darin.

»Soll ich hier schlafen?«

»Ah oui, und gute Nacht!« Mit einem Lächeln, das mir nicht gefiel, schlich er davon.

Ich sah mich um und schauderte. Die Tatsache, daß ich mit etwa hundert jungen Priestern in einem Saal schlafen sollte, war ebenso unumgänglich wie unangenehm. Ich hatte meine Bedenken. Aber was konnte ich machen? »Naja«, dachte ich, »notfalls kann ich schreien, daß das ganze Seminar aufwacht.« Aber wenn sie mich nun fesselten und knebelten? In meiner Phantasie spielte ich die schlimmsten Szenarien durch, und immer zog ich den Kürzeren. Ich faßte einen Entschluß. Schnell in den Waschraum, dann gleich ins Bett; wenn sie kamen, würde ich so tun, als schliefe ich.

Leider gab es nur kaltes Wasser, aber ich zog mich aus, nachdem ich mich vergewissert hatte, daß die Tür zugesperrt war. Es tat gut, den ganzen Körper zu waschen, und jetzt wagte ich endlich, das Paket mit den neuen Kleidern aufzumachen. Sorgfältig achtete ich darauf, sie von meinen alten, total verlausten Sachen fernzuhalten, die ich dafür in das Paket stopfte. Da stand ich nun nackt mit einem Paket voller Läuse und Kleider. Wohin damit? Schließlich konnte ich es weder liegenlassen noch mit in den Schlafsaal nehmen; und wo die Mülltonne war, wußte ich nicht. Also versteckte ich das Paket hinter der Kloschüssel. Da würde bestimmt niemand nachsehen, falls nicht der Klempner kam.

Vorsichtig spähte ich hinaus auf den Gang, und nachdem ich festgestellt hatte, daß die Luft rein war, rannte ich nackt mit meinen Kleidern unterm Arm zu dem mir zugewiesenen Bett und schlüpfte unter die Decke. Meine Sachen legte ich auf den Nachttisch. Da lag ich nun und wartete auf die anderen. Draußen war es schon dunkel, und ich war immer noch allein. Ich schlich zur Tür und schaute hinaus – keiner da. Dann legte ich mich wieder hin, fuhr aber auf wie der Blitz, als mir einfiel, daß ich splitternackt war. Eilends in die Unterwäsche und wieder ins Bett. Die Müdigkeit nahm überhand.

Als ich aufwachte, war schon hellichter Tag. Erschrocken setzte ich mich auf, und zu meiner großen Überraschung fand ich mich zwischen hundert unbenutzten Betten. Jetzt konnte ich mir erlauben, über meine Bedenken zu lachen. In meinen neuen Sachen fühlte ich mich frisch und munter, und mit der Baskenmütze auf dem Kopf konnte ich aus wer weiß welchem Land stammen.

Beim Frühstück erzählte ich dem Hausmeister von dem Paket hinter der Kloschüssel und bat ihn, es zu verbrennen. Als er von den Läusen hörte, sagte er es mir gern zu. Mit leichtem Widerstreben nahm er meine Hand und versprach, den Abt zu grüßen. Jetzt hatte ich keine Angst mehr vor der nächsten Adresse.

Mitarbeiter der Fürsorge sind immer respekteinflößend und gewöhnlich etwas älter. Hier saß ich aber einer nicht nur hübschen, sondern in jeder Hinsicht entzückenden Dame gegenüber, die im Unterschied zu dem Pater auf Politik keinen Wert legte. Sie wollte alles über meine Familie wissen und machte sich Sorgen um mich, so jung und allein. Sie wollte mir helfen, meine Eltern zu finden, und klärte mich darüber auf, wie schwierig das sein würde, da Flüchtlinge sich selten an die Polizei wandten.

Mit trauriger Miene schaute ich sie an und dachte dabei, wie schön sie sei, sagte aber: »Ich verstehe, aber mir bleibt keine Wahl, ich muß sie suchen.« Bei dem Gespräch vergaß ich auch nicht das Husten, und tatsächlich fragte sie bald:

»Haben Sie Probleme mit der Lunge?«

»Nicht daß ich wüßte.«

»Haben Sie diesen Husten schon lange?«

»Es ist nicht so schlimm. Wahrscheinlich eine verschleppte Erkältung.«

Bei dieser Lüge erdreistete ich mich, sie anzulächeln. Wir unterhielten uns noch eine Weile, dann sagte sie, sie wolle mich zur Untersuchung in das Sanatorium von Récébedou schicken – ein Dorf außerhalb von Toulouse. Erstaunt und mit großen Augen schaute ich sie an: »Sie meinen doch nicht etwa, ich bin lungenkrank?«

»Nein, natürlich nicht«, antwortete sie, »aber eine Untersuchung kann nichts schaden, und ich bin sicher, im Sanatorium wird es Ihnen gefallen.«

Mit gespieltem Widerwillen gab ich schließlich nach, erklärte aber, ich hätte keine französischen Papier, besäße nichts als meine Geburtsurkunde und könnte mich nirgendwo sicher fühlen. Dann ging alles sehr schnell. Sie nahm meine Geburtsurkunde und verließ das Zimmer. Ich saß wie auf glühenden Kohlen und überlegte, was jetzt passieren würde, mit wem sie wohl sprach. Ich befand mich in einer Behörde, die man als Flüchtling nicht gern aufsucht, und ich fühlte mich unsicher, hatte aber keine Angst. Sollte etwa Unerwünschtes und Überraschendes eintreffen, konnte ich immer noch weglaufen. Doch meine Befürchtungen erwiesen sich als unbegründet. Kurz darauf war sie zurück und wedelte mit einem Papier. »So, jetzt brauchen Sie keine Angst mehr zu haben. Sie haben die Erlaubnis, sich in Toulouse und Umgebung aufzuhalten.« Sprachlos sah ich sie an. Sollte ich ihr um den Hals fallen und sie umarmen? Das hätte ich aus verschiedenen Gründen gern getan, vor allem aber, um ihr für das zu danken, was sie erreicht hatte. Ich überschüttete sie mit meinem gesamten französischen Wortschatz, um ihr meine Dankbarkeit zu bezeugen, nahm dann ihre Hand und drückte sie, fest und lange. »Wie schön du bist«, dachte ich, als ich in ihre dunklen Augen schaute. Sie sah mich an und schüttelte mit einem kleinen Lächeln den Kopf, als hätte sie meine Gedanken gelesen.

Wieder auf der Straße, blieb ich vor der Präfektur stehen, nahm meine Aufenthaltserlaubnis heraus und hätte am liebsten vor Glück geschrien. Ich, ein einsamer kleiner Flüchtling, entkommen aus St. Cyprien, war im Besitz einer »Carte d'Identité« und unterwegs in ein Sanatorium. Sogar das Geld für die Straßenbahn hatte sie mir gegeben. Eine ganze Weile stand ich da. Das Wetter war viel schöner als vor ein paar Stunden. Plötzlich entdeckte ich, daß die Straße voll von Leuten war, und ich sah Autos, die herumfuhren, und viele Polizisten, die in dem Gebäude aus und ein gingen. Mittendrin stand ich und grüßte sie, und sie erwiderten den Gruß.

Mir fehlte nur jemand, mit dem ich diese Freude teilen konnte, und einen Moment lang überlegte ich, zur Place Wilson zu gehen und mein Dokument vorzuzeigen, aber der Gedanke an eine Razzia schreckte mich gleich wieder ab. Wurde man als Krimineller verdächtigt, halfen keine Personalpapiere. Der schwarze Markt war sogar für Franzosen verboten, und ich wollte mich nicht unnötig in Gefahr bringen. So stolzierte ich in meinem neuen Aufzug herum und spiegelte mich in den Schaufenstern. Ich war blendender Laune.

Das Sanatorium lag knapp fünfzehn Kilometer von Toulouse entfernt, von der Endstation der Straßenbahn war es nur ein kurzer Fußweg. Es hatte eher die Atmosphäre eines Erholungsheims als einer Pflegestätte für unheilbar Kranke. Die meisten Insassen waren Spanier aus dem spanischen Bürgerkrieg. Männer- und Frauenabteilung waren voneinander getrennt.

Ich wurde freundlich empfangen, nach der Aufnahme wies man mir eine Baracke an. Mein Nachbar war Spanier und hatte nur noch einen Arm. Den rechten hatte man amputiert. In meiner Einfalt dachte ich, er bräuchte meine Hilfe, wurde jedoch bald eines Besseren belehrt. Er zog sich allein an. Der Schlips bereitete ihm keine Schwierigkeiten. Seine Schnürsenkel band er völlig mühelos. Am meisten imponierte mir die Art, wie er mit einer Hand Zigaretten drehte, obendrein mit der Linken, obwohl er ursprünglich Rechtshänder war. Ich wollte dieses Kunststück auch lernen, gab aber nach einigen vergeblichen Versuchen auf.

Am nächsten Tag fuhr ich in die Stadt zur Untersuchung. Man machte Röntgenbilder und hörte meine Lungen ab, und drei Tage später wurde ich zu meiner freundlichen Fürsorgerin bestellt.

Schweren Herzens näherte ich mich ihrem Zimmer, im Bewußtsein, daß ich nicht krank war. Aber mehr noch quälte mich der katastrophale Gedanke, nicht in das Paradies zurückkehren zu dürfen, in dem ich mich erst so kurz befand. Schüchtern und zögernd blieb ich in der Türöffnung stehen, um nötigenfalls rasch die Flucht zu ergreifen. Freudestrahlend kam sie mir entgegen. Sie nahm meine beiden Hände, drückte sie und sagte: »Ich habe gerade den Bericht bekommen. Sie sind nicht krank. Keine Schatten auf der Lunge.«

Zuerst war ich wie vom Donner gerührt, aber dann fing ich an zu lachen und umarmte sie.

»Jetzt darf ich bestimmt nicht im Sanatorium bleiben? Wird man mich wieder auf die Straße setzen?«

»Auf die Straße?« sagte sie, »mais non, Sie bleiben vorerst im Sanatorium. Dann sehen wir weiter.«

Und so geschah es.

Es war eine wundervolle Zeit. Gutes Essen, eine saubere, angenehme Unterkunft, und vor allem mußte ich nicht auf der Flucht sein. Ich war von menschlicher Wärme umgeben, und das tat gut. Ich fuhr in die Stadt und besuchte meine reizende Dame, die sich jedesmal Zeit für ein Plauderstündchen nahm. Auch die Quäker besuchte ich, wo ich übrigens eine holländische Gräfin kennenlernte, die mich finanziell unterstützte, auch wenn ich jetzt keinen großen Bedarf an Geld hatte, außer für persönliche Kleinigkeiten. Die politischen Ereignisse verfolgte ich nur oberflächlich, und die deutschen Kriegserfolge störten mich nicht weiter. Mein gegenwärtiges Dasein gefiel mir, und ich hätte den Gang der Ereignisse sowieso nicht beeinflussen können. Aber so gut es mir auch ging, der Gedanke an die Kameraden im Lager ließ mich nicht los. Folglich schrieb ich an einen von ihnen und berichtete, wie gut meine Flucht gelungen war, und riet ihm, ebenfalls den Versuch zu wagen. Damit beging ich einen gutgemeinten, aber schwerwiegenden Fehler, den ich später bitter bereuen sollte.

Mein Freund kam nach Toulouse, aber er hatte noch zwei Flüchtlinge mitgebracht. Ich holte sie ab, instruierte sie, und alle drei wurden in das Heim aufgenommen. Jetzt ging es los. Alle drei dachten mit Wehmut an ihre Kameraden, und diese wiederum dachten an die ihren. In der ersten Zeit fuhren wir in die Stadt und holten sie ab, aber bald waren sie nicht mehr zu zählen. Erst kamen einige, dann kamen viele, zum Schluß strömten sie zu Hunderten in das kleine Heim. Keiner machte sich mehr die Mühe, wegen der Aufenthaltserlaubnis zur Präfektur zu gehen. Es war völlig zwecklos. Die Leitung des Sanatoriums war in Aufruhr, es herrschte große Verzweiflung. Ohne viele weitere Baracken zu bauen, konnte man diese Horden von anstürmenden hilfesuchenden Flüchtlingen nicht unterbringen. Trotzdem taten sie ihr Bestes, um so viele wie möglich zu versorgen. Aber es ging nicht mehr. Der Flüchtlingsstrom hielt mit unverminderter Stärke an.

Flüchtlinge ergreifen jede Chance, die sich bietet. Ich machte mir Sorgen, weil ich aus Erfahrung wußte, daß Gesetze außer Kraft gesetzt werden, wo sich Flüchtlinge ansammeln, und neue Gesetze an deren Stelle treten.

Drei Wochen nach der Masseninvasion geschah das Unausweichliche. Morgens um fünf wurden wir geweckt. Die Baracken waren von der Garde Mobile umringt, und unter Lärm und Geschrei mußten wir uns in rasendem Tempo anziehen und auf die Lastwagen springen, die im Hof standen.

Törichterweise bewegte ich mich von meinem Platz in einem geschützten Bereich weg zu meinen sogenannten Kameraden. Zuerst weigerte ich mich und zeigte meine Aufenthaltserlaubnis vor. Es half nichts, niemand würdigte sie auch nur eines Blickes. Ich sträubte mich, als sie mich handgreiflich zum Einsteigen zwangen. Verzweifelt schrie ich meine Verwünschungen heraus, als wir später zu den wartenden Eisenbahnwaggons getrieben wurden, um noch am selben Abend in St. Cyprien zu laden.

Wie soll ich meine Bitterkeit beschreiben, als ich wieder auf meinem Strohlager saß, verseucht von Läusen und Flöhen, und die ekelhafte, übelriechende Suppe aß? Mich erschreckte der Anblick der Häftlinge in ihren Lumpen, verwahrlost, schmutzig und krank. Dennoch war während meiner Abwesenheit eine merkliche Veränderung eingetreten. Jedenfalls für alle, die Geld hatten. Vor den Baracken standen primitiv zusammengezimmerte Stühle und Tische, die wohl eine Art Wiener Café darstellen sollten. Abends spielte jemand Mundharmonika unter bunten Lampions. Meistens wurde Kaffee oder Tee serviert, aber auf Wunsch bekam man auch ein Glas Wein. Wenn die Dunkelheit sich herabsenkte und die Konturen verschwammen, konnte man für eine Weile die Erinnerung an bessere Tage heraufbeschwören. Eine Sperrstunde gab es nicht, und solange die Gäste blieben, wurden sie von den »Besitzern« bedient. Die Preise waren astronomisch, dem schwarzen Markt angepaßt. Unsere Wächter beherrschten die Kunst, unser

Dilemma auszunützen; sie nahmen zwar in einem gewissen Grad unsere Bedürfnisse wahr, vor allem aber ihre eigenen. Obwohl die Wachmannschaft gelegentlich abgelöst wurde, die Garde Mobile vom Militär oder die Marokkaner von Zulus, lief der Betrieb stets weiter. Vermutlich informierten sie sich gegenseitig. Und das war in Ordnung, solange sie uns nur mit Waren versorgten. Kartenspiele waren sehr beliebt. Meistens spielte man um Geld. Auch die Ärmsten konnten sich einen Groschen verdienen, indem sie beim Servieren halfen und ein kleines Trinkgeld bekamen.

Das Lagerleben gehorchte seinen eigenen Gesetzen. Die Gefangenen wurden apathisch und erkannten bald, wie sinnlos es war, Ansprüche zu stellen und Verbeserungen zu fordern. Wer noch die Kraft besaß, lebte in der Hoffnung, einmal in sein Heimatland zurückzukehren. Wenn wir auch versuchten, die körperlichen Krankheiten in Schach zu halten, das psychische Elend war überwältigend. Die Melancholie wich bald totaler Gleichgültigkeit.

Viele lagen wie kranke Tiere auf ihrem Stroh und warteten nur darauf, entweder zu genesen oder zu sterben. Sie wuschen sich nicht und spürten die Flohbisse nicht mehr. Keiner kümmerte sich um sie. Keiner versuchte, sie auf andere Gedanken zu bringen. Jeder hatte genug damit zu tun, sich selbst am Leben zu erhalten.

Das unwürdige Leben trieb sie teilweise in eine Geistesverwirrung, die sie nicht mehr zwischen Tierischem und Menschlichem unterscheiden ließ. Ein abgerissener Armenier machte es sich zur Aufgabe, die ekligen fetten Ratten einzufangen, die uns terrorisierten. Mit Hilfe des Kommandanten hatte er Rattenfallen besorgt, die er in den verschiedenen Abteilungen aufstellte. Jeden Morgen ging er mit seinem Sack herum und sammelte die toten Ratten ein. Wir waren ihm dankbar für seinen Einsatz, da wir zuvor einen ungleichen Kampf gegen die Bestien geführt hatten. Doch nach einiger Zeit sah er abschreckend aus. Am ganzen Körper wuchsen ihm seltsame Eiterbeulen. Die Ärzte hatten kein Heilmittel, und er starb bald darauf. Er hatte sich an der Milch der toten Ratten vergiftet, die er aus ihnen herauspreßte, bevor er sie wegwarf.

Der Wahnsinn feierte jeden Tag neue Feste. Die Latrinenkübel, die täglich geleert wurden, trugen Freiwillige durch das ganze Lager und stellten sie am Ausgang ab. Es gab einen Mann, der ihnen stets folgte und in den Kübeln stocherte, um die Exkremente zu probieren. Es waren viele Kübel, und er probierte einen nach dem anderen, bis er etwas fand, das ihm schmeckte. Erst wenn er satt war, hörte er auf.

Wir sahen es, unternahmen aber nichts. Er störte keinen, und wir kümmerten uns nicht darum. Wir lebten wie Tiere in Menschenkörpern. Was uns erstaunte, war die totale Isolation von der Umwelt. Wo blieb das Rote Kreuz? Wo waren die jüdischen und politischen Hilfsorganisationen? Gab es niemanden, der von uns wußte? Niemanden, der wußte, in welcher Hölle wir uns befanden?

Das Lager nannte sich Camp de Concentration. Zu jener Zeit erweckte der Name den Eindruck eines harmlosen Auffanglagers für Flüchtlinge. Ohne weitere Erklärung wurde die Wachmannschaft verdoppelt, und die Stacheldrahtzäune wurden erheblich verbreitert. Das erschwerte die geplante Flucht, aber noch sollte sie nicht unmöglich sein. Ich wollte abwarten und weiter das Lagerleben führen, und dabei meine Finanzen ein wenig aufbessern.

Eines Tages wurde uns mitgeteilt, alle Deutschen und Österreicher sollten sich bei einer Kommission melden. Obwohl ich der Ansicht war, weder dem einen noch dem anderen Land anzugehören, meldete ich mich, um mir eine Abwechslung in der Tristesse zu verschaffen. Die Kommission war, wie sich zeigte, auf der Jagd nach Deserteuren. Ich fühlte mich nicht schuldig, und da es mir gefiel, wieder deutsch zu sprechen, trat ich vor die drei deutschen Herren mit dem französischen Kommandanten als Beisitzer. Doch leider nahm das Gespräch eine Wendung, die nicht vorauszusehen war.

Ich wies meine Papiere vor, das heißt, meine Geburtsurkunde. Das reichte nicht. Nun behauptete einer von ihnen, ich wäre ein Deserteur. Zuerst lachte ich nur und sagte: »Da irren Sie sich gewaltig«, aber bald mußte ich einsehen, in meinem Papier stand tatsächlich nichts davon, daß ich Jude war. Mir brach der Schweiß aus.

»Gestehen Sie!« schrie er mich an.

»Was soll ich gestehen?«

»Daß Sie Österreicher sind und sich beim Feind verstecken.«

»Unmöglich«, sagte ich und schielte auf meinen französischen Kommandanten, um seine Reaktion auf das Gerede vom Feind zu sehen. Da er völlig ungerührt blieb, zog ich daraus den Schluß, daß er entweder kein Deutsch verstand oder nichts verstehen wollte. Ich fuhr fort:

»Ich verstecke mich nicht, Herr Kommissar. Ich bin als Jude interniert. Schauen Sie sich in diesem Schweinestall um! Hier hält sich niemand freiwillig auf, geschweige denn als Deserteur! Außerdem hätte ich mich nicht freiwillig bei Ihnen gemeldet, wenn ich desertiert wäre. In Wien gibt es Dokumente, die beweisen, wer ich bin. Ich begleite Sie gern, wenn ich nur nicht hier bleiben muß.«

Der Kommissar ging auf und ab, die Hände auf dem Rücken, dann setzte er sich und beriet sich flüsternd mit den anderen.

»Gut, wir werden Ihre Personalpapiere prüfen. Bleiben Sie, wo Sie sind, wir kommen wieder. Sie können gehen!«

Ich dankte für das Vertrauen, sagte »Grüß Gott« und ging schleunigst zur Tür hinaus.

Wieder in meiner Baracke, fing ich an zu überlegen. Der Verdacht würde bestehen bleiben. Und wenn er nicht in Wien nachfragte? Würde man mich verhaften und nach Deutschland bringen? Dann wäre es zu spät, um zu beweisen, wer ich war. Ich schwitzte vor Angst, als ich mit meinen Kameraden zusammensaß und die Alternativen gegeneinander abwog. Das Ergebnis lautete: »Verschwinden, und zwar möglichst bald.« Mir war klar, daß ich weg mußte, es gab jedoch einen Haken. Falls die Kommission mich vorlud und ich nicht mehr da war, würden sie sofort vermuten, ich wäre als Deserteur geflüchtet. Auch der französische Kommandant würde dann nach mir fahnden, da ich ein internierter Flüchtling war.

Es war eine schwere Entscheidung, doch zwei Wochen später kam mir das Schicksal zur Hilfe. Es verbreitete sich das Gerücht – hier erfuhr man die Dinge immer gerüchteweise – Frankreich suche Freiwillige für eine Arbeitskompanie. Ohne Zögern stellte ich mich zur Verfügung und wurde in die Kompanie 216 aufgenommen.

Wir wurden Prestateure genannt und gehörten zur französischen Armee. Es war ein Zivildienst in der »Zone libre«, der freien Zone von Frankreich. Wir bekamen militärische Kleidung und fühlten uns bald als Angehörige der Armee. Das war nun schon mein zweiter Versuch, französischer Soldat zu werden, und ich dachte, besser spät als nie. Vor allem waren wir froh, daß wir dem Elend in St. Cyprien entronnen waren.

In Eisenbahnwaggons, diesmal mit offenen Türen,

wurden wir in ein Lager in der Nähe von Carcassonne gebracht. Es schien, als wären wir frei, jedenfalls kamen wir nicht auf den Gedanken zu flüchten, obwohl die Türen weit offen standen. Wohin sollten wir auch fliehen? Und warum? Wir waren schließlich frei, oder doch nicht?

Das neue Lager hatte ähnliche Baracken, war aber trotzdem nicht mit St. Cyprien vergleichbar. Zwar war es von Stacheldraht umgeben, doch vermutlich eher, um Unbefugte auszusperren als um uns einzusperren. Wir bekamen Passierscheine und konnten uns frei bewegen. Die Betten waren aus Holz, darauf Strohmatratzen, und wir bekamen saubere Laken und Decken. Fast hätten wir Hurra gerufen. Wir waren wieder Menschen.

Unser Lagerkommandant war ein französiscsher Offizier, der Vorarbeiter ein Spanier aus Katalonien, der uns schöne spanische Lieder beibrachte. Der Eingang wurde von einem Afrikaner bewacht, der mehr gelb als braun war, da er die Gelbsucht hatte. Er stammte aus Algerien und liebte den Rotwein. Zu meiner großen Freude traf ich auch meinen Freund Edi wieder, zu dem der Kontakt längst abgebrochen war. In St. Cyprien hatte er einer anderen Abteilung angehört. Wir wählten dieselbe Baracke und wurden Bettnachbarn. Ich hatte viel zu erzählen. Edi hingegen war die ganze Zeit über im Lager geblieben.

Unsere Arbeitsgruppe hatte die Aufgabe, Bäume zu fällen. Es war eine gesunde, frische Arbeit im Wald. Bald hatten wir die Technik gelernt und prahlten damit, wie viele Bäume wir fällen konnten und mit welch hohen und dicken Stämmen. Die Verpflegung war gut und nahrhaft, nur hätte es etwas mehr sein können. Man bekam Tabak und ein kleines Taschengeld. Nicht genug, aber das Leben geht seinen Gang, und als Flüchtling muß man versuchen, im Jetzt zu leben und den namenlosen Schmerz von sich fernzuhalten.

Ein Flüchtling denkt ununterbrochen ans Essen. Nicht nur, weil es die Zeit vertreibt, sondern weil man ständig hungrig ist. Edi und ich sondierten jetzt die Möglichkeiten, an weitere Nahrungsmittel zu kommen. Wie sich zeigte, hatte ein Bauernhof in der Nähe alles, was wir brauchten, aber es kostete Geld, und wir hatten wie gesagt keins.

Sonntags, wenn wir frei hatten, halfen wir auf dem Bauernhof, und als Entgelt bekamen wir mehr Essen als wir verzehren konnten. Was übrig blieb, durften wir mitnehmen. Maiskolben waren jedoch umsonst; sie wurden kilometerweise angepflanzt, und nach Einbruch der Dämmerung holten wir uns, soviel wir brauchten. Alle machten es so. Dann kam der Herbst mit den Weintrauben, und wenn sich die Dunkelheit herabsenkte, pflückten wir herrliche große grüne oder blaue Trauben, ganz nach Wunsch. Das Dasein war im großen und ganzen ziemlich erträglich. Abends gingen wir in eine kleine spanische Bar, tranken ein Glas Wein und stimmten in ihre Lieder ein. Der Krieg schien fern, obwohl es nicht weit weg war.

Die Zeitungen berichteten von den deutschen Erfolgen. Wir waren beunruhigt, wagten aber nicht daran zu denken, was geschehen würde, wenn die Deutschen tatsächlich gewannen. Eine Rückkehr ins normale Leben wäre dann für uns Juden völlig undenkbar. Das wußten wir nur allzu gut. Wir lasen Zeitungsartikel, die das Vorgehen der Deutschen schilderten, doch wir erlaubten ihnen nicht, uns die Laune gänzlich zu verderben. Wir schmiedeten keine Pläne für die Zukunft, sondern steckten die Köpfe in den Sand wie Strauße. Vermutlich war es pure Überlebenstaktik.

Monat um Monat verging, ohne daß etwas Besonderes geschah. Aber eines Tages war es soweit. Die deutsche

Kommission kam ins Lager. Edi hatte das gleiche Problem wie ich. Beide waren wir blond und relativ groß, wir sahen arisch aus und konnten nicht beweisen, daß wir Juden waren. Diesmal half nichts mehr. Sie hörten uns nicht zu. Unser französischer Offizier bekam vom deutschen Kommissar im »freien Frankreich« den Befehl, uns bis auf weiteres nicht aus dem Lager zu lassen.

Nun galt es rasch zu handeln. Während sie nach weiteren »Deserteuren« suchten, packten wir unsere wenigen Siebensachen, und da der Eingang an der Vorderseite bewacht war, wählten wir den Stacheldraht an der Rückseite. Das Geld reichte für die Fahrkarten, und am Abend waren wir schon in Toulouse. Um jedes Risiko zu meiden, nahmen wir uns ein kleines Hotel, von dem wir wußten, daß man dort nicht nach dem Ausweis fragte. Was unsere weitere Flucht betraf, waren wir ratlos. Wohin sollten wir uns wenden? Wo uns verstecken? Wir wußten keine Antwort. Das freie Frankreich war klein und stand offenbar völlig unter deutscher Kontrolle.

Auf der Place Wilson versuchten wir mit Leuten in Kontakt zu kommen, die falsche Ausweise besorgen konnten. Es würde viel Geld kosten, aber in dieser Hinsicht verließ ich mich voll und ganz auf meine holländische Gräfin. Fälscher fanden wir keine, aber dafür lernten wir zwei nette Mädchen aus Jugoslawien kennen, die uns anboten, bei ihnen zu wohnen. Am nächsten Tag besuchten wir meine Freunde, die Quäker, und sagten ihnen jetzt, wie es stand, daß wir vor den Deutschen auf der Flucht waren. Wir bekamen Geld und Kleidung und konnten die militärischen Uniformen ablegen.

Jetzt ganz normal gekleidet, spazierten wir mit unserer Damenbegleitung auf der Place Wilson herum, um jemanden zu finden, der eine brauchbare Idee für uns hätte. Es gab niemanden, und nach drei Tagen vergeblicher Suche faßten wir einen, wie wir fanden, wahnsinnigen Entschluß. Wir würden nach Belgien zurückkehren. Wir mußten die Demarkationslinie überqueren, die Grenze zwischen dem freien und dem besetzten Frankreich. Nach der Karte, die wir gekauft hatten, war das bei Perigueux möglich. Die französischen und die deutschen Grenzposten waren auf der Karte markiert, und nach einem kurzen Stück durch den Wald wäre der Weg frei, um den Zug nach Belgien zu nehmen. In Anbetracht dessen, was darauf eingezeichnet war, war die Karte teuer gewesen. Sie machte keine Angaben über die Entfernungen, die Breite der Wege oder die Ausdehnung der Wälder. Aber so war es nun mal.

Als Flüchtlinge lebten wir in ständiger Unsicherheit und mußten immer darauf bedacht sein, in all den neuen Situationen, mit denen wir konfrontiert waren, keine Fehler zu begehen. Trotzdem waren wir gezwungen, alle nötigen Risiken einzugehen, um uns aus Notlagen zu retten; immer eine Notlüge zur Hand haben, uns niemandem anvertrauen können, sich auf niemanden verlassen. Ein Flüchtling ist entsetzlich einsam und völlig angewiesen auf seine Fähigkeit, allein zurechtzukommen. Wie gern die Leute auch den Flüchtlingen geholfen hätten, sie fürchteten doch Repressalien. Sogar im freien Frankreich. Deshalb lebten wir als ständige Lügner, in ewiger Misere, mit sehr, sehr raren Anlässen zur Freude.

Am Nachmittag wollten wir aufbrechen. Unbedenklich begleiteten uns die Mädchen zum Zug. Vorher hatten wir ihnen nicht gesagt, woher wir kamen, aber jetzt, unterwegs nach Belgien, begingen wir den fatalen Fehler, uns ihnen anzuvertrauen. Es sollte uns später bitter leid tun.

Es war noch hell, als wir nach Perigueux kamen. Die Grenze lag mehrere Kilometer entfernt, und so gingen wir mit raschen Schritten die Landstraße entlang. Nach einer knappen Stunde sahen wir eine Schranke und eine Stange mit einer flatternden Fahne. Die Entfernung war zu groß, um zu erkennen, ob französisch oder deutsch. Wir verließen die Straße, und am Waldrand entlangschleichend näherten wir uns den Grenzwächtern. Jetzt erkannten wir die Trikolore – wir befanden und also auf dem richtigen Weg. Wir zerrissen unsere sämtlichen Papiere, die Personalausweise und Passierscheine. Ich behielt nur meine Geburtsurkunde und Edi seinen österreichischen Paß. Wir schlugen uns in den Wald, beschrieben einen großen Halbkreis und umrundeten so den französischen Grenzposten, den wir jetzt im Rücken hatten. Erleichtert, so weit gekommen zu sein, traten wir wieder hinaus auf die Straße. Sie machte eine scharfe Kurve, die uns die Sicht nahm. Als wir aus der Kurve herauskamen, standen wir knapp zwanzig Meter vor dem deutschen Zollhaus. Wir sahen keinen Wachtposten, aber die Fahne mit dem Hakenkreuz sprach für sich. Ohne Eile machten wir kehrt und gingen denselben Weg zurück. Da hörten wir den Schrei: »Halt! Stehenbleiben!« Ich drehte mich um und erstarrte: »Edi! Er zielt auf uns!«

Wir winkten ihm beide zu, und aus seinem Herumfuchteln schlossen wir, daß er mit uns reden wollte. Er ließ das Gewehr sinken. Wir einigten uns rasch darauf, daß wir unterwegs zu einem Bauernhof wären, uns aber verirrt hätten. Edi, der viel besser Französisch sprach als ich, sollte das Wort führen. Konnte der Wächter kein Französisch, verstanden wir kein Deutsch.

Mit ein paar schnellen Schritten waren wir bei ihm und grüßten freundlich. Er sah uns an, ohne feindlich zu wirken, und suchte nach Worten. Wir merkten, daß er das Französische nicht beherrschte. Als wir ihm zulächelten, beantwortete er unser Lächeln mit strenger Miene und einem: »Hier nix passé«. Wir schüttelten die Köpfe, und Edi sprudelte einen Strom von französischen Wendungen heraus. Jetzt war es der Wächter, der den Kopf schüttelte, aber Edi fuhr fort und fügte ein paar deutsche Brocken hinzu: »Arbeiten Bauer verirrt«. Jetzt kapierte er offenbar, denn er sagte mehrmals: »Nix passé. Hier Grenze, nix passé.«

Um unser eigentlich recht komisches Gespräch zu beenden, sagte Edi – ich hielt den Mund – »Verstehen, ici France.« Worauf der Wächter sofort antwortete: »Hier nix Frankreich, da Frankreich«, und auf die Straße deutete, von der wir kamen. Wir sagten »merci« und »adieu«, aber nicht »Auf Wiedersehen.« Der Wächter schüttelte nur den Kopf und sagte: »Ja, ja.« Gemächlich gingen wir auf der Straße zurück. Als wir für den Deutschen außer Sicht waren, verzogen wir uns wieder in den Wald und befragten die Karte. Entweder war sie falsch gezeichnet, oder man hatte die Grenzstation verlegt.

Jedenfalls mußten wir uns irgendwie orientieren. Es fing an zu regnen, und die Dunkelheit senkte sich herab. Wir drangen tiefer in den Wald ein, auf kleinen Pfaden, die zu Bauernhöfen führten. Als wir den ersten Hof erreichten, waren wir durchnäßt. Ein bellender Hund kündigte unsere Ankunft an, und der Bauer stand schon wartend vor der Tür.

Er machte ein erstauntes Gesicht, als wir fragten, ob wir uns möglicherweise schon im freien Frankreich befänden. Das taten wir leider immer noch. Er wollte wissen, woher wir kämen, und wir erfanden die Geschichte, wir wären aus Belgien geflüchtet, um ins freie Frankreich zu kommen.

Er bat uns herein, und es dauerte nicht lange, da saßen wir vor dem Ofen und bekamen Tee und gute Butterbrote. Es saßen noch andere Männer und Frauen in dem Zimmer und tranken Tee. Der Bauer war sehr neugierig und wollte wissen, warum wir geflüchtet seien, wie es in Belgien unter der Besatzungsmacht aussähe, was wir in Frankreich machen wollten und ob wir hier Bekannte hätten. Ich ließ Edi reden. Es war jetzt schwieriger, Lügen zu erfinden, da wir zu zweit waren und uns vorher nicht abgesprochen hatten. Ich tat so, als würde ich nicht gut Französisch sprechen, und kümmerte mich lieber um das Trocknen unserer nassen Sachen.

Der Bauer hatte Verständnis dafür, daß wir nicht unbedingt in die nächtliche Dunkelheit hinauswollten, und bot uns an, über Nacht zu bleiben. Das nahmen wir dankbar an. Wir wechselten ein paar Worte auf deutsch. Einer der Knechte sah uns interessiert an, als verstünde er, was wir sagten. Wir sagten nicht viel, dazu waren wir zu gewieft, aber wir merkten, daß sie uns mißtrauten. Wir waren Ausländer und fast mitten in der Nacht aufgetaucht.

Es wurde spät, die Bauersleute mußten früh aus den Betten, und so brachte uns der Bauer in die angrenzende Kammer, wo wir schlafen sollten. Sie war einfach, aber völlig zufriedenstellend. Er nahm unsere nassen Sachen, um sie über Nacht zu trocknen. Es war uns nicht recht, ohne Kleider dazustehen, falls wir rasch verschwinden müßten. Aber was sollten wir machen? Wir blieben lange wach und überlegten, ob wir richtig gehandelt hatten.

Morgens um acht weckte uns der Hausherr und brachte unsere trockenen Sachen. Er lud uns zu einem wirklich herrlichen Bauernfrühstück ein. Am Tisch saßen wir in einer großen Schar und ließen es uns gut schmecken. Die anderen aßen unter beunruhigendem

Schweigen und unnatürlich eifrig, ohne uns eines Blickes zu würdigen. Edi und ich wechselten einen Blick des Einverständnisses. Irgendwas war hier faul. Niemand war unfreundlich, aber sie sagten nichts und starrten nur immer auf ihre Teller. Als wir uns nach der nächsten Stadt erkundigten, antwortete der Bauer mit einem undeutlichen Gemurmel. Da war uns klar, hier braute sich etwas zusammen. Rasch standen wir auf, bedankten uns für das Frühstück und gingen zur Tür, die in diesem Moment von zwei Gendarmen geöffnet wurde. Der eine ging vorbei und tat so, als wären wir Luft. Der andere blieb in der Türöffnung stehen. Sie begrüßten die Bauersleute, schwatzten über dies und das und über das schlechte Wetter. Edi und ich standen an der Tür, konnten nicht hinaus und wußten genau, sie waren unseretwegen gekommen.

Der Gendarm fragte den Bauern, ob er Besuch hätte, und deutete auf uns. Der Bauer wiederholte unsere Geschichte, wir kämen aus Belgien und wollten in das freie Frankreich. Erst jetzt wandte er sich uns zu, grüßte freundlich und bat uns um unsere Papiere. Während er sie studierte, musterten wir die Bauersleute, die sich jetzt angelegentlich in der guten Stube zu schaffen machten. Die Gendarmen waren mit unseren Papieren nicht zufrieden und forderten uns auf, sie aufs Revier zu begleiten. Da bekamen es alle plötzlich eilig, aus dem Haus zu kommen. Der Bauer nahm ein dickes Seil von der Wand, und seine Frau fing an, in einem Topf zu rühren. Eins von den Mädchen blieb, um den Tisch abzuwischen.

Uns tat der Bauer leid. Wir waren sicher, hätten wir ihm die Wahrheit gesagt, hätte er nicht die Gendarmen geholt. Es waren unsere Lügen, die ihn mit guten Gründen hatten vermuten lassen, wir wären deutsche Spione, da wir Deutsch miteinander sprachen. Allerdings hatte er dabei eins nicht bedacht: als deutsche Spione hätten wir mit Sicherheit über einwandfreie Ausweispapiere verfügt.

Wir sahen ihm an, daß er nicht froh war. Er hatte seine Pflicht getan, daher sagten wir ihm Lebewohl und: »Wir sind keine Feinde, aber was soll's, wir sind selber schuld.« Und er antwortete: »Bonne chance!«

Die Gendarmerie lag in einem kleinen Dorf etwa zwei Kilometer weit entfernt. Nach der Ankunft wurden wir in je zwei kleine Zellen gesperrt. Unterwegs hatten Edi und ich abgesprochen, wir hätten uns in Brüssel kennengelernt und seien zusammen von da geflüchtet. Viel mehr vermochten wir nicht zu sagen, und das hatte seine Vor- und Nachteile. Der Vernehmungsleiter wollte vielleicht gern glauben, daß wir gewöhnliche Flüchtlinge wären, aber weder Edi noch ich konnten auch nur die einfachsten Fragen beantworten. Und wenn wir antworteten, stimmte nichts überein. Weder unsere Reiseroute, noch die Fahrzeiten der Züge, noch der Grund für das Fehlen unserer belgischen Papiere, noch der Ort unseres Grenzübergangs.

Während wir in unseren Zellen saßen, wurden unsere dramatischen und phantasievollen Erzählungen zu Protokoll genommen. Der Vernehmungsleiter hatte große Geduld und erhob keinen Einspruch, obwohl ihm völlig klar war, daß wir fabulierten. Unsere unterschiedlichen Schilderungen der Stelle, an der wir über die Grenze gegangen waren, schienen ihn eher zu amüsieren, und er sagte: »Es ist möglich, daß die Grenze irgendwo so aussieht, wie Sie es beschreiben, aber zusammen haben Sie sie ganz bestimmt nicht überquert, erst recht nicht in der Nähe von Perigueux.«

Nach drei Tagen gab er auf, und jetzt wurden wir gemeinsam zum Verhör bestellt. Wir schauten uns müde an, ohne ein Wort zu wechseln. Seit mehreren Tagen hatten wir uns nicht gesehen. Ich lag meistens lesend auf der Pritsche. Die Zellen waren klein und ungemütlich, es gab weder Tisch noch Stühle. Aber man behandelte uns freundlich. Wir waren die einzigen »Gefangenen«, und sie bestellten unser Essen aus dem Wirtshaus. Hier litten wir keine Not.

Der Vernehmungsleiter las uns jetzt lachend die Protokolle vor:

»Eh bien, meine Herren. Wer von Ihnen hat gelogen? Oder haben Sie beide gelogen?«

»Wir haben beide gelogen«, sagten wir einstimmig.

»Na gut, das glaube ich Ihnen. Dürfte ich jetzt die Wahrheit erfahren!«

Wir erklärten, das sei unmöglich, dann würde er tun, was wir verhindern wollten. Wir baten ihn, darauf zu vertrauen, daß wir richtige Flüchtlinge seien, und uns als solche zu behandeln.

Er war ein jovialer älterer Herr mit einer Nickelbrille. Gutmütig sah er uns an:

»Was soll ich denn mit Ihnen anfangen? Sie haben keine ausreichenden Papiere. Ich bin nicht autorisiert, Ihnen welche auszustellen. Sie haben kein Verbrechen begangen, also gibt es keinen Grund, Sie anzuklagen. Daß Sie auf der Flucht sind, glaube ich Ihnen. Aber vor wem? Vor was? Und warum gerade hier? Ich muß die Wahrheit wissen.«

Wir saßen ihm gegenüber und nickten beifällig, sagten aber nichts. Er schaute uns väterlich an und fragte noch mal, was er mit uns anfangen sollte. Wie aus einem Mund sagten wir: »Nichts, bitte!«

Am gleichen Nachmittag wurden wir von unserem Gendarmen mit dem Auto an den Ort gebracht, der für die nächsten Monate unser Zuhause werden sollte: das Gefängnis von Perigueux.

Von außen besehen ist ein Gefängnis ein Gebäude mit hohen Mauern. Von innen war es eine neue, interessante Erfahrung. Das einzige, was ein Außenstehender von Gefängnissen weiß, ist, daß die Insassen als Strafgefangene ihrer Freiheit beraubt sind, aus verschiedenen Gründen und mit unterschiedlichem Strafmaß. Was es wirklich bedeutet, ein Gefangener zu sein, begreift man erst, wenn man sich da drinnen befindet. Die Gitter vor den Fenstern verursachten bestimmt ein unangenehmes Gefühl der Unfreiheit. Aber für uns, vertraut mit den schlimmen Verhältnissen in St. Cyprien, war das anders.

Ich sah die Gitter nicht, sie störten mich nicht im geringsten. Freiheit war kein verheißungsvoller Begriff mehr. Weit interessanter war das Klappern der Schlüssel, das die Wächter ankündigte. Ihr Klirren war in diesem eintönigen Dasein Musik in unseren Ohren. Häftlinge sind ziemlich gleichgültig und kühl zueinander, aber nicht zu Schlüsseln, die klirren. Es spielt keine Rolle, was geschieht, Hauptsache, *irgendwas* passiert.

Im Gefängnis lernte ich auch die Kehrseite des Menschen kennen. Die Häftlinge hatten keine Geheimnisse, sie erzählten gern von ihren Taten, welche Verbrechen sie auch begangen hatten. Wir lebten mit Verbrechern ganz verschiedenen Kalibers zusammen. Nach der Erledigung aller Formalitäten und der Ermahnung des Direktors, die Regeln des Gefängnisses strikt zu befolgen, wurden wir als Mitglieder im »Klub« aufgenommen. Da wir nicht verurteilt waren, durften wir unsere eigenen Kleider behalten und mußten die Haare nicht scheren. Anfangs waren wir vierzehn. Ja, was? Verbrecher? Wir gehörten jedenfalls zu deren Gruppe und waren schon bald akzeptiert. Alle glaubten uns, daß wir uns ungerecht behandelt fühlten. Diese Überzeugung teilten fast alle. Die meisten waren Franzosen.

Ein Knecht war zu zwei Monaten verurteilt, weil er einem Kalb seine Liebe erklärt hatte. Der Richter hatte gemeint, das falle unter den Schutz von Minderjährigen. Der Knecht selbst fand das ungerecht, und ich war eher geneigt, ihm zuzustimmen. Sah er doch selbst aus wie ein Ochse, oder besser gesagt wie ein Stier, mit seinem stumpfen Blick und dem riesigen Gebiß, das harte Brotkanten zermalmte, als würde er wiederkäuen. Mit ihm war gut auszukommen, aber er sehnte sich nach Hause in seinen Stall. Er schwor hoch und heilig, nie mehr zu sagen »Vive la France!«

Edi und ich unterhielten uns beide besonders gern mit dem Professor. Dieser war nicht übertrieben mitteilsam, antwortete aber auf Fragen, soweit er konnte. Über sein Verbrechen sprach er allerdings ungern. Wir wußten, daß er seine Frau erschossen hatte, als er sie mit ihrem Schwiegersohn im Bett ertappte. Er war ein pensionierter Lehrer der Naturwissenschaft, etwas über sechzig, und wenig älter als seine Frau. Das Urteil, lebenslänglich, hatte er angenommen, ohne Reue zu zeigen. Er bekam nie Besuch oder Proviantpakete, war von kleinem, schmächtigem Wuchs, und sein Körper wirkte wie ausgedörrt. Seine Stimme war sanft, seine Worte klug. Er war ein gebildeter Mann, lebte aber völlig in sich gekehrt. Religion war ein Gesprächsthema, das er mied, woraus wir schlossen, daß seine Tat ihn doch quälte. Einmal wagte ich die Frage, ob es nicht gereicht hätte, sich von ihr scheiden zu lassen. Er antwortete: »Das habe ich getan. Sie hat alles in mir getötet, und da habe ich sie getötet. Jetzt sind wir geschieden.«

Die Mahlzeiten waren eine willkommene Abwechslung im Gefangenendasein. Zweimal täglich bekamen wir Suppe. Keiner fragte danach, was sie eigentlich enthielt. Es war eine dickflüssige Reissuppe, immer dieselbe. Der

Essensnapf wurde nie ganz voll, der Bauch auch nicht. Aber niemand beklagte sich, da alle dasselbe bekamen. Man nahm entgegen, was es gab, setzte sich an seinen Platz und aß. Dann wusch man den Napf aus und wartete auf die nächste Fütterung. Da wir politische Gefangene waren und keine Kriminellen, gewährten die Wärter uns kleine Vorteile. Wir fegten und schrubbten die Gänge oder säuberten den Gefängnishof, und dafür bekamen wir eine kleine Extraration Brot oder Suppe. Es war ein höchst willkommener Zuschuß zu der mageren Verpflegung. Immer öfter kam es auch vor, daß der Wärter uns zum Kartoffelschälen in die Gefängnisküche schickte. Hier freundeten wir uns mit dem Küchenpersonal an und schafften heimlich allerlei Leckerbissen beiseite. Unsere Mitgefangenen zeigten nie Eifersucht auf die Vorteile, die wir unbestreitbar genossen, und zum Dank teilten wir unsere Proviantpakete vom Roten Kreuz mit ihnen. Die Quäker hatten nämlich nach unseren brieflichen Hilferufen das Rote Kreuz eingeschaltet.

Es gab eine Reihe von interessanten Typen in dieser Menagerie von Menschen, welche Tage, Wochen, Monate oder sogar Jahre zusammenlebten. Monsieur Boulon ließ sich nur mit Monsieur Boulon anreden. Er war der Chef des Schwarzmarkthandels im Umkreis von Perigueux. Er war zu dreißig Tagen verurteilt, aber wir wußten nicht, weswegen. Wir bekamen ihn nicht oft zu Gesicht. Ebensowenig wie der Wärter. Er schlief nicht bei uns im großen Saal. Seine Einzelzelle war eher als kleines Hotelzimmer zu bezeichnen.

Alle anderen wurden um sechs geweckt. Um halb acht bekamen wir eine scheußliche lauwarme Brühe, angeblich Kaffee, während Monsieur Boulon erst um acht erschien, um sich gleich darauf von dem eigens bestellten Friseur rasieren zu lassen, der außerdem die Aufgabe hatte, ihm ein Spezialfrühstück zu servieren. Dann machte sich Monsieur Boulon auf, um seinen »Geschäften« außerhalb der Mauern nachzugehen. Seine zivilen Kleider waren sehr elegant, der gepunktete Schlips paßte perfekt zum Hemd. Er sagte »bonjour« und ging. Aber Punkt halb fünf war er zurück. Um sechs machten wir uns fertig, um zu Bett zu gehen, und Monsieur Boulon zog sich in sein Zimmer zurück.

Sein weltläufiges Auftreten verschaffte ihm Respekt, und er belohnte die Ehrfurcht der Gefangenen, indem er ihnen ausländische Zigaretten anbot. Der Wärter, der ihm das alles gestattete, hatte sicher seine guten Gründe. Niemand nahm darauf Rücksicht, daß Rauchen in den Zellen verboten war. Es war schwierig, Tabak aufzutreiben. Getrocknete Blätter, zwischen den Handflächen zerrieben, mußten es auch tun. Das heißt, falls man Papier zum Rollen hatte. Es gab einem wenigstens das Gefühl zu rauchen, auch wenn man keine Nikotinvergiftung zu fürchten hatte.

Die Tage verstrichen unendlich langsam, da nichts passierte. Von morgens bis abends, mit den kurzen Unterbrechungen des Essens und der Hofgänge, trabten und trabten wir um den großen Eßtisch in der Mitte des Saals herum. Alle in dieselbe Richtung. Blieb jemand stehen, riefen die anderen gleich: »Nicht stehenbleiben, circulez-vous!« So lief man entweder weiter oder trat aus dem Kreis heraus, um den Rhythmus nicht zu stören.

Ein Spanier saß stets für sich allein und starrte in die Luft. Er war sehr hager, seine Wangen waren eingesunken, und er sah uralt aus. Wir wußten, daß er knapp dreißig war. Seine rechte Hand war verkrüppelt, steif und nach innen verdreht. Er hatte lebenslänglich bekommen, weil er bei einem Raubüberfall jemanden erstochen hatte. Wir machten immer wieder Versuche, mit ihm zu reden, bis wir irgendwann aufgaben. Selten aß er seine Suppe auf.

Eines Abends, nachdem wir ins Bett gegangen waren, kam der Wärter mit einem Mann im weißen Kittel. Ein Arzt, wie wir vermuteten. Alle mußten sich aufstellen und ihre Hemden lüpfen. Einer nach dem anderen wurde gemustert, bei dem Spanier blieben sie stehen. Jetzt sahen wir es. Sein Geschlechtsorgan war ein einziger großer Blutklumpen. Die Wäscherei hatte gemeldet, eins von den Hemden wäre jedesmal blutig.

Er hatte Syphilis im dritten Stadium und wurde sofort isoliert. Am nächsten Tag brachte man ihn weg. Wir waren erleichtert, zugleich aber beunruhigt wegen der Anstekkungsgefahr. Nur der verliebte Knecht war traurig, weil ihm die Suppe fehlte, die ihm der Spanier immer übrig gelassen hatte. Aber wenigstens bedeutete es eine Unterbrechung der Tristesse für ein paar Tage. Dann war der Vorfall vergessen.

Die Tage vergingen, und alle sehnten sich nach ihrer Freilassung, alle bis auf Edi und mich. Wonach hätten wir uns sehnen sollen? Vorerst waren wir hier gut aufgehoben. Unsere Gespräche mit den Mitgefangenen wurden immer sporadischer. Nur die Neuen weckten unser Interesse, da sie uns möglicherweise Nachrichten von draußen brachten.

Eines Tages erschien ein junger Mann aus dem Elsaß. Er war noch keine fünfundzwanzig, aber bereits als routinierter Einbrecher bekannt. Seinen übrigen Verdiensten konnte er den Titel Ausbrecherkönig hinzufügen. Es freute uns, daß wir mit ihm deutsch reden konnten, da wir sonst immer auf Französisch angewiesen waren. Auch er machte gern unsere Bekanntschaft.

Bereits am nächsten Tag waren wir Mitglieder seiner neugegründeten Bande. Wir waren dazu ausersehen, aus Österreich Kokain zu schmuggeln. Nach seiner Meinung waren Edi und ich für diese Aufgabe wie geschaffen. Die falschen Papiere und andere Kleinigkeiten, die wir brauchen würden, machten ihm offenbar kein Kopfzerbrechen. Das größte Hindernis war, daß wir im Gefängnis saßen. »Kein Problem«, sagte unser frischgebackener Chef, »wir brechen aus«. Er machte uns vertraut mit der Kunst, aus Gefängnissen zu flüchten, und alles wirkte ausgesprochen simpel – falls es einem glückte.

Das Gefägnis, in dem er zuvor gesessen hatte, sei fast hermetisch abgeriegelt gewesen, berichtete er. Die Mauern extrem hoch, gekrönt von Eisenstacheln unter Strom, und ringsherum – Wallgräben. Doch er hatte die Probleme einfach und genial gelöst. Seine Kameraden aus der Wäscherei hatten ihn in einen Sack kriechen lassen und ihn zu den anderen Säcken im Wäschereiwagen geworfen. So hatte er eine Woche vor seiner Ankunft bei uns die Freiheit gewonnen.

Dann hatte er Pech. Bei einem mißglückten Einbruch, um seinen Hunger zu stillen, hatte er kein Geld gefunden. Statt dessen hatte er das Rad geliehen, das vor dem Haus stand, um sich zum nächsten Dorf zu begeben. Wegen seiner zugegeben ziemlich angeknacksten körperlichen Verfassung hatte er einen Lastwagen angehalten. Unglücklicherweise hatte der Fahrer sein eigenes Rad erkannt und ihn schnurstracks ins Gefängnis gebracht. Solche Zufälle ereignen sich äußerst selten, meinte er. Es war eben extremes Pech.

Uns war klar, daß wir seine Angestellten waren, und wir erwarteten den zweiten Schritt, das heißt die Flucht. Kein Problem, wie er sagte. In den folgenden Tagen stellte er seine Berechnungen an. Es ging um die Höhe der Mauer, den Sprung aus dem ersten Stock, den Abstand zur Mauer und die Kraft, die erforderlich war, um die dicken Eisenstangen auseinanderzubiegen. Wir würden dazu drei Laken benötigen. Ein Kinderspiel. Die Laken müßten angefeuchtet und mit Hilfe eines dicken Stocks gedreht werden, den wir auch noch nicht hatten. Nachts würden wir keinen Zugang zu Wasser haben, um die Laken zu befeuchten, aber er rechnete damit, daß unsere Mitgefangenen sich den ganzen Tag zurückhalten würden, um dann gleichzeitig auf die Laken zu pinkeln. Ein feuchtes, gedrehtes Laken fungiere wie ein Hebel. All das brachte er uns bei. In jede Änderung und Umdisponierung weihte er uns ein. Seine Vorbereitungen waren minutiös.

Über eine Woche lang erging er sich in Spekulationen und phantasievollen Beschreibungen, aber kein einziges Mal fragte er uns, ob wir an dem Ausbruch teilnehmen wollten. Das wollten wir nicht. Zwar fanden wir es spannend, und er war für uns unterhaltsam, aber wir waren keine Kriminellen. Wir waren Flüchtlinge, die darauf warten mußten, daß der Krieg zu Ende ging. Irgendwann wurde er abgeholt, und wir sahen ihn nie wieder.

Nun waren wir schon einen Monat im Gefängnis, und unser armer Vernehmungsleiter flehte uns an, ihm die Wahrheit zu sagen. Ohne Erfolg. Wir behaupteten steif und fest, wir kämen aus Beglien.

Inzwischen hatten wir erfahren, daß es in Perigueux eine Synagoge gab, und wo eine Synagoge ist, ist auch ein Rabbiner. Der Gefängnisdirektor nahm freundlicherweise für uns Kontakt mit ihm auf und erlaubte ihm sogar, uns zu besuchen. Der Rabbiner war ein freundlicher alter Mann. Er besuchte uns mehrmals die Woche, und er hatte immer ein gut gefülltes Proviantpaket dabei. Da wir von diesem Segen etwas abgaben, waren wir ungeheuer beliebt.

Der Rabbiner besorgte einen Anwalt, der versuchen sollte, uns herauszubekommen. Auch der Anwalt fand unsere Geschichte sonderbar. Er meinte, wir müßten ihm die Wahrheit sagen, wenn er uns helfen sollte, aber auch er brachte uns nicht zum Reden. Wir hielten daran fest, daß wir aus Belgien kämen. Uns war klar, daß niemand uns schaden wollte, aber keiner würde unserer Geschichte glauben, und deshalb blieben wir Gefangene. Nun machte uns das ja nicht so viel aus.

Nach drei Monaten hatte der Vernehmungsleiter genug, und der Anwalt bekam uns frei, da die jüdische Gemeinde uns Arbeit oder Unterhalt garantierte. Der Rabbiner stellte diese Garantie aus, und mit Spannung sahen wir dem Tag unserer Freilassung entgegen. In unserer Vorfreude, bald auf freiem Fuß zu sein, schrieben wir den Mädchen in Toulouse einen kurzen Brief.

Der Brief enthielt natürlich keine Geheimnisse, wurde aber von der Zensur der Gefängnisleitung abgefangen, und man verhörte die Mädchen. Als ich das Verhörzimmer betrat, war Edi schon da, in Tränen aufgelöst. Bevor ich etwas sagen konnte, seufzte er tief: »Es ist aus, sinnlos. Sie wissen alles über uns. Die Mädchen haben gesagt, wer wir sind und woher wir kommen.«

Zwei Wochen später standen wir vor Gericht. Der Staatsanwalt überschüttete uns mit Gift und Galle. Wir seien lästige Ausländer, die es sich herausnähmen, ohne Erlaubnis in Frankreich herumzureisen. Er klagte uns an, auf schändliche Weise die großzügige Bewilligung von Asyl im freien Frankreich mißbraucht zu haben. Einen Pfeil nach dem anderen schoß er auf uns ab, wie schlecht wir den humanitären Einsatz und die Versorgung vergolten hätten, die uns das Vichy-Regime bot. Er warf uns vor, wir hätten ohne Genehmigung die Freistatt verlassen, die ein Auffanglager bedeutete. In Anbetracht unserer verlogenen Haltung forderte er die strengste Strafe, die das Gesetz zuließ.

Sein Plädoyer dauerte etwa eine halbe Stunde. Wir saßen still da und lauschten andächtig seinen Anklagen. Entweder war dieser Mann nicht ganz richtig im Kopf, oder er hegte eine abgrundtiefe Verachtung für Ausländer. Wir hatten schließlich ausdrücklich erklärt, wir wären nicht vor den Franzosen geflüchtet, sondern vor den Deutschen, der Gestapo, die uns im freien Frankreich vernommen hatte.

Die Tatsache, daß wir als Freiwillige in die französische Armee eingetreten waren, erwähnte er nicht einmal, obgleich das in unserem Geständnis vorkam. Unser Anwalt hörte zu, ohne eine Miene zu verziehen, mit gefalteten Händen. Anschließend hielt er ein glänzendes Plädoyer. Er gab dem Staatsanwalt insofern recht, als wir illegal eingereist seien, ohne Papiere und Erlaubnis.

»Aber …«, fragte er, »… wen hätten sie um Erlaubnis fragen sollen? Herr Richter, weder Sie noch ich noch mein werter Kollege, der Herr Staatsanwalt, würden auf die Idee kommen, als Verfolgter und Flüchtling zu einer Behörde zu gehen und um Reiseerlaubnis zu bitten.«

Und er fuhr fort, beide Arme erhoben: »Herr Richter …«

Dann deutete er auf den Staatsanwalt: »Wir leben im freien Frankreich, aber sind wir frei?« Er deutete auf uns: »Ganz und gar nicht, wenn man auf der Flucht vor den Deutschen ist.«

Jetzt ballte er die Hände und beugte sich über den Tisch: »In diesen Zeiten der Verfolgung können Sie keinen Flüchtling dafür bestrafen, daß er auf der Flucht ist.« Er forderte die sofortige Freilassung. Wir seien lange genug in Haft gewesen, außerdem sei unser Unterhalt ja durch den angesehenen Rabbiner der jüdischen Gemeinde garantiert. »Und …« fuhr er fort, »… wenn mein werter Kollege unseren Teil von Frankreich als frei bezeichnet, gebe ich ihm jetzt die Gelegenheit, es zu beweisen.« Dann setzte er sich und sah den Richter mit hoch erhobenen Kopf an.

Wir saßen schweigend neben ihm auf der Anklagebank. Niemand hatte uns etwas gefragt. Der Richter und seine Beisitzer hatten sich zurückgezogen. Es war still im Saal, und nur wenige Zuhörer waren noch da, als er mit seinem Gefolge nach zehn Minuten zurückkehrte.

»Die Angeklagten mögen sich erheben«, verkündete ein Beisitzer. Wir erhoben uns, und der Richter verkündete das Urteil. »Wegen Verstoßes gegen das Gesetz nach Paragraph soundso werden die Angeklagten zu fünf Monaten Gefängnis verurteilt. Mildernde Umstände wurden nicht festgestellt. Die Zeit, welche die Angeklagten schon in Haft verbracht haben, ist anzurechnen. Es wird angeordnet, daß die Angeklagten im Anschluß wieder ins Lager von St. Cyprien gebracht werden.«

Wir bedankten uns nicht für das milde Urteil. Wir sagten auch nicht: »Vive la France!« Wir setzten uns einfach hin. Unser Anwalt jedoch stand auf und räusperte sich kurz, wie um Aufmerksamkeit bittend. Er war ein hochgewachsener Mann jenseits der mittleren Jahre. Einen Moment lang stand er da und strich sich nachdenklich seinen imponierenden Bart. Sein rechtes Bein war etwas kürzer als das linke, und es wirkte beinahe komisch, als er dann im Saal herumstakste wie eine Ente, kraftvoll, vorgebeugt und suchend. Im Gerichtssaal herrschte atemlose Stille, alle verfolgten die Bewegungen des Anwalts. Der Richter brach das Schweigen, indem er den Anwalt fragte: »Suchen Sie etwas?«

Jetzt richtete der Anwalt sich zu seiner ganzen Größe auf, hob seine zur Faust geballte Hand über den Kopf und sprach mit kraftvoller Stimme:

»Ja, Herr Richter. Ich suche die Gerechtigkeit!«

Aber das Urteil stand fest und war nicht zu ändern. Wir saßen also unsere Zeit im Gefängnis ab, nur mit dem Unterschied, daß wir jetzt als rechtskräftig verurteilte Kriminelle denselben Prozeduren unterlagen wie die übrigen Gefangenen. Wir vertauschten unsere Kleider mit der Gefängnistracht und bekamen die Köpfe geschoren.

Im übrigen änderte sich wenig am Tagesablauf. Die Zeit verging jetzt schneller, da wir wußten, wir würden nach St. Cyprien zurückkehren. In dem Moment, als wir das Gefängnis verließen, waren diese fünf Monate für mich wie ausgelöscht. Ich sah die hohen Mauern von außen, und mir wurde übel beim bloßen Gedanken, je wieder dort zu landen. Die Kleider, das Essen, der Gestank, die ganze Atmosphäre hatten sich festgesetzt. Edi und ich sahen uns an und sagten: »Nie wieder.« Wir hatten unsere Strafe abgesessen und jetzt würde uns ein Gendarm in unser altes Lager zurückbringen. Bevor wir das Tor passierten, versah er uns mit Handschellen. »Ist das wirklich nötig? Wir sind doch keine Verbrecher«, protestierten wir. Er erwiderte, er hätte seine Befehle.

Die Situation war irgendwie grotesk: zwei junge Männer, mit Handschellen versehen, von einem Gendarmen bewacht, gehen mitten auf der Straße zum Bahnhof. Die Leute blieben stehen und sahen uns fragend an. Am Zug angekommen, waren wir erstaunt, daß wir in einem normalen Abteil sitzen sollten, zwischen lauter anderen Reisenden. Dritte Klasse, selbstverständlich.

Wir saßen jetzt unserem Gendarm gegenüber, mit Handschellen aneinander gefesselt. Die ungewohnte Behinderung zwang uns zu vorsichtigen und geschmeidigen Bewegungen. Merkwürdigerweise gewöhnten wir uns rasch soweit daran, daß wir unbehindert lesen oder uns kratzen konnten, ohne einander zu stören. Zuerst schauten die anderen Reisenden ziemlich mißtrauisch.

Uns gegenüber saß eine Zigeunerfamilie, und sobald der Zug rollte, holten sie einen großen geflochtenen Korb hervor, gefüllt mit Eßwaren und Getränken. Der Familienvater muß gemerkt haben, daß uns fast die Augen herausfielen. Er fixierte uns, sah zum Korb hin und nickte einladend. Wir schauten auch auf den Korb und erwiderten das Nicken. Wir verstanden uns gut, und er fragte unseren Wächter, ob er uns etwas zu essen anbieten dürfe. Er durfte. Wir bekamen jeder ein Stück Brathuhn und eine Scheibe selbstgebackenes Brot, und auch der Gendarm ließ sich nicht lange bitten.

Die Stimmung im Abteil war gut, und die Kinder, vier an der Zahl, wollten wissen, warum Edi und ich aneinandergefesselt waren. Der Vater fragte den Gendarmen, ob wir richtige Schwerverbrecher wären. Er meinte, wir wären so jung, daß es ihn wundere, was wir verbrochen haben könnten. Der Gendarm lachte und sagte: »Non, non, das sind keine Verbrecher, es sind politische Flüchtlinge, die aus einem Lager entflohen sind, und jetzt müssen sie wieder dorthin zurück.«

Der Zigeunerpapa sah ihn fragend an: »Muß man sie deswegen fesseln?«

»Ja, das hat der Gefängnisdirektor so angeordnet. Eine reine Vorsichtsmaßnahme. Ich führe nur meine Befehle aus, weiter weiß ich nichts.«

Kurzgefaßt erzählten wir die restliche Geschichte unseres Vergehens, und jetzt gab es einen Aufruhr im Abteil. Der Zigeunerpapa warf dem Gendarmen vor, man würde

Freunde der Republik schändlich behandeln. Der Ärmste verteidigte sich damit, daß er Familienvater sei, drei Kinder hätte. Wenn wir ihm entwischten, würde er seine Arbeit verlieren und könnte die Familie nicht länger ernähren, und was dann? Für dieses Argument zeigten sie Verständnis, aber trotzdem brach eine heftige Diskussion aus, an der sich die übrigen Reisenden beteiligten. Aus den Nachbarabteilen strömten Reisende hinzu, als sie die lauten Stimmen hörten. Auch diese wollten wissen, worum es ging. Als sie den Zusammenhang verstanden, überhäufte man uns mit Speis und Trank. Einer verlangte den Schlüssel, um uns zu befreien, aber darauf ließ sich der Gendarm nicht ein. Im Abteil wurde es eng, und wir mußten allesamt aufstehen.

Überwiegend herrschte Einigkeit in der heißen Debatte. »So eine Schweinerei, welch ein Skandal, Liberté gibt es nicht, Fraternitée gibt es nicht, Égalité – wo ist sie geblieben?« Wir selbst genossen all diese Sympathie und das Mitgefühl, das uns die französischen Patrioten entgegenbrachten. Der Gendarm wußte zwar, daß die Anklagen nicht ihm persönlich galten, doch er sagte: »Was erwartet ihr von mir? Ich bin im Dienst und muß meine Pflicht tun.«

Darin gab man ihm immerhin recht. Aber plötzlich bekam ein älterer Mann, der durch die Debatte sehr aufgewühlt wirkte, eine Hustenattacke und Atemnot. Seine Frau reichte ihm ein Taschentuch und bettete den Oberkörper hoch.

»Mein armer Mann hat Asthma.« Und dann wandte sie sich zu ihm: »Du weißt doch, du sollst dich nicht aufregen.« Wir waren für den Moment vergessen, alle umstanden schweigend das Paar. Aufmerksam folgte man seinen röchelnden Atemzügen. Dann hatte seine Frau die Medizin herausgeholt, und der Atem wurde wieder ruhig und gleichmäßig. Das neue Gesprächsthema war Asthma. Einer hatte eine Tante, ein anderer einen Onkel, die viele Jahre gelitten hatten, aber jetzt durch ein Medikament geheilt waren, dessen Namen man vergessen hatte. Gut war es, aber teuer. Alle waren sich einig, daß jemand, der an dieser Krankheit litt, sich auf keinen Fall aufregen durfte. Dann wandten sie sich an den Gendarmen: »Voilà, da sehen Sie selbst.«

»Was denn? Was soll ich sehen? Was habe ich mit seinem Asthma zu tun? Ich kenne den Mann überhaupt nicht.«

Jetzt stimmten ihm viele zu und meinten, er sei ja tatsächlich kein Arzt. Der Zigeunerpapa entkorkte diplomatisch zwei Flaschen Wein. Jeder nahm einen Schluck und sagte »Santé«. Einer erzählte einen Witz, den weder Edi noch ich verstanden, über den die anderen aber lachten.

Die Stimmung war jetzt sehr ausgelassen, und der Asthmakranke bat den Gendarmen, uns von den Handschellen zu befreien. Er blieb hart. »Befehl ist Befehl, und ich trage die Verantwortung.« Er könne nicht riskieren, daß wir flüchteten und er arbeitslos würde. Er bange um seine Familie, aber wenn jemand für uns bürgte und wir einen Eid leisteten, nicht zu flüchten, würde er überlegen, uns zu befreien.

Jemand bürgte für uns, und wir schworen einen Eid, nicht zu flüchten – noch nicht. Er nahm einen tiefen Schluck aus der Flasche, räusperte sich, holte feierlich den Schlüssel heraus, öffnete das Schloß und sagte »Eh bien«. Alle im Abteil und auch die draußen Stehenden verfolgten andächtig jede seiner Bewegungen, während er uns gemessen und würdevoll die Handschellen abnahm und sie ins Gepäcknetz legte. Nun wurde er von allen Seiten für seine große Courage gelobt.

»So mutig ist das gar nicht. Ich bin trotz allem Franzose.«

Dieser Ausspruch war das Signal dafür, die Marseillaise

zu singen. Alle lallten mit, als jemand die Melodie anstimmte, auch wir, aber den Text konnten wir nicht. Kaum war die Hymne verklungen, löste sich die ganze Gesellschaft auf wie durch einen Zauberschlag. Die Kinder, die sich unter der Bank versteckt hatten, krochen jetzt heraus. Sie wollten gern ein bißchen mit den Handschellen spielen, doch das erlaubte der Gendarm nicht. Für uns war der einzige Unterschied, daß wir jetzt beide Hände bewegen konnten. Das war alles. Der Zigeunerpapa sah mich an und blinzelte mit einem Auge. Er führte Daumen und Zeigefinger vor dem Mund rasch gegeneinander, und ich verstand, daß er mit uns reden wollte. Ich nickte zum Zeichen des Einverständnisses und bat den Gendarmen, auf die Toilette gehen zu dürfen. Nachdenklich blickte dieser auf die Handschellen. Dann kratzte er sich am Kopf, rieb sich das Kinn und sagte: »Ich komme mit.«

Ich bedeutete Edi mit ein paar Worten worum es ging. Der Gendarm stand auf, machte aber an der Tür halt und verlangte, daß Edi mitkäme.

»Ich muß nicht«, sagte Edi, »und übrigens würde mein Freund niemals ohne mich abspringen. Außerdem haben Sie unser Ehrenwort.«

Jetzt mischte sich der Zigeunerpapa ein:

»Ich kann den jungen Mann begleiten. Ich garantiere Ihnen, daß ich ihn zurückbringe.«

Der Gendarm akzeptierte das Versprechen. Auf dem Weg zur Toilette redete er schnell und ohne weitere Erklärungen. Die Familie würde in Carcassonne aussteigen. Direkt vor der Stadt hatten sie ihr Lager. Er schlug vor, daß wir dort abspringen sollten. Es wäre leicht zu finden. Ohne Probleme würde man uns in Zigeuner verwandeln, und dann könnten wir mitkommen, wenn sie weiterzogen.

Er sah, daß ich meine Zweifel hatte, und sagte, uns fehlten die Personalpapiere. Das sei kein Problem, das würde er regeln. Er überzeugte mich, daß es eine gute Lösung wäre, als Zigeuner herumzureisen. Ich sah mich schon in prachtvollen Gewändern in einem Wagen fahren, oder tanzen und Zigeunerlieder singen.

»Muß ich einen Ring im Ohr tragen?« fragte ich, vielleicht etwas kindlich. Er lachte. »Nicht unbedingt, aber sollte es nötig werden – ja.«

Ich mochte ihn. Er hätte mein Vater sein können. Ich dachte, ich würde gern ein richtiger Zigeuner werden.

Er gab mir die Adresse, denn ich wollte erst mit Edi reden. Als wir zurückkamen, mäkelte der Gendarm, es hätte lange gedauert, aber er war doch froh, daß wir zurückkamen. Ich brannte darauf, Edi zu erzählen, was uns erwartete, war aber unsicher, ob der Gendarm deutsch verstand oder nicht. In breitestem Wiener Dialekt, den nicht einmal ein Deutscher verstanden hätte, unterrichtete ich Edi über unsere nähere Zukunft. Er war Feuer und Flamme. Mit besonderen Zeichen versuchten wir dem Papa klarzumachen, daß wir mit dem Vorschlag einverstanden waren. Er nickte zur Bestätigung.

In erster Linie mußten wir unser Versprechen einlösen und den Gendarmen vor einer drohenden Familientragödie bewahren. Er sollte uns zum Lager bringen dürfen. Die Flucht von da würde uns keine Schwierigkeiten bereiten. Leider hatten wir keine Möglichkeit, unseren »Häuptling« über unseren Entschluß zu informieren, aber andererseits würden ein paar Tage Verspätung keinen Unterschied machen. Bestimmt würde er warten. In Carcassonne packte »unsere« Familie ihre Koffer und Kinder zusammen und verabschiedete sich von den Mitreisenden. Wir wollten ihnen mit dem Gepäck helfen, bekamen aber nur die Erlaubnis, die Koffer durchs Fenster hinauszureichen. Der

Gendarm stand hinter uns und ließ uns keine Möglichkeit, von unserem Plan zu erzählen. Der Papa sagte nicht »Adieu«. Er sagte »Auf Wiedersehen«.

Als der Zug sich wieder in Bewegung setzte, standen sie noch da und winkten, und noch einmal rief er: »à bientôt, auf bald«. Ihm war klar, daß wir nicht in Gegenwart des Gendarms aus dem Zug springen konnten, aber ich deutete mit meinem Finger einen Ring im Ohr an, und er nickte lachend.

Es war schon dunkel, als wir in Perpignan ankamen. Von dort nahmen wir ein Auto. Der Gendarm ging kein Risiko ein, sondern legte uns wieder die Handschellen an. Der Lagerkommandant war erstaunt, als wir sein Amtszimmer betraten. Offenbar war er über unsere Ankunft nicht informiert. Wir wurden von den Fesseln befreit, und der Wächter bekam einen kurzen Kommandoruf: »Camp spécial«.

Er führte uns einen Weg, den wir nicht kannten, und trotz der Dunkelheit merkten wir, daß er uns nicht ins gewöhnliche Lager brachte. Zehn Minuten später standen wir vor dem »Camp spécial«. Hier wurden wir offenbar erwartet, denn das Tor stand weit offen.

Das ganze Lager bestand aus zwei Baracken, die von einem starken Scheinwerfer angeleuchtet waren. Ein hoher Stacheldrahtzaun war um die Baracken gezogen, was eine sofortige Flucht beträchtlich erschwerte. In der Baracke begrüßten wir drei Männer, die im Sand lagen. Es gab kein Stroh, und sie benutzten ihre Decken als Matratzen. Sie standen auf und erklärten uns, dies sei das sogenannte Straflager. Dreißig Tage waren die übliche Strafe, und die bekamen wir für unsere Flucht.

Am nächsten Tag erhielten wir je eine Decke, aber das Essen bestand nur aus einem Stück Brot und Wasser aus der Pumpe. Eine Flucht aus diesem Speziallager konnten wir vergessen, also mußte der Zigeuner warten. Nach dreißig Tagen wurden wir ordentlich ausgehungert in das große Lager zurückversetzt, wo alles unverändert war. Die Flöhe und die Läuse waren noch da, und der schwarze Markt florierte wie eh und je.

Edi hatte Post bekommen, die drei Monate verspätet war. Ich wußte, daß er mit seiner Schwester in Santa Domingo in Verbindung stand. Der Brief machte ihn froh und mich traurig. Sie schrieb, in Marseille, im Konsulat, lägen alle nötigen Papiere für seine Ausreise nach Santo Domingo bereit. Er erhielt die Erlaubnis, ans Konsulat zu telegrafieren, und schon nach zwei Tagen kam der Bescheid, alle Papiere seien in Ordnung und die Reise sei bezahlt. Zwei Wochen später war er frei, das Lager zu verlassen und sich nach Marseille zu begeben, um den Abgang des Schiffes zu erwarten.

Schweren Herzens nahm ich Abschied, und trotz seiner Versprechen und Versicherungen, er würde gleich nach seiner Ankunft versuchen, mich nachzuholen, hatte ich das starke Gefühl, ich würde meinen Freund nie wiedersehen. Natürlich teilte ich seine Freude, aber es fiel mir schwer, einen guten Freund zu verlieren, zumal er so weit in die Ferne zog.

Nach seinem Aufbruch ergriffen mich Mutlosigkeit und Unsicherheit angesichts meiner geplanten Flucht. Einsam lief ich herum und grübelte. Was sollte ich jetzt tun? Sollte ich flüchten und Zigeuner werden, ohne zu wissen, ob sie sich noch unter der angegebenen Adresse aufhielten? Zigeuner, die weiterziehen, hinterlassen doch wohl keine neue Adresse? Zugleich wollte ich gern abwarten, ob Edi mir wirklich die nötigen Papiere beschaffen würde. Die Zeit verging, und ich wurde immer unsicherer. Wenn ich wartete, riskierte ich, daß es vergebens war. Die Papiere würden vielleicht nie kommen. Wartete ich nicht und flüchtete statt dessen, würde Edis Hilfe mich nicht erreichen. Zu flüchten und mich in Marseille zu verstecken, fand ich nicht ratsam, da ich in dem Fall die Behörden kontakten müßte, ohne mich ausweisen zu können, falls das Visum von Edi nicht eingetroffen war.

Plötzlich schwindelte mir, und ich wäre fast in Ohnmacht gefallen. In seinem Aufbruchseifer hatte Edi ja vergessen, mir seine künftige Adresse zu geben. Der Kommandant würde mir auch nicht helfen können. So war ich gänzlich auf Edis Initiative und guten Willen angewiesen.

Ungeduldig erwartete ich jeden Tag den Mann, der die Post austeilte. Gab es in meiner Abteilung keine Post für mich, folgte ich ihm in die anderen Abteilungen, argwöhnend oder hoffend, mein Brief wäre vielleicht falsch einsortiert. Vier Wochen lang auf Post zu warten, war wie eine Ewigkeit, und dennoch wollte ich die Hoffnung nicht aufgeben. Ich klammerte mich an den einen Strohhalm, der meine Rettung bedeuten konnte, meine Freiheit. Nach weiteren zwei Wochen dämmerte es mir, daß unsere Freundschaft vielleicht einseitig war. Ich empfand Freundschaft für Edi, weil ich ihn brauchte. Edi hingegen betrachtete unsere Freundschaft vielleicht als etwas Vorübergehendes. Er hatte es versprochen, aber fühlte er sich an das Versprechen gebunden? Wenn nicht, könnte er es mich doch wenigstens wissen lassen?

Womöglich war er gar nicht ans Ziel gekommen? Und selbst wenn, hatte er vielleicht kein Geld. Seine Schwester lebte vielleicht selbst in Armut. Und schließlich, mit welchem Recht erwartete ich von ihm dieses Opfer? Ich kannte ihn doch kaum, ebensowenig wie er mich. Über unsere Familienverhältnisse hatten wir nie gesprochen. Wenn wir Gedanken austauschten, hielten wir uns ans Jetzt und an die nächste Zukunft, sprachen selten über die Vergangenheit. Unser gegenwärtiges Lebensschicksal war das gleiche, auch wenn unsere Ansichten nicht immer übereinstimmten.

Edi war zwei Jahre älter als ich, aber seinen Beruf kannte ich nicht. Er wirkte objektiv und überzeugend, solange sein Gesprächspartner zuhören wollte. Wenn nicht, machte er kehrt und ging. Er war nicht feige, provozierte aber auch nie Streit. Überhitzten politischen Diskussionen ging er stets aus dem Weg. Meine Erinnerungen an ihn wärmten mich, und das gab mir Mut und Ausdauer, auf seinen Brief zu warten.

Ich sah ihn vor mir, wie er mir mit seinen kurzen, aber nie gehetzten Schritten entgegenkam. Ganz deutlich sah ich ihn: die blonden Haare, die er nicht bändigen konnte, und die ihm immer in die hohe Stirn fielen. Ich dachte an ihn und vermißte seine Freundschaft. Ob er wohl manchmal an mich dachte? Er war weit weg in einem fremden Land und würde ein neues Leben mit fremden Menschen anfangen. Wie ist eine Freundschaft beschaffen, die Opfer fordert? Wahre Freundschaft kennt keinen Abstand. Sie schafft gefühlsmäßige Verbindungen, sie gibt und nimmt und wird niemals in Frage gestellt, nicht angezweifelt. Aber ich begann zu zweifeln.

Nach dem Kalender war jetzt Winter. Es schneite nicht, aber die schweren dunklen Wolken drückten aufs Gemüt. Stundenlang konnte ich allein am Strand sitzen und sehen, wie der Wind die Wellen peitschte. Ich sehnte mich nach Freiheit. Ich wollte nichts als frei sein.

In den Baracken hockten mehrere hundert Menschen und versuchten vergeblich, sich vor dem eiskalten Wind zu schützen, dem Mistral, der pfeifend durch die undichten

Wände fuhr. Obwohl wir zusammenlebten, waren wir Fremde füreinander. Von einigen wenigen wußte ich den Namen, aber ich kannte sie nicht. Wir hatten kein Interesse daran, einander kennenzulernen. Es war wie in einer voll besetzten Straßenbahn: Leute steigen ein und aus. Man sieht viele, kennt aber keinen, denn das einzig Verbindende ist, daß man in derselben Straßenbahn sitzt.

Von Tag zu Tag nahm die Windstärke zu. Meterhohe Wellen schlugen bis hinauf zur untersten Baracke. Ein fürchterlicher Sturm brach los. Er raste drei endlose Tage lang. Der Himmel lag wie eine schwarze Decke über uns, und die Unruhe unter den Gefangenen stieg. Keiner wagte mehr zu schlafen, aus Angst, daß Meer könnte ihn holen. Wir warteten auf die Entladung. Drei Tage dauerte es, bis sie kam. Der Sturm ließ nach, die Luft stand beinahe still. Auch die Wellen des Meeres schienen sich zu beruhigen, und wir konnten aufatmen.

Aber da, da brach es wieder los. Als hätte man Tausende von Wassereimern auf einem einzigen Fleck ausgeschüttet, so stürzte der Regen auf uns herab. Tag für Tag schüttete es, ohne Unterbrechung und mit unverminderter Stärke. Die Sintflut war angebrochen. Die letzten Baracken zum Meer hin wurden evakuiert, da sie jederzeit überschwemmt werden konnten. Die Verpflegung wurde bis auf weiteres eingestellt, da wir unsere Baracken nicht verlassen konnten. Und wie sollten wir unsere Kleider trocknen? Da es unvermindert weiterregnete, zogen wir uns aus bis auf die Haut und rannten in die Küche, um etwas Eßbares zu erwischen.

Am vierten Tag waren die Vorräte erschöpft. Die Wächter ließen sich nicht blicken; sie hatten sich in Sicherheit gebracht. Uns erreichte, die Nachricht, der Fluß sei über die Ufer getreten und hätte alle Brücken mitgerissen, das ganze Gebiet sei überschwemmt. Das Lager war jetzt eine Insel.

Der Fluß drängte von oben heran, das Meer drückte von unten, während wir auf den Dächern saßen und zuschauten. Jeden Moment konnten Fluß und Meer sich vereinen und uns mitnehmen. Der Fluß hatte schon die obersten Baracken erreicht, aber da hielt er offenbar inne. Das Meer trieb ununterbrochen neue Wellen den Strand hinauf, aber der Sand sog das Wasser auf, kurz bevor es die letzte Baracke erreichte. Viele wandten ihre fragenden Blicke zum Himmel. Worauf sollten wir hoffen? Die Baracke der Wächter war weggeschwemmt; das berichtete der Kommandant, der in einem kleinen Ruderboot Lebensmittel brachte, wovon alles bis auf den Reis feucht und verdorben war.

Aber wer dachte ans Essen, als die Sonne wieder vom klarblauen Himmel strahlte? Die Gefahr, wie Ratten ersäuft zu werden, war gebannt, der Wind hatte sich gelegt, und auf dem Meer hüpften wieder kleine Schaumkronen. Nur wenige hatten den Mut, ihre Angst zu offenbaren, obwohl sie ihnen noch in den Knochen steckte. Viele beteten zu Gott und dankten ihm. Keiner schrie seine Dankbarkeit heraus, aber viele standen mit gebeugtem Kopf und gefalteten Händen da und beteten still. Vielleicht auch für uns, die nicht an diese Art der Rettung glaubten. Merkwürdigerweise zeigten die Baracken trotz der großen Schäden außerhalb des Lagers keine Spuren der Verwüstung. Alles war unverändert. Aber was kümmerte uns die äußere Welt, jetzt, da die Sonne schien und die Küche langsam wieder ihren Betrieb aufnahm?

Die Wachmannschaft war zurückgekehrt und erzählte von den verheerenden Folgen des Sturms, aber erst durch eigenen Augenschein begriffen wir, welche Gefahr wir unversehrt überstanden hatten. Wir gingen am Strand entlang und sahen Mengen von Urwaldriesen mit langen Wurzeln, die von irgendwoher hier angespült worden waren. Wir fanden zerschmetterte Holzkisten und massenhaft Kleidungsstücke, aber auch eine Menge gefüllte Apfelsinenkisten. Für uns war das ein Geschenk, kein Diebesgut. Leider fanden wir auch mehrere Tote, Frauen wie Männer.

Der Kommandant, der von seiner beschädigten Wohnung aus nur schwer den Kontakt mit uns aufrecht erhalten konnte, ordnete nach einer für uns relativ angenehmen Woche die Evakuierung an. Wir bekamen den Befehl, uns für einen Umzug bereitzuhalten. Unsere Habseligkeiten waren in wenigen Sekunden gepackt. Es waren der Eßnapf, der aus einer verrosteten Konservendose bestand, und ein selbstgefertigter Löffel. Die Decke sollten wir mitnehmen, obwohl sie als französisches Eigentum galt. Niemand zeigte Anzeichen von Nervosität. Wir warteten auf weitere Befehle. Als das Kommando kam, nahm jeder seinen »Hausrat« unter den Arm und begab sich in gemächlichem Tempo zum Ausgang. Der Kommandant gab mit ausgestrecktem Arm die Richtung an, und das Gefolge setzte sich in Bewegung. Das Ziel war ein Lager in Argelès, einem Ort, den keiner von uns kannte. Wir erfuhren, das liege Richtung Pyrenäen; das genügte.

Es war eine Evakuierung, glich aber in seinem ganzen Wirrwarr eher dem Auszug aus Ägypten. Wächter tauchten nicht auf, und es war auch kein Bedarf an ihnen, denn niemand hatte die Absicht zu flüchten. Wohin denn auch, wo hätten wir uns sicher und vor allem frei fühlen können? Der Krieg tobte. Die ganze Welt war in Aufruhr, und wir waren in einem feinmaschigen Netz gefangen, das uns gerade noch Platz zum Atmen ließ. Es gab keinen Ort für uns. Keiner wollte uns haben. Das wußten wir, und deshalb blieben wir, wo wir waren. Hätte sich doch nur die Seele vom Körper lösen lassen. Aber diese Bürde mußte man mitschleppen, denn niemand kann sich selber entfliehen. Das wußte unser Kommandant, oder mußte es jedenfalls ahnen, als er diesen langgestreckten Leichenzug dahinpilgern sah. Als wir erfuhren, Argelès läge wie St. Cyprien nahe der Küste, wählten einige von uns den Strandweg hinunter zum Meer. Wir gingen über Sandhügel und fanden zu unserer Freude kleine Sträucher, grüne Vegetation und sogar Blumen. Wir kannten sie nicht, aber das spielte keine Rolle. Eine Blume ist schön, welchen Namen sie auch trägt.

Es tat gut, durch den feuchten Sand zu stapfen und das kühle Meerwasser über die Füße spülen zu lassen. Nach zwei Stunden machten wir eine kleine Pause. Wir hatten nichts zu essen, also breitete ich meine Decke aus und legte mich auf den Rücken. Ich schrak zusammen. Jemand rief: »Schaut, schaut – ein Vogel!« Ich legte mich wieder zurecht, und tatsächlich kreiste direkt über uns ein Vogel. Er schwebte ruhig, mit kurzen Flügelschlägen, mal auf, mal ab, friedlich. Doch dann begann ein blitzschneller Gleitflug hinunter zum Meer. Ein Fisch war dumm genug gewesen, sich entdecken zu lassen, das mußte er mit dem Leben bezahlen. Er hätte schließlich fliehen können; Fische können tauchen, der Vogel nicht. Er schwebt frei in der Luft und ist leicht zu entdecken. Frei wie ein Vogel. Vogelfrei. Ironie der Sprache. Wir waren vogelfrei.

Wie sollten wir diesem Katz- und Mausspiel entrinnen? Ein Schlag, eine Pause, ein Schlag, eine Pause. Und dann der entscheidende Schlag, wenn sie genug hatten. Machtlos waren wir diesem Spiel mit dem Tod ausgeliefert.

Ich ließ meinen Gedanken freien Lauf. Es war befreiend. Ich wollte die Luft umarmen und mich vom Glücksgefühl tragen lassen. Da fuhr ich erschrocken auf, als ich meinen Namen rufen hörte. Aber ich war weit und breit allein. Die anderen waren schon aufgebrochen. Es war wohl ein Tagtraum. Ich sah sie aus der Ferne winken. Noch einmal warf ich einen Blick zum Himmel, auch der Vogel war verschwunden. Ich rollte die Decke zusammen und folgte zögernd meinen Kameraden. Links von mir lag das Meer, rechts waren die Sanddünen, und ich, in der Mitte, hätte ein freier Mensch sein können. Ein freier Mensch.

Das Lager von Argelès war eigentlich kein richtiges Lager. Es bestand aus Wellblechbaracken ohne Stacheldrahtzaun, und das allein schon gab einem das Gefühl, man wäre weniger unfrei. Die Blechbaracken hatten keinen Vorteil gegenüber den Holzbaracken von St. Cyprien. Das Blech kühlte sich bei Kälte schneller ab, und bei Wärme erhitzte es sich schneller. Zugleich wirkte es wie ein luftdichter Kessel. Verwundert betrachteten wir die Einrichtung – zwanzig Pritschen. Wir fanden die Küche, die einen Duft von Fleisch verbreitete. »Si«, sagte der italienische Koch, »Eintopf mit Fleisch und Karotten.« Es fing gut an, und wir hofften, so würde es bleiben.

Dann brachten Wagen Stroh für die Pritschen. Eine bestimmte Anzahl von Ballen wurde vor jede Baracke gelegt, und jeder nahm, was ihm zustand. Drei teilten sich in einen Ballen. Wer bei der Verteilung nicht dabei war, mußte sich mit einem dünnen Strohlager begnügen. Es gab immer welche, die raffgierig waren, und hatte man nicht die körperlichen Voraussetzungen, um sie zu hindern, mußte man es in einem unbewachten Augenblick zurückstehlen.

Bald wurden wir auch hier wieder von Apathie und Gleichgültigkeit ergriffen. Daß die Tür schief in den

Angeln hing, störte nur den, der in der Nähe lag und den Zug abbekam. Daß ein Stück vom Dachblech verrutscht war, kümmerte nur den, der unter dem Loch lag. Das war sein Problem. Nachts wehte es kalt, und am Tag brannte die Sonne herein. Das Leben war so oder so erträglich. Die Küche sorgte fürs Essen, die Pumpe funktionierte, das Nachtquartier stand bereit, und knapp hundert Meter entfernt rauschte das Meer.

Ganz in der Nähe lagen die Pyrenäen und nährten meine Fluchtpläne. Spanien war bis jetzt neutral geblieben, nahm aber im Gegenzug keine politischen Flüchtlinge auf, vor allem keine Juden. Das wußten wir. Es hieß, die Katalanen wären sehr hilfsbereit, aber um zu ihnen zu gelangen, mußte man über die unwegsamen und streng bewachten Berge gehen. Da ich nicht damit rechnen konnte, Asyl zu bekommen, von Spanien nicht mehr wußte, als daß man dort einen Bürgerkrieg gehabt hatte, und mir nicht zutraute, als Eremit in den Bergen zu leben, bis der Krieg zu Ende war, ließ ich die Pläne ruhen.

Zwischen den Phantasien und einem Entschluß lag die Gegenwart, und die erschien mir momentan nicht besonders beunruhigend. Das Essen war besser, es gab keinen Stacheldraht und man mußte nicht im Stroh herumkriechen, sondern konnte auf richtigen Pritschen liegen. All das bestärkte mich in dem Entschluß zu bleiben. Ich zog das Schlechte dem Ungewissen und vielleicht noch schlechteren vor.

Am nächsten Tag erschien ein neuer Kommandant und erklärte, wir gehörten jetzt zum »freiwilligen Arbeitsdienst«. Unsere Arbeit bestand darin, alle Bäume wegzuräumen, die der Sturm an Land gespült hatte und die jetzt kilometerweit am Strand lagen. Die Lastwagen parkten so nahe, wie der Sand es erlaubte. Wir sollten sie mit den Bäumen beladen. Fragte sich nur, wie. Wir hatten uns in Gruppen aufgeteilt und probierten es gemeinsam, aber wie wir es auch anstellten, die Bäume waren keinen Millimeter zu bewegen.

Der Kommandant kam und sah unsere aufrichtigen Versuche, erkannte aber, daß es unmöglich war. Die Bäume waren gigantisch, die Stämme zwanzig Meter lang und einen Meter im Durchmesser. Da standen wir nun, wir vom »Arbeitsdienst«, und überlegten. Das Ganze verlangte eine sorgfältige Planung, so viel war klar, und der Kommandant wartete ebenso wie die Fahrer ungeduldig auf eine zündende Idee. Wir wählten einen Vorarbeiter, einen Mann mit Hut, der uns vernünftig vorkam.

»Okay, meine Herren«, meinte er, »jetzt zeigen Sie mal, was in Ihnen steckt.« Er plaziert fünf von uns an jede Seite. Wir fanden es komisch, daß er in die Hände spuckte, denn schließlich sollten wir ja heben. Dann sagte er:

»Wenn ich JETZT sage, hebt ihr alle gleichzeitig. Kapiert?«

»Ja.«

»Jetzt!«

Zehn Mal erklang sein »Jetzt«, und zehn Mal versuchten wir es, aber der Baum rührte sich nicht vom Fleck.

»Hört auf!« sagte er dann, und wir lehnten uns an den Baum und ruhten uns aus, während er Kontrollmessungen vornahm. Doch, die Maße stimmten, zwei Meter für jeden von uns müßten zu schaffen sein. Wir protestierten nicht, sondern versuchten es noch einmal, mit demselben kümmerlichen Resultat. Wieder ruhten wir uns aus, und unser Leiter nahm den Hut ab, setzte ihn wieder auf, wischte sich den Mund mit der Handfläche ab und schüttelte murmelnd den Kopf: »Zwei Meter Holz?«

»Meine Herren«, sagte ein anderer, »die Maße mögen

stimmen, aber das Gewicht! Habt ihr an das Gewicht gedacht?« Das brachte uns wieder in Schwung. Wir gingen um den Baum herum und fingen von neuem an zu rechnen. Länge, Höhe, Umfang: wir summierten es zu tausend Kilo und teilten den Baum in zehn gleiche Teile. Hundert Kilo sollten wir schaffen. Jetzt verteilten wir uns wieder im Abstand von zwei Metern und hoben. Es tat sich nichts. Kurze Diskussionen und weitere vergebliche Versuche lösten einander ab. Der Baum rührte sich keinen Millimeter.

»Natürlich«, rief einer aus, »der Baum ist natürlich unten schwerer als oben!«

»Aha«, sagten wir, »dann drehen wir ihn eben um.« Und alle lachten.

Der erste Arbeitstag ging zur Neige, und nichts war getan. Die Bäume lagen trotzig an ihrem Platz, und die Lastwagen fuhren leer nach Hause. Mit frischen Kräften versuchten wir uns am nächsten Tag an einem kleineren Baum, und mit großer Mühe gelang es uns, ihn einige Male herumzurollen. Aber um wahre Urwaldriesen wie diese über Sanddünen zu rollen, braucht man große Kraft und nicht zuletzt Geduld und viel Zeit. Als unser Kommandant das eingesehen hatte, besorgte er Äxte und Sägen, und wir konnten mit der Bearbeitung der Bäume beginnen. Meine Erfahrungen als Waldarbeiter kamen sehr gelegen, und bald erhielten die Wagen ihre ersehnte Ladung. Keiner trieb uns an, und wir beeilten uns auch nicht – wir waren schließlich freiwillige Arbeitskräfte, die nichts bezahlt bekamen.

Wir arbeiteten für Unterkunft und Verpflegung, die zwar anfangs einen guten Standard hatte, sich jedoch bald verschlechterte und schließlich der reine Schweinefraß war. Fleisch und Gemüse verschwanden und wurden durch

Topinambur ersetzt. Zuletzt war es eine Herausforderung, es zweimal täglich herunterzuwürgen, dieses merkwürdige Gewächs, das ungeschält und ungesalzen zu Suppe gekocht wurde. Da die Kost uns nicht länger zusagte, arbeiteten wir langsamer. Der Arbeitstakt paßte sich dem Wert der Verpflegung an. Und da wir nichts leisteten, wurde das Essen auch nicht besser. Aber wir verstanden ganz gut, warum wir so behandelt wurden. Wir waren ganz einfach unerwünscht, lästige Ausländer, welche die bereits maroden Finanzen des freien Frankreich belasteten. Man wollte uns natürlich nicht umbringen, aber man hatte nichts dagegen, wenn wir krepierten oder auf andere Weise verschwanden.

Das Dorf Argelès lag in unmittelbarer Nähe des Lagers. Auch wenn es nicht erlaubt war, ins Dorf zu gehen, so war es doch nicht ausdrücklich verboten. Argelès hatte etwa zweihundert Einwohner. So weit ich mich erinnere, wohnten sie in kleinen Häusern und ernährten sich hauptsächlich vom Fischfang. Mit der Zeit machten wir uns mit den Dorfbewohnern ein bißchen bekannt und konnten etwas Fisch erbetteln. Wir hatten kein Geld, und alles Tauschbare war schon dahin.

Die Zeit verging, und das, was man in Südfrankreich Winter nennt, war vorbei. Jetzt ging es ernstlich los mit dem Fischfang. Um nicht gänzlich aufs Betteln angewiesen zu sein, lief ich jeden Abend zum Strand und ging einem Fischer zur Hand. Ich half das Boot ins Meer zu schieben und sammelte trockenes Holz für das Feuer, das die ganze Nacht brennen sollte. Schon nach wenigen Nächten lernte ich den Patron kennen, und als ich nach dem ersten Fang Abschied nahm, um ins Lager zurückzukehren, bekam ich eine große Schüssel herrliche, frische Sardinen. Ich wollte mich so gern nützlich machen, um nicht betteln zu müssen. Eines Tages kam die Gelegenheit, auf die ich gewartet hatte. Einer der Fischer aus der Mannschaft blieb aus, und der Patron fragte, ob ich einspringen wollte.

So wurde ich Fischer. Ein Leben, das mir zusagte.

»Tirer la traîne«, eine Art Schleppnetzfischerei, wurde in dieser Gegend praktiziert. Man fischte nachts, aber schon bei Sonnenuntergang ging es los. Eine halbe Stunde vorher waren alle versammelt. Man schwatzte über das Wetter, betrachtete das Meer und half sich gegenseitig, das Netz ins Boot zu bringen und das Feuer anzuzünden. Wenn die Sonne sich dem Horizont näherte, ertönte die Stimme des Patrons, freundlich, aber bestimmt: »A la mer! Aufs Meer!« Mit gleichmäßigen, kräftigen Ruderschlägen glitt das Boot sacht hinaus und verschwand in der Ferne.

Sechzehn kräftige, sehnige und von der harten Arbeit gestählte Arme bedienten die Ruder ohne Kommando, geübt und in gleichmäßigem Takt. Der Patron saß am Steuer neben dem Netz. Nur das Geräusch der Ruder, die ins Wasser tauchten, unterbrach die Stille. Nach einem Kilometer gab der Patron das Zeichen zum Anhalten. Jetzt sollte das Netz ins Wasser gelassen werden, und mit leichten Schlägen wurde das Boot rückwärts gerudert, während der Patron das Netz auslegte. Dann deutete er mit erhobener Hand – »à la terre, zum Ufer« – und steuerte das Boot landwärts.

Das große Feuer gab die Richtung an. Rasch wurde das Boot an Land gesetzt, und man schloß sich den beiden wartenden Zugmannschaften an, acht Mann auf jeder Seite. Mit Hilfe von zwei dicken Leinen im Abstand von hundert Metern und etwa fünfzig Meter vom Wasser entfernt sollte das Netz dann behutsam und gleichmäßig an Land gezogen werden.

Für Präzision beim Ziehen sorgten die Frauen. Da die Dunkelheit es nicht erlaubte, uns mit Zeichen zu verständigen, um miteinander Schritt zu halten, waren die Zugleinen mit verschieden geformten Knoten versehen. Die Frauen wickelten die Leinen zu Knäueln auf und riefen vereinbarte Laute je nach Beschaffenheit der Knoten. Wurde ihnen nicht mit den gleichen Lauten geantwortet, wartete die betreffende Mannschaft mit dem Ziehen, bis sie den richtigen Laut hörten. Am Anfang war das Tempo langsam und rhythmisch. Die Stille wurde nur von den Rufen der Frauen unterbrochen. Die Körper lagen fast waagerecht über dem Boden, und unsere nackten Füsse gruben sich Schritt für Schritt immer tiefer in den Sand. Je näher das Netz kam, um so schwerer war es zu ziehen, und bei den letzten zwei Metern befanden sich die Mannschaften fast Seite an Seite. Der Patron stand jetzt in der Mitte, und auf sein Zeichen hin ließen alle die Zugleinen los und liefen zum Wasser, aus dem das Netz nun schon aufgetaucht war.

Jetzt war endlich der faszinierende Moment gekommen, die Beute einzuholen. Das kräftige Schäumen war beeindruckend: als würde das Meer beim ungleichen Kampf mit den Fischen kochen. Wir zogen alle wie besessen, und ohne Erbarmen schloß sich die letzte Öffnung des Netzes, um den Fang zu sichern. Eine große Persenning lag bereit, und rasch wurde das Netz geleert, um wieder ins Boot gebracht zu werden, das die Rudermannschaft schon für die nächste Runde zu Wasser ließ. Die anderen sortierten unterdessen die Fische in Holzkisten.

Größtenteils bestand der Fang aus Sardinen, aber wir bekamen auch andere Sorten, manchmal kleine Haie und einmal einen großen Tintenfisch. Ich lernte die verschiedenen Fischsorten unterscheiden und mich vor den giftigen Fischen in Acht zu nehmen, die man sofort vergraben mußte. Die Größe des Fangs wurde nie diskutiert. War es viel, freute man sich, war es wenig, hoffte man auf die nächste Runde. Fischer sind abergläubisch, und sie sind angewiesen auf das Wohlwollen von Wetter, Wind und Meer.

Ich fand mich gut zurecht bei ihnen. So wollte ich leben. Die Arbeit war hart und der Ertrag oft gering, doch das freundliche Dasein unter diesen wunderbaren Menschen, die harmonische Zusammenarbeit mit ihnen waren wärmend und wohltuend. Das alles ließ mich mein tristes Los vergessen. Mit Leib und Seele stürzte ich mich in die Gemeinschaft, und nichts, absolut nichts konnte mich davon überzeugen, daß ich nicht bis Kriegsende hier bleiben würde. Es war, als träumte ich mit offenen Augen. Doch das Schicksal hielt für meine Zukunft anderes bereit.

Morgens gegen drei gab es eine wohlverdiente Pause. Frisch gefangene Sardinen wurden über dem offenen Feuer gegrillt; sie schmeckten märchenhaft gut mit dem selbstgebackenen Brot und einem Schluck Rotwein dazu. Nach zweistündiger Rast holten wir den letzten Fang ein, und die Netze wurden zum Trocknen aufgehängt. Anschließend teilten wir die Beute.

Mit einem vom Patron geliehenen Fahrrad war ich schon in aller Frühe unterwegs ins Dorf, um meine Fische zu verkaufen. Niemand im Lager vermißte mich, und seitdem ich meine Pritsche nur benutzte, um ein paar Stunden Schlaf zu bekommen, fühlte ich mich nicht mehr als Lagergefangener.

Mein Wohlbefinden wuchs mit jedem Tag, und als ich obendrein Freund und Vertrauter der Tochter des Patrons wurde, verwandelte sich das düstere Grau in liebliches Rot. Auch sie beteiligte sich, wie die übrige Familie, an der Arbeit mit der Fischerei. Anfangs hatte ich sie nur höflich gegrüßt, aber allmählich meinte ich in ihrem Lächeln eine

Liebeserklärung zu erkennen. Es gab eine ganze Menge dieser Liebeserklärungen, denn sie wickelte die Leine auf, und ich sorgte stets dafür, daß ich in ihre Zugmannschaft kam. Anfangs hatte sie kaum von ihrer Arbeit aufgeschaut, aber jetzt hatte ich das Gefühl, sie wartete auf mich, damit sie lächeln durfte. Auch wenn es vielleicht reine Einbildung war: es tat mir wohl, mir vorzustellen, ihr Lächeln gelte nur mir. Ich brauchte dringend Freundschaft, jemanden, der mich gern hatte, und ich tat alles, um ihre Zuneigung zu behalten. Ermuntert von ihrem wunderbaren Lachen dachte ich mir kleine Scherze aus, oft ziemlich kindlich, aber wir waren ja beide fast noch Kinder. Sie war knapp achtzehn, und ihr Körper war erwachsen, doch ihre Gedanken waren unschuldig, und sie errötete, wenn ich zufällig etwas sagte, was sie verlegen machte.

Das einförmige Leben in dem kleinen Dorf schürte ihre Neugier auf die Welt außerhalb. Wenn wir Zeit hatten, liefen wir den Strand entlang, um einen Platz zu finden, an dem wir ungestört waren. Sie hatte noch nie eine Großstadt besucht und war daher voller Fragen. Ich beantwortete sie ihr mit Freuden bis ins kleinste Detail, und besonderse gern erzählte ich von Wien. Ich beschrieb die vielen Sehenswürdigkeiten: den Stephansdom, das Rathaus und das Parlament. Ich sprach von den vielen prachtvollen Gebäuden, von den Museen und all den Denkmälern. Ich erzählte von den Ausflügen der jungen Leute in den Wienerwald, und dabei spürte ich, daß meine Schilderung in mir Erinnerungen hervorrief, die mit ganz starker Sehnsucht verknüpft waren. Vom Prater konnte sie gar nicht genug hören. Ich mußte ihr jedes Karusell einzeln beschreiben. Wie hoch das Riesenrad war, konnte ich nicht beantworten, aber sie lachte herzlich über meine Versuche, das Gefühl beim Fahren auf der Achterbahn wiederzugeben.

Wie ein Kind lag sie im Sand auf dem Bauch, das Kinn auf ihre gekreuzten Arme gestützt. Sie hörte andächtig zu und unterbrach mich, wenn sie etwas nicht verstand. Ich erzählte nur von schönen Dingen. Ich wollte ihre Träume nicht zerstören, auch wenn ich wußte, daß sie kindlich und voll Illusionen waren. Ich versuchte ihr das Bild von Wien zu geben, das ich selbst während meiner kurzen Jugend gehabt hatte, singend, lachend und voller Lebenslust. Ich mied die schmerzlichen politischen Ereignisse, die ich miterlebt hatte, denn sie war bisher auf keinerlei Weise mit dem Krieg in Berührung gekommen. Über Belgien hatte ich erstaunlich wenig zu sagen, trotz meines zweijährigen Aufenthalts dort.

Beim Erzählen stellte ich fest, daß meine Kenntnis von Brüssel äußerst lückenhaft war. Sie wollte die ganze Stadt beschrieben bekommen, doch alles, worüber ich reden konnte, waren ein paar Straßen, ein großer Boulevard und ein paar Nachtlokale, auf die ich nicht näher eingehen wollte. Das war im großen und ganzen alles, was ich kannte. Gracielle erwähnte ich gar nicht erst. Ich gestand, daß ich nicht einmal wußte, wo König Leopold wohnte. Sie meinte, bestimmt wohne er in einem großen Schloß wie alle anderen Könige, und ich gab ihr recht. Ich begriff, wie klein eine Großstadt sein kann, und daß große Dinge, die man erlebt hat, es nicht unbedingt wert sein müssen, daß man davon erzählt. Doch sie war neugierig auf die Nachtlokale und bestand darauf, daß ich ihr verschiedene Pariser Nachtclubs schildern sollte, die sie vom Hörensagen kannte.

»Ich bin noch nie in Paris gewesen«, unterbrach ich sie und drehte den Kopf in die andere Richtung, um nicht mehr sagen zu müssen. Ich wollte es vermeiden, über all das Unschöne zu sprechen, das ich kennengelernt hatte, und auf keinen Fall ihre reinen Gedanken trüben.

»Du warst nie in Paris?«

»Nein«, antwortete ich kurz und tat so, als wollte ich schlafen.

Sie gab sich nicht damit zufrieden, sondern fuhr fort:

»Wie schade, daß du nie da warst. Paris soll so schön sein. Aber die Brüsseler Nachtlokale gleichen vielleicht denen von Paris?«

»Das weiß ich nicht.«

»Wieso nicht?«

»Weil ich nie in Paris war.«

Ich sah sie an und lachte, doch sie schaute an mir vorbei, als hätte sie nicht zugehört. Ihre Hände gruben mit weichen Bewegungen in dem feinen weißen Sand. Dann nahm sie eine Handvoll und ließ ihn über meinen nackten Oberkörper rieseln.

»Du«, flüsterte sie langsam, gleichsam gedehnt, »sind die Mädchen in den Nachtlokalen sehr schön?«

»Manche schon. Andere sind nur geschickt«, antwortete ich wahrheitsgetreu.

»Ich bin nicht schön.«

Sie sagte es sehr leise, als spreche sie mit sich selbst, aber dann dreht sie ihr Gesicht zu mir und kam so nahe, daß ihre Haare meine Wange streiften.

»Du findest mich nicht schön«, fuhr sie fort.

Ich sah sie lange an, ohne zu antworten. Nein, eine Schönheit war sie nicht, keine Venus von Milo. Ihr Körper hatte eine jugendliche Festigkeit und stand in voller Blüte, doch die harten Züge ihres kantigen Gesichts konnte ich beim besten Willen nicht schön nennen. Zugleich war sie absolut nicht häßlich. Was sollte ich antworten? Verlegen kaute ich auf den Worten herum. Ich wollte sie ja nicht kränken. Bestimmt erwartete sie etwas Schmeichelhaftes, überraschende und galante Komplimente, aber nichts dergleichen kam über meine Lippen. Ich hatte sie viel zu gern, um etwas zu erlügen, was ich nicht meinte. Geduldig erwartete sie die Antwort. Ich versuchte mich herauszumogeln, indem ich ihre zerzausten Haare streichelte und in ihre nachdenklichen Augen schaute. Ihre direkte Frage hatte so viele andere Fragen geweckt.

Was ist Schönheit? Wer ist schön, und wer ist es nicht? Wer ist reinweg häßlich? Sie würde mich mögen, wenn ich sagte, sie sei schön. Ich dachte an das Lager, an meine Pritsche dort. Hätte nicht der Krieg gewütet und wäre ich nicht ein zerlumpter Flüchtling, hätte ich bestimmt die richtigen Worte gefunden. Aber nun schaute ich sie bloß an. Liebkosend glitten meine Fingerkuppen über ihren Arm, hinauf zum Hals, über ihre Haare, ich ließ meine Hand über ihre Augen gleiten, die Nase, die Wange, und leicht, ganz leicht über ihre Lippen.

Während ich sie streichelte, versuchte ich flüstend zu erklären:

»Wenn der Krieg zu Ende ist und ich nicht mehr interniert bin, werden wir nach Paris und Brüssel fahren, und da werden wir leben wie König und Königin. Wenn der Krieg zu Ende ist, werde ich dir die schönsten Kleider kaufen, und wir werden in einem flotten Hotel wohnen, mit breiten weichen Federbetten. Vor dem Hotel empfängt uns der Portier in seiner blauen Uniform mit blanken Knöpfen und sagt: ›Willkommen, meine Herrschaften.‹ Und du trägst einen roten Hut und Seidenstrümpfe. Wir werden glücklich sein, weil wir jung sind, und die Sonne wird scheinen, und alle Menschen werden glücklich sein, weil der Krieg zu Ende ist.«

Das Weitersprechen fiel mir schwer. Die Worte blieben mir im Hals stecken. Tränen liefen über meine Wangen, und sie wischte sie liebevoll ab. Ich sehnte mich so sehr danach, als freier Mensch zu leben, nicht als Flüchtling, nicht als Internierter, sondern mit allen Privilegien, die ein freier Mensch genießt. Ich nahm ihre Hände und küßte sie, sagte aber nichts weiter. Ihr Blick war zärtlich, und ich versuchte zu erraten, was sie dachte. In all ihrer Alltäglichkeit war sie für mich die Schönste, die Gütigste und die Liebevollste.

Immer öfter kam es vor, daß ihre Eltern mich zum Abendessen einluden. Sie wohnten in einem hübschen kleinen Haus mit einem gepflegten Garten. Als ich mich erbot, nach dem Essen beim Geschirrspülen zu helfen, wies mich der Patron zurecht: »Das ist keine Männersache. Besser du mähst den Rasen oder beschneidest die Hecke!« Mutter und Tochter lachten, als ich verlegen das Handtuch weglegte. Es war eine liebenswürdige Familie. Er war ein Mann in seinen besten Jahren, kraftvoll, aber schlank gebaut, von Wind und Wetter gegerbt. Seine Frau war die Verkörperung der Mutterliebe. Da sie mir stets so viel Liebe und Wärme entgegenbrachten, fühlte ich mich bald als Mitglied der Familie. Als solches erzählte ich dann und wann von meinen Erfahrungen und Erlebnissen bei der Flucht, nicht zuletzt von der Angst.

Eines Tages, als der Patron mit dem Flicken eines Netzes beschäftigt war, sagte ich ihm, ich müßte vermutlich verschwinden. Ich hatte gehört, daß die deutsche Kommission wieder im Anmarsch war, und ich wußte, ich stand auf ihrer Liste. Er hörte zu, aber ohne aufzusehen. Ich sah still zu, wie er neue Maschen in das zerrissene Netz knotete.

»Wohin?« fragte er plötzlich nach langem Schweigen.

Er war ein wortkarger Mann, der nie mehr sagte, als es ihm nötig erschien.

»Ich weiß nicht«, sagte ich etwas kleinlaut, »ich weiß

noch nicht, aber möglicherweise verstecke ich mich in den Pyrenäen, bis die Gefahr vorüber ist.«

»Nicht gut, nicht gut«, er schüttelte den Kopf, »nicht gut, kein Kontakt, nichts zu essen. Das ist keine gute Lösung.«

Es entstand eine kleine Pause, und ich sah, wie seine flinken Finger geschickt weiterknoteten.

»Ich werde darüber nachdenken«, sagte er kurz.

Die folgenden Tage verstrichen wie üblich, und ich fühlte mich gut versorgt und war mit dem Dasein zufrieden. Ich dachte nicht weiter an unser Gespräch, und es gab keine neuen Gerüchte, die meinen Aufbruch beschleunigten.

Eine Woche später, früh an einem Nachmittag, stand er da und wartete auf mich: »Komm mit! Ich habe einen Vorschlag.« Wir gingen den Strand entlang, an den vielen Hütten vorbei, wo die Netze zum Trocknen hingen. Er ging schnell, und ich mußte mich anstrengen, um Schritt zu halten. Nach etwa drei Kilometern blieb er an einer kleinen Fischerhütte stehen, holte einen Schlüssel aus der Tasche und schloß auf.

»Hier kannst du dich verstecken, wenn es nötig ist«, sagte er, nahm ein kleines Kreuz von der Wand und steckte es ein.

»Hier wird dich niemand suchen, und wir können dich mit Essen versorgen.«

Dann ging er zur Tür und sagte:

»Ich habe noch zu tun.«

Dann war er weg. Ich lief hinaus und sah ihn gerade noch hinter einem Hügel verschwinden. Ich formte die Hände zu einem Trichter und schrie: »Merci, patron!« Er drehte sich um, winkte abwehrend mit der Hand, als wollte er sagen: »Schon gut, mein Junge.«

Nun nahm ich mein Versteck genauer in Augenschein.

Es war ein kleiner Raum von höchstens fünf Quadratmetern. Auf der einen Seite stand ein Bett mit Kissen, Decke und einer gut gestopften Strohmatratze. Auf der anderen Seite Stuhl und Tisch, darauf eine gefüllte Petroleumlampe und ein Aschenbecher. Frisch gewaschene Spitzengardinen vor dem kleinen Fenster. Alles sah sehr sauber, neu und verdächtig ordentlich aus. Das war es also, was er sich in der Zwischenzeit überlegt hatte. Hier würde mich niemand finden, soviel war sicher. Hier konnte ich das Ende des Krieges abwarten.

Ich setzte mich auf den Stuhl und faltete die Hände. War es möglich ... war es möglich, daß ich endlich jemanden gefunden hatte, der sich um mich kümmerte, Freunde, die mir vorbehaltlos helfen wollten? Ich stützte den Kopf in die Hände und sah auf die Lampe: »Aladdin, hilf mir!«

Ich legte mich aufs Bett. Stand wieder auf und schaute durch das kleine Fenster. Begrüßte die Sanddünen da draußen. Ich war so glücklich, so unendlich kindlich glücklich und froh. Eigentlich wäre ich gern geblieben und nicht ins Lager zurückgekehrt. Aber das hatte er nicht gesagt. Die Hütte sei ein Zufluchtsort für Notsituationen, hatte er gesagt. Sorgfältig sperrte ich die Tür ab, wußte aber nicht, wohin mit dem Schlüssel. Ihn mit mir herumzutragen war undenkbar. Ich könnte ihn verlieren, und das wäre eine Katastrophe. Ich schlich um die Hütte herum und beschloß, ihn zu vergraben wie einen kostbaren Schatz. Und das tat ich. Abends, als ich einen Moment mit meinem Retter allein unter vier Augen war und ihm danken wollte, unterbrach er mich: »Keiner darf davon erfahren.« Das schloß nach meiner Meinung auch seine Frau und die Tochter ein, und ich hielt mich an seinen Wunsch.

Zwei Wochen waren nun vergangen, und nichts Besonderes war vorgefallen. Aber eines Nachts beim Fischesortieren stach mich etwas in die Hand. Den Fisch, an dem ich mich gestochen hatte, erkannte ich als einen der ungenießbaren. Ich vergrub ihn sofort. Doch nach zwei Tagen war meine Hand beträchtlich angeschwollen. Trotz heftiger Schmerzen arbeitete ich weiter. Am nächsten Tag konnte ich den Arm nur mit großer Mühe bewegen, und der rote Streifen beunruhigte mich. Es war mit Sicherheit eine Blutvergiftung. Der Patron war ärgerlich, weil ich so lange gezögert hatte, etwas zu sagen, und verlangte, ich solle sofort ins Lager zurückkehren.

Der Kommandant beurteilte die Vergiftung als sehr ernst und fuhr mich im Eiltempo ins Krankenhaus von Perpignan. Man gab mir eine Spritze und schnitt die vereiterte Wunde auf. Aber was für ein herrliches Gefühl, in frisch gewaschenen Laken zu liegen!

Ich wachte früh auf, und zu meiner Überraschung hörte ich Leute deutsch reden. Bald erfuhr ich, daß ich mich im Hôpital St. Louis befand, das speziell für Flüchtlinge eingerichtet war. Vierzig Personen lagen im Saal, und hätte ich die Diagnosen zu stellen gehabt, ich hätte sie allesamt für Simulanten erklärt.

Was mich allerdings stark beunruhigte, war das Gerücht, man würde jetzt Juden in deutsche Arbeitslager deportieren. Ein Name, den ich noch nie gehört hatte und der wiederholt fiel, war »Auschwitz«. Eine deutsche Kommission hielt sich angeblich in Perpignan auf. Ich beantwortete keine Fragen, es sei denn, mit einer Gegenfrage. Die Gefahr war jetzt akut. Es wurde Zeit für mich, die Hütte aufzusuchen.

Meine Genesung machte Fortschritte, und nach ein paar Tagen bat ich um ein Gespräch mit dem Oberarzt. Mit großer Vorsicht und genau abgewogenen Worten sprach ich über meine Angst, von den Deutschen aufgegriffen zu werden. Zwischendurch machte ich kurze Pausen, um festzustellen, ob der Arzt uns wohlgesonnen war. Das war er. Er rief die Schwester und ließ sie sofort den Verband wechseln. Ich bekam einen Passierschein. Um zwei sollte ich das Krankenhaus verlassen dürfen. Um eins lief ich im Hof auf und ab wie ein Löwe im Käfig. Um halb zwei ging ich zum Pförtner und zeigte ihm meinen Passierschein.

»Zwei Uhr steht drauf. Du mußt warten«, sagte er. Ich wich nicht von seiner Seite. Ich ging vor ihm auf und ab, aber nicht weiter als zwei Meter nach jeder Seite. Zehn Minuten vor zwei kam mir ein französischer Offizier entgegen. Als er vor mir stehenblieb, dachte ich, micht trifft der Schlag.

»Bonjour, mon ami«, grüßt er, als wären wir die besten Freunde. »Bonjour, mon capitain«, grüßte ich zurück, und salutierte mit der gesunden Hand. Ich weiß nicht, wie viele Götter ich anrief, und war gleichzeitig starr vor Schreck. Es war der Hauptmann der Kompanie 216 in dem Lager, aus dem Edi und ich vor der deutschen Kommission geflüchtet waren.

»Es freut mich, dich wiederzusehen. Bist du krank?«, fragte er mit höhnischem Lächeln.

»Ach ja«, antwortete ich, ebenfalls lächelnd, »nichts Ernstes, nur eine kleine Blutvergiftung. Ich verlasse das Krankenhaus in wenigen Minuten.«

»Gut«, sagte er, »wir laden aus, und dann nehmen wir dich mit.«

»Wohin?« fragte ich, jetzt sehr verstört.

»Dahin, wohin du gehörst.«

Ich bekam furchtbare Angst. Inzwischen war ein kleiner geschlossener Lastwagen aufgetaucht, und ich mußte hinten Platz nehmen zwischen Körben mit Tomaten. Ab und an öffnete der Offizier die Tür, und als ich fragte, wohin wir unterwegs seien, sagte er kurz: »Rivesaltes« und schloß die Tür. Rivesaltes, der Name schien mir bekannt, sagte mir aber nichts. Ich hatte das starke Gefühl, jetzt sofort auf und davon zu müssen. Im Lastraum war es dunkel, und ich tastete mich zur Tür, um das Schloß zu untersuchen. Ich fand nur einen Riegel und wartete auf den Moment, in dem der Wagen das Tempo verlangsamte, um abzuspringen. Wenn ich nur nach Argelès käme, würde alles andere sich regeln. Daß Argelès, laut einem Flüchtling im Krankenhaus, jetzt von Stacheldraht umgeben war, betrachtete ich nicht als Problem, denn mit Stacheldraht hatte ich Erfahrung. Ich mußte zu meiner Hütte, zu meinem Patron. So hockte ich da, an die Tür gepreßt, und wartete auf die nächste Gelegenheit. Doch plötzlich wurde die Tür aufgerissen, und mein Hauptmann sagte freundlich und charmant, wie es nur ein Franzose kann:

»Voilà, mein Freund. Wir sind da.«

»Wo?«

»In Rivesaltes, wie ich versprochen habe.«

Geblendet von der grellen Sonne stieg ich aus und erkannte sofort, daß ich mich in einem Lager befand. Mit ungerührter Miene stellte ich mich neben den Wagen und hoffte, daß wir die Fahrt fortsetzen würden. Ich stand lässig angelehnt und nahm keine Notiz von den Flüchtlingen, die sich neugierig um mich scharten. Mein Kommandant befahl mir scharf, ihm zu folgen. Wir machten vor einer Baracke halt, und ich starrte auf das Schild über der Tür: »Deutsche Kommandantur«. Mir war, als wäre ich aus einem Flugzeug gesprungen und der Fallschirm wollte nicht aufgehen. Meine Beine waren zwei Lehmklumpen. Zwischen zusammengebissenen Zähnen zischte ich ihn an:

»Was soll das heißen?«

»Komm nur, hier sind ein paar alte Bekannte, die dich gern wiedersehen möchten.«

Meine schlimmsten Befürchtungen hatten sich erfüllt. Wieder war ich bei der deutschen Kommission angekommen. Ich blieb in der Türöffnung stehen und weigerte mich, hineinzugehen. Einen der drei Herren erkannte ich.

Aber plötzlich fühlte ich keine Angst mehr, kein nervöses Zittern; ich war einfach nur entsetzlich wütend. Nicht auf die Deutschen, sondern auf meinen Hauptmann, den Kollaborateur. Ich spießte ihn mit dem Blick auf, schrie abwechselnd deutsche und französische Schimpfwörter und nannte ihn einen Verräter. Als mein Vorrat erschöpft war, spuckte ich ihm vor die Füße. Meine Beschimpfungen hatte er sich mit einem kleinen Grinsen angehört, doch als ich spuckte, hatte er genug. Er zog seine Peitsche mit voller Kraft über meinen kranken Arm und brüllte mit Schaum vor dem Mund: »Halt's Maul, verdammter Jude!«

Kein französischer Vorgesetzter hatte mich je mit diesen Worten angeredet. Einen Moment lang wollte ich mich auf ihn stürzen, aber ich beherrschte mich, schüttelte verächtlich den Kopf und drehte mich weg. Statt dessen richtete ich mich an die Deutschen und grüßte höflich: »Meine Herren! Ich stehe zu ihrer Verfügung.«

Nach meinem Eindruck hatten die Deutschen unsere kleine Auseinandersetzung mit einem gewissen Vergnügen verfolgt. Der eine, der, den ich kannte, holte einen Ordner hervor und blätterte darin. Dann fuhr er mit einem Stift in der Hand die Zeilen in seinen Papieren auf und ab. Vermutlich suchte er nach meinem Namen. Das Abzeichen in seinem Knopfloch wies ihn als Mitglied der Gestapo aus. Er war groß, gut gewachsen und braungebrannt. Sein großkarierter Blazer saß perfekt und verriet guten Geschmack.

»Ein richtiger Sportsmann«, dachte ich, »aber leider mein Feind.« Er durchkämmte weiter seine Listen. Zweimal hatte er nach meinem Namen gefragt, ohne ihn zu finden. Für einen Moment hoffte ich, ich wäre nicht dabei, doch dann stockte sein Stift, und er sah mich an.

»Ja«, sagte er mit so liebenswürdiger Stimme, als wäre er mein Vater, »jetzt habe ich deinen Namen gefunden. Du stehst auf der Liste derer, die wir suchen.«

Dann lehnte er sich im Stuhl zurück, faltete die Hände und sagte:

»Du kannst gehen. Wir werden dich rufen, wenn es soweit ist.«

Ich stand da wie gelähmt und stammelte ein paar unzusammenhängende Worte. Daß ich auf seiner Liste stand, wunderte mich nicht, nach all meinen Ausbrüchen. Aber was meinte er mit »wenn es soweit ist?« Übrigens hatte er mich geduzt, was er beim letzten Mal nicht getan hatte. Die Gedanken überschlugen sich in meinem Kopf, und da es nicht meine Sache war, etwas unversucht zu lassen, sah ich ihn direkt an und sagte mit samtweicher Stimme:

»Herr Kommissar! Warum bin ich verhaftet?«

»Verhaftet?« fragte er mit erstaunter Miene, »du bist nicht verhaftet.«

»Aber dann bin ich ja im falschen Lager. Ich gehöre nach Argelès und ersuche Sie, mich da hinzuschicken.«

Einen Augenblick lang sah er mich an, in seinem Stuhl schaukelnd. Dann blickte er auf die Liste, und ohne aufzublicken sagte er ziemlich leise, wie zu sich selber:

»Argelès ist aufgelöst. Du wirst nach Deutschland geschickt, zum freiwilligen Arbeitsdienst.«

Irgend etwas stimmte da nicht, und deshalb fiel ich ihm ins Wort:

»Nein, Herr Kommissar. Sie wissen doch, daß ich kein

Deutscher bin. Außerdem habe ich in Frankreich Asylrecht.«

»Hatte!« korrigierte er mich und schüttelte leicht den Kopf.

»Ich weiß, daß du Jude bist, und als solcher wirst du deportiert.«

Jetzt hatte ich keine weiteren Fragen, ich spürte nur eine eisige Kälte am ganzen Körper. Ich drehte mich um und ging, wortlos. Vor der Baracke setzte ich mich auf den Kiesweg, meine Beine wollten mich nicht länger tragen. Ich stand also auf der schwarzen Liste. Zuerst als Deserteur, dann als Jude. Was würde nun geschehen? Ich empfand keine Angst, sondern Verzweiflung. Mir wurde übel, vielleicht teilweise wegen des Schmerzes in meiner Hand, aber vermutlich noch mehr wegen der aussichtslosen Situation, in der ich mich befand.

Ich rappelte mich auf und schlich langsam an den Baracken entlang, als würde ich mich verstecken. Jemand rief meinen Namen, aber ich drehte mich nicht um. Wie betäubt irrte ich im Lager umher. Mein Gehirn arbeitete fieberhaft, um eine Lösung zu finden. »Ich muß mit meinem Patron Kontakt aufnehmen«, dachte ich. Er würde sich bestimmt einsetzen und mich frei bekommen. Eine Arbeitskraft mehr oder weniger hatte doch wohl keine Bedeutung für die Deutschen.

Wenn sie mich laufen ließen, müßte ich mich nicht mehr in der Hütte verstecken. Ich könnte bei der Familie wohnen und arbeiten. Ihre Tochter würde sich sicher freuen. Während ich die Straße entlang ging, malte ich mir die Zukunft in den hellsten Farben aus. Überzeugt, ich hätte die Lösung gefunden, machte ich rasch kehrt und rannte fast zur Baracke der Deutschen, um meinen Wunsch vorzutragen. Ich wollte gerade an die Tür klopfen, da hielt ich ein und schlug mir mit der Hand gegen die Stirn. War ich wahnsinnig geworden? Das war doch völlig unmöglich! Allein der Gedanke, der Patron würde von der Gestapo zum Verhör geholt, ließ mich schaudern. Wenn er nun tatsächlich ein Widerstandskämpfer war und sie ihn schnappten? Ich erschrak. Ich durfte ihn nicht verraten. Durfte seine wunderbare, freundliche Familie nicht in Schwierigkeiten bringen. »Niemals«, dachte ich und machte kehrt. Das durfte nicht geschehen. Ich würde flüchten.

Flucht war meine übliche Reaktion, wenn ich in der Klemme saß. Auf einmal war ich ganz ruhig und entspannt. Ich brauchte Zeit für Berechnungen und Vorbereitungen. Ich ging zum Haupteingang und schaute mir die beiden Wächter an, die mit geschultertem Gewehr vor dem Tor auf und ab marschierten. Sie waren für mich kein Problem, denn ich hatte keinesfalls die Absicht, diesen Weg zu wählen.

Dann wurde ich im Lautsprecher ausgerufen. Es war Zeit für die Registrierung. Den Schreiber kannte ich aus dem Lager in St. Cyprien, doch als ich ihm zur Begrüßung die Hand hinstreckte, nahm er sie nicht. Er war der »Herr Schreiber«, und ich war für ihn jetzt ein Fremder. Er schrie mich an, weil ich keine Unterlagen hatte, um mich auszuweisen. Ich schrie zurück: »Leck mich doch am Arsch, du Niete!«

»Ich werde schon dafür sorgen, daß du schnellstens von hier verschwindest«, entgegnete er drohend.

Dann wies man mir einen Schlafplatz zu, und ich vergaß den Zwischenfall. Ich spuckte in meine rechte Hand, die linke war ja bandagiert. »Nur mit der Ruhe«, sagte ich zu mir selbst, »geh hinaus und suche nach einem Loch, das groß genug ist, um hindurchzukriechen.«

Im Unterschied zu den anderen Lagern war Rivesaltes

stabil genug gebaut, um Kälte und Unwettern standzuhalten. Früher war es ein Arbeitslager gewesen, doch nun war es eine Auffangstelle für die Deportation. Die Pritschen ähnelten beinahe richtigen Betten, mit Decken, Kissen und gut gefüllten Strohmatratzen.

Ich grüßte meinen Nachbarn, einen älteren Mann, der auf der Bettkante saß, jammernd und mit feuchten Augen. »Warum sind Sie so traurig?« fragte ich und setzte mich neben ihn. Ich verstand selbst, wie töricht meine Frage war. Ich hätte ihn so gern getröstet, aber ich erreichte das Gegenteil. Die Tränen liefen ihm übers Gesicht, und er gab schluchzend zur Antwort: »Ich bin morgen früh zum Transport bestimmt, und meine Frau weiß nicht einmal, wo ich mich befinde. Man hat mich getäuscht, und jetzt glaubt sie, ich wäre mit einer Arbeitstruppe in Bordeaux.« Er verbarg das Gesicht in den Händen, sein ganzer Körper zitterte. »Könnte ich doch nur mit meinem Sohn in Verbindung treten, er ist Offizier der französischen Armee. Aber die Deutschen wollen nichts davon wissen.« Er wischte die Tränen ab und zog ein Foto aus der Brusttasche, das er mir zeigte. »Ein schöner Mann. Ihr Sohn?« fragte ich. Er nickte und zeigte auch ein Foto von seiner Frau. Zuerst drückte er es an die Brust, dann küßte er es. »Was soll aus ihr werden?« jammerte er. »Sie ist über fünfzig. Und was kann ich schon in einem Arbeitslager ausrichten, mit meinen sechzig Jahren? Es wird mein Tod sein. Ich möchte lieber hier sterben. Ich bin Franzose.«

An seinem Akzent hörte ich, daß er kein Deutscher war, aber da ich weder Zeit noch Lust hatte, mir seine Lebensgeschichte anzuhören, unterbrach ich ihn. »Geben Sie mir die Adressen von Ihrem Sohn und Ihrer Frau, dann werde ich ihnen Grüße ausrichten.« Er schaute mich entgeistert an und packte mich fest an den Schultern.

»Wie soll das gehen? Sind Sie entlassen?«

»Nicht direkt.«

Ich beugte mich zu ihm vor und flüsterte:

»Ich werde fliehen.«

Er seufzte noch einmal, dann umklammerte er meinen gesunden Arm so fest, daß ich meinte, er wollte eins mit mir werden, damit er mitkommen könnte. Verschreckt sah er sich um und vergewisserte sich, daß keiner uns hörte.

»Wann? Wann wollen Sie fliehen?« fragte er flüsternd, so leise, daß ich ihn kaum verstand.

Etwas lauter antwortete ich: »Ich weiß nicht. Ich bin erst seit etwa einer Stunde hier, und der Haupteingang ist so gut bewacht, daß ich einen anderen Ausgang finden muß.«

»Das Lager wird sehr streng bewacht. Haben Sie das nicht gemerkt?«

Ich gab zu, daß ich noch keine Gelegenheit dazu gehabt hatte, aber irgendeine Öffnung würde sich schon finden.

Er schrieb die Adressen auf einen Zettel, den ich einsteckte, ohne einen Blick darauf zu werfen.

»Haben Sie genügend Geld?«

»Leider nicht.«

»Gut«, sagte er.

»Nein, schlecht«, sagte ich.

»Sehr schlecht«, sagte er, »aber ich habe Geld. Wieviel brauchen Sie?«

»Keine Ahnung. Ich weiß nicht einmal, wo ich bin. Wie weit ist es bis nach Perpignan?«

»Perpignan?« flüsterte er erstaunt. »Bis dahin sind es nur acht Kilometer. Aber was wollen Sie da?«

»Psst!« flüsterte ich und legte den Finger an die Lippen, »da habe ich Freunde, die mir weiterhelfen können.«

Er gab mir einen Hundert-Franc-Schein, der rasch in meiner Hosentasche verschwand. Von da an heftete er sich an meine Fersen. Wie ein Hund folgte er mir, um Schlupflöcher auszukundschaften. Wir machten die Runde um das ganze Lager herum, sahen uns die Lager der Baracken, Latrinen und der Küche an, und ich mußte einräumen, daß er recht gehabt hatte. Es war sehr gut bewacht. Die Wachen waren im Abstand von wenigen Metern postiert. Die meisten waren junge französische Gendarmen. Früher hatten uns meistens Marokkaner oder Senegalesen bewacht. Sie waren nur dagestanden und hatten uns in Ruhe gelassen. Später hatten alte Militärs sie abgelöst, die nicht mehr zum Kriegsdienst taugten. Sie waren freundlich im Umgang gewesen, und außerdem hatte es sie nicht die Spur interessiert, ob wir uns außerhalb oder innerhalb des Stacheldrahts aufhielten. Das war jetzt offenbar anders.

Diese Wachen nahmen ihre Aufgabe ernst. Sie waren bereit zu schießen, als ich dem Stacheldraht einmal zu nahe kam. »Zurück«, schrie der Wächter und riß sich dabei das Gewehr von der Schulter. Ich war weder beeindruckt noch entmutigt. Aber mein Begleiter – früher ein wohlhabender Seidenfabrikant – fiel danach kraftlos auf seine Pritsche und stöhnte: »Es wird Ihnen nicht gelingen. Haben Sie gesehen, wie er Ihnen gedroht hat? Sie werden es nicht schaffen!« Ich hatte mich auf meiner Matratze ausgestreckt und hörte mir seine Klagen an, ohne mich auf eine Diskussion einzulassen. Aber ich hatte nun erkannt, wie schwer es werden würde, an den Wachen vorbeizukommen. Trotzdem sagte ich, vielleicht um ihn zu beruhigen:

»Guter Mann. Meine Erfahrung sagt mir, daß jede Falle eine Öffnung besitzt. Und die muß ich finden.«

»Hier müssen Sie fliegen lernen.«

Er hatte recht. Ich hatte nichts zu entgegnen. Nach Einbruch der Dunkelheit schlich ich wieder um das ganze

Lager herum und mußte feststellen, daß die Bewachung nachts genauso intensiv war.

Später wachte ich davon auf, daß mein Nachbar mich am Arm rüttelte. Alle waren auf den Appellplatz befohlen. Wie erschreckte Schafe drängten sich die Flüchtlinge um den Tisch, an dem der »Herr Schreiber«, die Liste in der Hand, mit fester Stimme diejenigen aufrief, die mit dem Transport des Tages fahren sollten. Mit jedem fremden Namen wuchs die Hoffnung, nicht aufgerufen zu werden, noch nicht, nicht dieses Mal. Als der Name meines Nachbarn ertönte, fiel er mir um den Hals und küßte mich auf die Wange: »Für meine Frau. Gott sei mit Ihnen.«

»Haben Sie Mut. Ich werde Ihre Frau finden und sie von Ihnen küssen, das verspreche ich.«

Ich sah ihm lange nach, wie er sich durch die Menge drängte, um sich unter den Ausgewählten einzureihen. »Was für ein feiner Mann«, dachte ich, »um seinetwillen muß es mir gelingen.«

Es war früh am Morgen, und ich fröstelte, also ging ich vom Appellplatz zurück in meine Baracke, ohne darüber nachzudenken, ob das erlaubt war. Mein Nachbar und seine Frau gingen mir nicht aus dem Kopf. Komisch, da drängten sich noch mehrere hundert andere Flüchtlinge, vielleicht in der Erwartung, auf dem Scheiterhaufen verbrannt zu werden, und er tat mir als einziger leid. Ich legte mich aufs Bett und hörte die metallische Stimme des Schreibers einen Namen nach dem anderen aufrufen. »Eigentlich sollte man dieses Ekel erschießen«, dachte ich, aber am nächsten Tag würde es einen neuen Schreiber geben, der die Namen aufrief, mit der gleichen metallischen Stimme. Von der Sorte gab es immer genug.

Später begab ich mich in die Krankenbaracke, um meine Hand verbinden zu lassen. Es war kurz vor neun, und der

Arzt war noch nicht da. Die Schwester wollte die Hand sehen und wechselte selbst den Verband. Sie war sehr schön und jung, vielleicht in meinem Alter. Ich entschuldigte mich für meine ungepflegte Erscheinung damit, daß mich der Schmerz die ganze Nacht wachgehalten hätte, und gab ihr zu verstehen, bei einer Spur Mitleid ihrerseits würde ich den Schmerz mit Vergnügen ertragen. Ihre Grübchen vertieften sich, als sie lächelte. Sie war unglaublich süß in ihrer Schwesterntracht mit dem Häubchen, unter dem die kohlschwarzen Haare über ihre Schultern flossen.

Als sie sprach, ließ mich ihre sanfte, seidenweiche Stimme schier zerspringen, und ich konnte es nicht lassen, die ersten Töne von Schuberts *Leise flehen meine Lieder* zu singen. Unentwegt betrachtete ich sie, während sie meinen Verband wechselte. Sie spürte wohl meine Blicke, denn ich bemerkte eine leichte Röte auf ihren Wangen.

Als sie fertig war, begegneten sich unsere Augen, und ein brennendes Gefühl durchströmte mich. Ich nahm ihre Hand und bedankte mich. Ein bißchen zu lange hielt ich sie fest, während ich sie anschaute und sagte: »Sie sind sehr schön, mein Fräulein.« Dann lief ich zur Tür hinaus. Vielleicht lachte sie über mich. Bestimmt war sie es gewöhnt, Komplimente für ihre Schönheit zu bekommen, aber meine Worte waren keine leeren, schmeichelnden Phrasen, erdichtet, um ihr zu gefallen. Nein, es waren Gefühle, Ausdruck der Bewunderung für das Entzückende, das Schöne.

Ich muß fliehen, hämmerte es in mir. Weg von diesen elenden Baracken, weg von den stinkenden Matratzen, weg von diesen übelriechenden und desolaten Flüchtlingen. Ein paar Tage lang untersuchte ich sämtliche denkbaren Stellen, um eine Öffnung zu finden, durch die ich dieser Falle entschlüpfen könnte, in die ich unversehens geraten war.

Am Ende stand ich vor der entsetzlichen Erkenntnis, daß unsere »Freunde«, die Franzosen, alles getan hatten, um ihr Versprechen an Deutschland zu erfüllen, alle Juden einzusammeln und uns zu deportieren. Ihre eigenen Landsleute offenbar eingeschlossen.

Ich begann über einen erfundenen Schmerz in der Hand zu klagen und ging nicht mehr zu den Aufrufen auf dem Appellplatz. Wenn sie mich suchten, wußten sie ja, wo ich war. Ich hatte große Sehnsucht nach der süßen Krankenschwester und ihren Grübchen, und ich beschmutzte den Verband so gründlich, daß sie es mir nicht würde verwehren können, ihn zu wechseln. Sie erschien jeden Tag pünktlich um acht, aber der Arzt kam erst um zehn, das hatte ich herausgefunden. Schon um halb acht war ich zur Stelle, ihr zuliebe frisch rasiert, eine kleine Welle ins Haar gekämmt, mit notdürftig gesäuberten Kleidern. Ich wollte nicht schlecht riechen. Dann begrüßte ich sie freundlich: »Guten Morgen, meine Schöne.« Wenn sie meinen Gruß mit ihrer lieblichen Stimme erwiderte, hätte ich alles darum gegeben, sie in den Arm nehmen zu können.

Jetzt, da wir uns ein bißchen näher kannten, erlaubte ich mir, offen zu flirten, und ich scherzte und brachte sie zum Lachen. Das war mein Ziel. Der Anblick ihrer blendend weißen Zähne, schimmernd wie Perlen, versetzte mich in einen träumerischen Zustand, aus dem ich nicht aufwachen wollte. Trotzdem wachte ich ja auf, es gab keine Zeit für solche Gefühle, und plötzlich kam mir in den Sinn, ich könnte sie als Botin benutzen. Ich holte den Zettel meines Nachbarn hervor und berichtete kurz von meinem Versprechen. Ich erklärte, mir sei die Flucht nicht gelungen, und fragte, ob sie an meiner Statt die Botschaft überbringen würde. Sie nahm den Zettel und versprach es mir. Ich gebe gern zu, meine Geschichte war eine Spur dramatisiert. Doch dann kam mir eine neue Idee. Ich gab ihr den Hundert-Franc-Schein und sagte: »Liebe Schwester, nehmen Sie die hundert Franc und kaufen Sie mir eine Pistole. Ich werde mich erschießen.« Zuerst lachte sie, aber ich ließ ihr keine Zeit, sondern redete weiter, bis sie mich unterbrach: »Erschießen?« fragte sie und sah mich mit ihren schönen großen Augen an, »erschießen, das ist doch nicht Ihr Ernst?«

»Freilich ist es mir Ernst«, entgegnete ich kühl. »Seit drei Tagen versuche ich, ein Schlupfloch zu finden, um zu fliehen, aber vergebens. Jederzeit können sie mich für den Transport nach Deutschland auswählen. Dort werden sie mich als vermeintlichen Deserteur erschießen, und wenn sie herausfinden, daß ich Jude bin, werden sie mich deshalb erschießen. Ich will ihnen auf keinen Fall die Freude machen, mich zweimal zu erschießen. Ich will es selber tun. Darum bitte ich Sie, helfen Sie mir, einen Revolver zu beschaffen.«

Das arme Kind. Sie sah mich verzweifelt an, und obwohl sie mir leid tat, schürte ich ihre Bestürzung.

»Nein«, meinte sie und rang nach Luft, »das kann ich nicht. Sie dürfen sich nicht erschießen.«

»Okay«, sagte ich, »könnten Sie mir statt dessen freundlicherweise genug Schlaftabletten besorgen, dann gibt es wenigstens kein Blutvergießen. Ich werde ruhig einschlafen, und bevor ich einschlafe, werde ich an Sie denken. Ihre Schönheit wird sich in meine Netzhaut einbrennen, und ich werde das ganze Elend vergessen. Nichts wird mich mehr quälen; ich werde in die unbekannte Stille hinausschweben.«

Das sagte ich mit solchem Pathos, daß ich mir nur schwer das Lachen verkneifen konnte. Ich überlegte, aus welchem Stück ich diesen herzzerreißenden Monolog geklaut hatte. Ich kam nicht darauf, aber um diesen Mischmasch aus Scherz und tiefstem Ernst zu beenden, fügte ich, schon fast mit Tränen in den Augen, hinzu: »Bitte, seien Sie so lieb und erfüllen Sie meinen letzten Wunsch, lassen Sie mich sterben!«

»Nein, nein, nein«, rief sie, »das dürfen Sie nicht tun. Es muß einen Ausweg geben.« Ich schwieg und ließ ihr Zeit zum Nachdenken. »Ich werde mit meinem Vater sprechen. Wir kommen aus der Schweiz, und er ist dort bekannt.« Aus meinem Scherz war tatsächlich Ernst geworden. Daß sie mit ihrem Vater sprechen wollte, war vielleicht die Lösung. Ich seufzte zur Antwort, doch innerlich jubelte ich. Sie ermahnte mich, keine Dummheiten zu machen, und ich gab ihr mein Ehrenwort. Noch am selben Abend würde sie mit ihrem Vater sprechen.

Es war eine angespannte, eine unruhige Nacht. Schon um fünf wachte ich auf und setzte mich vor die Krankenbaracke. Ich überlegte, womit ihr Vater mir helfen könnte, aber mir fiel nichts ein. Beim Appell wartete ich angespannt auf jeden neuen Namen, voller Angst, auf der Liste zu sein. Ich stand nahe beim Tisch und fixierte den Schreiber. Ich wünschte, seine Zunge würde gelähmt, bevor er den nächsten Namen aufrief. Aber was hatte ich mit seiner Zunge zu schaffen? Ich behielt ihn im Blick. Er sah mich an, aber mein Name war nicht dabei.

Erleichtert lief ich in Erwartung guter Nachrichten zu meiner süßen Krankenschwester. Ihr trauriges Gesicht verhieß nichts Gutes. Stotternd brachte sie hervor, was sie mir zu sagen hatte. Sie drückte sich vage aus. Bedauerlicherweise hätte ihr Vater, obwohl ein bekannter Arzt, der schon vielen Leuten geholfen hätte, keine Möglichkeit, mir zu helfen. Leider, hätte er gesagt. Wäre ich aus Ungarn oder Rumänien, könnte er mir helfen.

»Liebes Mädchen«, sagte ich, »es eilt jetzt, aber ich glaube, Sie haben mir eine Chance zur Rettung gegeben.« Ich hatte keine Zeit zu erklären, was ich im Schilde führte, und sie war bestimmt völlig perplex, als ich sie auf die Wange küßte und wie ein Pfeil zur Tür hinausschoß. Atemlos riß ich die Tür zum Zimmer des deutschen Kommandanten auf. Er hatte Besuch und saß an der Ecke seines großen Schreibtischs.

»Ich bin Rumäne!« schrie ich.

»Was soll das heißen«, rief er aus. »Ich dachte, du kommst aus Österreich.«

»Das war nur eine Erfindung«, erwiderte ich keuchend. »Mein Vater ist Rumäne, er stammt aus Bukarest, ein Offizier mit hohen Auszeichnungen. Ich bin auf der Durchreise in Wien geboren, aber jetzt will ich nicht mehr verleugnen, daß ich Rumäne bin. Bitte verfügten Sie meine Freilassung!«

Er lachte schallend, wirkte sehr amüsiert und schien mir nicht feindlich gesonnen, eher im Gegenteil.

»Na schön, dann sagen wir eben, du bist Rumäne. Wenn du es beweisen kannst, streichen wir dich von der Liste.«

Er ging um den Schreibtisch herum, schlug eine Mappe auf und blätterte darin. Dann nahm er die nächste und blätterte weiter. In der dritten Mappe fand er meinen Namen. Er sah mich an. »Übermorgen bist du dran.« Ich sah ihn an, ich sah seine Besucherin an. Ich brauchte Hilfe. Mein Gehirn arbeitete mit Hochdruck. Mir fiel nichts ein, aber er sprang mir bei.

»Was machen wir also?« fragte er.

»Geben Sie mir einen Rat«, flüsterte ich bittend.

»Tja, besorge die nötigen Papiere, dann helfe ich dir.«

Ich hatte mich auf einen Stuhl gesetzt, mit gesenktem Kopf. Mit der Hand tippte ich mir gegen die Stirn. Ich nagte an einer Idee wie die Maus an einem Stück Käse. Plötzlich fuhr ich auf.

»Ich hab's, Herr Kommissar! Mein Bruder besitzt den Nachweis. Wir haben dieselbe Mutter und denselben Vater, und er kann beweisen, daß wir aus Rumänien stammen. Er wohnt in Lyon. Darf ich hinfahren und die Dokumente holen? In ein paar Tagen bin ich zurück.«

Jetzt bekam er einen regelrechten Lachanfall, und ich lachte mit. Sein Damenbesuch verzog nicht einmal den Mund. Natürlich wußte ich, daß mein Vorschlag ebenso töricht wie unannehmbar war, aber mir fiel nichts Besseres ein, und ich mußte Zeit gewinnen.

»Wann willst du fahren? Ha ha ha. Wann geht der nächste Zug nach Lyon?«

Jetzt fand ich es nicht mehr lustig. Mir mußte schnell etwas einfallen. Mit unschuldiger Miene schaute ich ihn an.

»Sie glauben, ich hätte mir das ausgedacht, damit ich fliehen kann!«

»Aber nein«, erwiderte er, »wie kannst du so etwas annehmen? Ich habe das größte Vertrauen zu Juden, besonders zu solchen, die auf die Deportation warten.«

An seinem ironischen Tonfall störte ich mich nicht, dazu war ich zu abgehärtet. Viel wichtiger war es, einen Aufschub zu erwirken. Mir war klar, ich war in größter Bedrängnis, nicht schlimmer als die anderen zwar, aber das reichte.

»Lieber Herr Kommissar«, bat ich, »lassen Sie mich an meinen Bruder telegrafieren, damit er mir die nötigen Dokumente schickt.«

Jetzt wurde er unsicher und rieb sich das Kinn. Ob er mir Glauben schenkte, war unwesentlich. Zumindest zweifelte er, und das konnte ich ausnützen.

»Also«, sagte er und wurde ernst, »dann sagen wir mal, du darfst ein Telegramm schicken. Hast du Geld?«

Ich holte meine hundert Franc hervor und hoffte, mein Nachbar würde mir verzeihen.

»Gib mir die Adresse von deinem Bruder, und ich sorge dafür, daß das Telegramm abgeschickt wird.«

Er gab mir Papier und Bleistift, und ich fing an, laut zu überlegen.

»Wohnt er in Nummer 21 oder 23?«

Dabei dachte ich überhaupt nicht an die Hausnummer, sondern eher an meinen Nachbarn, der aus Lyon kam, und an die süße Krankenschwester, die vielleicht gerade einundzwanzig war. Aber die Adresse? Es war durchaus möglich, daß mein Bruder sich in Lyon aufhielt, warum nicht? Ein Flüchtling kann überall sein, auch in Lyon. Ich brauchte noch einen Straßennamen. Rasch schrieb ich 23, Rue de la République. Eine solche Straße gab es bestimmt in jeder größeren französischen Stadt. Und es spielte keine Rolle, ob das Telegramm mit dem Vermerk »Adressat unbekannt« zurückkam. Was ich brauchte, war eine Galgenfrist, sonst nichts.

Nun waren schon vierzehn Tage vergangen, und auf das Telegramm war keine Antwort erfolgt. Jeden Tag steckte ich neugierig den Kopf beim Kommissar herein: »Ist etwas gekommen?« Er antwortete: »Leider noch nicht«, und ich dachte: »Ein Glück«. Der Kommissar wurde immer ungeduldiger, der Sekretär immer hämischer, aber ich war froh, daß keine Antwort kam. Die Möglichkeiten, von hier zu fliehen, war so gut wie nicht vorhanden. Durch die scharfe Bewachung war das Lager gut versiegelt. Während alle anderen zum Appell gingen, schlief ich jetzt weiter. Rivesaltes war zu einem Durchgangslager geworden, und keiner blieb hier länger als drei Tage. Die Wunde an meiner Hand war verheilt, der Verband entfernt. Um die hübsche Schwester zu besuchen, mußte ich jetzt verschiedene Krankheiten erfinden. Ich bekam Halsweh, Kopfweh, Rückenschmerzen, und sie lachte, wenn ich nach zwei Minuten geheilt war und wieder ging. Ich lebte in der Hoffnung, der Kommissar würde das Warten satt bekommen und mich trotzdem freilassen.

Doch dann wurde ich eines Tages aus der Baracke zum Appellplatz geholt. Der Sekretär konnte es gar nicht erwarten, meinen Namen aufzurufen. Er wiederholte ihn mehrere Male. Ich ließ mir Zeit. Er befahl mir, mich zu den übrigen zu stellen, die fertig zum Abtransport waren. Zuerst weigerte ich mich, mit dem Transport zu fahren, der um acht abgehen sollte. Ich wollte den Kommissar sprechen, doch der war so früh noch nicht da. Es wurde nicht bewilligt. Auch die Krankenstube durfte ich nicht aufsuchen, um mich von meiner Krankenschwester zu verabschieden. Nicht einmal die kleine Freude, ein letztes Mal ihre Hand zu drücken, gönnte man mir. Als letzter von allen bestieg ich den Lastwagen, und kurz vor acht wurde das große Tor geöffnet. Die Reise ins Unbekannte hatte begonnen.

Da erblickte ich sie. »Schwester! Schwester!« Sie war stehengeblieben und sah dem Wagen nach. Ich schrie und winkte so wild mit beiden Armen, daß ich dachte, ich würde herunterfallen. Ich sah ihr fragendes Gesicht, und wie sie die Hände vor den Mund schlug. Sie rannte dem Wagen ein paar Schritte nach und winkte und rief etwas, vielleicht »Auf Wiedersehen«, und dann verschwand sie in der Staubwolke, die der Lastwagen hinter sich aufwirbelte.

Schließlich waren wir an unserem Bestimmungsort. Güterwagen in endlosen Reihen standen auf den Schienen. Militärs in ebenso endloser Zahl überwachten die Verladung. Mit dem Ritual waren wir mittlerweile vertraut. Ein Leierkasten spielte wieder und wieder dieselbe Melodie. Wie Schlachtvieh trieben sie uns in die Wagen, brüllten uns an, wir sollten uns beeilen, und wir gehorchten ohne Proteste. Widerstand zu leisten oder einen Fluchtversuch zu machen, war undenkbar mit all den entsicherten Gewehren um uns. So verschafften sie sich den gewünschten Respekt vor der Übermacht. Die Türen wurden zugeknallt und verriegelt, um gleich darauf wieder geöffnet zu werden. Jemand schrie auf Französisch: »Ist bei euch noch Platz?« Wir protestierten. »Dann bekommt ihr noch neun dazu!« schrie die Stimme.

Die neun mußten über unsere Köpfe kriechen, denn keiner räumte freiwillig seinen Platz. Die Tür wurde wieder zugeschlagen. Jetzt saßen wir im Dunkeln. Die beiden kleinen Fenster waren von außen verrammelt, und es brauchte eine Weile, bis man sich an die Dunkelheit gewöhnt und erkannt hatte, daß der Platz nicht für alle reichte. Wir hatten kein System der Aufteilung vereinbart, und so machten wir es so gut es ging. Wir rückten ein bißchen vor und zurück, hin und her, und schließlich gab es wenigstens ein klein wenig Platz für jeden. Der Holzboden war hart als Unterlage, und einige hatten in weiser Voraussicht Decken aus dem Lager geklaut. Auch wenn wir diese »Diebe« zwangen, uns etwas davon abzugeben, half es nicht viel. Einige hatten ihre Koffer mitgeschleppt, und obwohl sie es jetzt bereuten, gab es keine Öffnung, um den Ballast abzuwerfen.

Wut und Ärger legten sich nach und nach. Wir waren Brüder im Unglück, und wir teilten unser Schicksal in exakt gleiche Teile. Wir hatten keine Wahl. Im Wagen war es still, wir hatten uns nichts zu sagen. Draußen hörte man

Gebrüll, das uns nichts anging. Wir waren fertig und bereiteten ihnen keine Probleme. Mit einem Rumpeln setzte der Zug sich langsam in Bewegung, und der harte Holzboden wirkte noch härter. Genau wie beim letztenmal hatten die Reiseveranstalter vergessen, für Verpflegung zu sorgen. Ebensowenig hatten sie an andere natürliche Bedürfnisse gedacht. Wir, die das schon öfter mitgemacht hatten, konnten nur den Rat geben, eine bestimmte Ecke zu benutzen. Einige von den älteren Männern konnten sich schwer beherrschen und schämten sich, wenn sie in die Hosen machten. Tagsüber war es heiß wie in einer Räucherkammer, nachts froren wir so, daß es uns schüttelte. Morgens zogen wir uns aus, abends zogen wir uns an – ein in jeder Hinsicht verkehrtes Leben.

Der Zug rollte ungleichmäßig, mal sehr schnell und mal langsam. Oft blieb er stehen, und jedesmal hofften wir, sie würden die Türen öffnen, sich erinnern, daß es uns gab, und uns unsere Lage irgendwie erleichtern. Aber wir waren nichts als Gepäckstücke. Wir wurden nicht gefragt, wir wurden transportiert. Dann, plötzlich, in der Nacht des zweiten Tages, wurde die Tür aufgerissen, und alle drängten sich vor, um eine Prise Luft zu schnappen.

Ich lag nahe an der Öffnung und atmete tiefer und tiefer, um meine Lungen richtig zu füllen. Gendarmen mit Stahlhelm und Karabiner rannten zusammen mit Rotkreuz-Schwestern herum und schrien. »Wie viele seid ihr da drin?« brüllte ein Gendarm. »Dreihundert« rief jemand zur Antwort in die Dunkelheit hinaus. Sie reichten uns ein paar Eimer voller Konserven, die rasch geleert und zurückgegeben werden sollten. Und wieder wurde die Tür zugeschlagen, ohne Erbarmen.

Die Konservendosen lagen zunächst kunterbunt im Wagen verstreut, aber wir stapelten sie in der Mitte zu einem Haufen. Hier und da gab es ein Handgemenge, jeder war genauso hungrig wie der andere, und hungrige Tiere streiten um die Beute. »Bleibt menschlich!« rief eine Stimme, und da halfen wir einander, alle Dosen einzusammeln, um sie zu zählen. Vorausgesetzt, keiner hatte etwas versteckt, würden sie ohnehin nicht für alle reichen. Doch die Verteilung sollte gerecht geschehen, wenn wir erst an den Inhalt kamen. Nach mehreren Stunden kämpften wir immer noch mit den Dosen. Als Werkzeug hatten wir nur Messer und Schuhe, und es erforderte eine unendliche Geduld, die fünfzig Dosen aufzubekommen.

Als sie endlich geöffnet waren, mußten wir feststellen, wie viele Personen wir waren. Wir zählten uns durch, verrechneten uns aber und mußten von vorn anfangen. Einige zählten sich selbst zweimal, andere kamen aus dem Konzept und wußten nicht, ob sie die eine oder andere Zahl gesagt hatten. Mittels einer Gegenkontrolle kamen wir schließlich auf die Zahl 78. Die Schlacht war geschlagen, und jeder bekam einen Klecks Leberpastete auf den Handrücken gestrichen. Es waren kleine Portionen, aber wir legten uns wieder zurecht und schleckten zufrieden an unseren Händen. Daß die Pastete furchtbar salzig war, daran dachte keiner. Es war lecker für den Gaumen, auch wenn es den Bauch nicht füllte. Schon nach einer Stunde vergingen wir vor Durst, weil das Salz den Rachen ausgetrocknet hatte.

Jetzt hörte man, wie alle hiflos versuchten, Speichel zu produzieren. Auch begann ein verzweifelter Kampf um die Ritzen, durch die man ein wenig Luft einsaugen und die Zunge hindurchzwängen konnte, um sie zu kühlen. Doch der Platz war knapp, und alle litten gleichermaßen. Ich lag auf dem Rücken und versuchte möglichst keine Kraft zu vergeuden. Meine Zunge fühlte sich dick an und rauh wie

Sandpapier. An Wasser dachte ich nicht einmal, sondern nur an die Möglichkeit, ein bißchen Speichel zu erzeugen. Ich leckte an meiner Hand, ich zog an der Zunge und steckte die Finger tief in den Hals, um zu erbrechen und den Rachen mit Magensaft zu befeuchten. Alles vergebens. Der Magen war vermutlich genauso ausgedörrt wie die Mundhöhle.

Während ich still dalag, stieg der Haß in mir hoch. Er richtete sich nicht gegen jemand Bestimmten, er brannte und brannte bloß in mir. So leicht sollte es ihnen nicht gelingen, mich zu töten. Reglos lag ich da und dachte: »Laß es Stunden dauern oder Tage, ich werde es überstehen.« Neben mir hörte ich jemanden pinkeln, darauf folgte ein vernehmliches Schlürfen. »Er trinkt seinen Urin«, dachte ich, »die Säure wird ihn ersticken.« Doch ich unternahm nichts, um ihn abzuhalten, es war schon zu spät. Mit letzter Kraft hämmerten wir an die Wände. Unsere Stimmbänder waren zu ausgetrocknet, als daß wir hätten schreien können, und unser heiseres Röcheln: »Wir verdursten« hörte natürlich niemand. Verzweifelt fingen wir an, die Tür mit unseren Schuhen zu bearbeiten, und plötzlich wurde die Tür aufgeschoben. Rotkreuz-Schwestern schleppten unter strenger Bewachung der Gendarmen zwei mit Wasser gefüllte Eimer heran. »Holt eure Näpfe!« schrie einer der Gendarmen, und die Rotkreuz-Schwester hoben die Eimer.

»Wir haben keine Näpfe!« stöhnten wir.

»Dann gibt es kein Wasser.« Die guten Schwestern erkannten unser grauenvolles Dilemma, als wir ihnen unsere Zungen zeigten und nur flüsternd hervorbringen konnten: »Wasser, Wasser, wir bitten euch, Wasser.« Der Gendarm tobte weiter, aber eine Schwester kam uns zur Hilfe und fuhr ihn an: »Mensch! Sehen Sie denn nicht, daß diese armen Kerle am Verdursten sind? Sie müssen trinken.«

Aber woraus? Einer hielt seinen Stiefel hin, und er wurde gefüllt. Das war das Signal für die anderen, die jetzt schnell die Schuhe suchten, die es noch gab. Ich lag eingeklemmt, und unfähig, auch nur einen Finger zu rühren. Vor meiner Nase füllten sich alle möglichen Behälter mit Wasser. Ich kämpfte wie ein Tier, um mich zu befreien. Endlich nahm ich meine Mütze und bat die Schwester, sie zu füllen. Natürlich war das zum Scheitern verurteilt, denn kaum hatte sie die Mütze gefüllt, war das Wasser schon durchgesickert, und ich hatte nur ein paar Tropfen abbekommen. Ich legte die Mütze in die gewölbte Hand, damit es nicht so schnell abfloß. Sie füllte sie noch einmal, und gerade wollte ich einen Schluck nehmen, als ich mich aufbäumte wie ein erschrecktes Pferd.

Über mir hatte ein Mann seinen Hut gefüllt, und der Strahl, der mir über den Rücken floß, fühlte sich an wie eine Säbelspitze, die sich durch die Haut bohrt. Unter normalen Umständen hätte mir der Wasserstrahl gut getan, aber jetzt war er eine Qual. Gleichzeitig leerte sich meine Mütze, ohne daß ich einen Tropfen davon bekam. Es war zu spät. Mit einem Dröhnen wurde die Tür wieder zugeschoben.

Verärgert über den Mann mit dem Hut lag ich da und lutschte an meiner nassen Mütze. Mein Nachbar zeigte sich mitleidig und bot mir einen Schluck aus seinem gut gefüllten Stiefel an. Der widerliche Geschmack von Schweiß und Leder ekelte mich, und er hätte wirklich nicht den Stiefel festhalten müssen, um mein Trinken zu kontrollieren. Ein paar Schlucke waren mehr als genug.

Meine durchnäßte Mütze kam mir nun ganz gelegen. Ich fand heraus, daß ich besser nicht daran saugte, sondern stattdessen die Feuchtigkeit einatmete, bis sie vollständig trocken wäre, und dann würde sie mir wieder als Kissen dienen. Die Tür blieb verriegelt, bis wir am dritten Tag unser Ziel erreichten.

»Drancy!«

Ein Ort außerhalb von Paris. Wir wurden ausgeladen und in ein großes Gebäude geschleust, wie es hieß, eine ehemalige Schuhfabrik. In einem riesigen Raum waren Strohsäcke in Menge auf dem Boden verteilt. Männer und Frauen saßen oder standen und redeten miteinander. Kinder liefen scheinbar unbeschwert herum und spielten. Alle warteten auf den Weitertransport. Hier gab es freien Zugang zu Wasser, und abends servierte man uns Suppe und Brot.

Die Strohsäcke reichten nicht für alle, aber es wurden keine neuen herbeigeschafft, vielmehr teilte man uns mit, »morgen würde es mehr Platz geben«. Mit diesem Argument begnügten wir uns, da wir wußten, Drancy war trotz allem »nur« ein Durchgangslager. Auf der Suche nach einem Platz erblickte ich eine junge Dame, die auf einem Strohsack saß. Instinktiv hielt ich ein, hockte mich vor sie hin und sah zu, wie sie ihre Fingernägel lackierte. Wir wurden uns schnell einig, die Nacht miteinander auf ihrer Matratze und unter ihrer Decke zu verbringen. Geschlechtsverkehr wurde hier ganz offen praktiziert, ohne Scham, auch wenn manche sich unter der Decke zu verbergen suchten, der Kinder wegen. Paare, die zusammenlebten und solche, die sich das gewünscht hätten oder sich vielleicht eben erst kennengelernt hatten, nahmen auf diese Weise voneinander Abschied. Man wollte die letzten Stunden, Minuten und Sekunden des Zusammenseins auskosten. Menschen wurden auseinandergerissen. Man hatte nicht die Kraft, sich gegen die Übermacht aufzulehnen, sondern gehorchte den Befehlen.

Erschöpft von den Strapazen der letzten Tage schlief ich den Rest der Nacht tief und wachte erst spät am Vormittag auf. Meine Bettgefährtin saß am Fußende der Matratze und wünschte mir lachend guten Morgen. Sie hatte eine Zeitung als Tischtuch ausgebreitet, und darauf standen zwei Kaffeetassen und ein paar Butterbrote. Mit einer charmanten Handbewegung bat sie mich an den Frühstückstisch: »S'il vous plaît, monsieur.«

Sie war zweiundzwanzig und sah sehr fein aus. Im Gegensatz zu den anderen war sie gepflegt, und obwohl ihre Kleider zerknittert waren, duftete sie doch frisch und sauber, und ihre Haare waren hübsch frisiert. Man hatte sie erst vor wenigen Tagen zusammen mit ihrem Vater verhaftet. Er war an einen anderen, ihr unbekannten Ort verschleppt worden. Sie war väterlicherseits »Halbjüdin«, und ihre Mutter, eine Französin, befand sich jetzt in Paris und versuchte, sie freizubekommen. Doch der Umgang mit den deutschen Behörden war nicht einfach, und seit vierzehn Tagen hauste sie nun schon hier.

Meine Toilette war schnell erledigt, und sie durfte mir gern helfen, den Rücken mit dem eiskalten Wasser zu schrubben. Zusammen durchstreiften wir dann die anderen großen Säle in den verschiedenen Etagen; überall bot sich der gleiche Anblick.

Als wir hinunter in den Hof kamen, hörte ich einen gellenden Schrei, und als ich aufschaute, sah ich eine Frau, die gerade vom obersten Stockwerk gesprungen war. Ihr Rock flatterte wie ein Fallschirm, und eine Sekunde später lag sie zerschmettert und tot auf dem Steinboden. »Es gibt viele, die das machen«, meinte meine Begleiterin relativ unberührt. »Täglich nehmen Menschen sich das Leben, auf die eine oder andere Weise.« Mir fiel auf, daß eine Reihe von Leuten Bandagen um die Handgelenke trugen. Sie hätten versucht, sich die Pulsadern aufzuschneiden, erklärte meine Begleitung, doch ihre Angehörigen hätten das Schlimmste verhindert.

Bei der Latrine bat ich sie zu warten. Was heißt schon Latrine, es waren ein paar große Kübel, randvoll mit Exkrementen, durch eine dünne Wand vor Einblick geschützt. Es war ausgeschlossen, dort seine Bedürfnisse zu verrichten, da auch der Boden in Kot schwamm. Auf Zehenspitzen balancierte ich herum, auf der Suche nach einem einigermaßen sauberen Fleck. Mitten in dieser Schweinerei standen zwei Männer und besprachen etwas, worauf der eine sich hinhockte und anfing, Erde zu einem kleinen Haufen zu schaufeln.

Neugierig blieb ich stehen und sah, wie er dann ein Säckchen hervorholte, dessen Inhalt er rasch in den aufgegrabenen Boden schüttete. Zuerst dachte ich, er wollte etwas verstecken, aber das konnte nicht sein, denn mehrere von denen, die zugesehen hatten, reichten ihm anschließend ebenfalls ihre Säckchen. Andere drückten ihre Gegenstände tief in ihre Exkremente hinein. Sie versteckten nichts. Mit dem sadistischen Vergnügen der Verzweiflung schafften sie sich ihre Wertgegenstände vom Hals: Schmuck, Gold und Edelsteine. Schmuckstücke, mit denen sie vielleicht wunderbare Erinnerungen verbanden, zerstampften sie mit teuflischem Genuß. Triumphierend zeigten sie einander diamantbesetzte Armbänder, Golduhren und anderes, um sie gleich darauf zu zertreten. Banknoten in ausländischer Währung wurden zerrissen, und alles wurde tief unter dem Kot begraben. Große Werte wurden auf diese Weise vernichtet, aber das war immer noch besser, als wenn sich französische Amtspersonen auf schändliche Art an unserem Elend bereicherten.

Alle Neuankömmlinge mußten sich bei einem französischen Offizier und seinem Helfer melden. In einer Ecke stand ein Tisch, an dem man sich vor aller Augen nackt ausziehen mußte. Sie nahmen keine Rücksicht, ob Mann oder Frau – alle wurden in gleicher Weise durchsucht. Mit freundlicher Stimme wurde man aufgefordert, alle Wertsachen auf den Tisch zu legen. Sie begnügten sich nicht mit den Angaben über das, was man besaß, und mit dem, was man ablieferte. Sie schauten uns in den Mund, als wären wir Pferde. Wir mußten uns umdrehen und die Hinterbacken mit beiden Händen aufreißen. Allerdings bereitete es uns ein großes Vergnügen, dem Offizier den nackten Hintern zu zeigen. Dem unterwarfen wir uns gern, und dachten dabei, soll er uns doch am Arsch lecken.

Schlimmer war es für die Frauen, die ihre Scham aufspreizen mußten, damit er eventuell darin versteckte Gegenstände entdecken konnte. Wir wußten, daß sein Verhalten nicht höheren Orts befohlen war, weder von deutschen noch von französischen Behörden. Als Chef und Verantwortlicher des Durchgangslagers nahm er sich diese Freiheiten heraus. Auf die direkte Frage, warum er uns alles abnähme, antwortete er: »Sonst holen es sich die niederträchtigen Deutschen.« Er hatte recht, was die Deutschen betraf, aber als Franzose tat er Unrecht, und er hatte es auf dem Gewissen, für immer.

Die Leibesvisitation war bei mir schnell erledigt. Ich besaß nichts anderes, als das, was ich am Leib trug. Meine Uhr und das restliche bißchen Geld hatte ich meiner Bettgefährtin überlassen. Als er nach Koffern und weiteren Habseligkeiten fragte, meinte ich, mir einen kleinen Scherz erlauben zu dürfen. »Ich komme direkt von meiner Kompanie in der französischen Armee, und da brauchte ich keine Kleider. Alles, was ich besitze, ist eine abgebrochene Zahnbürste.«

Der Offizier war verhältnismäßig jung, um die Dreißig. Er zog einen Mundwinkel hoch und sah mich an. Seine Augen waren schmale Schlitze. Ich stand vor ihm, und es war mir egal, was er sagen würde. »Melde dich um fünf Uhr bei mir«, sagte er. Ich wußte nicht, warum ich mich melden sollte, aber Schlag fünf stand ich wieder vor ihm an dem Tisch. Er hatte gerade seine letzte »Untersuchung« beendet und hatte alle Mühe der Welt, seine vollgepfropfte Aktentasche zu schließen.

»Du kannst dir an Kleidern und Schuhen alles aussuchen, was du willst, alles, was du meinst, gebrauchen zu können.« Nun wußte ich zwar nicht, was ich brauchen würde. Aber allein schon das Gefühl, wie in einem Kleiderladen das eine oder andere wählen zu können, wollte ich mir nicht entgehen lassen. Ich schaute, probierte, zog an und aus und nahm nur das Beste, das ich finden konnte. Kleider, Schuhe, Hemden und Unterhemden legte ich sorgfältig auf einen kleinen Stapel, bis ich zufrieden war. Der Offizier sah mit verschränkten Armen zu. Er schien amüsiert von meiner kindlichen Freude über die große Auswahl. Dann wählte er einen flotten Koffer aus und gab mir außerdem einen Rucksack voller Äpfel. »Nimm das als Reiseproviant! Du wirst es brauchen.« Ich machte mir weiter keine Gedanken über seine unvermittelte Freundlichkeit. Dieses ganze Eigentum, das er gestohlen hatte, und von dem er jetzt den denkbar kleinsten Teil an mich abgab, verschaffte ihm einen beträchtlichen Gewinn. Außerdem würde sein unbeschränkter Zugang zu kostenlosen Waren noch eine ganze Weile andauern.

Meine Matratzenpartnerin machte mir Komplimente. »Wie elegant Sie sind, mein Herr«, sagte sie, als ich zurückkam. Ich drehte und wendete mich gehorsam vor ihr, aber mir selbst war es ziemlich gleichgültig. Um so mehr freute ich mich über die Äpfel, denn das waren Raritäten.

Bei der abendlichen Suppenausteilung entdeckte ich einen Bekannten aus Brüssel. Wir begrüßten uns mit aufrichtiger Freude, und als erstes sagte er, daß er am Tag zuvor meinen Bruder auf dem Lagerhof gesehen hätte. Alle drei – das Mädchen wich nicht von meiner Seite – liefen wir durch das ganze Gebäude und suchten in allen Sälen, aber vergebens. Später am Abend suchte ich das Kommissariat auf, um Nachforschungen anzustellen. Ich war erstaunt über die Höflichkeit, mit welcher der französische Beamte die Frage nach meinem Bruder aufnahm, und über seine Bereitwilligkeit, mir zu helfen. »Mal sehen, mal sehen«, seufzte er aus tiefster Brust, während er eifrig in den nachlässig ausgebreiteten Listen blätterte. »Aha«, sagte er mit melodischer Betonung und hielt eine Liste ans Licht, »da haben wir ihn. Er ist heute morgen in ein Arbeitslager nach Metz gefahren.« Mir gefiel sein nonchalantes Grinsen überhaupt nicht. »Gefahren?«, fragte ich und dehnte die Silben, »ist er allein gefahren oder in Begleitung?« Ich versuchte zu scherzen. Der Beamte legte seinen Kopf schief und zog die Augenbrauen hoch, antwortete aber nicht. »Das ist aber schade« sagte ich zu Peppi, wie mein Bekannter hieß, »ich hätte ihn so gern getroffen.«

Draußen auf dem Hof blieben wir stehen und berieten uns, und da uns klar war, daß eine Flucht von hier nicht möglich war, gingen wir zurück und baten darum, in dasselbe Lager fahren zu dürfen wie mein Bruder, nach Metz. Ohne Zögern und mit sichtlicher Freude bewilligte er unseren Wunsch. »Meine Herren! Schon morgen früh um sieben Uhr müßt ihr reisefertig sein. Nehmt euer ganzes Gepäck mit, falls ihr noch welches besitzt.« Dann rieb er

Meine Mutter 1934 – damals war sie noch eine lebenslustige Blondine.

Dieses Foto wurde aus irgendeinem Anlaß kurz vor meiner Flucht 1938 aufgenommen. Es war das einzige Foto von mir, das ich unter den wenigen nachgelassenen Dingen fand, die der Verlobte meiner Mutter aufbewahrt hatte.

Der Stürmer

Deutsches Wochenblatt zum Kampfe um die Wahrheit

HERAUSGEBER: JULIUS STREICHER

Nürnberg, im April 1938

1938

War Christus Jude?

ie Wahrheit gegen Lüge und Unwissenheit

Golgatha

Wer der Jude mit blindwütigem Haß verfolgt, der muß ein großer Kämpfer wider den jüdischen Geist gewesen sein

ie Juden sind unser Unglück!

Der Stürmer

Deutsches Wochenblatt zum Kampfe um die Wahrheit

HERAUSGEBER: JULIUS STREICHER

17

Nürnberg, im April 1938

1938

Jud Leo Trotzki

Bolschewismus und jüdische Hochfinanz

Der Moskauer Prozeß

Rotspanien

Wo der Jude die Macht hat, regieren Angst und Schrecken

ie Juden sind unser Unglück!

Der Stürmer war eine Zeitschrift, die wöchentlich herauskam. 1939 erschien sie in 473 000 Exemplaren. Der Inhalt war eine Mixtur aus antisemitischer Hetzpropaganda und Pornographie. Die Zeitschrift übte einen erheblichen Einfluß auf die nationalsozialistische Judenpolitik aus. Ihr verantwortlicher Herausgeber war Julius Streicher, ein rabiater Antisemit. Er wurde bei den Nürnberger Prozessen zum Tode verurteilt und hingerichtet.

Mit freundlicher Genehmigung der Stiftung Dokumentationsarchiv des Österreichischen Widerstandes

Mit freundlicher Genehmigung der Österreichischen Nationalbibliothek in Wien

Eine Volksbelustigung. Intellektuelle Juden - Ärzte, Juristen, Schriftsteller oder Schauspieler, ob Mann oder Frau - wurden ausnahmslos gedemütigt, indem sie die Straße von mit Ölfarbe hingeschmierten Hakenkreuzen sauberschrubben mußten, unter der Aufsicht der Hitlerjugend. Die Leute drängten sich, um das Schauspiel zu sehen. Sehen Sie den kleinen Jungen in der oberen linken Ecke des Bildes, mit dem Rücken zur Kamera, in einer Art Uniform? Auch er konnte ein Kommando geben, dem Juden gehorchen mußten.

Das Internierungslager Camp de Concentration von St. Cyprien. Die Häftlinge litten u.a. an Dysenterie, doch es gab nur eine sehr begrenzte Zahl von Plätzen in den Latrinen. Die Skizzen sind authentisch und von einem Häftling mit dem Namen Loery angefertigt. Die Originale sind im Besitz des *Dokumentationsarchivs des österreichischen Widerstandes* in Wien.

Einige hatten Kochstellen organisiert, wo man gegen Bezahlung Kaffee oder Tee bestellen konnte.

Hygiene war notwendig, aber nicht allgemein durchführbar. An der Pumpe mußte man sich immer gegenseitig helfen. Einer pumpte, der andere wusch sich unter dem fließenden Wasser, dann wechselte man sich ab. Waschschüsseln oder ähnliches waren nicht vorhanden.

Der angewiesene Platz in der Baracke war die Behausung des Häftlings, da saß man oder schlief auf dem Stroh.

Es ist früh am Morgen des 2. Mai 1945. Wir sind soeben in Trelleborg angekommen und befinden uns im Zollhaus. Der kleine Junge Bela kam als Zwölfjähriger Mitte 1944 mit einem Transport von etwa fünfzig Kindern aus Ungarn nach Fürstengrube. Freddy und ich nahmen uns seiner an. Bei der Befreiung durch die Bernadotte-Aktion mußte er sich taub stellen und begleitete uns als mein Bruder.

Es ist der 3. Mai 1945 – An der Rückseite der Schule in Trelleborg, wo wir in Quarantäne saßen. Das Bild zeigt von links: Kurt – Harry – Bela – Ich – Freddy. Die feinen Anzüge vom Roten Kreuz wurden unser Eigentum, das war aber auch alles, was wir damals besaßen.

Nach etwa fünf Wochen Quarantäne meldeten Kurt und ich uns zu einer Arbeit. Wir verzogen Zuckerrüben bei einem Bauern in Slågarp. Der Lohn betrug 2 Kronen für 100 Meter Rüben. Als wir das Tempo steigerten, kamen wir auf 200 Meter pro Tag: Übung macht den Meister.

Das Bild zeigt einen Besuch in Wien 1950 bei einem Heurigen in Grinzing. Stehend der sehr beliebte Heurigensänger Franz Schierer. Der zweite von links ist mein Bruder – neben ihm sitzen meine damalige Frau und Kurt Kohn, später Köstler. In der vorderen Reihe Kurts Frau, ich und die erste Frau meines Bruders.

Ein großer Höhepunkt in den fünfziger Jahren war für Harry die Ernennung zum musikalischen Leiter des Norddeutschen Rundfunks. Aus Harry Spitz wurde jetzt *Harry Hermann und sein Orchester.*

Leo Klüger, 1997

sich die Hände. »Wie gesagt. Um sieben Uhr findet der Aufruf im Hof statt.«

In dieser Nacht schlief ich gut, trotz aller Vorwürfe meiner Partnerin, der Halbjüdin.

»Warum hast du es so eilig? Warum fährst du freiwillig?« fragte sie wieder und wieder.

Ich strich ihr über die Haare und antwortete: »Meine Liebe. Ein freiwilliger Entschluß fällt einem immer leichter als ein aufgezwungener. Ich habe mich von dem Zwang befreit, und außerdem freue ich mich darauf, meinen Bruder zu treffen.«

»Am liebsten würde ich dich schlagen«, sagte sie mit sanfter Stimme.

»Nicht schlagen«, sagte ich, »laß uns lieber genießen.«

Am nächsten Morgen standen die Lastwagen bereit zum Beladen. Wir halfen Frauen und Kindern auf die Ladefläche, sie hatten den Vortritt. Dann fuhren wir los.

Ohne Gebrüll und Hektik wurden wir für die Güterwagen abgezählt, vierzig in jeden Wagen. Die Fenster waren nicht vernagelt und ließen Licht und Luft herein, aber sie waren zu klein zum Hinauskriechen. Eine Flucht war ausgeschlossen. Es gab reichlich Platz, und wir konnten den Frauen und Kindern höflich ein bißchen mehr Raum lassen, ohne unsere eigene Bequemlichkeit allzu sehr einschränken zu müssen. Peppi und ich hatten uns in eine Ecke gezwängt, und da saßen wir nun und verspeisten unsere Äpfel. Neben uns saß ein junger Mann, der sich als Fritz vorstellte. Er war ein ehemaliger Varietékünstler mit der Spezialität, gleichzeitig Flöte und Saxophon spielen zu können. Wir ließen ihn die Äpfel probieren, und bald war er der dritte in unserem Bund.

Der Zug rollte, und die Stunden vergingen. Es war weder warm noch kalt, und einmal hielt der Zug, damit alle ihre Notdurft verrichten konnten. Gemeinsam hockten wir, Männer, Frauen und Kinder, und reichten einander etwas Papier, wenn wir welches übrig hatten. Französische Gendarmen mit Gewehr standen Wache und schauten zu. In Metz blieb der Zug stehen, und wir machten uns bereit, auszusteigen, sobald man die Türen öffnete.

Stellt euch unsere Überraschung vor, als der Zug nach kurzem Aufenthalt weiterfuhr! Peppi und ich sahen uns an. »Metz liegt in Frankreich, und wir sollen in ein deutsches Arbeitslager. Wir sind darauf hereingefallen. Er hat uns getäuscht!« Nach einer weiteren Stunde Fahrt hielt der Zug, und alle mußten die Wagen verlassen. Deutsches Militär stand am Bahndamm. Die Offiziere brüllten ihre Befehle. Männer, Frauen und Kinder wurden getrennt und in verschiedene Wagen verladen. Alles Jammern, Schreien und Weinen fand kein Gehör. Die Franzosen hatten ihre Befehle ausgeführt. Wir waren ausgeliefert an Deutschland.

4

NUR WER DIE Furcht kennt, kann Angst empfinden. Es wäre feige, nicht einzugestehen, daß wir uns alle vor der ungewissen Zukunft fürchteten, selbst wenn im Moment kein direkter Anlaß bestand. Während der ersten Stunden wurden wir sowohl von französischem wie von deutschem Militär bewacht. Vor jedem Waggon standen ein Deutscher und ein Franzose, Seite an Seite, ohne miteinander zu reden. Wer weiß, ob wegen der Sprachschwierigkeiten oder aus Feindschaft?

Die Tür stand offen, und wir setzten uns abwechselnd in die Öffnung und genossen die warme Augustsonne. Draußen geschah nichts Beunruhigendes. Die endlose Wagenreihe stand still in der verlassenen Gegend. Erst später am Nachmittag, als die französischen Militärs durch deutsche ersetzt worden waren, machte sich unter uns eine gesteigerte Unruhe bemerkbar. Wir hatten nichts besonders Gutes über die Franzosen zu sagen, kaum mehr, als daß es eben Franzosen waren, die den Krieg verloren hatten und somit dem Befehl der Deutschen unterstanden. Immerhin waren sie aber Franzosen gewesen. Jetzt befanden wir uns in deutscher Gefangenschaft und waren also unseren wirklichen Feinden ausgeliefert. Buchstäblich ausgeliefert.

Wir waren unterwegs, wußten aber nicht, wohin. Wir waren zur Zwangsarbeit bestimmt, wußten aber nicht, welcher Art. Sie haßten uns nicht als einzelne, sie haßten uns kollektiv, das wußten wir. Die Verachtung und der Abscheu der Deutschen für ihre Feinde waren grenzenlos, zumal für die Juden. Das wußten wir ebenfalls. Auch die deutsche Gründlichkeit war uns nicht unbekannt, und uns war klar, von jetzt an bestimmten die Deutschen über unsere zukünftige Existenz. Den meisten erschien es sinnlos, ein Wort über die Zukunft zu verlieren, während andere mit großem Optimismus versuchten, gewisse mögliche Vorteile vorherzusagen. Es spielte keine Rolle. Jede Diskussion endete doch nur mit der unwiderlegbaren Tatsache, daß wir nicht in der Lage waren, irgend etwas zu ändern.

Die Wachen sahen nicht besonders furchterregend aus, und wir sprachen mit ihnen in einem so höflichen Ton, daß ein Außenstehender durchaus hätte meinen können, wir wären unterwegs zum »freiwilligen Arbeitsdienst« in Deutschland. Die Zigaretten, die wir ihnen anboten, lehnten sie freundlich, aber bestimmt ab. Brot und Wasser wurden in reichlicher Menge verteilt, und erst bei Einbruch der Dunkelheit wurden wir eingesperrt. Gleich darauf begannen die Räder zu rollen, einem uns unbekannten Ziel entgegen.

Drei Tage dauerte diese nicht allzu unangenehme Reise, dann kamen wir schließlich in Trzebinja an, einem Ort in Polen.

Das Lager war wie üblich mit Stacheldraht eingezäunt. Die Baracken waren außerordentlich stabil gebaut, vermutlich um dem harten polnischen Winter standzuhalten. In der Mitte jeder Baracke befand sich ein eiserner Koksofen, und an jeder Wand standen zehn Stockbettpritschen aus massivem Holz. Auf jeder Pritsche lagen ordentliche, saubere Strohmatratzen mit Kissen und Decke. Uns wunderte nur, daß die Hütten so tadellos aufgeräumt waren.

Dann ging alles sehr schnell, wir hatten keine Zeit zum Nachdenken. Der Kommandant ernannte einen von uns zum Lagervorsteher, den sogenannten Judenältesten. Sein Name war Hirsch. Er machte sich sofort eifrig daran, seine Befehle an uns weiterzugeben. Wir versammelten uns auf dem Appellplatz, wo er mit lauter Stimme verkündete: »Ihr befindet euch in einem Arbeitslager. Unsere Aufgabe ist es, den Eisenbahnknotenpunkt auszubauen, den Trzebinja bildet. Ihr werdet gemäß eurem Arbeitseinsatz entlohnt.« Er brachte seine Ermahnungen und die im Lager vorgeschriebenen Verhaltensregeln schreiend hervor und schärfte uns ein, die Befehle jedes Vorgesetzten ohne Widerspruch auszuführen.

Teilnahmslos standen wir herum und hörten zu, in der Erwartung, daß er endlich heiser würde und ihm die Stimmbänder versagten. Doch nichts davon geschah, und noch eine weitere halbe Stunde mußten wir seine Ermahnungen über uns ergehen lassen. Der Kommandant hatte Hirsch mit Bedacht ausgewählt. Er war groß und dick und sah aus wie eine gutmütige, freundliche Bulldogge. Er bellte auch wie eine Bulldogge, entweder, um uns einzuschüchtern, oder weil er selber Angst hatte. Unfreiwillig war er zum Judenältesten befördert worden, und nun war er der Marionettenkönig in seinem eigenen Reich. Das Sprachrohr der herrschenden Obrigkeit – des Kommandanten.

Seine Stellung als Judenältester konnte er für sich ausnützen, aber auch uns anderen Vorteile verschaffen. Seine Aufgabe war es, unter den Zwangsarbeitern, also unter uns, für Ordnung und Disziplin zu sorgen. Wie er das machte, war seine Sache. Streng und rücksichtslos herrschte er im Lager und zeigte nicht einmal andeutungsweise den Wunsch, sich bei den übrigen Gefangenen beliebt zu machen. Wir versuchten uns einzureden, daß er bestimmt nur den wilden Mann spielte, um sich ganz dem Willen des Kommandanten unterzuordnen. Wer konnte ihn anklagen oder es ihm verübeln? Er war groß und stark, vielleicht weniger stark als wohlgenährt, und bald lernte er, uns zu schlagen. Er lernte, uns so zu ohrfeigen, daß wir zu Boden fielen. Wir sollten uns unterwerfen. Das war seine Absicht. Am gefährlichsten war er, wenn er sich beobachtet fühlte.

So war es in der ersten Zeit, aber bald mußte er nicht mehr den wilden Mann spielen. Das Lagerleben und die Verantwortung hatten ihn dazu gemacht. Anfangs hatte er sich damit begnügt, zu schreien und zu toben und zum Abschluß eine Ohrfeige zu geben, wenn jemand gegen die Ordnung verstoßen hatte, aber damit war es vorbei. Jetzt hörte er ruhig zu, um gleich darauf einen Wutanfall zu bekommen. Er schrie nicht mehr, er schlug nicht mit der Hand. Er hatte sich einen kräftigen Stock besorgt, und damit drosch er besinnungslos drauflos. Er war krank geworden, lagerkrank, genau wie alle anderen, die dazu auserwählt waren, etwas zu entscheiden.

Diese Krankheit breitete sich unter den Häftlingen aus, und es gab nur zwei Heilmittel: Freiheit oder Tod. Familienväter, Professoren und wohlhabende Geschäftsleute mit würdiger Vergangenheit wurden jetzt zu Hyänen. So war das System aufgebaut. Wir sollten uns selber zugrunde richten, gegenseitig.

Es kam vor, daß ein Häftling, der kaum imstande war, aufrecht zu stehen und einen leeren Spaten zu heben, für einen kurzen Moment dazu ausersehen wurde, unsere Arbeit zu überwachen. Sofort versuchte er sich eines Stocks zu bemächtigen und trieb seine Kameraden mit kraftloser Stimme an: »Beeilt euch mit der Arbeit. Ich trage hier die Verantwortung.« Seine Stimme war oft eher bittend als befehlend. Er hatte Angst, man würde ihn selber totschlagen, wenn das Tempo zu langsam war. Dieses Verhalten zählte zu den Alltäglichkeiten und wurde nicht ernstgenommen. Alle wußten, wie es war, trotzdem hegte man den Wunsch, »jemand« zu sein, und nicht von früh bis spät schaufeln zu müssen, täglich zwölf Stunden lang. Alle wünschten wir uns, einen Stock in der Hand zu halten und die anderen anzuschreien, um womöglich eine zusätzliche Kelle Suppe zu bekommen. Es war ein genau durchdachtes System. Wir unterdrückten uns gegenseitig. Niemand zwang uns, einander zu hassen und zu verachten, und äußerst selten gab der Diensttuende den Befehl, jemanden totzuschlagen, *das* machten sie immerhin selber. Aber wir zerstörten einander psychisch, und spuckten dann gefühllos auf die Leichen. Wir behandelten unsere Mithäftlinge respektlos, wir verhielten uns genauso, wie sie es erwartet hatten. Wir gingen ohne Gewissensbisse in die Falle.

Die Hierarchie wurde streng eingehalten. Der Kommandant erteilte dem Judenältesten Befehle, der seinerseits gab die Order an den »Kolonnenführer« weiter, den Verantwortlichen für den Arbeitsplatz außerhalb des Lagers, oder an den »Barackenältesten«, der seiner Baracke vorstand. Der wiederum ernannte einen »Stubendienst«, der für die Ausführung der Befehle zu sorgen hatte. Auch der Stubendienst berauschte sich an der Macht und ließ sich gern von seinen Mithäftlingen bedienen. Einer putzte ihm die Schuhe, einer machte ihm das Bett, in der Hoffnung, einen kleinen Vorteil zu erlangen oder zumindest den Schikanen zu entgehen.

Ganz ohne Scham konnte jemand, der in der Freiheit eine Persönlichkeit gewesen war, sich einem Stubendienst unterwerfen, einer totalen Niete möglicherweise, und ihm anbieten, seinen Essensnapf zu säubern, in der Hoffnung, die Reste auslecken zu dürfen. Alle Entscheidungen gingen von oben nach unten. Von unten nach oben lernte man die Kunst, sich seinem Vorgesetzten anzupassen, ihm Gefälligkeiten zu leisten, untertänig zu sein. Willig ließ man sich demütigen, für eine noch so kleine Sonderration Suppe. Jeder versuchte sich auf seine Art die kurze Frist zu erleichtern, die uns zum Leben blieb. Leider geschah das allzu oft auf Kosten der anderen, schwächeren Häftlinge. Das Boot, in dem wir saßen, versank langsam, doch viele wollten sich nicht die Gelegenheit entgehen lassen, ein wenig bequemer unterzugehen. Aber trotz allen Elends, das wir im Lager Trzebinja erlitten, war es immer noch besser als das, was uns später erwartete.

Zunächst bewachten uns Soldaten, die aus dem einen oder anderen Grund nicht fronttauglich waren. Sie brachten uns zur Baustelle und bewachten uns zwölf Stunden lang im Freien, obwohl ihnen unsere Arbeit vollständig gleichgültig war. Bestimmt waren sie genauso erpicht auf die Rückkehr ins Lager wie wir. Die Arbeit war schwer und für die meisten von uns ungewohnt. Mit unserer Hilfe wollte man endlose Strecken Eisenbahnschienen verlegen.

Man füllte Kipploren mit Sand, schob sie ein Stück vorwärts und leerte sie nach und nach. Die Kipploren waren mannshoch, und das Ausschippen war hart und wurde im Laufe des Tages immer härter. Die, welche nur zum Kippen eingeteilt waren, hatten oft ihrem Kolonnenführer einen Dienst erwiesen, der auf diese Weise vergolten wurde. Er seinerseits fragte nie, inwieweit jemand fähig war, einen Spaten zu handhaben. Er setzte ganz einfach voraus, daß jeder schon mal einen Garten umgegraben hatte. Selbst wenn das bei einem Musikprofessor oder einem Rabbiner der Fall sein sollte, waren sie es nicht gewöhnt, zwölf Stunden hintereinander zu graben, mit so kurzen Pausen und in dieser Kälte.

Um sechs Uhr morgens, wenn wir unser Tagewerk begannen, wog der Spaten leicht in der Hand, auch wenn man ihn reichlich füllte. Doch mit jedem Spatenstich wurde er schwerer und schwerer, bis man ihn schließlich gegen sechs Uhr abends abstellen durfte.

Es war erstaunlich, wie schnell die Zwangsarbeiter neue Berufe lernten, in diesem Fall den Bau einer Bahnstrecke. Die Kunst, Sand und Kies aufzuschütten, beherrschten wir bald. Auch wie man Schwellen ablud und sie in exakten Abständen aufreihte, war leicht zu begreifen und bereitete auch keine körperlichen Qualen. Als wir anfangen sollten, Schienen zu verlegen, wurde es schlimmer. Die Schienen maßen fünf Meter, doch das Gewicht konnte niemand schätzen. In Gruppen zu acht Häftlingen sollten wir die Schienen an eine angewiesene Stelle bringen. Auf Kommando mußten wir die Schiene auf die Schultern heben und losgehen, mit dem linken Fuß zuerst. Schon nach dem ersten Schritt krümmten wir uns unter der Last; die Schiene schnitt uns in die Schultern.

Es waren immer welche dabei, die jede Situation zu ihrem Vorteil nützten, ohne an andere zu denken, die darunter zu leiden hatten. Oft war es schwierig, sie zu entdecken. Sie gingen beispielsweise in der Mitte und verzerrten das Gesicht vor Anstrengung, obwohl ihre Schulter sich einen Millimeter unter der Schiene befand. Zwar lernten wir alle die Parole, jede unnötige Kraftanstrengung, jeder Schritt vorwärts sei ein Schritt näher zum Tod, doch das galt nicht für die kleinen Kollektive, die sich am Arbeitsplatz bildeten. Wir erkannten, daß Zusammenarbeit die beste Art war, es allen leichter zu machen, doch leider wollten nicht alle das einsehen. Sie überlebten nicht lange. Wenn der Verantwortliche einer Kolonne einen der Verräter erwischte, wurde dieser mit besonders harter Arbeit bestraft. Zwar war ihm die Strafe bestimmt eine Lehre, für die es allerdings meistens zu spät war.

Aber was half Gehorsam, wenn die Verpflegung nicht der Leistung entsprach? Zweimal täglich bekamen wir einen halben Liter »Suppe« und ein Stück Brot mit »Margarine«; am Morgen vor Beginn der Arbeit bekamen wir eine Tasse Ersatzkaffee. Unsere Vorarbeiter, polnische Zivilisten, taten ihr Bestes, um uns zu helfen. Sie sorgten für den Einkauf von Lebensmitteln auf dem schwarzen Markt, nur leider zu Preisen, die für wenige von uns erschwinglich waren. Dieser Handel brachte sie selbst in große Gefahr. Der deutsche Wächter konnte sie leicht entdecken und darüber berichten. Es kam auch vor, daß sie ihren mitgebrachten Proviant mit ihrer Arbeitsgruppe teilten. Von ihnen erfuhren wir, daß es gar nicht gut stand. Deutschland würde bald den Krieg gewonnen haben, und das polnische Volk litt unter den

Deutschen. Wir hatten Mitleid mit den Polen, doch das war auch schon unser ganzer Beitrag.

Unsere Kraftreserven hielten noch eine Weile vor. Zum großen Teil lag das an der relativ guten Behandlung im Lager. Nach Arbeitsschluß quälten sie uns noch nicht mit ausgeklügelten Gemeinheiten, wir mußten uns lediglich der Sauberkeitskontrolle des Barackenältesten unterziehen. Die Sonntage waren arbeitsfrei und dem Großreinemachen der Baracken gewidmet. Alle Strohmatratzen und Decken wurden zum Lüften hinausgetragen, die Baracke wurde von oben bis unten gründlich geputzt. Gegen zwölf wurde unsere Arbeit vom Kommandanten und dem Judenältesten überprüft. Es gab sowohl Lob wie Tadel, und wenn unser Barackenältester gelobt wurde, stieg ihm das richtig zu Kopf, mit dem Ergebnis, daß wir in der nächsten Woche noch früher aufstehen mußten, um noch gründlicher zu putzen. Schließlich entstand ein regelrechter Wettkampf, welche Baracke die sauberste war und am meisten Lob bekam. Das Gebot der Reinlichkeit wurde streng befolgt, um Krankheiten fernzuhalten. Was jedoch nicht gelingen sollte, wie sich später zeigte.

Vierzehn Frauen und junge Mädchen lebten in unserem Lager. Jedenfalls fast in unserem Lager. Um ihre Baracke hatte man Stacheldraht gezogen, und darüber hing ein großes Schild: »Zutritt verboten«. Die Frauen hatte man zur Bedienung der Wachmannschaft aus einem Getto geholt. Scheinbar war das einzige, woran es ihnen fehlte, die Freiheit. Adrett und gepflegt saßen sie sonntags zur allgemeinen Bewunderung vor ihren Baracken. Sie glichen Museumsgegenständen, die man ansehen, aber nicht berühren durfte. Selbst wenn nichts anderes möglich war, als durch den Stacheldraht mit einer Frau zu sprechen, gab einem das doch ein bißchen Lebensmut, denn die Frauen schienen voller Lebensfreude. Einige von ihnen schminkten sich die Lippen, und die Häftlinge drängten sich geduldig Stunde für Stunde vor dem Stacheldraht auf diesen nicht nummerierten Zuschauerplätzen.

Natürlich hofften wir alle auf dasselbe, uns nämlich durch ein charmantes Auftreten bei den Damen künftige Vorteile zu verschaffen. Eins stand fest. Die Frauen waren nicht hungrig, und es schien durchaus möglich, von ihnen Brot und anderes zu bekommen. Allein schon dieses Wissen spornte uns an bei den Versuchen, ihnen näherzukommen. Die Frage war nur, wie. Fand ich eine Lücke im Gedränge und bekam Gelegenheit, ein paar Worte mit einem der Mädchen zu wechseln, wußte ich zum einen nicht, was ich sagen sollte, und zum andern verbot mir mein Stolz, um Brot zu betteln. Außerdem erkannte ich ziemlich bald, daß das Privileg, sich den Mädchen zu nähern, allein dem Kolonnenführer und anderen Vorgesetzten zustand.

In Trzebinja durften wir noch unsere zivilen Kleider anbehalten, und wegen der Frauen bemühte man sich, sie so gut es ging sauberzuhalten. Auch wenn es nicht vielen gelang, sich materielle Vorteile zu verschaffen, bestand immerhin die Möglichkeit, solange es welche gab, die ihre Vorräte füllten. Wir anderen lebten von der Hoffnung. Man konnte kaufen, betteln, stehlen oder sich durch Gefälligkeiten ein Stück des kleinen Kuchens verschaffen. Meine Chancen waren unter den gegebenen Umständen minimal, denn womit konnte ich schon prunken? Zum Anziehen hatte ich das, was der französische Offizier mir gegeben hatte, und längst dachte ich eher ans Praktische als an die Eleganz. Meine schönen Haare waren abrasiert, wie bei allen anderen außer dem Judenältesten und dem Kolonnenführer, was keineswegs zu meiner Verschönerung beitrug. Somit hatte ich nichts zu bieten als meine Person. Und die war im Hinblick auf den Stacheldraht und die anderen Umstände nicht gerade repräsentativ. Allerdings stimmte mich das nicht mißmutig, eher im Gegenteil. Es spornte mich an. Und als ich eines Abends hungrig auf meiner Pritsche lag, faßte ich einen Entschluß.

Ich beugte mich hinunter und flüsterte meinem Freund zu: »Peppi, ich hab's. Ich weiß, wie wir zu mehr Essen kommen.« Peppi war fast schon eingeschlafen, doch als er das Wort Essen hörte, war er mit einem Schlag hellwach und mit einem Sprung oben auf meiner Pritsche. »Wie denn?« fragte er und breitete die Arme aus. »Ich werde Kolonnenführer!« sagte ich. Der Ärmste! Er faßte sich an den Kopf und meinte: »Diese Neuigkeit hättest du dir bis morgen aufsparen können. Gute Nacht!« Überzeugt, daß wir auch in Zukunft hungrig bleiben würden, kroch er von meiner Pritsche herunter. »Gute Nacht« sagte ich.

Aber er hatte über meine Idee nicht gelacht. So lächerlich war sie gar nicht. Ich lag lange wach und überlegte. Ich wußte weder wie noch wann, aber ich spürte, ich würde es schaffen. Mir war bekannt, daß man weder als Kolonnenführer noch als Vorarbeiter einen Nachweis seiner Qualifikation erbringen mußte. Alles beruhte auf Diensten und Gegendiensten, und die meisten Positionen waren käuflich. Trotzdem war ich mir im Inneren sicher, daß es mir glücken würde.

Es war September, und die großen jüdischen Feiertage, das Neujahrsfest Rosch ha-Schan'ah und der Fasten- und Versöhnungstag Jom Kippur rückten näher. Ein Rabbiner rang dem Kommandanten das Versprechen ab, daß wir diese beiden Feiertage begehen dürften. Einigen unter uns, die streng religiös oder Vegetarier waren, wurde sogar erlaubt, ihre tägliche Ration Gemüse in der Küche abzuholen, roh natürlich, aber immerhin. Sie hatten nämlich herausbekommen, daß die Suppe aus Fleisch gekocht war, von dem wir allerdings nie eine Spur zu sehen bekamen, und das widersprach ihren Eßgewohnheiten.

Dieses freundliche Eingehen auf unsere Wünsche endete abrupt, als unser entgegenkommender Kommandant abgelöst wurde. Er gehörte zur Wehrmacht und war offenbar als Lagerleiter nicht geeignet. Beispielsweise erlaubte er uns, aus einem nahegelegenen Getto eine Thorarolle für den Gottesdienst auszuleihen. Um Platz für möglichst viele zu schaffen, räumte man eine ganze Baracke aus und stellte die Betten ins Freie. Jeder war zum Gottesdienst willkommen. Aber viele wollten nicht.

Der Kommandant verlangte, den Inhalt des Gebets zu erfahren, um sich zu vergewissern, daß es keine Provokationen enthielt. Die Predigt, die auf Jiddisch gehalten wurde, legte man ihm ins Deutsche übersetzt zur Zensur vor. Vieles wurde gestrichen. Der Rabbiner durfte nicht von Befreiung sprechen, das Wort Sklaverei wurde als Verleumdung ausgelegt, das Wort Barbarei als pure Schmähung. Eine kleine Auswahl aus der endgültigen Predigt lautete etwa so: »O Gott Du Allmächtiger. Höre Dein Volk. Wir unterwerfen uns Deiner Gerechtigkeit. Nur Du, O gütiger Gott, besitzt die Macht, das Recht des Stärkeren auf Herrschaft zu schwächen. Amen.« In der ersten Reihe der Betenden stand der Judenälteste Hirsch, und das war schon eine gewaltige Heuchelei, wie er da schaukelnd mit einem Gebetsschal um die Schultern sein Gebet verrichtete, dieser schroffe, prügelnde, wilde Mann.

Vor der Synagogen-Baracke lernte ich Harry kennen. Harry war ein bekannter Kapellmeister aus Wien und früher mit der weltbekannten deutschen Sopranistin Erna

Sack verheiratet gewesen. Wegen der Rassengesetze war er zur Fremdenlegion geflohen, doch hatte man ihn wie so viele von uns an die Deutschen ausgeliefert. Vor dem Krieg war er mit seinem großen Orchester rund um die Erde gereist. Er hatte von vielen schönen Erinnerungen zu erzählen. Den Gottesdienst nannte er ein Spektakel und eine Herausforderung Gottes. Darin konnte ich ihm nur zustimmen. »Viel besser wäre es«, meinte er, »wenn man dieses traurige Dasein durch ein wenig Unterhaltung leichter machte.« Das war der Auftakt dazu, daß wir eine Theater- und Musikgruppe bildeten, die mit der Zeit weit und breit bekannt wurde, auch in den Lagern rings um Auschwitz. Wir waren von unseren Mithäftlingen hochgeschätzt, aber auch von den SS-Wachen.

Schon am nächsten Tag machten wir uns daran, für den folgenden Sonntag einen Auftritt zu planen. Wir fanden ein paar sehr gute Sänger, die mehr waren als Amateure. Der Kantor, der beim Gottesdienst mitgewirkt hatte, war ein hervorragender Tenor und wurde ein treues Mitglied unserer Theatertruppe. Anfangs boten wir ganz simple Unterhaltung. Einer las ein Gedicht vor, ein anderer erzählte eine komische Geschichte. Wir fanden einen Zirkusartisten, der Purzelbäume schlug und mit Hüten jonglierte.

Dem Judenältesten und dem Kommandanten gefiel die Idee, und sie besorgten sogar eine Geige für Harry. Aus Pappe und Holz fertigten wir Attrappen von Instrumenten an, und dann imitierten wir Flöten und Baßgeigen, um Harry auf der Geige zu begleiten. Für den ersten Auftritt kleideten wir das Orchester in weiße Hemden mit bunten Halstüchern. Es wirkte ganz professionell. Auf einem Schild außen an der Baracke suchten wir Talente, die auf irgendeine Weise etwas beisteuern könnten. Die Resonanz war überwältigend. Mein eigener Beitrag waren eine Reihe von Wiener Liedern und Couplets. Was ich von den Texten vergessen hatte, ergänzte ich durch Selbstgedichtetes. Viele der Couplets erforderten einen weiblichen Part. Nach langer Suche fanden wir schließlich einen jungen Mann, der bereit war, das Mädchen zu spielen. So wurde Erich zu Erika. Alles Nötige, um Erika auszustaffieren, borgten wir uns von den Frauen. Die Vorstellungen wurden besser und besser und waren ein sehr beliebtes und gut besuchtes Sonntagsvergnügen.

Unter uns gab es Persönlichkeiten des früheren kulturellen Lebens, die gern Vorträge hielten. Die Damen hatten einen Ehrenplatz im Parkett, und nicht selten erschien auch der Kommandant mit seiner Wachmannschaft; dann mußten wir das Programm hier und da ein wenig ändern. Wir wurden mächtig populär – und nach jeder Vorstellung reichlich mit Suppe entlohnt. Zwei, drei Teller gab es für jeden von uns. Sogar der Kolonnenführer sah ein, daß wir, erschöpft von der schweren Arbeit der Woche, kaum genug Kräfte hatten, um die Sonntagsvorstellung vorzubereiten.

Erich oder vielmehr Erika, wie er dann genannt wurde, war nicht nur mein Gesangspartner, sondern auch mein Kolonnenführer. Es wurde gemunkelt, er trüge ein Säckchen um den Hals, und dieses sei mit Diamanten gefüllt. Das war des Rätsels Lösung. So war er *Kolonnenführer* geworden. Kraft seiner Stellung setzte er durch, daß alle sogenannten Schauspieler (eine sehr schmeichelhafte Bezeichnung für unsere bescheidenen Darbietungen) in seine Kolonne kamen. Harry, selbstverständlich der Leiter unserer Truppe, wurde von der Schinderei auf der Baustelle befreit und arbeitete statt dessen im Lager. Er hatte die Aufgabe, den Appellhof zu harken, Unkraut zu jäten und die Latrine zu putzen. Zwar war die Latrinensäuberung keine geeignete Arbeit für einen berühmten Kapellmeister, aber es war immerhin besser, in der Latrine zu erbrechen, als vor Erschöpfung auf der Baustelle in Ohnmacht zu fallen.

Ich teilte meinen »Lohn« mit meinen Kameraden Fritz und Peppi. Fast mußte ich ihnen die Suppe aufzwingen, und sie bestanden darauf, daß ich das Gemüse aß und ihnen nur die warme Brühe überließ. Peppi wahrte seinen Stolz, indem er sich zu Spezialarbeiten meldete, die einen zusätzlichen Teller Suppe einbrachten. Dann kam er freudestrahlend damit an, um ihn kameradschaftlich mit uns zu teilen. Nur Fritz machte uns Kummer. Sein Lebensmut verließ ihn. Er klagte über den zehrenden Hunger und die sich häufenden Schwindelanfälle. Alle Versuche, ihn aufzumuntern, schlugen fehl. Ich wollte ihn überreden, an den Sonntagen mitzumachen, schließlich zählte er zu den wenigen professionellen Musikern, aber er antwortete nur: »Ich schaffe es nicht.«

Beim Streckenbau schippten wir abwechselnd für ihn mit, doch unsere Kräfte reichten auf die Dauer nicht aus, um seine Arbeit zusätzlich zu verrichten. Von Tag zu Tag verschlechterte sich sein Zustand. Mehrmals hatte er sich schon krank gemeldet, doch man hatte ihn jedesmal abgewiesen. Für den Arzt galt er nicht als krank; er war lagerkrank, und darauf wurde keine Rücksicht genommen. In dieser Zeit wurde der Wechsel in der Lagerverwaltung vorgenommen, der unser Dasein erheblich veränderte.

Unser freundlicher Kommandant wurde von einem Offizier der Waffen-SS abgelöst. Kurz darauf wurde die gesamte Wachmannschaft gegen relativ alte Männer ausgetauscht. Ihre schwarzen Uniformen glichen eher einer Schaffnermontur. An unserem Tun und Lassen hatten sie nicht das geringste Interesse. Sie redeten nur miteinander. Wir waren überaus zufrieden mit unseren neuen Bewachern. Zwei Tage währte diese Freude, dann wurden die

»Schaffner« von SA-Männern abgelöst, und jetzt bekamen wir zu spüren, was »Sturmabteilung« bedeutete.

Wenn wir die schweren Schienen oder Zementsäcke trugen, durften wir nicht mehr normal gehen. Alles mußte im Laufschritt stattfinden. Weder die polnischen Vorarbeiter noch unser Kolonnenführer durften sich einmischen. Der SA-Mann bestimmte über die Arbeit und gab den Takt an. Wenn jemand umfiel, stürzte er herbei wie ein dressierter Bluthund, schlug ihn mit dem Gewehrkolben und brüllte: »Steh auf, du Hund!«, bis der Betreffende sich mit Mühe wieder hochrappelte. Wenn wir geglaubt hatten, wir hätten bisher hart gearbeitet, so war das ein Kinderspiel verglichen mit dem, was wir jetzt durchmachten. Bei diesem unmenschlichen Tempo konnte keiner überleben, nicht einmal unter sonst denkbar guten Umständen, das war uns klar. Aber wir waren machtlos. Nur einige wenige waren stark genug, um den Befehlen der SA-Männer zu gehorchen, und immer öfter fiel jemand ohnmächtig zu Boden. Dann half alles Gebrüll nichts, und die Arbeit stockte.

Der polnische Vorarbeiter versuchte ihn zur Vernunft zu bringen und erklärte, das Arbeitsergebnis würde unter seinen Methoden leiden. Das war zuviel für den jungen SA-Mann. Er schäumte, und hätte er es nur gewagt, er hätte den Vorarbeiter erschossen oder totgeschlagen. Er besann sich und senkte das Gewehr. »Halt's Maul«, schrie er und spuckte ihm mitten ins Gesicht, »halt's Maul, du polnisches Schwein!«. Der Vorarbeiter verließ die Baustelle und ließ sich an diesem Tag nicht mehr blicken.

Alle Häftlinge waren in Aufruhr, und als wir ins Lager zurückgekehrt waren, besprachen wir die neue Situation. Der Judenälteste und der Kolonnenführer zogen sich zu Beratungen zurück, die nur dazu führten, daß sie uns schlugen und anschrieen, aus Angst und um es der SA rechtzumachen. Sie mußten gehorchen, und wir mußten leiden. Wie schnell wir auch liefen, es war immer zu langsam. »Sie wollen uns vernichten«, sagten wir zueinander, »wie können wir ihnen entkommen?« Sonntags sangen und spielten wir wieder. Die SA erschien nicht zur Vorstellung.

Unsere gespielte Fröhlichkeit trug vermutlich dazu bei, daß wir diese qualvolle Zeit überstanden. Leider blieb aber unser treues Publikum unter den Häftlingen größtenteils aus. Eines Tages jedoch, ohne jede Vorwarnung, verschwand die gesamte SA-Mannschaft und wurde durch SS-Männer ersetzt. Das brachte die dringend nötige Veränderung mit sich. Das Tempo wurde erheblich heruntergesetzt. Sie bewachten uns und unsere Arbeit, schlugen uns aber seltener. Vorübergehend trat eine Windstille ein, obwohl der Sturm sich nie ganz legte. Die beiden Krankenbaracken waren überfüllt, und der Arzt verteidigte nach besten Kräften alle Patienten mit erfundenen Krankheiten. Die vergangenen zwei Höllenwochen hatten viele bis ins Mark ausgelaugt, und ein paar Tage Ruhe hatten die meisten nötig. Der Lagerkommandant war jedoch anderer Ansicht.

Alle Kranken wurden aus den Betten gejagt. Man ließ ihnen nicht einmal Zeit zum Anziehen, sie mußten barfuß und im Hemd vor der Baracke antreten. Gemessen schritt der Kommandant die Reihe ab und musterte jeden einzelnen, um seine eigene Diagnose zu stellen. Beim letzten Mann angekommen, schrie er den Arzt an: »Alle zurück an die Arbeit!« Dann machte er auf dem Absatz kehrt und ging. Binnen drei Minuten waren alle angezogen und hatten sich ihren jeweiligen Kolonnen angeschlossen. Man zwang uns ohne Erbarmen hinaus in die eisige Kälte, um auf der Baustelle unsere zwölfstündige Arbeit zu verrichten. Der Oktober mit seiner strengen Kälte hatte uns bereits angekündigt, was für ein bitterkalter Winter uns in

Polen erwartete. Nicht viele von uns waren gerüstet, ihm zu begegnen. Gedankenlos hatten wir unsere Winterkleidung gegen ein paar Schüsseln Suppe getauscht. Doktor Waagschal, wie der Arzt hieß, durfte auf Befehl des Kommandanten keine Patienten mehr aufnehmen.

Wir überlegten oft, womit sich der Arzt wohl die Zeit vertrieb. Er war stets sehr freundlich und hilfsbereit, entwickelte nun aber eine unwahrscheinliche Überredungskunst, wenn es darum ging, uns zu überzeugen, daß wir nicht krank wären, obwohl wir es waren. Dann erinnerte er mehr an einen Prediger als an einen Arzt. Er sah blendend aus, unser Arzt. Um die Dreißig, kräftig und muskulös gebaut, breitschultrig und mit scharf geschnittenen Zügen. Seine großen Hände mit den dicken Fingern hätten besser zu einem Schlachter oder Boxer gepaßt. Man sprach ihn stets mit »Herr Doktor« an, und hätte sich herausgestellt, daß er Veterinärarzt war, hätte das seiner Stellung unter uns Häftlingen keinen Abbruch getan. Er zählte zu den äußerst raren Vorgesetzten, die bei uns tatsächlich beliebt waren. Aus Ostpreußen stammend, beherrschte er Polnisch genauso gut wie Deutsch. Bemerkenswerterweise sprach er obendrein ausgezeichnet Französisch.

Es ging das Gerücht, eins von vielen Gerüchten im Lager, Doktor Waagschal sei politisch engagiert, aber als »Halbjude« interniert. Er war immer tadellos angezogen, als hätte er einen Schneider, der dafür sorgte, daß seine Hosen stets frisch gebügelt und sauber waren. Außerdem hieß es, er hätte ein Verhältnis mit einer der Frauen aus der Küche. An Zeit dafür fehlte es ihm bestimmt nicht. Man gönnte ihm alles Gute, doch ein bißchen Neid war unvermeidlich.

Sein Assistent hieß James. Und wenn der Arzt schon nicht viel zu tun hatte, lag es nahe, daß wir uns erst recht über die Tätigkeit seines Assistenten Gedanken machten.

James war knapp zwanzig und verfügte wohl kaum über größere medizinische Kenntnisse. Wie hatte er diese Position erreicht? Seine Befähigung in Frage zu stellen oder zu untersuchen, ob er zurecht diese Stellung einnahm, wäre genauso sinnlos gewesen wie sich zu beklagen. An wen hätte man sich wenden sollen? Wir fanden uns damit ab und schwiegen. Er war gut genährt und sehr wohlerzogen und verlangte kraft seiner Stellung, daß man ihn mit »Sie« und »Herr Assistent« anredete.

In Ermangelung von Patienten spazierte er in einem weißen Arztkittel unter den Häftlingen herum und erkundigte sich fürsorglich nach unserem Gesundheitszustand. Ich ließ mich von dem eingebildeten Schnösel nicht blenden, doch er grüßte mich, als wären wir die dicksten Freunde. Hatte ich ein neues Couplet verfaßt, bat er gleich um eine Abschrift. Einmal bekam ich zum Dank eine große Schüssel gekochte Kartoffeln und das Angebot, ihn zu duzen. Donnerwetter, welche Ehre! Doch welch ein Festmahl für uns, meine Kameraden und mich!

Am nächsten Sonntag kam er nach einer gelungenen Vorstellung zu mir und nahm mich beiseite. »Wenn du mal Zahnschmerzen hast, laß es mich wissen. Fünf Kilometer von hier gibt es ein Getto, da habe ich gute Beziehungen.« Neugierig wie ich war, beschloß ich drei Tage später, Zahnschmerzen zu bekommen. Zu meiner größten Überraschung mußte ich am nächsten Tag nicht zur Baustelle gehen. In aller Frühe brachen wir auf, nur James und ich. Es war, als hätte man einen Wasserhahn geöffnet, die Worte sprudelten nur so aus seinem Mund. Er redete und redete, erklärte mir, welche Ehre es für mich sei, seine Freundschaft zu genießen. Ich sollte den Ausflug zu schätzen wissen. Er hätte ihn ermöglicht, und ich sollte nur ja keinen Gedanken an Flucht verschwenden. Die Erlaubnis verdankte ich seiner ausdrücklichen Versicherung, daß er mich zurückbringen würde, er hätte die ganze Verantwortung übernommen.

Ich hörte nur mit halbem Ohr zu; daß ich keine Fluchtpläne hatte, konnte ich ihm garantieren. Meine Erfahrung war eindeutig: Ohne Ziel kein Fluchtversuch. Ich befand mich in Polen, ohne alle Kontakte. Mit größter Wahrscheinlichkeit würde man mich sehr schnell schnappen, und jeder Fluchtversuch wurde mit Erhängen bestraft.

Ich war vergnügt und ausgelassen wie ein Kind im Sandkasten, nur weil ich frei die Landstraße entlangspazieren konnte. Es war spät im Herbst, die Felder waren abgeerntet. Die Bäume waren kahl, Laub lag in Haufen am Boden. Ich stellte mir vor, der Winter sei gerade vorbei. Die Bäume erwachten aus ihrem Winterschlaf und breiteten ihre Zweige aus, um den Frühling zu begrüßen. Mit aller Kraft saugte ich die taufrische Luft ein; sie machte mich schwindlig. Ein neuer Tag dämmerte herauf, bald würde die Sonne mit ihrer Wärme den Horizont durchbrechen und der Natur neues Leben geben. Und mir auch. So empfand ich es, und ich genoß es. Aber ich hatte keine Lust, meine Freude mit James zu teilen. Meine schönen Gefühle wollte ich für mich behalten. Als ich stehenblieb und meine Taschen mit Laub füllte, fragte er mich erstaunt, wozu ich die getrockneten Blätter bräuchte. Ich schlug ein paarmal auf die Taschen und lachte: »Ich will ein bißchen Freiheit mit ins Lager nehmen.«

Auf das Wort Getto war ich bisher nur in Berichten und Zeitungsartikeln gestoßen. Jetzt befand ich mich also in einem mittendrin. Beim besten Willen konnte ich nichts anderes feststellen, als daß die Straßen, durch die wir gingen, aussahen wie irgendwelche beliebigen Straßen, die Häuser waren ganz gewöhnliche Häuser, und die Menschen, denen wir begegneten, wirkten auch ganz gewöhnlich. Ein alter Mann mit zerschlissenem Mantel, eine Strickmütze weit über die Ohren gezogen, schob einen Karren mit Abfall vor sich her. Er machte vor jedem Haus halt und leerte die hinausgestellten Eimer. Offenbar gehörte er zur Müllabfuhr. Ich versuchte irgend etwas Ungewöhnliches zu entdecken, das bewies, daß ich in einem Getto war, fand aber nichts.

Die Häuser waren klein, in einem jämmerlichen Zustand und dringend reparaturbedürftig. Die Menschen waren ärmlich gekleidet, aber die Kinder spielten lebhaft und unbekümmert, und aus den Fenstern stieg ein Duft nach frisch gebrühtem Kaffee. Ich blieb vor dem Fenster einer Bäckerei stehen und fragte James erstaunt: »Kann man hier frisches Brot kaufen?« Er legte mir die Hand auf die Schulter. »Du kannst fast alles kaufen, vorausgesetzt, du hast Geld oder Wertsachen.« Ich antwortete ziemlich leise, mehr zu mir selbst, ich hätte weder das eine noch das andere. Dann wandte ich mich wieder an James. »Aber dann leben sie hier doch viel besser als wir im Lager. Sie haben zu essen, und sie dürfen mit ihren Familien zusammensein. SS-Wachen habe ich auch nicht gesehen.«

»So einfach, wie du dir das vorstellst, ist es nicht«, sagte James, merklich ernst. »Es kommt immer darauf an, wie du ein Leben annehmen und meistern kannst, das du unfreiwillig und gezwungenermaßen führst. Diese Menschen haben sich früher nicht gekannt und müssen sich jetzt mit ihren Nachbarn vertragen. Die Bewegungsfreiheit ist auf wenige Straßen beschränkt, und auch wenn du keine Wachen entdeckt hast, ist das Getto einer sehr strengen Kontrolle unterstellt. Wie gut oder schlecht die Gettobewohner ihre eigene Verwaltung auch finden, sie führt stets gnadenlos alle Befehle aus, die von oben kommen. Die arbeitsfähigen Männer hat man längst in ein Arbeitslager deportiert. Die Frauen weinen, und Verzweiflung spiegelt sich in ihren Augen, wenn die Kinder nach Essen schreien.

Du siehst die Bäckerei und denkst, alle könnten satt werden, aber nicht einmal der Bäcker selbst hat Geld genug, um sein eigenes Brot zu kaufen. Im Lager ist man einem gewohnten Zwang unterworfen, der zur Gleichgültigkeit führt. Doch die Bewohner dieses Ministaats, dieser winzigen Insel, sind dem Ungewissen ausgeliefert.

Sie haben von vielen Schrecken und Greueln gehört, sie aber nie zu spüren bekommen, noch nicht. Sie warten auf ein Wunder, daß sich alles auf einmal verändert. Sie beten zu Gott, denn sie glauben eher an eine Naturkatastrophe als an die Gerechtigkeit der Menschen.«

Während er sprach, gingen wir langsam die Straße entlang. Er redete wie zu sich selbst, aber jetzt blieb er stehen und packte mich am Mantelkragen. »Begreifst du nicht, daß diese Menschen viel mehr leiden als wir?« Ohne zu antworten, ließ ich ihn an meinem Mantel zerren. Ich hatte das deutliche Gefühl, daß er nur zu gut wußte, wovon er sprach, vielleicht tat er es sogar in eigener Sache, aber deswegen meine Teilnahme zu erwarten, bis hin zu dem Einverständnis, daß sie mehr litten als wir, das ging mir einen Schritt zu weit.

Er war sehr redegewandt und hätte gewiß einen Missionar beeindruckt, mich jedoch nicht. Ich lebte nicht in der Hoffnung auf baldige Befreiung, und alle Empfindungen, die zum Mitleid führen, waren bei mir längst erschöpft. Oft genug beschäftigten sich meine Gedanken damit, wie doch alles in unserem Leben auf Zufall beruhte. Ohne mein Zutun war ich zufällig in diese Welt hineingeboren worden, und unfreiwillig würde ich sie wieder verlassen. Als Toter konnte man sich doch schwerlich am Leben erfreuen? Und meinen Körper den Würmern zum Fraß zu überlassen, dazu drängte es mich nicht, noch nicht. Deshalb brachte ich kein Mitgefühl für die Gettobewohner auf, und deshalb antwortete ich nicht. Ein Nein hätte er nicht akzeptiert, und ein Ja wäre eine Lüge gewesen.

Der Zahnarzt hatte erst ab zehn Uhr Sprechstunde, und die zwei Stunden, die uns blieben, wollte James für Besuche bei Bekannten nutzen. Ich folgte seinen raschen Schritten, und unterwegs informierte er mich darüber, daß der Vater dieser Familie vor einer Weile deportiert worden war. Sie stammten aus derselben Gegend wie seine eigene Familie, und Mutter wie Tochter würden sich immer über seinen Besuch freuen, meinte er. »Aha«, dachte ich, »sie ist natürlich seine Geliebte.« Woher sie kamen, sagte er nicht, und ich fragte auch nicht. Es war nicht so wichtig.

Die Wiedersehensfreude war allerseits groß. James umarmte zuerst die Mutter, und bei der Umarmung der Tochter stellte ich fest, daß er sie begrüßte wie eine Schwester. »So begrüßt man keine Geliebte«, dachte ich, während ich in der Tür stehenblieb. Als sie mir zunickten, nickte ich zurück. Sie wollten uns zum Frühstück einladen, und James gab der Mutter Geld für frisches Brot. Ich setzte mich aufs Sofa, und die Tochter fing an, den Tisch zu decken. Es war nicht zu übersehen, daß die Möbel mit ihren vielen goldenen Beschlägen aus einem wohlhabenden Haushalt stammten.

Der Raum war vollgestopft mit Möbeln, aus Platzgründen waren die Schränke übereinander gestapelt. Ich saß schweigend an meinem Platz, während James unruhig im Zimmer herumlief. In dieser Enge eckte er ständig an den Möbeln an. »Du mußt wirklich gelenkig sein, um dich hier drinnen frei zu bewegen«, sagte er zur Tochter. Ohne den Blick zu heben, strich sie ein paar Falten aus dem Tischtuch und sagte: »Mein lieber James, man gewöhnt sich an alles.« Sie unterhielten sich in einem herzlichen und scherzenden Ton, doch das Gespräch drehte sich, soweit ich es verstand, um alltägliche und bedeutungslose Dinge. Weder der Krieg noch das Getto wurden mit einem Wort erwähnt. Er machte ihr Komplimente für ihre Schönheit, und sie gab ihm einen kleinen Kuß auf die Wange.

Jetzt war die Mutter zurückgekehrt, und ich konnte endlich frisches, weißes, jüdisches Brot essen, mit Marmelade und frisch gebrühtem Kaffee dazu. James redete die Tochter mit Else an, die Mutter hingegen respektvoll mit Frau Fischer. Er fand es offenbar nicht nötig, mich vorzustellen, was mich ärgerte, doch er gab mir Gelegenheit, ihn zurechtzuweisen, als Else fragte: »Ist dieser junge Mann ein Freund von dir?« Er hielt seine Kaffeetasse am Henkel, kaute nachdenklich fertig und nahm einen Schluck. »Naja«, er dehnte die Worte, »gute Freunde sind wir nicht direkt. Ich bin sozusagen sein Vorgesetzter. Er gehört zur Schauspielertruppe, von der ich euch erzählt habe, und ich wollte ihm etwas vom Leben außerhalb des Lagers zeigen, um ihm eine Freude zu machen.« Er tat sich recht wichtig, dieser Zwanzigjährige, doch ich war dankbar für den kleinen Ausflug und beschloß, ihm auf scherzhafte Weise einen kleinen Denkzettel zu verpassen. »James, hast du vergessen, wie ich heiße?« Er sah durch mich hindurch, als wäre ich Luft, und antwortete merkbar gereizt: »Ich bitte um Entschuldigung, daß ich nicht daran gedacht habe.«

Ich saß neben Frau Fischer, gegenüber von Else. Ich spürte ihre Blicke, als sie mich betrachtete. Sie mochte fünfundzwanzig sein, und ich ahnte ihre schmalen Hüften unter dem Morgenmantel. Sie hatte ein schönes Gesicht, und ihre langen schwarzen Haare waren kaum zu bändigen, sie fielen immer nach vorn, wenn sie sich nach der Kaffeetasse vorbeugte.

»Weiß Katja, daß du hier bist?« fragte Else, und James antwortete rasch: »Nein. Ich wollte sie überraschen.« Bestimmt hatte Else ihm damit das Stichwort gegeben. Er stand rasch auf, bedankte sich für das gute Frühstück und tat einen tiefen Atemzug: »Na, dann will ich mal zu Katja hinübergehen. Und du ...« Er drehte sich zu mir. »Du bleibst hier und leistest den Damen Gesellschaft.«

»Ich werde mein Bestes tun«, antwortete ich, »laß dir also Zeit.« Ich genoß die familiäre Atmosphäre. Und bald zeigte sich, daß sie das Lachen nicht verlernt hatten. Ich erzählte ihnen Witze, sang Lieder aus Wien und erntete lebhaften Beifall. Die zwei Stunden, die James ausblieb, vergingen viel zu schnell. Frau Fischer holte ein Album hervor und zeigte Bilder von der guten alten Zeit. Sie fing an zu weinen, und wie wenig ich auch an meine eigenen Worte glaubte, versuchte ich doch ein paar tröstliche Wendungen zu finden. Else setzte sich neben mich aufs Sofa, und ich konnte deutlich spüren, wie sich ihr fester Schenkel gegen den meinen drückte. Für einen kurzen Moment flammte ein starkes erotisches Gefühl in mir auf, doch genauso schnell verflüchtigte es sich wieder, als Else fragte, ob ich genug Kleider für den Winter hätte. Mein ehrliches Nein hatte zur Folge, daß ich mich bald darauf in einer Art Kleiderladen befand. Sie schleppte ein Stück nach dem anderen an, lauter Sachen von ihrem Vater, und jetzt sollte ich alles anprobieren, von Anzügen bis Schuhen, Hemden und sogar Socken und selbstgestrickte Fausthandschuhe. Die beiden freuten sich wie Kinder, denn das meiste paßte wie angegossen, und als ich etwas schüchtern fragte, wo ich die Hosen anprobieren könnte, lachte Else mich aus: »Leider haben wir nur dieses eine Zimmer, und so ein kleiner Junge muß sich doch nicht vor der Tante genieren?«

Ich lächelte sie an und gab ein Murmeln zur Antwort. Da mir keine Wahl blieb, zog ich meine Hosen aus und wäre am liebsten im Boden versunken. Meine Unterhosen waren nicht nur schmutzig, sondern hatten auch Löcher. Else stand mit gekreuzten Armen vor mir wie ein Haremswächter. Die Mutter reichte mir die Hosen, als wäre ich der Sohn des Hauses und probierte die Kleider meines verstorbenen Vaters. Als ich den Gürtel einhakte, sagte ich: »Es ist nicht recht von euch, mich in solche Verlegenheit zu bringen.«

»Mein liebes Kind«, sagte die Mutter und strich mir zärtlich über den kahlgeschorenen Kopf. »Nicht du, sondern unsere Feinde sollten sich schämen. Außerdem könntest du ja mein Sohn sein.« Gleich darauf kam James zurück, und es war höchste Zeit für den Zahnarzt. Wir mußten versprechen, zurückzukommen und mehr von den Sachen zu holen, die sie inzwischen heraussuchen wollten.

Beim Zahnarzt mußte ich Schmerzen simulieren, und da ihm nichts anderes übrigblieb, zog er den Zahn, der mir angeblich wehtat. Er hielt ihn mit der Zange hoch, drehte und wendete ihn und stellte fest: »Dieser Zahn ist nicht krank.« Ich konterte: »Man braucht keine Zähne, um Suppe zu essen.« Er sah mich ernst an und gab mir den Zahn. »Junger Mann. Zähne braucht man nicht nur zum Kauen, sondern auch, damit man etwas zum Zusammenbeißen hat«, bemerkte er kopfschüttelnd.

Von der Familie Fischer Abschied zu nehmen, war viel schwerer, als ich mir vorgestellt hatte. Wie schnell schiebt man das Schlimme beiseite, und wie schnell richtet man sich im Guten ein! Zuerst umarmte ich die Mutter, dann Else, und ich konnte nicht umhin, sie auf die Wangen zu küssen. Lange hielt ich Elses Hände in den meinen, sah ihr in die Augen und suchte nach einem passenden Wort. Sie zog meine Hände an ihren Mund und drückte ihre Lippen darauf. Ich stand da wie vom Donner gerührt. Mir lief ein Schauer über den Rücken, ich war solche Gefühlsäußerungen nicht gewöhnt und fühlte, wie die Lust, sie zu umarmen, immer stärker in mir wuchs. Es war keine Liebe, nur ein grenzenloses Bedürfnis nach Zärtlichkeit. James stand daneben und sah zu. Sanft trennte er unsere Hände: »Schluß mit der Gefühlsduselei. Es ist schon spät, und wir müssen zurück ins Lager und in die Wirklichkeit.«

Auf dem Rückweg fielen nicht viele Worte. James hielt ein hohes Tempo, als wäre er auf der Flucht, vielleicht nur, damit er nicht reden mußte. Einmal öffnete er den Mund, sagte aber nichts, sondern gab sich gleich selbst die Antwort: »Ach, ist ja auch egal.« Ich konnte nur raten, wo der Schuh drückte. Bestimmt war es Katja. Wer immer sie war. Seine Geliebte, seine Verlobte oder seine Schwester? Ich fragte nicht, es ging mich nichts an. Ich schuldete ihm Dank, und er konnte auf mein Schweigen zählen, ohne mir ein Versprechen abzunehmen. Ich selbst dachte vor allem an die Kleider, die mir meine neugewonnene Familie geschenkt hatte. Jetzt konnte der Winter kommen.

Harry wurde sehr krank und lag mit hohem Fieber im Bett, daher mußte die Sonntagsvorstellung ausfallen. Drei Tage später war er jedoch soweit wiederhergestellt, daß wir, seine Theatertruppe, uns um ihn versammelten, um die neuen Texte durchzugehen. Schwach war er, aber stark genug, um das Material nach seinem eigenen Kopf zu ändern und zu korrigieren. Er verstand sich darauf, und er bestimmte. Harry war ein Profi. Nie nahm er Rücksicht darauf, daß es uns nach dem harten Tagewerk im Freien, durchgefroren und hungrig wie wir waren, nicht immer leicht fiel, Pointen zu produzieren und witzige Ideen zu entwickeln. Für Harry waren unsere Darbietungen nichts anderes als ganz gewöhnliche Vorstellungen. Er inszenierte sie nicht für eine Sonderration Suppe, und er scheute sich keineswegs, uns mit den schlimmsten Spottnamen zu bedenken, wenn wir nicht sklavisch seiner Regie folgten. Von dem Moment an, in dem wir die Bühne betraten, und sei es nur zum Probieren, befand er sich in einer anderen Welt. Er fegte uns an: »Ihr seid hier weder im Lager noch auf der Baustelle, wo ihr nach Belieben herumtrödeln könnt. Ihr steht hier auf der Bühne. Und ihr seid da, um Theater zu spielen. Vergeßt das nicht!«

Harry hatte recht. Das Spielen ließ uns dieses elende Dasein vergessen, und die Gemeinschaft machte uns glücklich. Wer je eine solche Gemeinschaft erleben darf, sollte dankbar dafür sein.

Der November war weit schlimmer als der Oktober. Der feuchte, rauhe und eisige Wind ging durch Mark und Bein. Schon früh morgens heizten wir den Ofen mit Koks. Um zwölf Uhr mittags hatten wir Pause und konnten uns fünfzehn Minuten wärmen, doch die Wachen umstanden trotz ihrer dicken SS-Uniformen ständig den Ofen. Im eisigen Wind stillzustehen, war nicht ratsam. Die einzige Art, sich warmzuhalten, war harte Arbeit, aber dazu hatten wir andererseits keine Kraft, höchstens für die ersten zwei Stunden. Für einen unbeteiligten Beobachter sahen wir bestimmt ein bißchen komisch aus, wie wir uns abwechselnd gegenseitig auf den Rücken klopften, damit das Blut nicht in den Adern stockte. Wir stampften, bis wir das Gefühl hatten, die Beine würden kürzer, würden sich in den Bauch schieben. Wir schlugen die Arme um den Körper und bliesen auf die Fingerspitzen, um sie aufzutauen.

Die zwölf langen Stunden, die wir im Freien verbringen mußten, schienen endlos, und wir wagten nicht, an den nächsten Tag zu denken, aus Angst vor der Kälte. Ich wäre so gern krank geworden, gerade genug, daß der Kommandant mir erlaubt hätte, im Bett zu bleiben. Es ging nicht so weit, daß wir uns den Tod wünschten, der war ohnehin allzu nah. Wir, die noch einigermaßen bei Kräften waren, wurden unkameradschaftlich genannt, weil wir den anderen keine Arbeit abnahmen. Nur unseren engsten Freunden halfen wir. Und als die ersten starben, gab es wenig Mitgefühl, nur kühle Kommentare: »Er hatte recht, das Ende war nahe« oder »Jetzt hat er ausgelitten.«

Anfang Dezember erkrankte ich tatsächlich. Seit ein paar Tagen fühlte ich mich schlecht, und die Schmerzen in den Schultern nahmen zu. Auf James' Rat hin meldete ich mich nicht krank, denn einige Kranke hatte man an einen anderen Ort gebracht. Es wurde von »Auschwitz« gemurmelt und von »Gas«. Die Vermutungen wurden weder bestätigt noch widerlegt. James stellte die Diagnose Muskelriß, was mich beruhigte, und ich kämpfte noch zwei Tage weiter. Als mich nachts ein schrecklicher Schüttelfrost befiel, begriff ich, daß es nicht an den Muskeln lag. Zwei Tage später brach ich am Arbeitsplatz zusammen, und als ich aufwachte, lag ich in der Krankenbaracke. Ich hatte hohes Fieber, aber trotz meines benommenen Zustands hörte ich aus einem Gespräch Doktor Waagschals mit dem Kommandanten heraus, daß ich eine schwere Lungenentzündung hatte.

Das Fieber tobte in mir. Es schwankte zwischen 40 und 41 Grad. Peppi und Fritz und die Mitglieder der Theatertruppe kamen mich alle trösten, doch sie konnten das Fieber nicht zum Aufgeben bewegen. James brachte stärkende Suppe und gab mir den Rat, eine Besserung vorzutäuschen, wenn der Kommandant »Visite« machte. Verzweifelt bemühte ich mich, den Schein zu wahren, und bat Doktor Waagschal, eine niedrigere Temperatur anzugeben. Ich tat alles, um Zeit zu gewinnen.

»Ohne Medikamente sehe ich wenig Hoffnung«, sagte Doktor Waagschal, und James nickte zustimmend. »Wenn wir etwas Traubenzucker auftreiben könnten ...« Als hätte ich eine für die anderen nicht vernehmbare Stimme gehört, zog ich James am Hemdkragen und flüsterte: »Else, geh zu Else und sag es ihr. Sie wird mir helfen, wenn sie kann.«

Bereits nach zwei Tagen gab James mir die erste Spritze. Dieser Freundschaftsbeweis von Else war der letzte Gruß, den ich von ihr erhielt. Kurz danach wurde das Getto aufgelöst, berichtete James.

Ich erholte mich nun sehr schnell, und als die Gefahr vorüber war, half ich in der Krankenbaracke, um noch etwas Ruhe zu haben. Mich zog es nicht hinaus in die Kälte. Die Baracke war überfüllt, die Kranken drängten sich mit ihren Strohmatratzen überall auf dem Fußboden. Wenn der Arzt einen Patienten im rückwärtigen Teil abhören wollte, mußte er über eine Reihe von Köpfen balancieren.

Eines Tages sah ich zu meiner Überraschung, wie einer der Kranken auf dem Fußboden völlig ungeniert vor aller Augen anfing zu onanieren. Wir lachten über seinen Einfall und klatschten im Takt in die Hände. Er ließ sich von unseren Scherzen nicht stören, er war fest entschlossen, zu Ende zu bringen, was er sich vorgenommen hatte. Ich kannte ihn nicht näher, doch er war mir schon bei der Ankunft ins Lager aufgefallen, weil er so groß war. Er maß an die zwei Meter und war ursprünglich sehr kräftig gebaut, jetzt aber auf die Hälfte abgemagert. Es hieß, er sei ein Großindustrieller aus Berlin, hätte viel Geld ins Ausland gebracht und warte nur auf das Kriegsende. Nun lag er da und gab zum allgemeinen Gespött seine Vorstellung.

Plötzlich wurde die Tür aufgerissen, und einige schrien: »Achtung.« Es war das Signal, daß ein Vorgesetzter die Baracke betrat. Der Kommandant und Doktor Waagschal blieben an der Tür stehen. Der strenge Blick des Kommandanten wanderte durch den Raum und blieb wie festgenagelt auf dem Berliner am Boden haften, der sich jedoch von dem Besuch nicht stören ließ. Die Augen des Kommandanten, normalerweise zwei schmale Schlitze, starrten rund und groß. Ohne den Blick von dem Berliner zu nehmen, ließ er seine Hand langsam zur Pistole gleiten. Doktor Waagschal bemerkte die Bewegung und begriff, was sich anbahnte. Mit zwei raschen Schritten stand er vor dem Mann und befahl ihm aufzuhören. Der Mann reagierte nicht. »Bringen Sie den Mann zum Aufhören, oder ich erschieße ihn!« schrie der Kommandant. Der Mann machte ungerührt weiter. Doktor Waagschal versuchte mit ihm zu sprechen, er schlug ihm auf die Hand. Der Mann onanierte mit geschlossenen Augen. Der Kommandant raste. Doktor Waagschal nahm seinen Gürtel ab und schlug auf den armen Kerl ein, der nicht einmal jetzt die geringste Notiz von ihm nahm. Da hörte der Arzt auf zu schlagen. Er beugte sich hinunter und zog ein Augenlid des Mannes hoch. Dann sah er zum Kommandanten auf und schüttelte den Kopf. Die Bewegungen des Mannes wurden immer heftiger, er zog und zog wie ein Wahnsinniger an seinem Penis. Dann ging es zu Ende. Wir alle waren Zeugen seines Sterbens. Er öffnete die Augen nicht mehr, seine Hand fiel schlaff zur Seite. Doktor Waagschal stand auf, schnallte den Gürtel um und machte dem Kommandanten ruhig und besonnen seine Meldung: »Der Mann ist tot.«

Das geschah am Vormittag. Am Nachmittag wurden alle

»hoffnungslosen Fälle« ausgesondert und aus dem Lager weggebracht. Doktor Waagschal hatte die schwere Aufgabe zu entscheiden, wer ein hoffnungsloser Fall war. Unter der Aufsicht des Judenältesten und des Kommandanten ging er von einem Patienten zum anderen, betrachtete die Wunden, hörte die Atemgeräusche ab und fühlte den Puls. Er hatte fast zwanzig Männer durch, aber noch nicht entschieden, wen er aufgeben sollte. Er wußte nur allzu gut, welches Schicksal die »hoffnungslosen« Fälle erwartete, doch sein Gesicht verriet nicht, was er dachte. Mit ernster Miene und sichtbar schweren Herzens wischte er einem alten Mann den Schweiß von der Stirn. Einzig seine unaufhörlich mahlenden Kiefer verrieten seine Not. Er hätte gern allen eine Chance gegeben, denn er wußte, mit ein paar Medikamenten und etwas besserer Nahrung würden die meisten überleben. Doch man ließ ihm keine Wahl. Er war Arzt, und man würde ihn zwingen, den Tod seiner eigenen Patienten zu beschleunigen. Das Lager hatte für arbeitsuntaugliche Kranke keine Verwendung. Diejenigen, denen ihre Schwäche bewußt war, begriffen ganz genau, worum es ging. Sie streichelten dem Arzt die Hände, küßten sie und probierten in einigen Fällen ein vorsichtiges Lächeln. Einer richtete sich mühsam auf und sagte: »Herr Doktor, mit mir ist es aus. Tun Sie mit mir das Unvermeidliche.«

Zehn Plätze wurden kurzfristig im Krankensaal frei. Zehn unserer Mitgefangenen wurden für zu schwach befunden, den Kampf um ihr Leben weiterzuführen. Man holte sie ab, sie kamen nie wieder. Laut der Liste waren sie zu krank, um zu arbeiten, obwohl Doktor Waagschal anderer Ansicht war und geltend machte, Unterernährung sei keine Krankheit.

Cilly war die Sekretärin des Judenältesten. Sie war allgemein beliebt und sehr freundlich. Auf ihrem Gesicht lag stets ein Lächeln, das eine Reihe blendend weißer Zähne zeigte. Sie war strahlend, ungezwungen, frisch und jung. Durch ihre Arbeit im Sekretariat, das direkt im Anschluß an unsere Baracken lag, kam sie öfter mit den Häftlingen in Kontakt. Sie war das genaue Gegenteil ihres Vorgesetzten, des Judenältesten. Das Sprichwort »Wie der Herr, so's Gescherr« stimmte in diesem Fall überhaupt nicht. Er war kräftig, wild und robust, schlug stets zu, ohne lang zu fragen. Sie hingegen war ein anmutiges Geschöpf, eine reizende junge Frau. Bis zu dem Tag, an dem sie in die Krankenbaracke kam, hatte ich sie nur gegrüßt und aus der Ferne ihre hübschen Wangengrübchen betrachtet. Nun ergab sich für mich zum erstenmal die Gelegenheit, sie anzusprechen.

Ich stand mit einem Paar gewaschener Socken in der Hand vor dem Ofen, als sie die Krankenbaracke betrat. Sie suchte einen, dem eine neue Arbeit zugeteilt war und den sie davon unterrichten sollte. Im Chor riefen wir »Guten Tag, Fräulein Cilly«, und sie antwortete höflich, doch kein Lächeln zeigte sich auf ihrem Gesicht. Als sie an mir vorbeikam, konnte ich mir nicht die Bemerkung verkneifen: »Na, mein Fräulein, wo haben wir denn unser hübsches Lächeln gelassen? Was drückt denn das kleine Herz?« Sie blieb stehen und lachte kurz auf, aber meine Frage beantwortete sie nicht. Statt dessen fragte sie mich, ob ich bald gesund wäre. »Ich, oh ja, ich fühle mich gesund und munter.« Mein bittender Blick ließ sie nicht los, ich wollte sie dazu bringen, weiter mit mir zu sprechen, und sie verstand offenbar meine Signale. »Hoffentlich höre ich Sie bald wieder singen«, sagte sie. »Aber Fräulein Cilly«, sagte ich scherzend, »hätte ich nur geahnt, daß Sie mich singen hören wollen, wäre ich nie krank geworden.« Damit wollte ich sie aufmuntern und sie noch einmal zum Lachen bringen, aber ihre Augen fanden den Weg direkt in meine Seele.

Es war nur der Bruchteil einer Sekunde, doch unser Einverständnis galt jenseits aller Zeit. Sie kam ein paar Schritte näher, nur der warme Ofen trennte uns noch. Ich hätte ihr gern etwas Schönes gesagt, aber mir fiel nichts ein, und vor den gespitzten Ohren meiner Schicksalsgefährten hätte jedes Wort banal gewirkt.

Ich könnte ihr ein Liebeslied singen, dachte ich, *immer wenn ich glücklich bin, dann singe ich ein Lied.* Plötzlich kam ich mir dämlich vor, wie ich da stand. Wie sollte ich Liebeslieder singen, in meinen blaugestreiften, schmutzigen langen Unterhosen, mit einem heraushängenden Hemd, in der Hand zwei nasse Socken? Siedendheiß fiel mir ein, daß ich mich nicht umdrehen durfte, denn ich hatte hinten ein Stück Stoff herausgeschnitten, um die Vorderseite zu flicken.

»Ich habe es etwas eilig«, sagte sie, und noch einmal trafen sich unsere Blicke zum Zeichen, daß ein kleiner Punkt einen anderen kleinen Punkt getroffen hatte. Zehn Minuten später hatte ich auch meine Unterhosen gewaschen.

Seit drei Tagen war ich jetzt fieberfrei, und dank James gönnte mir Doktor Waagschal noch einen Ruhetag. Am nächsten Morgen stand ich frisch und ausgeruht in meiner Kolonne auf dem Appellhof. Der Kolonnenführer machte wie üblich mit fester Stimme dem Judenältesten Meldung: »Kolonne 8 mit 22 Mann fertig zum Abmarsch.« Der Judenälteste rief meinen Namen auf: »Du bleibst im Lager.« Ich trat aus der Reihe und winkte meinen Kameraden zu, die losmarschierten. Sie sahen mich fragend an, ich hob verständnislos die Schultern. Ich hatte keine Ahnung, warum ich zurückgestellt wurde.

Ich blieb stehen, bis die letzte Kolonne durchs Tor marschiert war. Dann kam der Judenälteste zu mir und sagte: »Der Bademeister ist krank, du bist vorläufig sein Nachfolger.« Mir fehlten die Worte vor Freude. Mit raschen Schritten eilte ich zur Waschbaracke, um mein neues Revier zu inspizieren. Die Waschschüsseln standen schmutzig in einem einzigen Durcheinander auf den langen Tischen. Zwischen den halb gefüllten Kochtöpfen lagen Haufen von Asche. »Diese Unordnung ist genau das, was ich brauche, um den Unterschied deutlich zu machen«, dachte ich. Dann ging ich herum und erkundete meinen neuen Arbeitsplatz. »Ha«, rief ich mir selber zu, »jetzt bin ich Bademeister.« Ich suchte nach einem Nagel, um meine Jacke aufzuhängen. »Bademeister haben es gut«, dachte ich laut. »Sie dürfen immer drinnen in der Wärme bleiben und müssen nicht wie die Kolonnenführer draußen in der Kälte sein. Ich will Bademeister bleiben.« James sollte für mich herausfinden, wie es um den erkrankten Bademeister stand, dann wüßte ich, wie lange ich meinen neuen Status genießen konnte.

Bald war das Wasser in den Kochtöpfen warm, und die Waschschüsseln standen gesäubert und trocken auf dem Boden. Ich schrubbte gerade den Tisch, als der Kommandant hereinkam. Mit der Bürste in der Hand nahm ich vor ihm Haltung an: »Melde gehorsamst, der neue Bademeister ist im Amt.« Er musterte mich von oben bis unten und kniff die Augen zusammen. »Weitermachen«, sagte er kurz, und mit auf den Rücken gelegten Händen verließ er die Baracke wieder. Während ich weiter die Tische schrubbte und die Töpfe polierte, überlegte ich plötzlich, wieso der Judenälteste ausgerechnet mich für diese so erstrebenswerte Stellung ausgesucht hatte. Er kannte mich nur von den wenigen unserer Vorstellungen, die er besucht hatte. Es mußte andere geben, die er viel besser kannte. Konnte

Cilly ein Wort für mich eingelegt haben, als der Bademeister krank wurde? Cilly, das wunderbare Mädchen? Seit vier Tagen hatte ich sie nicht gesehen. Sie war doch hoffentlich nicht krank geworden? So setzte ich meinen Monolog Tag für Tag fort. Zum Phantasieren blieb mir Zeit genug, niemand überwachte meine Arbeit, ich war mir selbst überlassen. Ich war der Leiter meiner eigenen Abteilung.

»Cilly«, dachte ich, »wie kann ich deine Freundschaft gewinnen?« Was sollte ich anstellen, um ihr näherzukommen als die anderen? Sie war ein schönes Mädchen, und ich war einer unter vielen, obwohl ich vorübergehend eine etwas wichtigere Position einnahm. Die Blicke, die sie mir schenkte, sagten etwas, ganz ohne Zweifel, aber was? Daß sie mich liebte? Wohl kaum. Daß sie mich anziehend fand? Total ausgeschlossen. Sie hatte mich in meinen blaugestreiften langen Unterhosen gesehen. Auch meine Stimme konnte es nicht sein, denn obwohl das, was ich darbot, sich Gesang nannte, war ich doch kein Caruso.

Am besten, ich fragte sie selbst. Aber wie war eine solche Frage zu formulieren? Vielleicht so: »Fräulein Cilly, warum schauen Sie mich so an?« »Wie?« würde sie fragen. Das war nicht leicht zu beantworten. Ich würde ihr »wie?« wiederholen und versuchen, ihren Blick zu imitieren: »So zum Beispiel.« Ich war mit meiner Imitation nicht zufrieden und dachte, das beste wäre vielleicht, es geradeheraus zu sagen: »Cilly, ich möchte gern Ihr Freund werden.« Fräulein mußte ich weglassen, da es meine Absicht war, persönlicher zu werden. Und wenn sie sagen würde »Wollen Sie das?« würde ich antworten »Ja, das will ich«. Aber dann würde sie natürlich fragen, warum. Warum? Es gäbe ja mindestens tausend Gründe. Jetzt würde sie lachen und mich auffordern, zehn von den tausend zu nennen. Darauf hätte ich keine direkte Antwort, aber um nicht zu zeigen, daß ich ein bißchen verlegen war, würde ich den Gekränkten spielen. Nein, das wäre nicht gut. Dann würde sie sich umdrehen und gehen. Das durfte nicht sein. Ich mußte eine Antwort bekommen.

»Ich finde, Sie sind ein nettes Mädchen.«

»Das finden viele.«

»Weil Sie so freundlich sind.«

»Das bin ich zu allen.«

»Ihr Aussehen gefällt mir.«

»Da sind Sie nicht der einzige.«

Und da mir nichts Besseres einfiel, würde ich ausrufen: »Ich liebe Sie!«

»Sachte, mein junger Mann«, würde sie antworten, »dieser Grund schwebt weit über den neunhundert, geben Sie mir eine tieferliegende Antwort.«

Sie hatte recht. Es war eine Anmaßung, es war zu früh. Jetzt würde ich verstummen und so tun, als hätte sie mir das Herz gebrochen, um ihr Mitleid zu wecken. Dann würde sie in jugendlichem Trotz den Kopf heben, die Haare zurückwerfen und sagen: »Sie haben mich auch so angeschaut!« Damit hätte ich die Chance, mich zu rächen und zu sagen: »Aha, aber wie?« Würde sie erwidern: »Hungrig?«

Die kurze Antwort würde mich erschrecken. Sie hatte recht. Der Grund, warum ich ihre Gunst und Freundschaft gewinnen wollte, war »Nahrung«. Vermutlich wäre es ebenso frech wie unverschämt, sie auf diese Weise zu benützen, aber dennoch berechtigt. Wie sehr ich mich auch bemühte, mir meine schlimmen Gedanken vorzuwerfen und mich Heuchler zu nennen, gab ich mir am Ende doch selber recht. Ich brauchte Nahrung.

Eine ganze Weile hatte ich diesen inneren Kampf geführt, als ich hinter meinem Rücken ein Geräusch hörte. Ich ignorierte es und polierte weiter eifrig den Wasserhahn. »Guten Tag.« Rasch drehte ich mich um. Es war Cilly. Sie hielt ein Buch in der Hand. »Cilly!« stieß ich hervor und wäre am liebsten im Boden versunken. Hatte sie mein Selbstgespräch gehört? Da mir nichts Besseres einfiel, sagte ich: »Ich bin jetzt Bademeister.«

»Ich weiß«, sagte sie. Sie blieb in der Tür stehen. Wir sagten nichts weiter, schauten uns nur an, und da war wieder dieser Blick, den ich nun schon so gut kannte. Drei Meter lagen zwischen uns, und ich suchte verzweifelt nach Worten, die nicht verrieten, wie ich von ihr phantasiert hatte. Überraschend reichte sie mir ein Brot, das sie hinter dem Buch versteckt gehalten hatte. »Da!« sagte sie. »Sie sind bestimmt hungrig.« Ich fühlte mich ertappt. Mehr als ein undeutliches Gestammel brachte ich nicht heraus. All das Schöne, das ich ihr hatte sagen wollen, hatte sie mit einem Schlag zerstört. Fehlte nur noch, daß sie sagte: »Ich habe in Ihren Augen gelesen, daß Sie nur ans Essen denken.«

Das wollte ich nicht hinnehmen. Meine Ehre stand auf dem Spiel. »Es ist sehr freundlich, daß Sie an mich gedacht haben, Fräulein Cilly, aber ich bin nicht hungrig.« Ich bemühte mich, weder hochmütig noch abweisend zu klingen, denn sie hatte ja recht. Ich war dauernd hungrig. Aber in diesem Moment sollte sie nicht recht bekommen. Obwohl der Magen knurrte, hielt ich es nicht für wahrscheinlich, daß mein Blick nach Essen schrie. »Mein Magen hat sich längst an ein Minimum von Essen gewöhnt, und es gibt keinen Grund, ihn zu verwöhnen«, sagte ich. »Außerdem könnte ich Ihre Freundlichkeit kaum vergelten.« Aber das Brot in ihrer Hand stach mir in die Augen, und ich fuhr fort: »Warum sollte ich Ihnen das Brot wegnehmen, später bekommen Sie vielleicht selber Hunger.«

Sie senkte den Kopf ein wenig, und es schien, als hätte sie mich durchschaut, als sie sagte: »Sie müssen sich nicht schämen. Mir wird es nicht fehlen, und Sie brauchen es, um zu Kräften zu kommen.« Sie hielt mir das Brot in ihrer ausgestreckten Hand hin und sagte: »Bitte, nehmen Sie es.« Natürlich konnte ich nicht widerstehen. Ich ging zu ihr hin, nahm ihre Hände und drückte sie. »Was soll ich sagen?«

»Vielleicht nichts.«

»Vielleicht einen großen Dank.«

»Nicht, wenn es schwer fällt.«

Ich nahm das Brot und dankte. Ich dankte an diesem Tag und am nächsten Tag und an allen anderen Tagen, an denen sie mir Brot oder einen Napf dicke Suppe brachte. Manchmal hatte sie sogar etwas Zucker dabei. Unsere Freundschaft beschränkte sich auf die kurzen Momente, in denen sich eine Gelegenheit bot.

Ich suchte ständig nach einem Vorwand, ins Sekretariat zu gehen, sie wiederum suchte nach Anlässen, die Waschbaracke zu besuchen. Nur selten hatten wir Gelegenheit, ein paar Worte zu wechseln. Doch sie galten mir, die kleinen Zeichen, das Lächeln, das Blinzeln. Ich antwortete darauf, so gut ich konnte. Immer wenn ich sie sah, überkamen mich warme und zärtliche Gefühle, und ich deutete sie als Liebe. Eine Liebe, wie man sie in Romanen findet. Eine Liebe ohne Worte. Worte können immer mißverstanden werden, aber dies war Sehnsucht, Begehren; wir waren schon froh, wenn wir uns die Hand geben durften. Es war eine grenzenlose Liebe, nur der Stacheldraht stand unserer Vereinigung im Wege. *Wer liebt, der lebt – wer leben will, muß lieben.*

Ein Goldgräber sieht Reichtum, wo immer es glänzt, und in meiner Einfalt dachte ich, als Bademeister in der Waschbaracke hätte ich meine Oase gefunden. Wem es zu gut geht, der wird bald gefährlich übermütig. Man muß auch die dunklen Seiten sehen, sie liegen gleich nebenan, als Warnzeichen. Das gilt auch für das Leben in Gefangenschaft. Lebt man auch tagsüber in seinen Wunschträumen, muß man sich auf Überraschungen gefaßt machen. Zunächst war meine Bademeister-Freude kaum getrübt, dann wurde ich bitter und schließlich richtig verzweifelt. Ich tat meine Arbeit so sorgfältig, wie ich es für angemessen hielt. Meine Aufgabe bestand darin, den Waschraum sauber und proper zu halten und dafür zu sorgen, daß immer genug warmes Wasser in den Kesseln war. Außerdem hatte ich dafür zu sorgen, daß sich alle mit nacktem Oberkörper wuschen und ihre Waschschüsseln gereinigt an ihren Platz zurückstellten. Aber leider nahmen die Häftlinge jede Kleinigkeit zum Anlaß, um einen Aufstand zu machen. Sie trotzten um des Trotzes willen.

Alle wußten ganz genau, daß ich nicht aus Bosheit tat, was die Ordnung verlangte. Die letzte Kolonne sollte den Waschraum genauso sauber vorfinden wie die erste.

»Mehr warmes Wasser!« schrie einer.

»Tut mir leid«, sagte ich, »aber es muß für alle reichen.«

»Ich brauche kein Mitleid, ich brauche mehr warmes Wasser.«

»Du tust mir nicht leid, und ich mache keine Ausnahme. Das Wasser muß für alle reichen.«

»Das Wasser ist kalt«, rief ein anderer anklagend.

»Falsche Beschuldigung«, rief ein dritter, um mich in Schutz zu nehmen.

»Das Wasser ist kochend heiß. Man kann sich nicht damit waschen!«

Viele lachten und jonglierten mit warm und kalt, und um mich richtig zu ärgern, sagte einer von ihnen: »Er will sich ja nur beim Judenältesten einschmeicheln.«

Ich sah keinen Anlaß, mich zu rechtfertigen, da ich wußte, daß sie es einfach genossen, wenn sie jemanden ohne Folgen ärgern konnten. Die Häftlinge verachteten jede Sorte von Vorgesetzten und nutzten jede Gelegenheit zur Provokation. Manchmal rief ich: »Mach die Tür zu!« Derjenige erwiderte: »Kommandiere mich nicht.« »Ich kommandiere nicht, aber es zieht.« »Aha, du willst den SS-Mann spielen!« Natürlich war das eine wahnsinnige Wortwahl, aber sie spiegelte die Aggressionen der Gefangenen. Jeder, der keine Position innehatte, hätte sagen können »Mach die Tür zu«, und sie wären ihm gefolgt, aber wenn der Bademeister es sagte, war das ganz was anderes. Dann konnten sie Dinge von sich geben, die sie sonst nicht gesagt hätten. Und dabei hätte jeder einzelne von ihnen für den begehrten zusätzlichen Napf Suppe gern mit mir getauscht.

Das Lager wurde von einer Fieberkrankheit heimgesucht, und da beide Krankenbaracken schon belegt waren, mußten viele in ihren eigenen Betten bleiben, was dazu führte, daß sie die anderen ansteckten. Der Kommandant war außer sich, und Doktor Waagschal machtlos und verzweifelt. »Herr Kommandant«, sagte er, »ich befürchte eine Epidemie.« Nun starben täglich mehrere Häftlinge, und ich mußte in meiner Eigenschaft als Bademeister auch den Totengräber machen. Ich bekam einen Häftling zur Hilfe, und unter der Aufsicht eines Wärters brachten wir die Toten auf einer Schubkarre einen halben Kilometer weiter weg und begruben sie. Beim erstenmal wurde mir übel, als ich in die Grube stieg, um die Leichname entgegenzunehmen. Die meisten hatten eitrige Wunden, die einen gräßlichen Gestank verbreiteten. Doch schon nach wenigen Tagen hatte ich mich daran gewöhnt und eine Technik gefunden, wie ich die Leichen auf die beste Weise anordnete. Das war kein Blumenpflücken; keine Abschiedsworte kamen über unsere Lippen. Wir schaufelten die Grube genauso gefühllos wieder zu, wie wir sie gegraben hatten. Einen Meter tief, die Breite richtete sich nach der Anzahl der Körper.

Seit einiger Zeit hatten sich außerdem die Läuse erschreckend vermehrt. Es erging strenge Order für absolute Sauberkeit. Keine Kleidungsstücke oder Decken durften geschüttelt werden, wenn man nicht sicher war, daß sie frei von Läusen waren. Doch wie Kontrollen zeigten, waren die Läuse überall. Knackten wir sie jeden Morgen auch noch so sorgfältig, wir wurden ihrer nicht Herr. Ihre tausend und abertausend Eier waren nicht zu entfernen, und eines Tages stellte Doktor Waagschal die Diagnose »Flecktyphus«.

Das Lager wurde geschlossen. Niemand durfte es verlassen oder betreten. Auf medizinischem Weg gab es keine Möglichkeit für den Arzt, die Epidemie zu bekämpfen. Das wußte er. Er konnte sie nicht einmal begrenzen. Der Kommandant wagte sich als einziger ins Lager, und jetzt stand er mit dem Judenältesten und dem Arzt in der Waschbaracke. Er tobte und schrie die beiden anderen an: »Ihr verfluchten Hunde!« Er wandte sich an den Judenältesten: »Es ist deine Schuld, du Schwein, daß das Lager verpestet ist!« Der Judenälteste verteidigte sich nicht, sah nur bittend Doktor Waagschal an, als wollte er sagen: »Bitte, hilf mir! Nimm mich in Schutz!«

Ich hatte mich hinter einem Wasserkessel versteckt und hörte zu. Der Judenälteste tat mir nicht leid, im Gegenteil. Das geschah dem wilden Mann recht, nun mußte er seine eigene bittere Medizin schlucken. Der Kommandant lief auf und ab und murmelte vor sich hin. »Ich hätte gute Lust, euch windelweich zu prügeln, weil ihr es so weit habt kommen lassen.« Ich bewunderte Doktor Waagschals

Mut, als er sagte: »Mit Prügel werden Sie keine Epidemie besiegen.« Der Kommandant blieb stehen wie vom Blitz getroffen und drehte sich zu Doktor Waagschal. Vermutlich versuchte er zu entscheiden, ob er ihn erschießen oder totschlagen sollte. Durch seine Augenschlitze sandte er tödliche Strahlen, und er kaute auf blutigem Schaum. Er brauchte Zeit, um diese unverhohlene Frechheit zu schlucken. Dann zischte er den Arzt zwischen zusammengebissenen Zähnen an: »Hast du einen besseren Vorschlag?« In den Augen des Doktors war keine Spur von Angst zu sehen, als er den Blick des Kommandanten erwiderte. Gelassen legte er die Hände auf den Rücken und sagte: »Wir müssen alle Strohmatratzen verbrennen, alles muß gesäubert werden. Ich brauche Sabadillessig in großen Mengen. Die Quarantäne wird aufrechterhalten, und die Toten, es werden viele sein, bleiben vorerst im Lager. Wir räumen eine Baracke für sie aus. Es wird ohnehin genug freie Baracken geben.«

Dieser glasklare Handlungsplan sagte dem Kommandanten offenbar zu, der auf und ab stolzierte, während er zuhörte. Jetzt blieb er vor dem Arzt stehen und fragte, wie viele bereits befallen wären. »Ungefähr hundert«, sagte Doktor Waagschal. »Wie viele sind tot?« fragte der Kommandant. »Vier.«

Er rieb sich das Kinn, sein Blick wanderte von einem zum andern. Es sah aus, als wollte er etwas sagen, aber seine Lippen blieben geschlossen, als fürchte er sich davor, seine Gedanken auszusprechen. »Nun gut«, sagte er, »warten wir ab.« Im Weggehen drehte er sich um, als der Arzt ihm nachrief. »Herr Kommandant! In meiner Eigenschaft als Häftling unterwerfe ich mich jedem Befehl, aber als Arzt wünsche ich, daß weder Sie noch die Wachmannschaft einstweilen das Lager betreten. Zum einen, weil Sie sich unnötig der Ansteckungsgefahr aussetzen, zum andern, weil Sie die Ansteckung aus dem Lager heraustragen könnten.«

Wieder blitzten seine Augen. Wieder sah man, wie es in ihm kochte. Doch er war machtlos gegenüber den Fakten. Er knallte die Tür hinter sich zu. Der Judenälteste und der Arzt sahen sich an, sie hoben ihre Hände und zuckten die Achseln. Nun ging Doktor Waagschal im Waschraum herum. Er nahm eine Waschschüssel und stellte sie wieder ab. Er hob einen Kessel und sagte »gut«. Ich blieb schweigend etwas abseits, den Schürhaken in der Hand. Der Judenälteste stand am Fenster, von dem aus er fast das ganze Lager überblicken konnte, und sagte ohne sich umzudrehen: »Nur zu gern würde er uns doch alle vernichten.«

Der Arzt stand jetzt an meiner Seite, seine Hand lag auf meiner Schulter. Er hatte gerade zum Sprechen angesetzt, als der Judenälteste ihn unterbrach. Er ließ seine Hand auf meiner Schulter, schaute auf den massigen Rücken des Judenältesten und sagte: »Das glaube ich auch, und deshalb müssen wir die Epidemie so schnell wie möglich stoppen.« Er sah mich an. »Bademeister, hör zu. Den einen Kessel brauchen wir Tag und Nacht, um alle Kleider und Decken zu kochen. Den anderen mußt du auch ständig am Kochen halten. Wir müssen jederzeit kochend heißes Wasser zur Verfügung haben. Den Tisch rücken wir zur Seite. Wir brauchen Platz zum Trocknen. Wäscheleinen mußt du selbst besorgen. Der Judenälteste sorgt dafür, daß du drei Mann zur Hilfe bekommst.«

Da standen wir nun alle drei, und ich muß zugeben, ich war mächtig stolz darauf, daß ich nicht nur Zeuge war, sondern auch eine verantwortliche Rolle übernahm bei dem Versuch, die Epidemie zu besiegen.

»Das größte Problem haben wir noch nicht gelöst«, sagte der Arzt, »jeder Kontakt mit den Infizierten ist zu vermeiden. Aber alle müssen gewaschen und rasiert werden. Die Kranken sind schon zu schwach, um sich selbst zu waschen, oder sie können es nicht mehr gründlich genug tun. Die Gesunden müssen isoliert bleiben. Das müssen wir irgendwie lösen.« Der Judenälteste sah ihn mit müden Augen an. »Und Sie selbst, Herr Doktor … wie schützen Sie sich?« »Tja«, antwortete er, »hat man diesen Beruf gewählt, trägt man auch das Risiko.«

Während Doktor Waagschal die Situation erläuterte, bohrte in mir ein Gedanke, und seine letzten Worte machten mir Mut. »Herr Doktor«, sagte ich, »lassen Sie mich die Verantwortung für das Waschen der Kranken übernehmen.« Alle beide sahen mich fragend an. Doktor Waagschal legte den Kopf schief und sah mich an, als wäre ich eine Statue. Er sagte: »Junge, du weißt nicht, wovon du sprichst. Du bringst dich um dein Leben. Du bist jung. Warte ab und kämpfe dagegen an. Es wird ohnehin genug Leute treffen.« Aber ich blieb standhaft. »Ich bin immun gegen Typhus«, log ich, »ich muß ihn nicht fürchten. Wir hatten in Frankreich Flecktyphus.«

Es geschah, wie ich es gewollt hatte. Ich setzte mich freiwillig der Gefahr aus, und Doktor Waagschal blieb keine Wahl. Irgendwie bildete ich mir ein, die Ansteckung würde an mir vorübergehen. Ich war der Samariter, der Retter in der Not. Ich spürte, es war meine Sache, den Schwerkranken etwas Erleichterung zu verschaffen, ihnen vielleicht zur Genesung zu verhelfen, indem ich sie von den Läusen befreite und sie auf eine saubere Strohmatratze bettete, unter eine saubere Decke. Nach Auskunft des Arztes war das alles, was wir tun konnten.

Acht Tage lang kämpfte ich, ohne mich von der Müdigkeit überwältigen zu lassen. Acht Tage, in denen ich nicht aufgab. Ich führte durch, was ich übernommen hatte. Das hatte ich mir selber geschworen. In diesen acht Tagen gönnte ich mir nur kurze Momente der Ruhe. Ich wußte, die Kranken warteten auf mich. Die Toten mußten in ihre spezielle Baracke geschafft werden. So ging es Tag und Nacht. Ich rasierte ihnen alle Haare ab, rieb sie mit Sabadillessig ein und befreite sie von dem getrockneten Kot, in dem sie lagen. In einer gut gesäuberten Ecke saßen alle, die zu schwach waren, um sich auf eine Bank zu stellen, und sie empfanden bestimmt großes Wohlbehagen, als ich sie von Kopf bis Fuß mit warmem Wasser wusch und ihnen saubere Hemden anzog. Wie eine Mutter ihr kleines Kind fest an die Brust gedrückt hält, trug ich die skelettartigen Geschöpfe dann zu ihren Betten in den jeweiligen Baracken. Die meisten waren zu schwach zum Sprechen, aber ich spürte ihre Dankbarkeit, wenn die um meinen Hals gelegten Arme mich zu drücken versuchten.

Jedesmal, wenn ich mit verlausten Decken und Kleidern in die Waschbaracke kam, hoben meine Helfer rasch den Deckel von dem Kochkessel, hielten sich dabei aber in gehörigem Abstand, ganz nach Vorschrift. Und völlig zu recht, denn nach jeder Prozedur, bei der ich die Matratzen, Kleider und Decken der Kranken versorgte, war ich mit Läusen übersät. Man konnte darunter nicht einmal die Farbe meiner Kleidung erkennen. Doktor Waagschal beobachtete meine Arbeit und hatte vollauf zu tun, um mir Sachen zum Wechseln zu besorgen, da ich mich nach jeder Wäsche umziehen mußte. Trotzdem versuchte ich, sowenig wie möglich anzuziehen. Im Lager sprach sich herum, womit ich beschäftigt war, und ich bekam freundliche Zurufe, aber keiner wagte sich in meine Nähe.

Doktor Waagschal hatte über unseren Plan der Reinigung und Desinfektion Bericht erstattet, und wir erhielten die Erlaubnis, in der Wasch- und Krankenbaracke das Licht die ganze Nacht brennen zu lassen. Drei Tage waren nun vergangen, und der Kommandant war nicht aufgetaucht.

In dieser Nacht, ich stand gerade nackt am Waschkessel und steckte meine Kleider hinein, öffnete sich die Tür und der Kommandant trat ein. Er blieb in der Türöffnung stehen und ließ den Blick durch den Raum schweifen. Aufmerksam musterte er alle Decken und Kleider, die an den kreuzweise gespannten Wäscheleinen unter der Decke hingen. Mit dem Deckel des Kessels in der Hand stand ich stramm. Erst als er sagte »Weitermachen« legte ich den Deckel auf. Ohne seine Anwesenheit weiter zu beachten, wusch ich mich mit Sabadillessig, bevor ich mich unter die Dusche stellte. Danach fächelte ich mich mit einem Handtuch, um das Lufttrocknen zu beschleunigen. Der Kommandant steckte sich eine Zigarette an und fragte in ungewöhnlich mildem Ton: »Bist du der Bademeister?« Ich antwortete »Jawohl« und fächelte weiter.

Es war das erste Mal, daß ich ihn so entspannt sah. Dann sagte er mit sanfter Stimme: »Der Arzt macht mir jeden Tag von deinem Einsatz Meldung. Wann glaubst du, bist du fertig mit dieser Schweinerei?«

»Nach meiner Berechnung in drei oder vier Tagen, falls keine neuen Fälle auftreten. Eine Baracke ist schon voll belegt, und wir haben gerade mit dem Säubern der nächsten angefangen.«

Inzwischen hatte ich mich angezogen und meine Flaschen mit Sabadillessig gefüllt. Mit der Flasche in der einen Hand und dem Eimer in der anderen wollte ich wieder an meine Arbeit gehen. Der Kommandant stand breitbeinig in der Tür und machte keine Anstalten, mich durchzulassen. Einen Meter vor ihm machte ich halt, stellte alles ab, was ich in Händen hielt, richtete mich auf und sagte: »Herr Kommandant. Ich bitte passieren zu dürfen.« Ohne ein

Wort trat er zur Seite. Ich nahm die Flasche und den Eimer, und mit einer leichten Verbeugung ging ich an ihm vorbei.

Am folgenden Tag erschien Cilly überraschend im Waschraum. Ich war froh, sie zu sehen, rief aber: »Bleib stehen. Komm nicht näher. Die Ansteckungsgefahr ist groß.« Sie stimmte ihr herrliches Lachen an und stellte mir einen Napf mit Essen hin. »Der Kommandant hat angeordnet, daß ihr reichlich zu essen bekommt. Dasselbe Essen wie die Wachmannschaft.« Zuerst war ich sprachlos, dann rührte ich in der dicken Masse aus Gemüse und fischte ein großes Stück Rindfleisch heraus. Cilly erzählte, sie hätte sich gerade in der Küche befunden, als der Kommandant seine Order gab, und da hätte sie sich gleich »hilfreich« erboten, mir das Essen zu bringen. Kaum hatte sie den Raum verlassen, als meine Helfer, die gerade alle drei anwesend waren, sich um mich scharten und meinen Eßnapf in Augenschein nahmen.

Ihre Angst vor Ansteckung war plötzlich wie weggeblasen. Sie schauten abwechselnd mich und den Eintopf an. Wir teilten das Festmahl in vier gleiche Teile, und von dem Tag an wollte keiner von ihnen schlafen gehen, bevor nicht die tägliche Sonderration geliefert war. Der Kommandant hatte mir außerdem eine doppelte Portion Brot und Margarine zugeteilt, und er kam persönlich und überreichte mir ein Päckchen Zigaretten. Überrascht stand ich stramm, um mich zu bedanken, aber er winkte ab und sagte: »Ist gut, mein Junge, mach nur weiter.«

Acht Tage lang kämpfte ich, um meinen Schwur nicht zu brechen, und dann konnte Doktor Waagschal seine Meldung machen. »Herr Kommandant. Melde gehorsamst, das Lager ist frei von Läusen. Keine weiteren Toten.«

Ich wurde gefeiert wie ein Held. Viele lobten mich

und dankten für meinen Einsatz. Natürlich freute es mich, so viele freundliche Worte zu hören, aber ich konnte sie nicht richtig genießen, denn ich hatte nicht das Gefühl, ich hätte eine Heldentat vollbracht. Eigentlich wollte ich nur schlafen.

Nachdem ich geduscht und saubere Sachen angezogen hatte, um mich endlich ins Bett zu legen, morgens um neun, schaute ich erst noch in der Krankenbaracke vorbei. Wie ein Arzt machte ich die Runde, begrüßte jeden einzelnen und fragte nach ihrem Befinden. Erst jetzt konnte ich richtige Freude empfinden, denn nun sah ich das Ergebnis meiner Anstrengungen. Sie streckten mir ihre dürren, ausgemergelten Arme entgegen, um mich zu umarmen. Erst diese Gefühlsäußerungen gaben der achttägigen Plackerei ihren rechten Wert. Trotz meiner Erschöpfung fiel mir das Einschlafen schwer. Ich dachte an die Kranken, diese Skelette, wie sie dalagen, hilflos, unfähig zu sprechen, aber für jeden kleinen Gefallen mit Tränen dankend. Es waren nicht mehr viele Tränen übrig.

Ich überlegte, warum ich mich freiwillig gemeldet hatte. Nicht, um den Helden zu spielen. Nicht, um mehr Essen zu bekommen. Auch nicht, weil die Kranken mir leid taten. Ich hatte ganz einfach fest geglaubt, ich würde mich keiner Gefahr aussetzen. Ich hatte die Rolle des edlen Ritters nur spielen können, weil ich mir sicher war, mir würde nichts passieren. Doch obwohl ich jetzt erfüllt war von Gedanken über den freien Willen, quälte mich die Vorstellung, daß da sterbende Geschöpfe lagen, die leise stöhnend um Hilfe baten. »Wenig gab ich. Jetzt darf ich schlafen.«

Das Lagerleben kehrte in seine alten Bahnen zurück. Alles war wie zuvor. Der frühere Bademeister war wieder gesund, wurde jedoch zu einer Arbeit außerhalb des Lagers kommandiert. Ich hatte jetzt den festen Posten. Die Order des Kommandanten, mich mit speziellem Essen zu versorgen, war außer Kraft gesetzt, doch Cilly nahm das nicht zur Kenntnis. Jeden Abend fand ich Brot, gekochte Kartoffeln und andere Leckerbissen unter meiner Decke. Wir hatten uns ein bißchen näher bekannt gemacht. Ich hatte erfahren, daß sie knapp zwanzig war, mit Nachnamen Galonska hieß und aus Königsberg stammte. Über das Schicksal ihrer Eltern wußte sie nichts. Die äußeren Umstände im Lager erlaubten natürlich keinerlei Intimität, aber immer mal wieder erschlichen wir uns eine flüchtige Umarmung oder einen scheuen Kuß auf die Wange. Unser freundschaftliches Verhältnis muß vom Judenältesten entdeckt worden sein, denn häufig geschah es nun bei Cillys Besuchen im Waschraum, daß er plötzlich die Tür aufriß und schrie: »Was tun Sie hier? Verschwinden Sie!«

Anfangs dachte ich, er wollte wohl auf die strengen Regeln des Lagers pochen, die es nicht erlaubten, mit Frauen zu verkehren, doch der Ton, in dem er mit ihr sprach, erschien mir allzu grob. Sie war nicht nur seine Sekretärin, sondern auch ein sanftes und liebes Mädchen. Er hatte keinen Grund, so barsch mit ihr zu reden. Hatte ich ihn früher schon nicht gemocht, begann ich ihn jetzt zu hassen. Cilly kümmerte sich nicht um ihn, sondern besuchte mich weiterhin, auch wenn es sich manchmal darauf beschränkte, daß sie die Tür aufmachte und »Hallo« rief. Kaum hatte ich Zeit zu antworten, bevor sie wieder zufiel. »Er ist ein Schuft«, sagte ich einmal. »Ach«, antwortete sie, »laß ihn, es ist nicht so ernst.« Daß er eifersüchtig war, daran dachte ich damals noch nicht.

In dieser Zeit lebte ich in einem Glücksrausch. Doch ein einsames Glück inmitten von Elend kann man nicht richtig genießen. Das Glücksgefühl läßt sich nicht lagern wie Heu für den Winter. Es drängt und will ans Licht, verlangt

Aufmerksamkeit und will geteilt werden. Wer ist schon imstande, die Umwelt beiseite zu schieben?

Im Moment hatte ich alle materiellen Vorteile, die man im Lager bekommen konnte. Zum Dank für gute Führung durfte ich die Haare wachsen lassen, und mir blieb eine Menge Zeit zum Müßiggang. Cilly sorgte für meine Verpflegung. Das Schutznetz, das mich vorübergehend umgab, war jedoch durchlässig. Die Kranken wurden zu früh aus ihren Betten gejagt und zur Arbeit geschickt, um ihre letzten Kräfte auf der Baustelle zu verbrauchen. Die Dezemberkälte fiel mit voller Schärfe ein, und man konnte nicht mehr normal atmen. Man durfte nur ganz kurz einatmen, zum Schutz der Lungen. Der Teufel, der sich für eine Weile mit seinem höllischen Gelächter zurückgehalten hatte, schlug jetzt mit voller Kraft zu und forderte viele Opfer. Die neue Seuche hieß Erfrierung.

Doktor Waagschal hatte abermals keine Wundermittel, und die einzige Therapie, die zur Verfügung stand, waren sogenannte Wechselbäder. In langen Reihen saßen die Leute mit Erfrierungen auf den Bänken in der Waschbaracke, und ich ging mit je einer Kanne heißem und eiskaltem Wasser herum und füllte die Schüsseln unter ihren Füßen. Nur bei den wenigsten war eine Wirkung zu merken. Die meisten saßen nur phlegmatisch da und befolgten die Anweisungen des Arztes – warm, kalt, warm, kalt. Doch die erhoffte Besserung blieb aus. Die Fingerkuppen faulten ab, das eiternde Fleisch lag bloß. Keiner reagierte mehr, wenn der Arzt Finger, Zehen oder Fersen amputierte. Mechanisch ging er von einem zum andern und untersuchte die erfrorenen Teile. Er schnitt weg, was er als verfault und unrettbar betrachtete. Doch es kam noch schlimmer. Der Nahrungsmangel hatte zu lange angehalten, und ohne Vorwarnung bekamen mehrere Personen große eitrige Geschwulste, und wieder stand der Arzt vor einem unlösbaren Problem. Er stellte die Diagnose »Phlegmone«, eine diffuse Eiterbildung. Es war die Unterernährung, welche die faustgroßen Geschwüre verursachte. Doktor Waagschal ging jetzt von Morgen bis Abend herum und schnitt und schnitt. Er »operierte« mit einem gewöhnlichen Messer, das er nach jeder Operation an seinem Handtuch abwischte. Auf diese Weise wurde die Ansteckung weitergetragen, es war unvermeidlich, aber ihm blieb nichts anderes übrig. Weder schmerzstillende Spritzen noch andere Betäubungsmittel standen zur Verfügung, und er mußte weiterhin große Stücke Fleisch aus den Körpern der Befallenen schneiden. Die Eiterbildungen breiteten sich unablässig aus, bis der Brand endlich das Leiden beendete. Viele starben.

Wir spielten nicht länger Theater. Die grausame Wirklichkeit war uns zu nahe gekommen. Die Absicht war gewesen, den hart arbeitenden Häftlingen etwas Entspannung zu bieten, aber jetzt fehlte ihnen die Kraft zu erscheinen. Und nur Theater zu spielen und lustige Geschichten zu erzählen, wenn das Publikum aus unseren Vorgesetzten und wohlgenährten Wärtern bestand, während viele unserer Kameraden starben oder an einen unbekannten Ort gebracht wurden, das fanden wir unmöglich.

Eines Tages kam Cilly in die Waschbaracke und berichtete, der Judenälteste sei krank. Ich freute mich. Jetzt mußten wir nicht mehr auf der Hut sein. Er hatte sie auf Schritt und Tritt überwacht. Jetzt konnten wir ungestört schwatzen, manchmal bis zu zehn Minuten lang. Der Doktor hatte offenbar unser vertrautes Verhältnis bemerkt, denn gelegentlich kam er in die Waschbaracke und bat mich, etwas aus seinem Arbeitszimmer zu holen. Und jedesmal war Cilly gerade da und sortierte Papiere auf dem Tisch. Später erfuhr ich, daß er in unser unschuldiges Komplott eingeweiht war.

Beim ersten Mal, als ich sie da vorfand, wußte ich nicht, wie ich mich verhalten sollte, ungestört allein mit ihr. Nervös streckte ich ihr die Hand hin und sagte »Hallo«. Mir schlug das Herz, und ich suchte nach Worten. Blitzschnell erkannte ich, daß die Zeit besser zu nutzen war als zu einem Schwatz, und ich nahm sie in die Arme und küßte sie mit all meiner Kraft.

Wer den Hunger mit trockenem Brot gestillt hat, wünscht sich bald etwas Butter drauf, und unsere Küsse wurden immer intensiver, unsere Umarmungen immer inniger. Es wurde zur Qual, aber wir wollten nicht auf das Glück verzichten, das wir in diesen kurzen Momenten empfanden. Der Judenälteste war wieder auf den Beinen, und wir mußten unsere quälenden, aber heiß ersehnten Begegnungen einschränken. Die Gefahr der Entdeckung mahnte zu größter Vorsicht. Wir wußten, daß er ihr ständig nachspionierte. Trotzdem nutzten wir jede Gelegenheit, um unserem Verlangen Ausdruck zu geben. Mir war, als würde ich mit einem halb gezogenen Zahn herumlaufen. Ich hatte schreckliche Sehnsucht nach ihrer Nähe. Es brannte in mir, wenn sie ihre Fingerkuppen über meine Lippen gleiten ließ. Wir sagten nicht viel, fühlten um so mehr. Wir waren uns einig, daß wir zusammenkommen wollten, nur wir zwei. Von allem Elend rings um mich her nahm ich nur wahr, daß es existierte.

Hat man Angst vor der Zukunft, kann man das Jetzt nicht genießen. Diese Worte tanzten ständig vor meinen Augen. Man brauchte gar nicht erst nach verborgenen Zufluchtsorten im Lager zu suchen. Es gab keine. Hunderte von Augenpaaren folgten einem täglich, und jede

Abweichung vom normalen Verhalten wurde augenblicklich registriert, zum künftigen Gebrauch. Ich ging herum und fühlte mich wie ein gereizter Löwe. »Cilly«, sagte ich einmal, »wie soll das weitergehen?« Zuerst senkte sie scheu den Blick und legte den Kopf auf meine Schulter. Als sie dann aufsah, hatte sie Tränen in den mandelförmigen Augen. Die Mühlen der Unrast mahlten immer schneller, und jede Begegnung mit ihr gab meinem Leid neue Nahrung.

Nachts wälzte ich mich schlaflos auf der Strohmatratze und zerbrach mir den Kopf über eine Lösung. Eines Nachts faßte ich meinen Entschluß. Ich würde zu ihr gehen.

Um zur Latrine zu gelangen, mußte man an der Frauenbaracke vorbei. Vor der Baracke befand sich eine Tür mit Stacheldraht. Von dort zur Tür der Baracke waren es etwa drei Meter. Ich spielte alle Eventualitäten durch; das Risiko, ertappt zu werden, war groß. Ich dachte, solang ich nur gegen die üblichen Regeln verstieß, beispielsweise daß man die Baracke nachts nicht ohne Erlaubnis verlassen durfte, war es nicht so schlimm. Doktor Waagschal könnte mir helfen und bezeugen, daß ich Diarrhö hatte. Der Kommandant hatte hoffentlich noch seine wohlwollende Einstellung zu mir, und eine Anzeige würde zu einer Ermahnung führen, aber zu keiner schweren Strafe. Der Judenälteste würde vermutlich die Chance ergreifen und mich öffentlich schlagen, am liebsten vor Cillys Augen, um seine Machtposition zu demonstrieren. So überlegte ich vor mich hin. Die Nacht durfte nicht sternklar sein. Ich mußte barfuß sein, um mich lautlos zu bewegen. Wieder und wieder ging ich meinen Plan durch, und dann konnte das Abenteuer beginnen.

Zu allererst mußte ich zur Latrine, um mich zu vergewissern, daß gerade keine Wache patroullierte. Dann mit ein paar raschen Sprüngen durch die Tür, und schon wäre ich in der Baracke. Alles übrige würde sich ergeben. Daß die Frauen um Hilfe schreien könnten, fiel mir überhaupt nicht ein. Allerdings zauderte ich ein wenig bei dem Gedanken, daß man mich vielleicht sofort erschießen würde, wenn man mich auf frischer Tat ertappte. Also, dachte ich, es muß einfach gelingen.

Ruhig und vorsichtig rutschte ich von meiner Pritsche herunter, blieb eine Sekunde stehen und horchte auf das lästige Schnarchen der anderen. Lautlos schlich ich durch die Tür. Draußen war es kalt, und ich fror. Die Arme fest gegen die Brust gedrückt, spähte ich über den Appellplatz zur Latrine hinüber. Der Himmel war bedeckt, und ich schlich langsam auf mein Ziel zu, wachsam auf das kleinste Geräusch achtend. Vor dem Stacheldraht hielt ich ein. Die Tür war ganz nah, nichts Unheilverkündendes war zu hören. Den Umweg über die Latrine konnte ich mir sparen. Mit einem geschmeidigen Satz stand ich vor der Tür der Baracke. Noch einmal horchte ich, aber es war zu spät, um es mir anders zu überlegen. Ich stand in der Frauenbaracke.

Es war so still, daß ich mein Herz schlagen hörte. Ich war nicht ängstlich, nur ratlos. Ich warf mir meinen Leichtsinn vor. Wußte ich doch nicht einmal, wo Cillys Bett stand. Der Boden brannte mir unter den Füßen, Schweiß trat mir auf die Stirn. Auf Zehenspitzen näherte ich mich dem ersten Bett und hoffte, Cilly darin zu finden. Es war zu dunkel, um ihr Gesicht zu erkennen, außerdem hatte die Frau die Decke weit über den Kopf gezogen. Ich schlich von Bett zu Bett und flüsterte »Cilly!« Dabei kam ich mir vor wie ein Einbrecher, der nicht wußte, wo die Wertsachen versteckt waren. Ich schüttelte leicht an den Schlafenden und flüsterte »Cilly!« Erschreckt fuhr eine davon auf, und ich drückte ihr die Hand auf den Mund. Ich kannte sie. Es war Manja. Sie war sechzehn und die Jüngste. »Psst, Manja«, sagte ich, »wo schläft Cilly?« Die kleine Manja war zu Tode erschrocken, doch sie stand auf, nahm mich an der Hand und begleitete mich, um Cilly zu wecken. Wie leise wir auch zu sein versuchten, saßen doch jetzt alle Frauen aufrecht in ihren Betten und staunten. Es gab keine Worte für diesen jugendlichen Leichtsinn.

Ich streckte die Hand nach Cilly aus. »Hab keine Angst. Ich bin's.« Sie saß starr wie eine Marmorbüste und wußte nicht, sollte sie lachen oder weinen. Einige fingen an zu lachen und Scherze zu machen, und das gab mir den Mut, zu ihr auf die Pritsche zu kriechen. Wortlos machte sie mir Platz, und flüsternd dankte ich den anderen. Dank deren Feinfühligkeit konnte Cilly sich von ihren Schamgefühlen befreien. Wir gaben keine rasend erotische Vorstellung. Wir vereinigten uns still und leise und ließen der Natur ihren Lauf. Zwei Herzen wurden eins.

Auf dieses nächtliche Wagestück folgten noch viele weitere. Vierzehn Frauen und ein Mann bewahrten jetzt ein Geheimnis, es wurde keinem anderen offenbart. Das Glück ist wie eine Bergkette. Um zum nächsten Gipfel zu gelangen, muß man zuerst hinab ins Tal. Mein Gipfel war Cilly, und das Tal war das Leben um mich her.

Besorgniserregend wuchs die Zahl derer, die starben, und Doktor Waagschal sah keine Möglichkeit, ihren Tod zu verhindern. Die Kurve zeigte steil nach oben. Es galt auch keine Entschuldigung mehr, wenn sich jemand krank melden wollte. »Herr Doktor, ich fühle mich schlecht«, und »Herr Doktor, ich bin erkältet« zählten nicht mehr. Husten, Bauchweh oder andere kleine Leiden reichten nicht, um der Arbeit zu entgehen. Bisher hatte man im Ausnahmefall ein oder zwei Tage fehlen können, aber jetzt machte der

Kommandant seine tägliche Runde, und nur, wer sich nicht mehr auf den Beinen halten konnte, blieb im Lager zurück. Wer nach drei Tagen noch krank war, wurde weggebracht. Viele wollten jetzt nicht mehr krank sein, nicht einmal, wenn sie sich Finger und Zehen erfroren hatten und Doktor Waagschal diese amputiert hatte. Der Kommandant war jedoch anderer Meinung, und auch sie wurden mit dem nächsten Transport weggeschickt.

Die Mehrzahl der Häftlinge litt jetzt an einer neuen Krankheit, Wassersucht. Früh morgens beim Aufwachen waren ihre Gesichter aufgequollen, und große Säcke hingen unter ihren Augen. Ein Laie hätte das zweifellos für Fett gehalten, doch die ärztliche Wissenschaft wußte es besser. Die Beine waren geschwollen und von der Hüfte abwärts gleich dick. Die Arme ebenso. Alle, die von der Krankheit befallen waren, kannten mittlerweile die Symptome und machten ihre tägliche Wasserprobe, indem sie den Daumen ins Fleisch drückten und ängstlich beobachteten, ob sich die Vertiefung wieder füllte. Bisher hatten wir angenommen, der Kommandant und der Judenälteste wären sich einig, welche Bedingungen die Häftlinge zu ertragen hätten. Diese Auffassung mußten wir jetzt ändern, denn was auch geschah, immer wurde der Judenälteste dafür verantwortlich gemacht.

Immer öfter beschimpfte ihn der Kommandant beim Appell. »Es ist deine Schuld, du verdammtes fettes Judenschwein!« Und nicht selten gab er ihm vor allen Häftlingen eine Ohrfeige oder schlug ihn mit einem Stock. Keiner von uns brachte ihm Zuneigung entgegen. Nur seiner Position wegen zeigten wir Respekt vor ihm. Jetzt tat er vielen allmählich leid. Aber das währte nicht lange. Man hätte annehmen sollen, nach diesen empfindlichen Demütigungen würde er uns etwas menschlicher behandeln. Das war nicht der Fall. Es wurde nur schlimmer mit ihm. Wir waren die Schuldigen und an uns wollte er sich rächen. Er war lagerkrank. Er folgte dem System. Seine Wutausbrüche wurden immer hemmungsloser. Ich versuchte ihm aus dem Weg zu gehen, aber er fand stets Gründe, mich zu tadeln. Mehrmals täglich kam er in die Waschbaracke, um nach Fehlern zu suchen. »Hier ist ein Schmutzrand an der Schüssel! Warum steht die Bank schief? Warum liegt Asche vor dem Kochkessel?« Er sprach nie in einem ermahnenden Ton, er fauchte stets wie ein gereiztes Raubtier. Meistens schubste er mich weg, doch einmal schlug er mir mit der Faust hart ins Gesicht. Ich fiel zu Boden und starrte ihn an. Das Blut kochte in mir, und ich streckte mich nach dem Schürhaken und packte ihn mit festem Griff. Ich wollte ihm den Kopf spalten.

Glücklicherweise wurde mir bewußt, was ich tat. Ich legte den Schürhaken zur Seite und sagte so ruhig wie möglich: »Ich werde mich beim Kommandanten melden. Ich will nicht länger Bademeister sein, ich will hinaus auf die Baustelle.« Er grinste hämisch, und als wären wir die besten Freunde, meinte er: »Ach, du willst auf die Baustelle? Diesen Wunsch kann ich dir nicht verwehren.« Offensichtlich war er froh, daß ich es selber vorgeschlagen hatte. Er kratzte sich am Hinterkopf und sagte: »Mir ist gerade eingefallen, daß ich einen neuen Kolonnenführer beim Bau eines neuen Wasserspeichers brauche. Morgen beim Appell suchen wir eine geeignete Kolonne für dich aus.«

So bekam ich endlich die Stellung, die ich so heiß ersehnt hatte. Aber jetzt erschien sie mir nicht mehr so attraktiv. Der Posten als Bademeister war mehr als genug gewesen. Cilly war nicht froh über die Veränderung, aber als ich ihr erzählte, wie scheußlich mich der Judenälteste behandelt, daß er mich sogar geschlagen hatte, sagte sie: »Er ist bloß eifersüchtig.« Das tat ich als Unsinn ab. Wieso sollte er eifersüchtig sein?

Sie offenbarte mir, seit sie seine Sekretärin sei, hätte er sie ins Bett zu bekommen versucht. Einmal hätte er Gewalt gebraucht.

»Aber Cilly«, sagte ich, »was hat das mit mir zu tun?«

»Er weiß, daß ich dich gern habe. Deshalb will er sich an dir rächen.«

Ich genoß es, ihm in diesem Fall überlegen zu sein. Sein enormer Körper schrumpfte in meiner Vorstellung zu einem winzigen Wurm, kaum wert, daß man ihn an einen Angelhaken steckte.

Als ich am nächsten Tag zur Baustelle kam, hatte sich da nicht viel verändert. Die Schienen lagen zwar an ihrem Platz, fast zweihundert Meter Rohre waren abgedichtet und fertig. Sie lagen jetzt zwei Meter tief im Sand, aber das Loch klaffte noch wie ein offenes Fischmaul. Es sollte ein Rangierbahnhof werden, wo man die Lokomotiven mit Wasser versorgte. Es erforderte keine besonderen Kenntnisse, die Schienen auf die Schwellen zu nageln, aber darunter den groben Kies auf die richtige Weise einzufüllen, war schon erheblich schwieriger, und wir taten mehr Schaden als Nutzen.

Vier Mann, einer auf jeder Seite der Schwelle, schlugen mit Hacken auf den Kies ein, damit er sich verteilte. Wir standen vorgebuegt, gekrümmt, und schon nach kurzer Zeit wurde der Rücken steif und fing an zu schmerzen. Es gab keine Ruhepause, man mußte im Takt bleiben – eins, zwei, drei, vier – unter der Aufsicht des polnischen Vorarbeiters. Der deutsche Werkmeister, der die Verantwortung für den Streckenbau trug, ging von Schwelle zu Schwelle und kontrollierte jede einzelne mit dem Schlag seiner Hacke. Wenn sich keine Steine rührten, war er zufrieden.

Dann kam die Lokomotive, und alles sah wieder aus wie eine Achterbahn. Die ganze Strecke wurde mit Winden hochgehievt, und wir mußten wieder und wieder mit der Hacke schlagen. Ein Fehler folgte auf den anderen, und der deutsche Werkmeister brüllte und gab dem polnischen Vorarbeiter die Schuld, dieser brüllte und gab dem Kolonnenführer die Schuld, der wiederum brüllte und gab den Häftlingen die Schuld, und denen war es egal. »Das wird nie fertig«, seufzte der Vorarbeiter, und wir nickten teilnahmsvoll und gaben ihm recht.

Mit dem Kanalbau stand es nicht besser. Bevor ich Bademeister wurde, hatte ich zur Wasserkolonne gehört. Das Desaster fing schon beim Abladen an, als ein Rohr auf ein anderes rollte und beide zersprangen. Es waren große Rohre, fünf Meter lang und vierzig Zentimeter im Durchmesser; bevor sie an Seilen herabgelassen wurden, mußte man sie mit einem kleinen Flanschhammer abhören. Die meisten Häftlinge schienen total unmusikalisch. Der Ton klang ihnen stets gleich und verriet keine Risse. Erst bei der Probe zeigte sich das Malheur. Wenn zehn Rohre miteinander verbunden waren, testeten wir sie mit einem Druck von sechs Atmosphären. Schon bei vier platzte das Rohr, und der Wasserstrahl stand wie ein Springbrunnen senkrecht in der Luft. Das ganze System wurde entleert, und ein oder zwei fehlerhafte Rohre mußten ausgetauscht werden. Dummerweise lagen die schadhaften Rohre fast immer in der Mitte. Mit großer Mühe hievten wir sie zwei Meter in die Höhe, um sie auszutauschen. Allzu oft zeigte es sich, daß auch die Ersatzrohre nicht heil waren. Eine Woche nach der andern, ein Monat nach dem andern vergingen, und eigentlich wurde nichts fertig.

Bis jetzt war der Kommandant selten am Arbeitsplatz aufgetaucht. Er war mit den Problemen im Lager vollauf beschäftigt. Doch nun erschien er immer öfter, um unsere Arbeit zu kontrollieren. Das Tempo zog während seiner kurzen Besuche an, aber kaum hatte er uns den Rücken zugedreht, verfielen wir wieder in den alten Trott. Möglicherweise verlangten seine Auftraggeber bessere Ergebnisse, und er glaubte, er könnte mit Strenge eine Steigerung der Leistung erzwingen. Aber weder Schreie, Schläge noch Drohungen beeindruckten die Zwangsarbeiter.

Schon die Bezeichnung »Zwangsarbeiter« sorgte für den Fehlschlag. Man forderte von uns ein gutes Tagewerk mit entsprechend gutem Ergebnis. Der Zwang zog uns psychisch herunter, der Nahrungsmangel zerstörte uns physisch, und die Folge war natürlich ein schlechtes Arbeitsresultat. Als die Fortschritte ausblieben, folgten noch mehr Gebrüll und noch mehr Schläge, bis der Kreislauf zusammenbrach und der Lebensfunke schließlich erlosch. Viele betrachteten das als Befreiung.

Wie sah es überhaupt mit dem Krieg aus? Wir wußten nichts, wir konnten nur hoffen. Der polnische Vorarbeiter war unsere einzige Verbindung mit der Außenwelt. Bei seltenen Gelegenheiten wagten wir, ihn zu fragen, wie es draußen aussähe. »Schlecht, sehr schlecht«, antwortete er kurz. Wir bereuten es, gefragt zu haben. Was wir brauchten, um den Mut nicht zu verlieren, waren gute Neuigkeiten. Irgendwann hatte er eine hoffnungsvollere Antwort gegeben, und da hatten wir uns um ihn geschart, um Einzelheiten zu erfahren. Aber er konnte keine langen Ausführungen machen, denn er stand wie wir unter deutscher Bewachung, und es war ihm verboten, mit uns zu sprechen, sofern es nicht die Arbeit betraf.

Meine Kolonne sollte die Uhr für den Wasserspeicher

bauen. Für diese Aufgabe brauchten wir einen Spezialisten, und so kam ein kundiger junger Mann aus Krakau zu uns. Er war Mitte zwanzig, und ihm fehlten drei Finger an der linken Hand. Offenbar beherrschte er seinen Beruf, doch er war ebenso sicher wie selbstgefällig. Um Proben seiner Kenntnisse zu geben, beschrieb er sehr eingehend jeden neuen Arbeitsschritt.

Jede Schraube, jede Mutter hatten ihren Platz, und er erläuterte ausführlich, warum sie gerade da sitzen mußten. Er lachte, während er schwadronierte, und uns kam er hinterhältig vor. Das Verbot, mit uns zu sprechen, scherte ihn nicht. Mit großem Pathos und wilden Gesten machte er uns zu Zeugen seiner Heldentaten. Er war Freiheitskämpfer gewesen und berichtete mit glühenden Augen, wie er durch die Straßen gerannt sei, den Gürtel voller Handgranaten und eine davon in der Hand, wurfbereit. Um ihn nicht zu kränken und um uns höflich zu zeigen, hörten wir ihm zu. Einer von uns fragte, in welcher Hand er die Granate gehalten hätte, ob in der linken oder der rechten, da ihm an einer Hand die Finger fehlten. »In der Rechten. Die Finger haben sie mir abgeschossen.«

»Einen nach dem andern oder alle auf einmal?« fragte einer.

Wir wären fast in Gelächter ausgebrochen, aber er war ernst und sagte: »Das ist eine lange und spannende Geschichte. Ich will sie gern ein andermal erzählen.«

Mit dieser Antwort gaben wir uns zufrieden, da wir begriffen hatten, was für ein Wichtigtuer er war und wie er es genoß, ein Publikum zu haben, vor dem er prahlen konnte. Diese Freude wollten wir ihm nicht nehmen. Uns war es gleich.

Einmal saß er in der Pause bei uns und sah zu, wie wir unsere laue Suppe schlürften. »Ist das alles, was ihr bekommt?« fragte er. Ich schaute ihn und sein dickes Butterbrot an und antwortete: »Das ist nur unsere Vesper. Wenn wir nach Hause kommen, gibt es Suppe, Fleisch, Gemüse und einen spannenden Nachtisch.«

»Ach so, das habe ich mir fast gedacht«, sagte er und nahm einen großen Bissen von seinem Brot. Allmählich aber schien ihm sein mitgebrachter Proviant nicht mehr so recht zu schmecken. Unsere hungrigen Blicke verfolgten jeden Happen, den er schluckte, bis hinunter in seinen Magen, und das hielt er nicht aus. Von da an ging er abseits, wenn er essen wollte, oder verkroch sich im Arbeitsschuppen.

Er brachte uns Neuigkeiten und erzählte unter anderem, er hätte in ausländischen Sendern gehört, das Kriegsglück sei dabei, sich zu wenden. Wenn er über solche Dinge sprach, sah er sich ängstlich um, ob der Wächter außer Hörweite war. Wir hätten ihm so gern geglaubt, doch weckte irgend etwas an der Art, wie er erzählte, unser Mißtrauen. Mutig sein ist eine Sache, aber dumm sein oder dumm spielen eine andere. Wir versuchten ihn zu warnen, wenn er weiter so redete, würden wir ihn bald als unseren Mithäftling begrüßen.

»Keine Angst, meine Herren«, sagte er, »ich bin Spezialist, und mich brauchen sie. Außerdem verfüge ich über wertvolle Kontakte. Aber euch möchte ich den Rat geben zu fliehen.« Jetzt flüsterte er und hielt die Hand vor den Mund: »Flieht und schließt euch den Partisanen an, sie brauchen euch.« Wir fanden seinen Vorschlag so albern, daß wir nicht einmal darauf antworteten. Aber er ließ nicht locker. »Ich weiß, daß es hier ganz in der Nähe ein Partisanennest gibt.«

»Hier, wo sollte das liegen? Davon hätten wir bestimmt etwas erfahren.«

Es galt, auf jedes Wort zu achten, denn er konnte durchaus den Auftrag haben, uns auszuspionieren. Aber das Wort Partisan klang sehr ansprechend, und mit etwas genaueren Angaben wäre es vielleicht einen Versuch wert. Wir einigten uns darauf, ihm auf den Zahn zu fühlen.

»Das mit den Partisanen kann nicht stimmen«, sagten wir, »sie leben immer im Wald, und hier gibt es keinen Wald, soweit das Auge reicht.«

»Ha ha ha, Wald gibt es jede Menge, nur wenige Kilometer von hier.«

»In welcher Richtung?« wollten wir wissen.

»In allen Richtungen«, antwortete er und machte mit dem Kopf eine Drehbewegung.

»Und in welchem Wald sind die Partisanen?«

»Aha«, meinte er und sein Blick strich forschend über uns, »ihr wollt also fliehen?«

Mir gefiel sein tückisches Grinsen nicht, und ich wurde das Gefühl nicht los, er spiele mit uns und wollte uns in die Falle locken. Ich begriff, daß er prahlte und sich auf unsere Kosten amüsierte, aber ihm hätte bewußt sein müssen, daß ein Häftling äußerst hellhörig ist und empfänglich für jeden Hoffnungsschimmer. Da er ein Zivilist war, hatte er keine Befugnis, die Häftlinge zu kommandieren, außer bei der Arbeit. Wollte er einen Häftling aus dem bewachten Gebiet mitnehmen, mußte er sich die Erlaubnis vom Kolonnenführer holen, selbst wenn es nur darum ging, Werkzeuge zu holen. Der Kolonnenführer mußte dem Wächter Meldung machen. Andernfalls konnte der Häftling erschossen werden, und dann wurde er gemeldet als »beim Fluchtversuch erschossen«. Aus Erfahrung wußte ich, daß es immer Leichtgläubige gab, die sich überreden ließen, und immer mit demselben Resultat – sie wurden erschossen.

Ich wollte ihm keine Möglichkeit mehr geben, mit uns zu spielen, und so stellte ich mich dicht vor ihn und bohrte ihm den Finger in die Brust. »Jetzt hör mir mal zu! Hier gibt es keinen, der fliehen will. Schleich dich selbst zu deinen Partisanen und grüße sie schön. Und vergiß nicht, einen Sack Essen mitzubringen, wenn du wiederkommst, denn bisher ist es dir nicht eingefallen, uns etwas abzugeben.«

Sein Lächeln machte mich wütend, obwohl ich wußte, daß er sich nur einen Spaß mit uns machte. Er antwortete nicht, steckte nur arrogant die Hände in die Taschen und grinste. Ich fuhr fort: »Wir sind Zwangsarbeiter und haben keine Rechte. Du arbeitest freiwillig. Darin liegt der Unterschied. Und jetzt gehst du an deine Arbeit. Andernfalls mache ich eine Anzeige beim Kommandanten.«

Es war nicht zu vermeiden, daß solche Gerüchte im Lager rasch die Runde machten. Zum Schluß wurde es die reinste Räuberpistole, wilde Phantasien darüber, daß die Partisanen unterwegs wären, um uns zu befreien. Das gab der Hoffnung Nahrung, und wenn man wie wir nicht mehr in der Wirklichkeit lebt, klammert man sich an jedes Gerücht. Einer hatte dem Gerede von den Partisanen nicht widerstehen können und hatte sein Glück in der Flucht gesucht. Schon nach einer Stunde hatten sie ihn eingefangen, und er wurde vor unseren Augen beinahe totgeschlagen. Danach wurde er an den Galgen gehängt, der immer auf dem Appellplatz bereitstand. Drei Tage lang hing er da als abschreckendes Beispiel, bevor man ihn herunterschnitt und begrub.

Meine Kameraden Fritz und Peppi übernahm ich in meine Kolonne. Die Arbeit war nicht allzu schwer, und wir konnten es mit der Ruhe nehmen, denn so lange wir kein Wasser hatten, eilte es nicht mit dem Wasserturm. Zu unserem SS-Mann hatte ich ein gutes Verhältnis. Wir waren eine kleine Gruppe, und sein Überwachungsgebiet war sehr begrenzt. Das bedeutete, daß er praktisch den ganzen Tag hinter dem warmen Ofen sitzen konnte, den wir ununterbrochen für ihn heizten.

Er hatte nichts dagegen, daß ich meinen Kameraden erlaubte, sich zwischendurch die steifgefrorenen Finger zu wärmen. Für viele bedeutete die Arbeit in dieser Kolonne eine dringend notwendige Ruhepause, und man erwies seine Dankbarkeit, indem man anpackte, ohne zu murren, wenn es not tat. Wir halfen einander, so gut es ging. Peppi war den Umständen entsprechend in guter Form, und trotz einer leichten Wassersucht meldete er sich nie krank. Er war von Natur aus ernst veranlagt und wohl auch von Schwermut gezeichnet. Aber langweilig war er nicht, er besaß einen trockenen Humor und beklagte sich nie, sondern führte jede Anweisung ohne Widerspruch aus. Sein Vorsatz, »das Leid darf mich nicht zerfressen«, verlieh ihm die Kraft, nicht aufzugeben.

Mit Fritz war es etwas anderes. Er hatte sich völlig verändert. Als ich ihn kennenlernte, war er munter und gut aufgelegt, kein Freund von Tiefsinn, sondern als Musiker und Artist und auf Unterhaltung eingestellt. Aber das war einmal gewesen. Sein frisches und heiteres Temperament war in tiefste Trübsal umgeschlagen. Er glaubte, alles und alle wollten ihm schaden. Die leichtesten Arbeiten waren ihm zu schwer. War man zu fünft beim Ausschachten, fand er, es reiche mit vieren und wollte lieber Nägel aus alten Latten ziehen. Außerdem erhob er Anspruch darauf, sich öfter zu wärmen als die anderen, mit der Begründung, beim Schaufeln könnte man sich warm halten, beim Nägelziehen hingegen würde er schrecklich frieren. Peppi und ich hatten beide Mitleid mit ihm, und ich gestand ihm alle nur möglichen Erleichterungen zu, aber das ewige Gejammer hätte selbst die beste Freundschaft auf die Probe gestellt.

Auch sein ständiges Klagen über den Hunger war schwer zu ertragen. Wir teilten millimetergenau das Essen, das Cilly jeden Tag unter meiner Decke in der Baracke versteckte. Die Sonderzuteilung tat bestimmt einen gewissen Nutzen, aber sein psychischer Zustand ließ ihn das Essen nicht genießen. Ständig ängstigte er sich, daß diese Versorgung aufhören würde, und abends war er der erste, der zu meinem Bett stürzte, um nachzusehen, welche Überraschung der Napf bereithielt. Seine sonst so düsteren Augen blitzten für einen Moment auf, wenn wir uns abseits setzten, um die Leckerbissen zu teilen. Seine Gier erstickte ihn beinah, er ließ sich nicht einmal die Zeit, richtig zu kauen. »Iß in Ruhe«, sagten wir, »keiner hetzt dich.« Er aber schluckte den letzten Bissen, bevor er erwiderte: »Was da drin ist, kann mir keiner mehr wegnehmen.«

Unser Partisanenspezialist ermunterte uns jetzt nicht mehr, erlaubte sich aber einen Kommentar zu der letzten Erhängung: »Der hat wohl gemeint, es wäre den Versuch wert.« Mir fiel auf, daß Fritz sich immer öfter und ohne Anlaß unserem »Partisanen« näherte und mit ihm flüsternd Gespräche führte. Eines Abends bat ich ihn, mir zu sagen, worüber sie redeten. Zuerst war er ganz abweisend, aber als Peppi und ich ihn weiter drängten, rückte er allmählich damit heraus. »Ich will fliehen!« Peppi und ich tauschten einen Blick und schüttelten den Kopf. Daß er es versuchen wollte, war sein Problem, und abzuraten wagten wir ihm auch nicht, da es ja tatsächlich glücken konnte. Schlimm wäre es allerdings für mich als Kolonnenführer, wenn er von der Baustelle verschwände.

Der Kolonnenführer trug die Verantwortung dafür, daß dieselbe Anzahl von Häftlingen, die morgens das Lager verließ, bei der Rückkehr am Abend gemeldet wurde. Außerdem wußten alle, daß wir Freunde waren, und böse Zungen würden behaupten, ich hätte ihm zur Flucht verholfen. Falls sie mich nicht sofort erschossen, würde ich jedenfalls ordentlich Prügel beziehen und zu Null und Nichts degradiert werden, mit der Folge, daß ich die schwerste Arbeit zugeteilt bekäme. Das wußte Fritz genauso gut wie ich. »Fritz«, sagte ich, »du bringst mich in eine schwierige Situation. Erinnerst du dich an den Galgen neulich? Vielleicht wirst du es schaffen, aber ich muß dann hängen.« Er ließ mich nicht weitersprechen, er nahm meine Hände, und ich sah, wie es in seinen Augen glänzte, als hätte er einen Sieg errungen.

»Peppi ist mein Zeuge«, sagte er, »du hast mein Ehrenwort, daß ich dir niemals schaden werde.«

»Aber wo willst du hin?«

»Zu den Partisanen. Da bekomme ich Essen. Ich werde auf ihrer Seite kämpfen.«

Peppi und ich sahen uns wieder an.

»Fritz, antworte aufrichtig, hast du einen Plan? Wie willst du sie finden? Hat er einen Kontakt hergestellt? Gibt es jemand, der dich erwartet? Das ist notwendig, wenn es dir gelingen soll. Du darfst nicht aufs Geratewohl losziehen. Ich weiß, was Flucht heißt, ich bin in Frankreich zahllose Male geflüchtet, aber da war ich jung und stark. Sieh dich an. Jagt man dich zweimal um den Appellhof, fällst du in Ohnmacht.«

Ich ließ nicht nach in meinen Versuchen, ihn zu warnen, und er hörte mit gesenktem Kopf zu, nicht verzweifelt, eher nachdenklich. Langsam hob er den Kopf, sah mich an, schaukelte auf der Bank vor und zurück und massierte seine Schenkel. Peppi legte ihm die Hand auf die Schulter und sagte:

»Fritz, überleg es dir nochmal.«

Fritz richtete sich auf, zum Kampf bereit.

»Ich will es trotzdem versuchen.«

Es machte mich sehr nervös; ich wußte, er konnte nicht mehr klar denken. Ich begriff, daß er das Stadium der Gleichgültigkeit erreicht hatte, das so viele das Leben gekostet hatte. Ich wollte ihn nicht aufgeben, noch nicht.

»Hast du eine Wegbeschreibung bekommen?«

»Nicht genau. Aber außerhalb des Lagers soll ich mich an einen Weg in nördlicher Richtung halten.«

»Bist du wahnsinnig?« schrie ich. »Es kann fünf oder zehn Wege geben, die in nördlicher Richtung gehen.«

»Er konnte nicht mehr in Erfahrung bringen, aber ich bin gerettet, wenn ich die Partisanen finde«, sagte er mit leiser Stimme.

»Ich will, daß du bis morgen wartest, bis ich mit diesem Schwein gesprochen habe.«

Ohne zu antworten verzog er sich, und an diesem Abend wurde kein Wort mehr darüber verloren. Ich setzte mich mit Peppi hin und spielte eine Partie Schach. Fritz lag ausgestreckt auf seinem Bett, die Arme hinter dem Kopf gekreuzt. Er starrte grübelnd in die Luft, wollte aber nicht mit uns reden, obwohl wir es versuchten.

Am nächsten Morgen, als ich die Männer in meiner Kolonne gezählt hatte und dem Kommandanten Meldung machte, um das Lager zu verlassen, trat Fritz plötzlich aus der Reihe und sagte: »Du mußt mich krank melden.«

Ich war wie vom Blitz getroffen und brachte es sofort mit unserem Gespräch vom gestrigen Abend in Verbindung. Langsam ging ich zu ihm hin und sagte: »Du kommst jetzt mit uns. Heute abend kannst du dich bei Doktor

Waagschal melden.« Aber er wollte nicht hören. Er bestand darauf, als krank auszuscheiden.

Alle Kranken, die nicht im Bett lagen, mußten sich vor der Krankenbaracke aufreihen. Schon am Abend zuvor mußten sie die Erlaubnis des Arztes eingeholt haben, und es lag in seiner Verantwortung, über die Kranken Bericht zu erstatten. Der Kommandant hatte bereits die Krankenkontrolle mit dem Doktor absolviert, als jetzt Fritz zu ihnen ging und sagte:

»Herr Doktor, ich bin krank.«

Beide blieben stehen, der Arzt fragte:

»Was heißt krank? Hast du Schmerzen?«

Fritz fing an zu stottern und brachte nur heraus: »Mir ist schlecht.«

Der Kommandant, der hinter dem Arzt gestanden hatte, trat jetzt vor und brüllte:

»Ach, dir ist schlecht, du verfluchter Hund? Ist das jetzt auch schon eine Krankheit? Ich werde dir deine Übelkeit schon austreiben.«

Wie ein Schmiedehammer sauste seine Faust mitten auf Fritz' Kopf. Er stürzte auf den gefrorenen Boden, und wir sahen, wie er kämpfte, um sich mit den Armen wieder hochzustemmen. Der Kopf hing tief herunter, und er hatte Schwierigkeiten, auf die Füße zu kommen. Der Kommandant stand breitbeinig mit geballten Händen über ihm und wollte gerade wieder zuschlagen, als sein Blick auf eine Holzbohle fiel, die in der Nähe herumlag.

Er griff sich die Bohle. Fritz war fast wieder auf den Beinen, da traf ihn die Bohle und er fiel wieder hin. Noch hatte er keinen Ton von sich gegeben. Er schien völlig damit beschäftigt, sich wieder hochzurappeln. Er versuchte mit Hilfe der Hände die Beine unter sich zu ziehen. Doch der Kommandant gab ihm keine Gnadenfrist. Drei, vier, fünf Mal schlug er zu, aber Fritz schien keinen Schmerz zu spüren und versuchte auch nicht den Schlägen auszuweichen. Er zerrte nur an seinen Beinen, die kraftlos im Schnee lagen.

Doktor Waagschal machte einen Versuch, ihm beizustehen, und packte ihn bei den Schultern, um ihn auf die Beine zu bringen. Es war zu spät. Der Kommandant hatte anderes im Sinn. »Laß das Aas los!« fauchte er. Der Doktor wehrte den Schlag ab, der knapp an seinem Gesicht vorbeisauste und Fritz am Hinterkopf traf. Wieder sackte er zusammen, doch mit dem kleinen Rest Leben, der noch in ihm steckte, bäumte er sich noch einmal auf, und im Hocken schrie er jetzt herzzerreißend und bat um Gnade. »Ich will arbeiten!« schrie er, »bitte, lassen Sie mich arbeiten gehen.« Er streckte die Arme nach dem Kommandanten aus und flehte mit leiser Stimme: »Bitte, bitte verschonen Sie mich.«

Doch der Kommandant hörte nicht. Er schlug ohne Unterlaß. Er hörte nicht die ersterbenden Bitten um Gnade, er schlug und schlug. Der Kommandant war von Sinnen. Er schlug ihm den Schädel ein, und das Blut strömte aus dem jetzt leblosen Körper zu seinen Füßen. Plötzlich hielt er ein. Sein Gesicht war völlig verzerrt, und für einen kurzen Moment starrte er auf die blutige Masse am Boden. Kraftlos sank sein Arm zur Seite, das Brett entglitt seiner Hand. Dann drehte er sich um und verließ das Lager ohne ein Wort.

In den nächsten vierzehn Tagen senkte sich eine besorgniserregende Ruhe über das Lager. Der Kommandant ließ sich tagelang nicht sehen. Kam er ins Lager, schlich er nur herum. Er sprach mit keinem. Ohne Interesse hörte er die Meldungen des Judenältesten beim Appell, und es kam sogar vor, daß er während des Appells wegging. Gewohnheitsmäßig besah er die Kranken, doch er sagte nur: »Seht zu, daß sie gesund werden.« Wir wunderten uns sehr über die gedrückte Stimmung. Bedauerte er etwa den Tod von Fritz?

Diese eigenartige Veränderung stiftete Verwirrung im Lager. Was würde als nächstes kommen? Alles floß so unglaublich träge dahin. Die Stille machte uns nervös. Jede kleine Verbesserung wurde immer mit großer Freude begrüßt, wenn sie offiziell mitgeteilt wurde. Aber dieses stille Schleichen war kein gutes Omen. Es war eine deutliche Warnung vor dem, was kommen sollte. Und es kam eines Morgens, kurz nach dem Wecken.

»Appell, Appell! Aufstellung auf dem Appellhof!«

Alle schrien durcheinander, und alle schienen es sehr eilig zu haben. Keiner begriff, was vorging.

»Was ist passiert? Brennt es irgendwo?«

»Wir fahren gleich!«

Wohin sollten wir fahren? Und wieso? Der Judenälteste verkündete mit belegter Stimme: »Packt eure Sachen zusammen. Das Lager wird in einer Stunde geräumt.«

Rasch packte ich mein Bündel und rannte zur Frauenbaracke. Cilly stand hinter dem Stacheldraht und weinte.

»Das Tor ist zugesperrt«, schluchzte sie, »es ging alles so schnell. Keiner hat etwas gewußt. Nicht einmal der Judenälteste.«

»Weine nicht«, sagte ich tröstend, »daß du nur nicht weinst. Schlimmer als hier kann es doch nicht werden. Was macht es schon, wenn wir in ein anderes Lager kommen, Hauptsache wir können uns treffen.«

Die Tränen liefen ihr über die Wangen.

»Wir werden uns nicht mehr sehen. In Auschwitz werden wir getrennt.«

Der Name Auschwitz sagte mir nicht viel. Es wurde

einiges gemunkelt, aber nichts, was mir Angst machte. Ich ließ mir nicht einmal die Zeit, sie zu fragen, woher sie das wußte. Ich sagte nur: »Wohin wir gebracht werden, ist unwichtig. Wenn wir uns in dem neuen Lager nicht sehen, dann treffen wir uns nach dem Krieg, entweder in Wien oder in Königsberg.«

Die Worte klangen ziemlich dämlich. Diese Ermunterung konnte sie nicht ernst nehmen. Wir wußten beide, wie dünn der Faden war, an dem unser Leben hing. Jede Sekunde bedeutete Gefahr, und ein kleines, unbedachtes Wort oder ein geringfügiges Vorkommnis konnte unser Leben beenden. Das wußten wir beide, und daher nahm sie meine Worte nicht als Trost, sondern als den Ausdruck des innigen Wunsches, zu überleben und uns wiederzusehen. Sie umklammerte mit beiden Händen den Stacheldraht und sah mich unter Tränen liebevoll an. Ich hätte schreien wollen vor Schmerz. Ich ertrug es nicht, sie so verzweifelt zu sehen. Ich preßte zwei Finger durch den Drahtzaun, um ihr Gesicht zu erreichen und ihre Tränen abzuwischen, und sie legte den Kopf schräg, damit ich ihre Wange streicheln konnte. Wir brauchten keine Worte. Es war ein stummer Abschied.

Die Transportwagen waren eingetroffen. Die Frauen wurden mit dem ersten Wagen weggebracht. Ich sah Cilly auf die Ladefläche klettern, sah, wie sie die Arme nach mir ausstreckte. Ich hörte, wie sie mit schluchzender Stimme wieder und wieder rief: »Überlebe, lebe, lebe!«

Von den anderen Frauen sah und hörte ich nichts. Ich sah nur Cilly, und ihre Rufe hämmerten in mir: »Lebe, lebe weiter!«

Einmal noch sollte ich sie wiedersehen. Ein letztes Mal.

5

FEBRUAR 1943. WIR kommen in Auschwitz-Birkenau an.

»ARBEIT MACHT FREI«. Keiner konnte das große Schild über dem Tor übersehen. »Peppi«, flüsterte ich, »sie lassen uns laufen, wenn wir arbeiten.« Die Botschaft war nicht mißzuverstehen. Kurz bevor wir das riesige Tor passierten, sah Peppi noch einmal zu dem Schild hoch, und sein Gesicht verzerrte sich zu einer Grimasse. »Nein«, sagte er, »ich glaube ganz im Gegenteil, der Urlaub ist zuende.«

Das Lager an sich wirkte nicht schlimmer als jene, die ich schon kannte. Ich machte mir weiter keine Gedanken über die endlosen Reihen von grüngestrichenen Baracken, die hier Blocks hießen. Auch die hohen Stacheldrahtzäune mit der Aufschrift »Hochspannung« schreckten mich nicht.

Doch die Häftlinge, die sich über den hartgefrorenen Boden schleppten und uns anstarrten – die erschreckten mich. Das war kein Arbeitslager. Wo waren wir hier? Das waren keine Menschen.

Ihre gestreifte Kleidung war schmutzig und zerlumpt. Die beiden Löcher in ihren Gesichtern, die Augen sein sollten, starrten leer, und ihre Arme hingen schlaff an den Seiten herab. Sie wirkten wie eine Abart des Menschengeschlechts, eine seelenlose Art von wandelnden Körpern.

Einer von ihnen faßte Mut und näherte sich uns, aber im selben Moment kam ein »Kapo« angestürzt und gab ihm einen Faustschlag in den Nacken, so daß er zu Boden stürzte. Die anderen gingen einfach an ihm vorbei, vollkommen gleichgültig.

War er tot? Wenn er eine kleine Weile da liegenblieb, würde er erfrieren. Aber das schien keinen zu kümmern, weder den Kapo noch die lebenden Leichen um uns her. Bei diesem Anblick ergriff mich das kalte Grausen. Wo waren wir hingeraten? Was ging hier vor? In meinem Kopf rotierten die Gedanken und ließen sich nicht sortieren.

Die Kapos, die »Höllenwärter«, waren wohlgenährt und kräftig, und ihre Häftlingskleidung schien nach der letzten Lagermode geschnitten. Die Privilegien der Kolonnenführer und Vorarbeiter waren mir bekannt, aber hier waren die Unterschiede zu groß. Unter Gebrüll und Schlägen wurden wir wie Schlachttiere in einen der Blocks getrieben. Warum diese Eile?

Da standen wir nun in dem kahlen, unfreundlichen Block, zusammengedrängt wie Sardinen, nah am Ersticken, und keiner traute sich, den Mund aufzumachen. Die Stunden vergingen, und das Gedränge ließ etwas nach, aber die Tür blieb verschlossen. Die Blocks waren ungefähr fünfzig Meter lang. In der Mitte lief ein meterhoher, gemauerter

Kamin, der von beiden Seiten zu beheizen war, doch es brannte kein Feuer darin.

Es war spät abends; wir saßen auf dem nackten Steinboden und wunderten uns über den unfreundlichen Empfang. Daß wir kein Essen bekamen, war noch zu ertragen, aber wegen der kalten Feuchtigkeit waren unsere Blasen kurz vorm Zerplatzen.

Plötzlich riß jemand die Tür sperrangelweit auf und brüllte: »Achtung!« Wie Pfeile schossen wir in die Luft und standen kerzengerade stramm. Ein Kapo in tadelloser Uniform und blankpolierten Stiefeln stieg selbstsicher auf den Kamin. Gemessen schritt er bis zur Mitte, mit einem dikken Holzknüppel in der Hand. Dann blieb er stehen und brüllte explosionsartig:

»Hurensöhne! Ihr verdammten Hurensöhne! Seid ihr endlich angekommen?«

Er knirschte mit den Zähnen, während er nach anderen, schlimmeren Schimpfwörtern zu suchen schien.

»Ich heiße Pinkus. Ich bin euer Chef. Habt ihr verstanden?«

Wäre er jetzt für einen Moment verstummt, hätten wir bestimmt »ja« geschrien. Aber das tat er nicht. Wie ein gereiztes wildes Tier stürzte er sich auf uns: »Runter mit euch!« Wir tauchten wie befohlen, und wie ein Wahnsinniger sprang er auf unseren Rücken herum, als wären wir Trampoline, während er besinnungslos um sich schlug. Im nächsten Moment stand er wieder auf dem Kamin und schrie: »Achtung!« Sein Anfall war anscheinend vorüber.

Auf seinen Knüppel gestützt, lächelte er jetzt satanisch. Es sah aus, als versuchte er mit nur einer Seite des Mundes zu lächeln, um seinen Goldzahn glänzen zu lassen. Wir warteten ab, während sein Blick langsam durch die Baracke wanderte. Mit fester Stimme und einem starken Akzent deklamierte er: »Durchs Tor seid ihr ins Lager gekommen, durch den Schornstein werdet ihr es verlassen.«

Mit raschen Schritten ging er nur Tür, hielt noch einmal ein, schlug mit dem Knüppel gegen seinen blanken Stiefel, holte tief Luft, und mit einem Sprung war er an der Tür, die sein »Pipel« ihm gehorsam aufhielt. Ehe er hinausging, drehte er sich um und spuckte den am nächsten stehenden Häftlingen ins Gesicht. (Ein Pipel war im allgemeinen ein Junge zwischen zehn und zwölf Jahren, der dem Kapo als Bursche diente. Auch sexueller Mißbrauch kam vor.)

Er hieß Pinkus, er war unser Vorgesetzter, und wir sollten Angst vor ihm haben. Das hatten wir natürlich begriffen. Vermutlich steckte irgendeine Absicht hinter der neuen Lagerordnung und dieser neuen Form der Tyrannei. Wir waren ihre Gefangenen, gewiß. Aber was hatten sie mit uns vor? Was wollte er mit seinem Gerede über den Schornstein andeuten? Wir verstanden nichts. Aber bald würden wir Antwort auf unsere Fragen bekommen.

Kaum hatte ich mich zurechtgesetzt und die Knie hochgezogen, um ein bißchen auszuruhen, als jemand meinen Namen rief. Ich tat so, als hätte ich nichts gehört. Es mußte ein Irrtum sein. Wer sollte hier nach mir suchen? Harry, der neben mir saß, puffte mich in die Seite: »Da ruft dich jemand.«

»Psst«, flüsterte ich und begrub das Gesicht noch tiefer zwischen den Knien. Schließlich hob ich doch den Kopf und blinzelte mit einem Auge zu dem Mann hoch, der auf dem Kamin auf und ab ging und meinen Namen rief. Auf seiner Armbinde stand »Kapo«, aber trotzdem, und obwohl er eine Peitsche in der Hand hielt, sah er nicht besonders furchterregend aus. Ich hörte mich selbst antworten: »Sucht mich jemand?« Er streckte sich vor, um mich anzusehen, und sagte: »Komm mit!«

Mir ging es gar nicht gut. Langsam stand ich auf, und an den Blicken meiner Kameraden konnte ich sehen, daß sie sich fragten, genau wie ich, was er von mir wollte. Angst hatte ich keine, doch die Unsicherheit war schwer zu ertragen. Ich sprang zu ihm hinauf auf den Kamin. »Na, endlich«, meinte er und führte mich in einen kleinen Raum ganz hinten im Block.

Welch eine Überraschung! Da standen Cilly und ein paar Frauen, die ich kannte, außerdem der Judenälteste, Doktor Waagschal und James. Cilly fiel mir um den Hals und küßte mich wild und hemmungslos. Dann begrüßte ich alle anderen, noch mit weichen Knien. Als der Schreck verflogen war, drehte ich mich zum Kapo:

»Du hast mich erschreckt!«

»Erschreckt? Wieso?«

»Es ist doch klar, daß man einen Schrecken bekommt, wenn ein wildfremder Kapo einen ausruft.«

»Du wirst dich bald an alles gewöhnen. Halte die Augen offen und passe dich an, so gut du kannst.«

Ich hielt Cilly in den Armen und konnte seinen Augen ansehen, daß er mich beneidete. Er war jung, fünfundzwanzig vielleicht, kräftig gebaut und mit ansprechenden Gesichtszügen. Er nannte sich Nathan und sprach deutsch mit einem Akzent, den ich nicht kannte. Im übrigen war seine Sprache genauso gepflegt wie seine Kleidung. »Nathan«, sagte ich, »dieses Kunststück, sich in Rauch aufzulösen, von dem Kapo Pinkus sprach ... Wie kann man vermeiden, es zu lernen?«

Sein freundlicher Gesichtsausdruck wurde angespannt. »Oh, dieses Aas. Bald ist er dran. Das mit dem Schornstein ist eine Redewendung, auf die er ganz stolz ist. Immer versucht er Neuankömmlinge damit zu erschrecken. Kein anderer tut das. Aber seine Tage sind gezählt; zu viele wollen ihn tot sehen. Bisher hat ihn die SS geschützt, aber eines Tages wird ihm ein Unglück zustoßen, und keiner wird mehr nach ihm fragen. Einer weniger in Auschwitz, das spielt keine Rolle, erst recht nicht, wenn es Kapo Pinkus ist. Andere, die noch schlimmer waren als er, sind auch verschwunden.«

Cilly und ich machten nicht viele Worte. Wir hielten uns an den Händen und drückten uns fest aneinander. Das war nicht die richtige Gelegenheit, um von der Zukunft zu sprechen, von der Freiheit, unserer Liebe oder unseren gegenseitigen Versprechen. Wir versuchten einfach, den Augenblick zu genießen, indem wir uns umarmten. Sie gab mir Zigaretten und eine Flasche Alkohol. Bevor ich einen Schluck nahm, bot ich den anderen davon an, aber die sagten: »Nimm es für dich, du wirst es brauchen. Wir haben genug davon.«

Alle redeten durcheinander. Nathan mußte unzählige Fragen beantworten. Der Judenälteste wollte wissen, ob er wegen seiner früheren Position in dem neuen Lager mit Privilegien rechnen könnte. Nathan saß auf einem Tisch und baumelte mit den Beinen. Langsam hob er den Kopf, und sein Blick ging durch den Judenältesten hindurch, als er antwortete. »Nein«, sagte er, »was du gewesen bist, hat hier keine Bedeutung. Jedenfalls keine, auf die die Führung Rücksicht nimmt.« Er tat einen tiefen Zug aus seiner Zigarette. »Jetzt kommt es darauf an, wie du dich gegenüber den Häftlingen verhalten hast.«

»Ich habe nur meine Pflicht getan«, rechtfertigte sich der Judenälteste und streckte die Arme nach dem Doktor aus, »das können Sie bezeugen.« Nathans Blick wurde dunkel, als er antwortete, Zeugen seien hier keinen Pfifferling wert. »In Auschwitz kann man wen auch immer dazu bringen, was auch immer zu sagen. Und wenn ich das Wort Pflicht in Verbindung mit den Lagern auch nur höre, kommt mir die Galle hoch. Auch Pinkus meint, er täte seine Pflicht. Merk dir gut, was ich dir jetzt sage: Prüfe dein Gewissen. Die Häftlinge sind immer auf Rache aus und warten nur auf ihre Chance, das Unkraut unter uns zu tilgen. Sie wissen genau, daß der Stamm ohnehin faul ist. Alle, die nachts sterben, legt man morgens nackt und unidentifiziert vor die Baracken. Sie werden gezählt, aber niemand verzeichnet ihre Namen, sie bleiben anonym, werden weggeschafft und verbrannt. Der Tod kommt zu uns allen, wenn es Zeit ist. Aber du kannst ihn auch selber wählen. Du kannst gegen den elektrischen Zaun rennen, dir die Schlagader aufschneiden, erfrieren, dich erhängen oder wie Kain deinen Bruder totschlagen. Welche Art des Sterbens du auch wählst, es wird dem ›Sonderkommando‹ Zeit und Kraft sparen. Niemand wird deinem freiwilligen Tod Beifall spenden, aber es wird dich auch niemand tadeln.«

Nathan saß mit gesenktem Kopf auf dem Tisch und ließ den Stock vor seinen Füßen kreisen. Seine Beschreibung war nüchtern, ungeschminkt und unsentimental. Das ganze Lager war eine einzige große Urne, und wir hatten nur die Wahl, ein Los für die Reihenfolge zu ziehen oder es selbst in die Hand zu nehmen. Keiner sagte einen Ton, als wir da standen und auf Nathan schauten. Das runde, wohlgenährte Gesicht des Judenältesten war jetzt aschgrau. In Gedanken versunken ballte er die Hände und zählte vermutlich seine Überlebenschancen.

»Kommt jetzt, Frauen, wir gehen. Ich muß euch wieder einschließen.« Nathan sprang vom Tisch herunter, seine Stimme hatte wieder die Sanftheit, die so gut zu ihm paßte. Einmal noch durfte ich meine geliebte Cilly umarmen, einmal noch durfte ich ihre Tränen wegküssen. Dann ging sie, und ich sah sie nie wieder.

Am Tag nach unserer Ankunft wurde sie ins Frauenlager gebracht. Zwei Wochen später erfuhr ich von Doktor Waagschal, der mit der kleinen Manja gesprochen hatte, daß Cilly tot war. Man hatte sie in die Gaskammer geschickt, weil sie sich geweigert hatte, in einem Bordell für Deutsche zu arbeiten. Ich muß nicht erklären, wie tief meine Trauer, meine Sehnsucht nach meiner Geliebten war. Ja, ich trauerte, aber nicht mehr, als es die Situation erlaubte. Dieses Elend rings um mich her ließ keinen Raum für Klagelieder. Ohnehin hätte mir niemand zugehört. Jeder hatte genug mit sich selbst zu tun, und ich vermute, das war ein Teil des Selbsterhaltungstriebs – stets im Jetzt zu leben.

Wir hatten das ausgeklügelte Aufnahmeritual zu durchlaufen, das in Auschwitz-Birkenau galt. Im Freien, bei schneidender Kälte, mußten wir uns bis auf die Haut ausziehen, und unter der Aufsicht des Kapos und seiner Helfer wurden unsere Habseligkeiten auf einen Haufen geworfen. Nichts, was uns an die Freiheit erinnern konnte, durften wir behalten, keinen Brief, kein Foto. Sogar Dinge, die für andere von keinerlei Wert waren, mußten wir abliefern. Mit einem Stock stocherte er in unserem After nach Edelsteinen und anderen Preziosen. Gebisse wurden eingesammelt, besonders Goldzähne. Uns wurden die Haare geschoren, und wir bekamen eine Nummer in den linken Arm tätowiert. Die gestreifte Häftlingskleidung wurde nach Augenmaß verteilt. Die Holzpantinen reichten nicht für alle. Wer leer ausging, sollte den Tod eines Mithäftlings abwarten, um die seinen zu übernehmen, egal welche Größe sie hatten. Falls man nicht selber starb, natürlich.

Ich brauchte wenigstens nicht auf Holzpantinen zu warten, und Block 8 war jetzt mein Zuhause. Die Blocks sahen unbewohnt aus mit ihren leeren Holzpritschen, aber sie hatten den Vorteil, daß man sein Bett nicht machen mußte. Wir merkten bald, daß die Betten nicht gerade bequem waren, besonders nicht die untersten. Entweder war die obere Etage zu tief angebracht, oder die untere zu hoch. Auf dem unteren Bett konnte man nicht aufrecht sitzen. Man konnte liegen, aber wie sollte das gehen? Sechs Mann mußten sich eine Pritsche teilen.

Wir fingen an, uns gegenseitig zu messen. Das Gewicht spielte keine Rolle, die Pritschen waren stabil gebaut. Wir hatten kein Maßband, versuchten aber, es so auszutüfteln, daß jeder auf dem Rücken liegen konnte. Wir tauschten Personen zwischen den verschiedenen Pritschen aus, und schickten sogar einen los, der in den anderen Blocks nach einem suchen sollte, der zehn bis zwanzig Zentimeter schmaler war. Doch wie sehr wir uns auch bemühten, es klappte nicht. Auf dem Rücken oder dem Bauch zu liegen, war ausgeschlossen, also mußten wir von vorn anfangen und ausrechnen, wie es war, wenn wir statt dessen auf der Seite lagen. Bald sahen wir ein, daß es nicht an unseren Maßen lag, sondern am Bett, das bequem für zwei Personen gereicht hätte, aber definitiv nicht für sechs.

Wenn es Zeit war, »in die Pritsche« zu gehen – »zu Bett« kann man es nicht nennen – mußten das alle auf einmal tun. Alle legten sich auf dieselbe Seite, jeder an den Vordermann gepreßt, Brust gegen Rücken, Knie gegen Kniebeuge. Alle sechs sollten sich die gleiche Decke teilen, was neuen Kummer verursachte. Die in der Mitte waren gut geschützt, die außen jedoch hatten Probleme. Sie zogen die Decke hin und her, aber wie man auch zog, sie war zu schmal. Am leichtesten war es für den, der zuvorderst lag, die Decke zu sich hinzuziehen. Der hinterste wartete, bis der vorne eingeschlafen war, dann zog er sie wieder zurück. Da wachte der vorderste wieder auf und zog sie zu seiner Seite hin.

Ein größeres Problem als das Deckenziehen war, daß es so scheußlich weh tat, in dünnen Baumwollsachen auf dem harten Holz zu liegen. Nach wenigen Minuten begann der Hüftknochen zu schmerzen. Der erste, der es nicht mehr aushielt, gab ein Zeichen, indem er seinen Nachbarn auf den Rücken klopfte und sagte »bitte wenden«. Dann drehten wir uns alle gleichzeitig um und versuchten wieder fünf Minuten zu schlafen, bis der nächste ums Wenden bat. Merkwürdigerweise gewöhnte man sich ziemlich rasch an dieses ewige Wenden und folgte der Aufforderung fast im Schlaf. Was das Deckenziehen betraf, löste es sich problemlos. Wir tauschten ganz einfach jede Nacht die Plätze, so daß wir abwechselnd außen lagen.

Hätte man sich wenigstens nachts ausziehen und die Kleider als Unterlage benutzen können, wäre das Liegen leichter gefallen, aber in dem ungeheizten Block war es so bitter kalt, daß wir lieber hart lagen. Tagsüber waren wir natürlich angezogen, denn schon früh morgens jagte uns der Blockälteste hinaus in die Kälte. So standen wir den ganzen Tag stampfend im Freien, klopften uns mit steifgefrorenen Händen gegenseitig die Rücken und sehnten uns nach unserem halben Liter Suppe und dem kleinen Stück Brot.

Die Latrinenbesuche waren ein Kapitel für sich. Welche Tageszeit man auch wählte, immer war die Latrine für uns gewöhnliche Häftlinge verschlossen. Klopfte man schüchtern an die Tür und bat um Einlaß, hob der Verantwortliche abweisend die Hand. »Nicht bei mir. Ich warte auf die Inspektion.« War man geschickt genug, die Inspektion abzuwarten und ihn dann umgehend beim Wort zu nehmen: »Die Kontrolle ist vorbei. Laß mich reinkommen, ich habe Diarrhöe«, beklagte er sich und fing beinah an zu weinen. »Wieso kommst du ausgerechnet zu mir? Wieso haßt du mich? Es gibt doch noch andere Latrinen? Geh zur nächsten und scheiß da auf die Bretter, denn auf meinen soll man essen können.« Ab und an mußte er die Erlaubnis geben, da seine Latrine unserem Block am nächsten lag. In gewisser Weise hatte er recht, denn die Latrine war nicht nur sauber, sie glänzte. Die Bretter waren nahezu weiß und sahen aus wie frisch aus dem Sägewerk.

Um seine Latrine besuchen zu dürfen, mußte man seine sehr strengen Regeln befolgen. Man durfte beispielsweise nicht auf dem Abtritt sitzen, sondern mußte eine Akrobatennummer vollbringen, indem man sich auf die Arme stützte und den Hintern über das Loch hielt. Die Latrine bestand aus zwanzig Löchern, und der Verantwortliche eilte zwischen den Löchern hin und her und kontrollierte, daß man nicht saß. Sobald er einem den Rücken zudrehte, setzte man sich natürlich. Doch man gab sich alle Mühe, sich gehorsam zu zeigen, wenn er zurückkam. »Schau mich an, ich sitze nicht.« Mit fachmännischer Miene beugte er sich vor zum jeweiligen Hintern, um die Richtigkeit der Behauptung nachzuprüfen, und stellte zufrieden fest: »Das ist gut. Du darfst wiederkommen.«

Er war eine Persönlichkeit, dieser »Scheißhausmeister« oder »Latrinenverwalter« oder »Latrinenbewachungsminister«. Er war stolz. Was machte es schon, daß wir Häftlinge zu Tausenden leiden mußten? Wenn er nur seine kleine Zusatzportion Suppe bekam. »Es« im Freien zu machen, war wegen der Gefahr von Krankheiten streng verboten. In die Hosen zu pinkeln war noch ungeeigneter, da man dann mit steifgefrorenen Hosenbeinen herumlaufen mußte. Aber wir kamen auf eine glänzende Idee. Wir hockten uns hin, preßten die Knie zusammen und bedeckten sie mit dem

Mantel. Danach schaufelten wir etwas Schnee auf den Urin, blieben noch eine Weile sitzen und taten so, als würden wir gymnastische Übungen machen. Zum Schluß waren es viele, die vorgaben, Gymnastik zu machen.

Unser Blockältester hieß Rudolf. Ein Winkel, ein grünes Dreieck mit der Spitze nach oben, wies ihn als Berufsverbrecher aus. »Aber ich bin kein Mörder«, beteuerte er immer wieder. Rudolf haßte Pinkus. Er nannte ihn »Das Schwein«. Rudolf haßte das Leben im Lager, haßte Gott und die ganze Welt, wie er sagte. »Wenn diese Hölle vorbei ist, muß ich keine Einbrüche mehr machen. Ich werde reich, indem ich ein Buch schreibe. Ich habe viel zu erzählen, alles, was ich von eurem Leben gesehen habe, von eurer Ausrottung. Alles werde ich schildern. Dann werde ich in der ganzen Welt herumreisen und Vorträge halten.« Er war fest davon überzeugt, daß keiner von uns überleben würde. »Früher oder später werdet ihr alle vergast. Aber seid ruhig, verlaßt euch auf mich. Ich werde der Welt von eurem Schicksal berichten.«

Er sprach so frei und ungezwungen, als ginge es um die Temperatur von Badewasser. Vermutlich in der besten Absicht beschrieb er eingehend die Prozedur der Vergasung. »Folgt meinem Rat und atmet tief ein, dann geht es schnell.« Rudolf war ein gut geschulter Kapo, der im Laufe der Jahre jede Phase der Ausrottung aus nächster Nähe mitverfolgt hatte. Er berichtete von den Steinbrüchen, wo der verantwortliche Kapo bereits beim Abmarsch die Order bekam, wie viele weniger er abends zurückbringen sollte, und wie er seine Pflicht tat und den Befehl ausführte, die von ihm Ausgewählten von der Hügelkuppe einen fünfzig Meter hohen Steilhang hinabzustoßen, damit sie an den Steinen zerschellten.

Gesehen hätte er auch, wie die Häftlinge von ihren

Kapos totgeschlagen wurden, aber das Schlimmste sei die Vergasung. Er behauptete, er hätte ein Verzeichnis sämtlicher Kapos, die sich der SS unterworfen und an der Vernichtung der Juden mitgewirkt hatten.

»Nach dem Krieg werde ich dafür sorgen, daß sie alle hängen, das verspreche ich.«

»Aber wenn Deutschland den Krieg gewinnt?«

»Wir sollen den Krieg gewinnen?« schrie er beinahe und rieb sich die glattrasierte Wange, »niemals, niemals, wir sind so gut wie am Ende.«

Als Blockältester hatte er die unangenehme Aufgabe, im Auftrag der SS eine bestimmte Anzahl von Häftlingen auszusuchen, die »reif« für die Gaskammer wären, und sie dem SS-Arzt zu übergeben. Solange es sich nur um die sogenannten »Muselmänner« handelte, die kein Fleisch mehr auf den Knochen hatten und aussahen wie wandelnde Skelette, hatte er keine Bedenken und konnte sein Gewissen damit beschwichtigen, daß sie so oder so ziemlich bald die Grenze überschreiten würden. Verlangte man hingegen eine bestimmte Anzahl, egal in welchem Zustand, würde ihn das ganz verzweifelt machen, sagte er. Wir alle mußten uns nackt ausziehen, und mit geübtem Blick musterte er unsere jämmerlichen Körper. Die, bei denen er ganz sicher war, mußten sich direkt auf die andere Seite des Kamins stellen. Mußte er weitere aussuchen, war ihm anzusehen, wie er sich innerlich quälte. Er schloß die Augen, während er Arme und Beine und jede Rippe betastete. »Ich muß gerecht sein«, murmelte er vor sich hin, »ich bin kein Mörder.« Er wollte jeden Irrtum vermeiden und nur solche auswählen, die völlig ausgemergelt waren und ohnehin nicht lange überleben würden.

Keiner hatte mehr Tränen übrig, doch die schwachen und zitternden Häftlinge sanken dem Blockältesten zu

Füßen und sprachen ihre letzten Gebete: »Lieber, lieber Herr Blockältester. Ich bin noch kein Muselmann. Sieh mich an, sieh mich noch einmal an. Ich habe noch Fleisch am Hintern.« Doch ihre herzzerreißenden Bitten blieben ohne Wirkung, hatte Rudolf erst seine Wahl getroffen. Jeder bat für sich selber, nie für einen anderen. Viele hielten sich noch für lebenstauglich und flehten um ein paar Tage Frist. Vielleicht würde ein Mirakel geschehen, ein Wunder.

»Aufstellen zur Selektion!« Immer öfter hörte man diese Aufforderung, und schließlich hatte man sich daran gewöhnt. Es kam nicht mehr so oft vor, daß jemand sich sträubte, abgestumpft gehorchte man dem Befehl, sich zum Todesblock zu begeben. Was sollte ich tun, um kein Muselmann zu werden? Der Tod war so nah, und der Kampf zwischen Leben und Tod spielte sich vor unser aller Augen ab. Wir selbst waren bloß neutrale Zuschauer, die brav dem Gewinner folgen würden, wie es auch ausging.

Drei Wochen waren vergangen, die erste wärmende Märzsonne durchbrach den grauen Himmel, der sich wie ein Leichentuch über uns gebreitet hatte. Doch nun schien wieder die Sonne, und wo Leben ist, gibt es bekanntlich auch Hoffnung. Was das Schild über dem Eingang betraf, so hatte bisher noch niemand von uns verlangt, daß wir arbeiteten, und keiner erinnerte sich auch nur an das Wort Freiheit. Peppi und ich blieben Freunde, aber wir hatten einander nichts zu bieten, als daß wir dieses elende Leben teilten. Wir hausten auf derselben Pritsche, und sollte einer von uns sterben, gäbe es nichts zu erben als die Kleider.

Eine Garantie für dieses Erbe konnten wir einander nicht ausstellen, jeder wußte, daß man sich wie die Geier auf die Kleider eines Toten stürzte, wenn sie einem paßten. Ein Versprechen gaben wir einander: den Mut nicht zu verlieren, nicht zu verzweifeln, niemals freiwillig aufzugeben. Auch wenn wir unserem Schicksal nicht entfliehen konnten, würden wir zumindest der SS und unseren Kapos trotzen und die Verwandlung in einen Muselmann auf unbestimmte Zukunft verschieben. Rudolf war unerschütterlich in seiner Überzeugung, daß Deutschland den Krieg verlieren würde. »Laß es uns erleben«, meinten wir wie aus einem Mund und lachten, mit uns selbst zufrieden. Was auch geschehen sollte, wir würden uns ansehen, warnend den Zeigefinger heben und mit dem Blick einander vergewissern: »wir nicht«. Wir würden nicht freiwillig gehen. Das schworen wir einander. Berauscht von unserem Vorsatz, begannen wir, unsere Voraussetzungen zu prüfen. Wir beobachteten unsere Kameraden und versuchten zu verstehen, welche Fehler jene machten, die zu Muselmännern wurden, um daraus zu lernen.

Nach eingehenden Untersuchungen zogen wir Bilanz: Ein Muselmann ist gleichgültig. Das durften wir nicht werden. Er hat keine Freunde und will keine haben. Er wäscht sich nie, und er stiehlt seinem Nachbarn das Brot. Er weiß nichts und will nichts wissen. Sein Gehirn ist leer, und seine Seele verkauft er für einen Teller Suppe. Würde man ihn auf eine Wiese hinausjagen und ihm befehlen, Disteln zu essen, er würde es tun. Sein Licht ist abgebrannt, und wie es schließlich gelöscht wird, ist ihm vollständig gleichgültig.

Mehrmals täglich spazierten Peppi und ich, in drei Nummern zu großen Holzpantinen, die Lagerstraße auf und ab. Wir wollten uns in Form halten und nicht zulassen, daß unsere Muskeln schwanden. War die Waschbaracke nicht geöffnet, zogen wir uns aus und rieben uns mit Schnee ab. Er war schmutzig, aber wohltuend. Viele hielten uns für verrückt, aber trotz der Kälte verbreitete die Behandlung eine angenehme Wärme im Körper. Außerdem erlegten wir uns beim Essen eine strenge Disziplin auf. Den kleinen Brotkanten, der uns zustand, teilten wir in acht gleich große Stücke und kauten jeden Bissen für sich, sehr langsam, und immer zu bestimmten Zeiten. Auf diese Weise führten wir dem Magen nur eine winzige Menge zu, aber doch etwas zum Bearbeiten, und dämpften so das nagende Hungergefühl. Entsprechend machten wir es mit der Suppe. Wir tranken sie in kleinen Schlucken, mit Pausen dazwischen. Hin und wieder unterbrachen wir unser Training für eine Weile und sahen zu, wie die Häftlinge des Sonderkommandos mit dem Karren herumfuhren und die Leichen einsammelten. Einer zog den Karren, einer packte die Beine, ein anderer die Arme, und mit einem »oh hopp« flog der Leichnam auf die Karre. Peppi und ich hielten gleichzeitig die Zeigefinger hoch – »Wir nicht« – und lächelten uns verstohlen zu.

Eines Tages, als Peppi und ich auf unseren täglichen Spaziergängen unterwegs waren, begegneten wir Doktor Waagschal und dem Judenältesten. Doktor Waagschal waren keine nennenswerten Veränderungen anzumerken, der Judenälteste hingegen war nicht mehr der alte. Er war schmutzig und verwahrlost, und seine Fettreserven waren größtenteils geschwunden. Wir blieben stehen und schwatzten eine Weile mit dem Doktor. Der Judenälteste stand mit gesenktem Kopf daneben. Als wir davongingen und ich in seine wäßrigen Augen sah, war ich um eine Erfahrung reicher. Ich hatte gesehen, wie ein schlechtes Gewissen einen Menschen zerrütten kann.

Harry hatte sich vorsorglich mit Kapo Rudolf angefreundet und wurde zum »Stubendienst« ernannt. Nun darf man seine Stellung nicht mißverstehen, sie hatte nichts mit Arbeit zu tun, weder für ihn noch für uns. Er mußte nur dafür sorgen, daß wir uns nicht im Block aufhielten, damit war sein Tagewerk im großen und ganzen erledigt. Beim Austeilen der Suppe hatte er außerdem dafür zu sorgen, daß alle gleich wenig bekamen, damit es für alle reichte.

Rudolf hatte für Harry eine Geige besorgt, und abends, wenn wir uns zur Ruhe gelegt hatten und uns um die Enden der Decke stritten, hörten wir aus Rudolfs Zimmer bezaubernde Töne von »Wiener Liedern«. Rudolf war Berliner, liebte aber die Wiener Melodien, und es kam vor, daß er mich zu sich rief, damit ich echte Wiener Lieder sang. Geizig war er nicht, und ich bekam jedesmal etwas zur Belohnung, oft ein Stück Brot und etwas Margarine. Einmal, als er richtig beschwipst war und ich das wehmütige Heurigenlied sang *In an Gassen so schmal, dort weiß ich ein Lokal …* wurde er plötzlich von Heimweh gepackt, und seine Augen füllten sich mit Tränen. Dieser große, starke Kapo konnte weinen. Zum Dank schenkte er mir, ich traute meinen Augen kaum, einen halben Brotlaib. Die ganze Nacht hielt ich den Laib fest an die Brust gedrückt, und gleich nach dem Aufstehen rannten Peppi und ich zu einem versteckten Winkel, um das Festmahl zu teilen. »Ausnahmsweise satt«, sagten wir und hoben die Zeigefinger.

Harry war auf die glänzende Idee gekommen, wir sollten eine Vorstellung geben. Rudolf war Feuer und Flamme, und wir setzten uns in sein warmes Zimmer, um jeden weiteren Schritt zu erörtern. Weder Schminke noch andere Requisiten standen zur Verfügung, aber eine Bühne könnten wir bestimmt aufbauen. Doch wo waren unsere Kameraden aus Trzebinja? Lebten sie noch? Und wie sollten wir sie finden, unter diesen tausend und abertausend Häftlingen?

In unserem Block waren außer Harry und mir noch

Artur, ein Wiener, der gern französische Chansons sang, die er in der Fremdenlegion gelernt hatte, und der Pariser Jack, ein wunderbarer Tenor, der seit unserem Abtransport von Trzebinja so heiser war, daß er nicht einmal mehr sprechen konnte. Wir erklärten Rudolf, wir bräuchten unbedingt unsere Kameraden, und er antwortete unbekümmert: »Kein Problem. Nennt mir die Namen, dann finden wir sie, und sie können hier einziehen.«

Er fand sie tatsächlich, sie waren alle am Leben, und wir konnten anfangen zu spielen. Wir schoben drei Pritschen zusammen, das war die Bühne. Drei graue Decken wurden als Hintergrund aufgehängt, einen Vorhang herzustellen, war jedoch leider technisch unmöglich. Entfernt glich es immerhin einem Theater, und mit etwas gutem Willen konnte es als »Schauspiel auf offener Bühne« gelten. Jack war für die Beleuchtung verantwortlich, und ihm oblag es, jedesmal das Licht zu löschen, wenn ein Witz zu Ende war und das Publikum lachen sollte. Es klappte ganz ordentlich, obwohl wir nicht viel zu bieten hatten. Die Vorstellung wurde bestritten mit Gesang und kleinen Sketchen, vor allem aber mit ziemlich schlüpfrigen Witzen.

Rudolf war mächtig stolz, daß gerade sein Block Unterhaltung zu bieten hatte, und oft lud er seine Kapo-Freunde ein, aber auch die SS. Trotzdem bestand unser Publikum zum größten Teil aus unseren Blockkameraden, die sich auf ihren Pritschen drängten und applaudierten. Anschließend konnten wir uns mehr als satt essen an der Suppe, für die Rudolf sorgte. Die Vorstellung war in dieser Hölle eine willkommene Zerstreuung.

Und wir spielten noch mehr. Rudolf hatte Zivilkleidung beschafft, die wir bei der Vorstellung benutzen durften, danach aber sofort wieder abzuliefern hatten. Er beteiligte sich gern selbst an der Planung. An den Tagen, an denen wir spielten, es waren meist die Sonntage, wurde der Kamin von beiden Seiten geheizt, damit die Gäste nicht frieren mußten während der gut zwei Stunden, die die Vorstellung dauerte. Unsere Kameraden waren sehr dankbar dafür, daß sie wenigstens einmal wöchentlich in einem gewärmten Block schlafen durften.

Die Vorstellungen waren stets gut besucht. Schon zwei Stunden vor Beginn drängten sich die Besucher aus den andern Blocks, um sich einen Platz zu sichern. Wenn nichts sonst, war es die Wärme, die lockte. Die beiden Pritschenreihen füllten sich schnell, doch das Parkett war für die SS, Kapos und übrige prominente Gäste reserviert. Schon eine Stunde vor der Vorstellung trugen ihre jeweiligen »Pipel« die Stühle herbei.

Jeden Tag tauchten neue Anwärter auf, die auftreten oder sich anderweitig nützlich machen wollten. Harry hatte Schwierigkeiten, die Ordnung aufrecht zu erhalten und sie abzuweisen. Viele wollten Gedichte aufsagen, die sie noch aus der Schulzeit kannten. Ein Häftling war besonders hartnäckig. Er wollte das Kunststück zeigen, wie man zwei Stunden lang auf einem Bein steht. Harry war ziemlich irritiert. »Was ist denn das für eine Zirkusnummer?« Augenscheinlich beleidigt entgegnete der Häftling: »Wieso?« Jetzt fand Harry es komisch: »Ich kann dich doch nicht zwei Stunden lang auf der Bühne stehen lassen und das Publikum in der Spannung halten, ob du umfällst oder nicht. Außerdem brauche ich die Bühne für unser übriges Programm.« Doch der Bewerber ließ nicht locker: »Wenn ich mich ganz hinten in eine Ecke stelle, störe ich doch keinen?« Harry tat so, als würde er überlegen, und kaute nachdenklich an seinem Bleistift herum. »Na schön, stell dich da hinten in die Ecke und zeige, was du kannst, während wir probieren.«

»Danke, danke, tausend Dank« rief er und hob eiligst sein linkes Bein. Wir sahen amüsiert zu, und Harry sagte: »Halt mal, du darfst dich nicht gegen das Geländer lehnen, das hält nicht.« Nach etwa fünf Minuten merkten wir, daß er das Bein wechselte, und Harry wies ihn zurecht: »Hallo, wolltest du nicht auf einem Bein stehen?« »Das tu ich ja«, konterte er kurz und wechselte rasch wieder. Bald trat er fast ununterbrochen von einem Bein auf's andere, und nach einer halben Stunde stellte er sich auf beide Beine und hatte offenbar genug. »Ich bin nicht in Form. Ich gehe jetzt trainieren.« Was tut man nicht für eine Sonderration Suppe?

Wir probten gerade einen neuen Sketch, als ein älterer Mann erschien, der sich etwas abseits stellte. Harry duldete keine unnötige Unterbrechung und fuhr ihn an:

»Was hast du hier zu suchen?«

»Entschuldigen Sie die Störung«, sagte der Eindringling und verneigte sich demütig. »Mein Name ist Herschkowitz.«

»Na und?« fertigte Harry ihn ab.

»Ich bin Schauspieler. Vielleicht haben Sie Verwendung für mich.«

Herschkowitz erklärte den Grund seiner Anwesenheit fast flüsternd, doch er sprach jedes Wort so klar aus wie eine Perle in einem Glas Wasser. Harry zögerte einen Moment, dann sagte er:

»Sie sprechen nicht sehr gut deutsch?«

»Nein«, sagte er. »Ich komme aus Polen und habe nur in jiddischen Stücken gespielt.«

Harry ging auf und ab, und Herschkowitz stand mit gebeugtem Rücken da, die Arme gekreuzt. Plötzlich machte Harry halt und drehte sich auf dem Absatz zu Herschkowitz um:

»Gut«, sagte er, »versuchen wir es. Sie bekommen zehn Minuten für ein eigenes Programm. Wir besprechen es nach der Probe.«

Herschkowitz wurde eine zentrale Figur in unserer Vorstellung. Er spielte Szenen, die ihn an seine große Zeit als Schauspieler erinnerten. Aus den zehn Minuten, die er zunächst zur Verfügung hatte, wurden bald zwanzig, dann dreißig, und der rauschende Applaus wollte nicht enden. Mit wenigen Worten erläuterte er die Szenen, die er spielen würde. »Da ist das Fenster, da steht ein Tisch, da brennt eine Kerze.« Mit seinen Worten tauchte er die grauen Decken in helle, strahlende Farben. Die Bretter knarrten unter seinen festen Schritten, als würde die leere Bühne plötzlich ihr eigenes Leben führen. In dem, was er gestaltete, herrschte er über jede Sekunde und jede Bewegung. Er bettelte flüsternd, um im nächsten Moment seinen Zorn herauszuschreien. Er stand nicht auf den alten Pritschen in Block 8. Er stand auf der Bühne. Erschöpft, aber stolz nahm er anschließend den ohrenbetäubenden Applaus entgegen, mit hoch erhobenem Kopf. Mit geschlossenen Augen verneigte er sich und zog sich rückwärts von der Bühne zurück. Der Applaus der Häftlinge wollte nicht enden.

Gewiß folgten alle mit großem Interesse seinem Spiel, man schätzte seine Darstellung, aber was die größte Bewunderung erntete, war die Sprache. Er sprach ausschließlich Jiddisch, und damit feierte man einen Triumph, denn mitten in dieser fremden Wüste hatte man eine Oase gefunden. Und es war keine Fata Morgana, denn der Feind schloß sich den stürmischen Ovationen an. Sie applaudierten einem jiddischen Spiel, dargeboten von einem Juden und obendrein auf Jiddisch. Es war ein Sieg, es war, als wären wir nach Hause gekommen. Ein Wiedersehen mit der Familie, nachdem man scheintot gewesen war. Die geringe Hoffnung, die noch bestand, flammte plötzlich lichterloh auf. Seine Sprache verstanden weder der Kapo noch die SS richtig, doch sie erwiesen ihm trotzdem ihre Anerkennung für das, was er bot, denn sie wußten, oder meinten zu wissen, daß er ein Künstler war, ein großer Schauspieler. Sie klopften ihm anerkennend auf die Schultern und schenkten ihm Zigaretten.

Viele hätten sicherlich den Ruhm und die Ehre ausgenützt, die ihm zuteil wurden, doch das tat Herschkowitz nicht. Er schien keine Freunde zu haben, niemanden mit dem er besonders gern umging. Tief in seine Gedanken versunken spazierte er herum. Er sagte, es erfülle ihn mit Ruhe, keine Feinde zu haben. Wenn wir nach der Vorstellung unsere wohlverdiente Suppe bekamen, nahm er selbst nur wenige Schlucke und sah sich dann nach den Muselmännern um. Sie umstanden uns in gebührendem Abstand, hielten ihre Näpfe umklammert und starrten auf unsere Sonderrationen. Herschkowitz füllte seinen Napf, ging zu ihnen hin und teilte jedem etwas davon aus. Er mußte die Schale über ihre Köpfe halten, denn jetzt kamen immer mehr und wollten sie ihm wegnehmen. Dünne Arme hielten die Näpfe hin: »Bitte, bitte, ein bißchen Suppe. Ich bin so hungrig.«

Rudolf hatte geringes Verständnis für diese beherzigenswerte Freigebigkeit und wollte die Aufdringlichsten schlagen. »Schauspieler«, rief er, »laß dieses Spektakel. Mit dem bißchen Suppe kannst du sie sowieso nicht am Leben erhalten.« Herschkowitz sah ihn ernst an, und mit gedämpfter Stimme erwiderte er: »Nein, Herr Blockältester, das glaube ich auch nicht, aber ein wenig Wohlwollen zu erleben, kann manchmal sättigend wirken.«

Während dieser Zeit hatten wir Schauspieler, gemessen an den Umständen, ein relativ angenehmes Leben. Die ständige Jagd nach spielbaren Stoffen an den Wochentagen ließ uns den Hunger vergessen. Rudolf hatte angeordnet, daß wir nur zu viert auf einer Pritsche zu schlafen brauchten. Der Platzmangel verringerte sich ja außerdem, je mehr Häftlinge starben. Trotzdem gingen die grauenhaften Selektionen weiter.

Mittlerweile betrachteten wir die Aufstellungen vor Kapo Rudolf als reine Formsache, da keiner von uns so abgemagert war, daß er ihn als »Muselmann« bezeichnen könnte. Wollte hingegen ein SS-Mann in Begleitung eines Schreibers persönlich die Häftlinge eines Blocks mustern und nach eigenem Gutdünken bestimmen, wen er für reif hielt, nahm Rudolf unsere Namen und Nummern aus seiner Kartei und befahl uns einen kleinen Spaziergang, bis die Gefahr vorüber war. Wir hielten uns für sicher, solange wir unter Rudolfs Schutz standen. Aber, so überlegten wir, er konnte sterben; hier geschah das ja ständig. Er konnte auch versetzt werden. Die größte Gefahr war jedoch ein Verbot der Schauspielerei.

Ohne besonderen Anlaß stand ich eines Tages am Haupteingang und sah zu, wie Pinkus einen neuen Transport in Empfang nahm. Ich traute meinen Augen kaum, als ich Ladi entdeckte, meinen »Arbeitgeber« aus Brüssel. Er erkannte mich auch, und ich machte ihm ein Zeichen, er sollte mich nach der Prozedur in Block 8 suchen.

Es freute mich, ihn wiederzusehen, und ich scherzte: »Ladi, in diesen modischen Kleidern würden wir nicht viel Geld verdienen.« Doch ihm war nicht nach Scherzen zumute. Er war zornig und bitter. Seine Augen blitzten vor Wut, und mit gespreizten Fingern fuhr er sich über den kahlen Kopf.

»Hätte ich bloß ein großes Messer, ich würde ein paar von denen mitnehmen.«

»Wohin mitnehmen?« fragte ich. »Zum Kartoffelschälen? Sowas gibt es hier nicht.«

»Mach keine Witze«, sagte er und preßte seine Hände an die Wangen, »hier komme ich nicht lebend raus. Jeder kleine Rotzlöffel gibt mir Befehle und hat das Recht, mich zu schlagen, und ich muß es hinnehmen und den Mund halten. Nein, das ertrage ich nicht. Das mach' ich nicht mit.«

»Ladi, du wirst dich daran gewöhnen«, sagte ich, um ihn aufzumuntern, »es gibt Schlimmeres als das.«

Eine Woche lang versuchte er wirklich, sich der Gewalt zu unterwerfen. Schließlich entschied er sich dafür, in den Hochspannungsdraht zu rennen.

Schließlich kam der Tag, den wir alle gefürchtet hatten. Es war Zeit für die Großselektion. Rudolf hatte sich den ganzen Morgen nicht blicken lassen, und alle standen vor ihren Blocks und rätselten, was das Wort Großselektion bedeuten mochte. Rudolf kam eilig an und ging mit raschen Schritten geradewegs in sein Zimmer im Block. Mit Harry als Anführer folgten wir ihm und stellten uns vor seine Tür. Plötzlich flog die Tür auf, und mit der Hand auf der Klinke starrte Rudolf uns an. Sein Gesicht war angespannt und verzerrt, er wirkte ehrlich verzweifelt.

»Jungens« sagte er, »da sind wir machtlos. Alles Bitten hat nichts geholfen. Fünftausend wollen sie in die Gaskammern schicken. So lautet der Befehl.« Er tat ein paar Schritte aus dem Zimmer heraus und starrte in den leeren Block hinein. Abwechselnd rieb er seine Hände und seinen Kopf. »Was soll ich tun? Ich bin machtlos.« Wir standen still und sahen ihn an, und er blickte mit matten Augen zurück. »Fünftausend. So viele Muselmänner können wir ihnen nicht geben, aber das wollen sie nicht einsehen. Sie wollen ihren Anteil selbst holen.«

Harry versuchte ihn zu überreden, uns auf irgendeine Weise zu schützen. Doch er schüttelte nur den Kopf. »Diesmal nicht, es geht nicht. Es geht nicht. In einer Stunde ist es schon soweit, und ich muß euch verdammt nochmal alle vorführen.«

Bald kamen sie an: Der SS-Arzt und sein Gefolge. Als sie unsere Baracke betraten, waren wir schon nackt, aufgereiht rechts vom Kamin. Bis zu diesem Moment empfand ich eigentlich nichts. Nichts, was mit Angst zu tun hatte. Es war mehr ein kaltes Gefühl der Unsicherheit, das ich abzuwehren versuchte. Wir waren ein paar Mitglieder der Theatergruppe, die sich ans Ende der Schlange gestellt hatten. Wir redeten nicht. Wir hatten uns nichts zu sagen. Jetzt nicht mehr. Schritt für Schritt wand sich die lange Schlange vorwärts. Auch ringsum war es still, nur das Geräusch der schlurfenden Schritte auf dem Steinboden war zu hören. Ganz vorn standen ein paar SS-Männer und beobachteten teilnahmslos den Daumen des Arztes. In Brusthöhe bewegte dieser den Daumen bald nach rechts, bald nach links. Rechts – vergasen, links – Galgenfrist. Ein kurzer, ausdrucksloser Blick, dann sprach der Daumen sein Urteil.

Lautlos und mechanisch tickte der Daumen hin und her wie ein Pendel. Ich hörte ein Flüstern: »Sie nehmen jeden zweiten.« Unter uns entstand ein Gedränge. Man drängelte vorwärts und rückwärts, aber wer drängte sich an den richtigen Platz? Wir sahen uns an. Wer war der erste, wer war der zweite unter uns? Rasch versuchten wir uns einen Überblick zu verschaffen, aber die Reihe war zu lang und ungeordnet. Wer war es, der sagte: »Alle oder keiner?« Jedenfalls gruppierten wir uns rasch um und spähten nach den anderen in unserer Gruppe. In welcher Reihenfolge standen sie? Wir hatten reichlich Zeit gehabt, uns auf den Tod vorzubereiten. Wir hatten viele andere diesen Weg klaglos gehen sehen. Man mußte nur tief einatmen, wie Rudolf sagte. Gleichwohl hatte ich nie geglaubt, ich würde einer von denen sein, die zum Sterben ausgewählt wurden.

Nie hatte ich dem Tod freiwillig die Chance gegeben, mich zu holen. So sicher hatte ich mich gefühlt. Aber jetzt hatte ich selbst meinen Platz gewählt. War ich der erste oder der zweite? Jetzt war es vielleicht soweit. Ich konnte nicht mehr fliehen. All das raste mir durch den Kopf, während wir uns langsam vorwärts bewegten. Doch dann verstummten plötzlich die Stimmen in meinem Kopf. Ich fühlte nichts. Ich fühlte mein Herz nicht schlagen, ich spürte nicht die Kälte unter meinen Füßen, ich sah weder meine Kameraden noch den pendelnden Daumen. Mein Kopf füllte sich mit Hitze und war kurz vorm Explodieren. Ich löste mich in Nichts auf. Ich schwebte, als wäre ich nicht mehr vorhanden. Ich war tot. Auf welche Weise ich den Sprung über den Kamin schaffte, ist mir ein Rätsel geblieben.

Wie aus einem tiefen Alptraum wurde ich von meinen Freunden geweckt. Es war mir nicht klar, was sie zu mir sagten, aber durch einen Nebelschleier sah ich Peppi, Harry, Artur und einige andere. Ich spürte, wie der starke Druck in der Magengrube allmählich nachließ, und ich hörte sie rufen, die Selektion sei vorüber. Ich schloß die Augen und hörte in der Ferne meine eigene Stimme: »Wir waren also die ersten.«

Nur drei aus unserer Gruppe hatten am falschen Platz gestanden, darunter Herschkowitz. Dank Rudolf bekamen wir die Erlaubnis, in seiner Begleitung von unseren Kameraden im Todesblock Abschied zu nehmen, wo die Ausgewählten sich aufhalten mußten, bis sie abgeführt wurden.

Herzzerreißende Szenen spielten sich ab, als Väter, Söhne, Brüder und Freunde sich voneinander verabschiedeten: Tränen, Umarmungen, Ermutigungen und ein letzter Napf Suppe. Die Verzweiflung ist unmöglich in Worte zu fassen.

Herschkowitz war ruhig und gefaßt. Er behielt seine Würde und erklärte Rudolf: »Ich habe keine Angst, und ich klage nicht. Ich kann wohl den Weg zum Tod finden, Herr Blockältester, nur die Art, wie mir das Leben genommen wird, die Vergasung, finde ich demütigend. Es ist unwürdig, so zu sterben. Aber ich bin bereit.«

Wir umstanden ihn, hatten aber keine Worte zum Trost. Was sollten wir sagen? Dasselbe Schicksal erwartete uns. Es war nur eine Frage der Zeit, wann wir an der Reihe wären. Ohne Worte drückten wir uns zum Abschied die Hände und verließen den Todesblock. Draußen blieb Rudolf stehen und sagte: »Ich habe eine Idee. Ich will versuchen, ihm einen würdigeren Tod zu geben.« Dann ging er mit raschen Schritten davon. Wir blieben stehen und sahen ihm nach.

Gleich darauf kam er mit einem SS-Mann zurück, den wir kannten, und von dem wir wußten, daß er Herschkowitz mochte. Wir grüßten, wie die Lagerzeit es uns gelehrt hatte, in strammer Haltung, aber er ging vorbei und in den Block hinein. Kurz darauf öffnete sich die Eingangstür, und Herschkowitz kam heraus, lachend und mit ausgebreiteten Armen. Zwei Schritte hinter ihm der SS-Mann. Herschkowitz schaffte es nicht, etwas zu sagen. Kaum hatte er den Block verlassen, als der Schuß fiel. Ein einziger gezielter Schuß beendete Herschkowitz' Leben. Unwissend, mit einem Lächeln auf den Lippen, sank er vor uns hin, denn Rudolf und der SS-Mann hatten ihm eine letzte Freude gegeben, eine letzte Hoffnung. War das menschlich? Vielleicht. War der SS-Mann ein Mörder, oder gab er

Herschkowitz einen gnädigeren Tod? Wie hätte ein Richter geurteilt?

Herschkowitz mußte in die Todesbaracke zurückgetragen werden, damit die Anzahl stimmte. Und mitten in diesen verheerenden Abschiedsszenen stand ein kleiner Junge. Wir kannten ihn als Pipel von einem Kapo. Hatte er ausgedient und war in Ungnade gefallen? Er stand da so jämmerlich einsam, und sein Blick irrte umher, auf der Suche nach etwas Bestimmtem. Ein älterer Mann strich ihm über den Kopf und sagte: »Fasse Mut, mein Kind. Es ist nicht schlimm zu sterben. Es ist schlimmer, das Leben zu führen, zu dem wir verurteilt sind. Hab Vertrauen zu dem gerechten Gott und geh mit Zuversicht den Weg, der dir bestimmt ist.«

Der Junge sah ihn fragend mit seinen Samtaugen an. Er weinte nicht, seine Stimme war sanft und kindlich, als er sagte: »Ich will nicht sterben. Ich bin erst zwölf, ich habe noch nicht mal zu leben angefangen. Warum muß ich sterben?« Sein Blick blieb suchend an uns hängen, die ihn umstanden, er bat um eine Antwort. Doch wir alle blieben stumm. Da faltete er seine kleinen Hände, wandte das Gesicht zum Himmel, und mit weit offenen Augen betete er: »Lieber Gott, laß mich nicht sterben, ich bin noch so klein, bitte, bitte, hilf mir.«

Niemand kam ihm zur Hilfe. Gehorsam mußte er dem Weg folgen, den er nicht gewählt hatte. Zu beiden Seiten der Laufstege hinauf zur Ladefläche standen SS-Männer und überwachten das Beladen mit entsichertem Gewehr. Die Tür wurde aufgerissen, und ein SS-Offizier schrie: »Macht euch bereit, jetzt fahren wir!« Mit schweren Schritten gingen alle hinauf und drängten sich in dem Lastwagen zusammen. Alles war so entsetzlich selbstverständlich. Wir winkten ihnen zu, sie winkten zurück. Keiner betete, keiner weinte, aber alle stimmten ein in die jüdische Hymne *Hatikva*. Sie fuhren, alle wußten es, zur unausweichlichen Endstation.

Zwei Tage währte die Trauer um unsere Kameraden. Wir brauchten keinen Trauerflor oder sonst etwas, um unseren Schmerz zu bezeugen. Die grauen Wolken hingen schwer am Himmel, als wollte das Blau sich aus Scham nicht zeigen. Doch es regnete nicht. Wir wechselten nicht viele Worte, wenn wir vor dem Block herumgingen oder auf den Pritschen lagen oder auf dem ungeheizten Kamin saßen. Die wenigen Worte, die fielen, galten unseren Kameraden. Doch ausgebrannte Asche gibt keine Flamme. Zwar versuchten wir uns gegenseitig aufzumuntern, und Artur erzählte, wie so oft zuvor, von seinen Erlebnissen in einem französischen Bordell. Aber die alten Geschichten warfen nur verzerrte Bilder zurück. Die Vergangenheit hatte einen faden Geschmack, und wir machten uns keine Hoffnung auf die Zukunft.

Freddy fuhr auf: »Nein, jetzt ist genug Trübsal geblasen, jetzt erzähle ich einen Witz!« Unsere Köpfe hingen schwer auf die Brust, und wie aus einem Mund sagten wir: »Den kennen wir schon.« Aber Freddy ließ nicht locker. »Ich habe eine Idee. Wir singen einen Kanon.« Mit schwacher Stimme sang er die ersten Takte von »Oh wie wohl ist's mir am Abend«, doch seine Stimme verklang, da keiner von uns einfiel. Er vergrub seine geballten Hände in den Hosentaschen und setzte sich wieder auf den Kamin. »Du sollst den Tag nicht vor dem Abend loben«, sagte Kurt.

Kurt war Wiener und hatte Max Reinhardts Theaterseminar besucht. Er war bestimmt sehr begabt und hätte es weit gebracht, hätte er die Chance gehabt, sich zu entwickeln. Seine Paraderolle war der Mephisto im Faust gewesen. Der Witz daran war, daß er dazu nicht viel Schminke brauchte, denn seine Kopfform wie seine Züge paßten gut für einen Mephisto. Doch sein absoluter Favorit war Erich Kästner. Es wäre übertrieben zu sagen, daß er alles auswendig konnte, aber viel fehlte ihm nicht. Vor 1938 hatte er eigene Kästner-Rezitationsabende in Wien veranstaltet.

Auch mir gefiel Kästner sehr. Er schrieb einfach und unkompliziert, ganz nach meinem Geschmack, dabei treffsicher bis ins kleinste Detail. Er entkleidete die Menschen vollständig, zog ihnen alle Hüllen ohne weiteres über den Kopf und zeigte ihnen, wer sie wirklich waren. Hätte ich die Gelegenheit gehabt, hätte ich auch Goethe, Schiller und Heine gelesen, aber nun war es Kästner, den ich zu hören bekam, und ich lernte, daß sogar die süßeste Frucht oft einen bitteren Kern hatte. Worüber wir auch sprachen, immer wieder fragte ich Kurt: »Was hat Kästner dazu gesagt?« Kurt grub tief in seiner Gedächtniskammer und fand bald einen Vergleich. Als hätte Kästner schon viele Jahre vorher gewußt, woran wir dachten, murmelte Kurt: »Das ist das Verhängnis, zwischen Empfängnis und Leichenbegängnis, nichts als Bedrängnis.« Und wir lauschten und nickten beifällig.

Mitten in unserer Kästner-Sitzung rieß Rudolf die Tür auf und schrie: »Jungens, fahrt hier weg! Morgen geht ein Transport in eine Kohlengrube. Da braucht man Arbeiter. Meldet euch und verschwindet von hier, bevor ihr zugrunde geht oder sie euch vergasen!« Einige von uns folgten seinem Rat, andere nicht. Harry murmelte etwas von schmutziger Arbeit, und Peppi schüttelte bloß den Kopf. Erich oder Erika, mein Gesangspartner, hatte andere Pläne, und so waren es nur fünf aus unserer Gruppe, die am nächsten Tag zusammen mit hundert anderen in das Kohlengrubenlager Fürstengrube gebracht wurden.

Schon der Empfang in der Schreibbaracke überraschte

uns. Hätte der Lagerälteste, der ja selbst ein Häftling war, uns gefragt, ob jemand von uns früher in einer Grube gearbeitet hätte, wäre uns das nicht merkwürdig vorgekommen; er aber stand auf der zweiten Treppenstufe vor der Schreibstube, lachte freundlich und fragte: »Gibt es Musiker unter euch?« Einen gab es, und er trat aus der Reihe vor. Wir flüsterten uns zu: »Woher kommt er?« Ungefragt trat Freddy vor und sagte etwas theatralisch: »Herr Lagerältester, ich kann singen. Und ich bin nicht allein, wir sind hier eine ganze kleine Theatertruppe.« Wir fanden es etwas übertrieben, daß er singen könnte, aber was machte das schon? Wir waren hergekommen, um Grubenarbeiter zu werden, und keine Sänger.

Noch am selben Abend mußten wir vor dem Lagerältesten und einer Reihe von Kapos eine Geschmacksprobe unserer Unterhaltungskunst geben. Wir sangen, erzählten freche Witze und spielten simplere Sketche. Ich selbst hatte Schwierigkeiten mit meinem Couplet, weil mir mein Partner fehlte. Ich sprang beim Duett von der einen Seite zur anderen und spielte beide Rollen abwechselnd. Aber es wurde gut, sie waren zufrieden, und wir wurden mit Brot und Butter belohnt.

Die Grube wurde in drei Schichten betrieben, und wir wurden aus irgendeinem Grund der zweiten Schicht zugeteilt, das heißt von zwei Uhr Nachmittags bis zehn Uhr abends. Daß wir »Schauspieler« waren, hatten sie offenbar vergessen. Dafür gab es ein Orchester, bestehend aus Geige, Cello, Trompete und Klavier, das für die seriöse Unterhaltung sorgte. Leider konnten wir die Konzerte nicht besuchen, da sie noch nicht angefangen hatten, wenn wir in die Grube einfuhren, und zuende waren, lange bevor wir wieder heraufkamen. Schon nach wenigen Tagen hatte unsere Lust zu singen beträchtlich abgenommen.

Die Arbeit war schwer und ungewohnt, aber nicht tödlich. Wir lernten die deutschen Marschlieder singen, die wir auf dem Hin- und Rückweg singen mußten. Ganz oben am großen Tor prangte das Symbol der Grubenarbeiter, »Schlägel und Eisen«, und darunter ihr Gruß: »Glück auf«. Beim Abmarsch jeder Schicht standen der Lagerälteste und der »SS-Hauptscharführer« und nahmen die Meldung des Kapos über die Anzahl der Häftlinge entgegen, die das Lager verließen. »Kolonne halt! Mützen ab!« bellte er, und wir rissen uns die Mützen vom Kopf und wünschten uns brüllend, aber taktfest »Glück auf«.

»Mützen auf«, schrie jetzt der Kapo, und wir setzten die Mützen wieder auf. Dann fing er an zu zählen: »eins, zwei, drei, vier«, und wir marschierten aus dem Lager, mit dem linken Fuß zuerst, singend »Ich weiß ein Blümelein …« Wir selber fanden, wir stünden der deutschen Kriegsmacht kaum nach, wenn wir mit ihren Liedern loslegten. Die Grube lag fünf Minuten zu Fuß entfernt, und unterwegs winkten uns die Leute auf der Straße freundlich zu. Der deutsche Grubenchef und sein Untergebener, genannt Obersteiger und Untersteiger, empfingen uns stets mit einem freundlichen Gruß. Auch als Zwangsarbeiter waren wir, sobald wir in die Grube einfuhren, gleichberechtigt. Eine unabsichtliche Fahrlässigkeit unsererseits konnte eine Katastrophe für uns alle auslösen.

Die SS-Wache fuhr nie mit in die Grube. Dazu bestand keine Veranlassung, denn es gab ja nur einen Eingang, und das war auch unser einziger Weg hinaus. An das Einfahren in den Schachtaufzug konnte ich mich nie richtig gewöhnen. Schon als Kind mochte ich es nicht, Achterbahn zu fahren, mir wurde übel davon. Das hier war etwas Ähnliches. In einem offenen Drahtkorb drängten wir uns zu fünft, und in rasender Geschwindigkeit fuhren wir cirka dreihundert Meter hinunter in die Erde. Dann wurde er wieder hochgezogen und holte die nächsten fünf.

Fürstengrube war eine alte Grube, und sie gab sehr wenig Ertrag. Der Vorarbeiter, der Untersteiger, sprengte, wenn er glaubte, man würde Kohle finden. Meistens mußten wir die gesprengten Stollen freischaufeln, ohne daß man sich die Mühe machte, sie abzustützen, um sie vor dem Einsturz zu bewahren. »Das lohnt sich nicht«, meinte der Obersteiger, wenn er in das Loch hineinleuchtete, das durch die Sprengung entstanden war, nachdem der Staub sich gelegt hatte. Wir mußten hineinkriechen und anfangen zu schaufeln. Es war sehr gefährlich, aber wir gewöhnten uns bald daran, und zum Schluß dachten wir nicht mehr darüber nach, daß wir tatsächlich jedesmal das Leben riskierten, wenn wir hineinkrochen. Wir hatten eine Karbidlampe, die wir auf einen kleinen Vorsprung stellten. Das alles war erträglich, solange man aufrecht stehen und sich zwischendurch kurz ausruhen konnte, indem man sich auf die große, herzförmige Schaufel stützte. Bedeutend schlimmer war es, wenn der Steiger nur eine kleine Öffnung fand, in die wir kriechen mußten um abzuhacken, was es an Kohle oder fettem Stein gab; das mußten wir dann unter dem Bauch durchschaufeln. Die Arbeit war zwar schwer und ungesund, aber es war ungleich besser, Kohlenstaub in Acht-Stunden-Schichten zu atmen als das Gas in Auschwitz-Birkenau.

Das sagten wir uns alle, und keiner klagte, weil wir wußten, die Öfen waren nur zwölf Kilometer entfernt. Jeder dritte Sonntag war arbeitsfrei. Wir hatten das Recht, länger als sonst zu schlafen, und kümmerten uns um unsere Kleidung und die persönliche Hygiene, was wohltuend war. Doch schon am ersten freien Tag wurden wir zum Lagerältesten bestellt. »Wie sieht es aus?« fragte er, »könnt ihr heute abend spielen?«

Seit drei Wochen hatten wir uns auf den Feiertag gefreut, und da kommt er ausgerechnet an diesem Tag mit einer solchen Gewissensfrage. Er fragte gar nicht, ob wir wollten, nein, er fragte, ob wir können. Ein Nein wäre eine Lüge, also sagten wir ja. Wir zogen ab in die ausgeräumte Baracke, in der die Konzerte gegeben wurden, und hockten uns in eine Ecke. Gähnend und mit müden Augen hörten wir den Musikern zu, die gerade Schumanns Träumerei probten. Die vielen Unterbrechungen wegen der Fehlgriffe des Cellisten waren schrecklich störend. Plötzlich, wie aus der Kanone geschossen, fuhr Freddy auf.

»Freunde, ich hab's!«

»Was hast du?«

»Das Gefühl.«

Er setzte sich wieder und strich sich ein paarmal über die Brust. Das machte er immer, wenn er mit sich besonders zufrieden war.

»Ich habe das deutliche Gefühl, genau heute ist unsere Chance gekommen. Hört doch dieses jaulende Cello, wie es nach Liebe ruft, nach Tränen und Sehnsucht. Sie haben das falsche Forum gewählt. Bei den Gefangenen können die Töne bestimmt erloschene Gefühle hervorlocken, aber nicht bei unserem Hauptscharführer und schon gar nicht bei den SS-Wachen. Vermutlich genausowenig bei unseren Kapos. Nein, laßt uns scharf schießen, mit dem gröbsten Kaliber, das wir haben, und ihr werdet sehen, bald sind wir begehrt und stehen wieder auf der Bühne.«

Er hatte uns überzeugt. Wir holten das Beste aus unserem Repertoire hervor und machten uns mit großem Enthusiasmus ans Werk. Nichts Zweideutiges, alles sollte leicht verständlich sein, und unsere Witze würden wir als

»Black-outs« spielen. Dummerweise waren die Schalter auf beide Seiten verteilt, also entschieden wir uns statt dessen, mit einem Trommelwirbel das Ende des Witzes zu markieren. Leider bekamen wir dann mehrmals Schwierigkeiten damit. Der Trommler hörte uns zu und vergaß darüber seinen Einsatz. Nun war das nicht so schlimm, denn das Publikum amüsierte sich auch über die Pannen.

»Wenn ihr die Trommel hört, bitte lachen, dann ist der Witz zuende«, instruierten wir sie. Wenn nichts passierte, warteten wir eine Weile, schauten auf den Trommler und sagten: »Willst du nicht bald deine Trommel schlagen?« Dann erst tat er es, und das Publikum lachte. Der Abend war ein voller Erfolg, und schon am nächsten Tag ließ uns der Lagerälteste rufen. »Der Hauptscharführer wünscht auch nächsten Sonntag eine Vorstellung. Bereitet ein Programm vor.« Als wir sagten, das sei nicht möglich, weil wir in der zweiten Schicht waren und nur jede dritte Woche frei hatten, antwortete er, das sei kein Problem, und versetzte uns in die Nachtschicht.

Jetzt bekamen wir Lob und Anerkennung. Schlechter stand es mit dem Schlaf. Wir verließen die Grube um sechs Uhr morgens, und es wurde fast acht, bis wir geduscht und den Morgenkaffee getrunken hatten. Während unsere Kameraden schlafen gingen, saßen wir am Tisch, um geeigneten Stoff für den kommenden Sonntag zu finden. Flüsternd tauschten wir Gedanken und Ideen aus, schrieben Texte und Dialoge und notierten, bei welchen Melodien das Orchester uns helfen sollte. Wir mußten sehr leise sein, um den Schlaf unserer Kameraden nicht zu stören.

Länger als bis um drei durfte keiner schlafen. Oft wurden wir noch früher geweckt, um bei irgendeiner Arbeit im Lager zu helfen. Mit Recht kann man sich fragen, ob es vernünftig war, nach der schweren Nachtschicht ein Programm für eine Vorstellung zu erarbeiten, statt direkt schlafen zu gehen. Doch wir waren getrieben vom Schaffensdrang und vom Wunsch, Anklang zu finden. Nach dem Duschen waren wir klar im Kopf und sprühten von Ideen und Vorschlägen. In den ersten zwei Stunden spürten wir keine Müdigkeit. Nach den paar Stunden Schlaf jedoch waren wir völlig zerschlagen, und wenn man auch den Körper zum Gehorsam und zur Arbeit zwingen konnte, war es mit der Gedankenarbeit schlechter bestellt. Auf welche Weise wir uns vorbereiteten, um die Unterhaltung zu bieten, danach fragte niemand.

Der Sonntag kam und wir spielten, um gleich hinterher wieder in die Grube einzufahren. In der ersten Zeit nahm unser Kapo keine Rücksicht, wenn er uns dabei ertappte, wie wir an einer versteckten Stelle eine neue Melodie übten. »Was zum Teufel treibt ihr hier?« brüllte er und hob drohend seinen Knüppel. »Wir singen«, antworteten wir wahrheitsgetreu. »Zurück in den Stollen und schaufelt! Singen könnt ihr auf der Bühne.« Es war sinnlos, mit ihm zu diskutieren, und er wich nicht von unserer Seite, also blieb nichts anderes übrig, als zu schaufeln. Aber es sollte besser werden.

Freddy war Damenschneider von Beruf, und er wurde von der Grubenarbeit befreit, um statt dessen den ganzen Tag in einer zu diesem Zweck eingerichteten Werkstatt zu sitzen und zu nähen. In der Werkstatt gab es außerdem einen Hutmacher, einen Kürschner, einen Schuster und einen Herrenschneider. Diese Fachleute sorgten für die Bekleidung der SS-Männer und der Kapos, aber sie halfen auch anderen »prominenten« Häftlingen, die gelegentlich einen Napf Suppe oder ein Stück Brot übrig hatten. Freddys Aufgabe war eigentlich, die Bühnenkostüme für uns zu nähen, aber er brauchte den größten Teil seiner Zeit, um

Kleider für die Frauen und Verlobten der SS zu schneidern. Unser Lagerältester wurde versetzt, und Kapo Josef nahm seinen Platz ein.

Kapo Josef war im Zivilleben Architekt, und zwar, wie das Gerücht sagte, ein sehr erfolgreicher. Angeblich war er Chefarchitekt bei Hitler gewesen, aber in Ungnade gefallen, als sich herausstellte, daß er »Vierteljude« war. Übrigens hatte er eine Nummer auf dem Arm eintätowiert, was bei den anderen Deutschen nicht der Fall war. Josef liebte die Musik und versprach, uns bei unseren Anstrengungen zu unterstützen, auch wenn er das, was wir machten, nicht als Theater betrachtete. Oft fanden wir ihn am Klavier im Konzertsaal. Er spielte klassische Musik. Es hieß, seine deutsche Frau sei ein bekannter Sopran. Als Lagerältester trug er eine Maske, ein steinernes Gesicht, das er selten veränderte. Doch gelegentlich, wenn er von seiner Frau und seinen Kindern oder den beruflichen Erfolgen sprach, hellte sich seine Miene auf. Er war es, der uns auf den Gedanken brachte, daß wir unser Spiel erweitern und noch andere Talente suchen sollten, Schauspieler und Musiker. Da erzählten wir ihm von Harry, unserem früheren Leiter, und sagten, ihn bräuchten wir unbedingt dazu. Schon nach zwei Tagen machte Hauptscharführer Moll ihn im Arbeitslager Buna ausfindig. Auch das war ein Außenlager von Auschwitz, aber es war hauptsächlich von deutschen politischen Häftlingen bevölkert, die sich mit der Herstellung von synthetischem Kautschuk befaßten.

Harry sah nicht gut aus. Er hatte durch die harte Arbeit viel Gewicht verloren, obwohl das Essen erheblich besser war als bei uns üblich. Er brachte ein paar Lagerneuigkeiten mit und konnte erzählen, daß er sich auf Anraten von Rudolf zusammen mit Doktor Waagschal und Erich für Buna gemeldet hatte. Auf dem Weg dorthin hatten die beiden einen mißglückten Fluchtversuch gemacht, und man hatte sie erschossen. Was Pinkus betraf, hatten die hohen Tiere unter den politischen Häftlingen erfahren, wie er seine Mithäftlinge behandelt hatte, und seine Auslieferung an ihre Abteilung erwirkt. Noch am Tag seiner Ankunft hatten sie ihn erschlagen. Von Peppi wußte er nur, daß er im Steinbruch schuftete.

Zum größten Teil waren die Kapos »Reichsdeutsche« und mit einer gewissen Sorgfalt ausgewählt. Bestand auch der größte Teil der Häftlinge aus Juden, gab es eine ganze Reihe von Nicht-Juden, die im allgemeinen irgendeine Position bekamen, und sei es als Vorarbeiter. Wie schon in Auschwitz hatte jeder Häftling, ob Jude oder nicht, ein Kennzeichen an die Häftlingstracht genäht, links auf der Brust. Nicht-Juden trugen sogenannte Winkel, Dreiecke in verschiedenen Farben. Schwerverbrecher und Mörder trugen grüne Winkel mit der Spitze nach oben, kleinere Kriminelle mit der Spitze nach unten. Die Politischen hatten rote Winkel, Saboteure schwarze, und lila kennzeichnete die Homosexuellen. Juden hatten keine Winkel, wir trugen gelbe Davidssterne, auch die jüdischen Kapos. Wir hatten außerdem zwei katholische Priester unter uns, aber was sie verbrochen hatten, wußten wir nicht.

Die meisten Kapos hatten vorher im Zuchthaus gesessen. Sie wurden dann nach Bedarf in verschiedene Konzentrationslager verlegt. Sie waren zwar Häftlinge mit beschränkter Bewegungsfreiheit, hatten aber Macht über die anderen Gefangenen und konnten mit uns nach Belieben verfahren. Einen Juden zu töten hatte keine Folgen. Die SS hatte großen Respekt vor den Kapos. Sie waren zwar Verbrecher, aber zugleich deutsche Staatsbürger, und als solche wurden sie behandelt. Wir wußten ganz genau, welche Kapos sich untereinander nicht vertrugen, doch das war nicht unsere Sache. Hingegen war es unsere Sache, welche Kapos uns mochten und welche nicht.

Der Lagerälteste, der unser höchster Vorgesetzter war und damit auch der aller Kapos, hätte es nicht gewagt, seine Stimme gegen einen deutschen Kapo zu erheben. Mit uns konnte er umspringen, wie es ihm gefiel, aber niemals würde er über einen deutschen Kapo gebieten. Trotzdem unterschied er sich erheblich von ihnen. Alle Kapos trugen die gleiche gestreifte Häftlingstracht wie wir, allerdings meistens handgenäht und makellos sauber, und sie hatten eine gelbe Armbinde, auf der »Kapo« stand. Der Lagerälteste dagegen trug eine spezialgeschneiderte schwarze Uniform, ähnlich wie die der Gestapo. Seine Armbinde war weiß. Sein Pipel sorgte dafür, daß seine Stiefel stets blankpoliert waren, und seine langsamen Bewegungen waren vergleichbar denen eines Roboters.

Harry war also wieder mit uns vereint, und wir saßen froh und zufrieden im Konzertsaal, um ein neues Programm vorzubereiten. Unterdessen versammelten sich die Musiker zu ihrer Probe. »Wie«, rief Harry aus, »ihr habt ein Orchester?« Er breitete die Hände aus, als wäre er schon ihr Leiter und wollte sofort anfangen zu dirigieren. Die Musiker stimmten gerade ihre Instrumente, aber wie üblich konzentrierten wir uns auf unsere Sache. Sie störten uns nicht, und wir störten sie nicht. Doch Harry brachte uns zum Schweigen und hörte dem Marsch zu, den sie spielten.

»Wie ist es?« fragte er, »macht ihr auch mal was zusammen?«

»Nicht oft. Felix begleitet uns öfter auf dem Klavier.«

»Meine Herren«, sagte er und rieb sich die Hände, »das wird sich ändern.«

Harry bat um eine Unterredung mit dem Lagerältesten

und führte mit ihm ein langes Gespräch unter vier Augen. Wir standen draußen und warteten gespannt. Worüber sie gesprochen hatten, erfuhren wir nicht, aber noch am selben Abend mußten wir nicht zur Nachtschicht in die Kohlengrube und durften statt dessen, wie die Musiker, im Lager und bei Tag arbeiten. Harry wurde zum neuen Orchesterleiter ernannt und zugleich zum Vorsteher des Kleidervorrats. Diesen Posten hatte sein Vorgänger innegehabt, der jetzt sein Stellvertreter wurde.

»Jetzt werden wir richtiges Theater spielen«, strahlte Harry, und der Lagerälteste stimmte zu. Der Konzertsaal wurde in ein Theater umgewandelt. Der Lagerälteste, der ehemalige Kapo Josef, von Haus aus Architekt, war ganz in seinem Element. In diesem Milieu fühlte er sich wohl. Hier durfte er wieder Architekt und Baumeister sein. Nun wurde eine richtige Bühne gebaut, mit beweglichen Kulissen, Vorhang, Beleuchtung und Scheinwerfern. Kostüme, Schminke und alle anderen Requisiten beschaffte er entweder persönlich oder durch die SS. Und Hauptscharführer Moll war mit allem einverstanden. Der Schneider, der Schuster, der Hutmacher, der Schreiner, der Schlosser und der Elektriker, alle waren beim Theaterbau engagiert. Die Kulissen malte Claude, ein französischer Künstler. Die Arbeit wurde von vorn bis hinten mit Kreativität und großem handwerklichen Können durchgeführt.

Und mitten in diesem herrlichen Durcheinander stand Architekt Josef und gab seine Anweisungen, da wir natürlich keine richtigen Bauarbeiter zur Verfügung hatten. Die Ein- und Ausgänge sollten leicht zu verlegen sein. Das Orchester, das auf sechzehn Mann erweitert wurde, versenkte er einen Meter tief in einem Orchestergraben. Es war eine wunderbare, spannende Zeit. Alle stoben herum wie verrückte Hühner. Es war, als stünde uns eine Premiere von Weltrang bevor, und wir hatten keinen Gedanken daran, daß wir uns nur ein paar Kilometer entfernt von Auschwitz-Birkenau befanden.

Unter wildem Gehämmer und Genagle standen wir auf der Bühne und probierten, nur hin und wieder mit einer Unterbrechung, wenn wir dem Maurer Ziegelsteine bringen oder mehr Zement mischen mußten. Handlanger wurden immer gebraucht. Bis jetzt hatten wir ohne weibliche Rollen auskommen müssen, da mein Partner Erika nicht mehr unter uns war, aber jetzt suchte Harry einen Ersatz. Wir liefen im ganzen Lager herum, durchkämmten alle Baracken, um jemanden zu finden, der die weibliche Hauptrolle sowohl singen wie spielen konnte. Nach drei Tagen gaben wir auf. Harry wanderte nachdenklich auf der Bühne herum. Er schob ein Brett beiseite und blieb vor mir stehen. »Na, also«, sagte er und fuhr mit der Hand über seinen glattrasierten Schädel. Sein verschmitztes Lächeln gefiel mir überhaupt nicht. »Harry«, sagte ich, »ich ahne, was du denkst, aber ich bitte dich. Ich kann keine Frau spielen.« Meine Kameraden standen daneben und grinsten, weil auch sie begriffen, was er im Sinn hatte. »Aha«, fuhr er in herablassendem Ton fort und runzelte die Stirn, »in dem Fall bin ich sicher, du kannst dir aussuchen, in welche Schicht du gehen willst.«

»Okay, du hast gesiegt«, antwortete ich kurz. »Aber nur bis wir jemand anderen finden.« Von da an enthielten alle Einakter und Sketche eine weibliche Rolle. Ich schrieb sie meistens selbst, um allzu alberne und lächerliche Dialoge zu vermeiden. Auch wenn ich versuchte, meinen Bewegungen etwas graziös-weibliches zu verleihen, ließ ich meine Stimme immer unverändert. Ich haßte diese Rollen vom ersten Tag an, und ich haßte sie, solange ich sie spielte. Freddy lernte die Texte, die ich früher als Erichs

Partner gesungen hatte, und er wurde mein männlicher Gegenspieler. Ich war die Primadonna. Jede Vorstellung enthielt wenigstens ein Duett. Wir sangen und tanzten, und die Kleider, die Freddy für mich nähte, ließen die SS-Damen vor Neid erblassen. Ich hatte einen Büstenhalter an einem Paar Hosenträgern festgenäht bekommen, und keiner unserer Zuschauer, weder die Häftlinge noch die SS, fanden das komisch, nur ich. Freddy machte mir Anträge, und ich mußte ein keusches, unschuldsvolles »ja« flüstern. Es war gräßlich!

Immer seltener mußten wir Lagerarbeiten verrichten. Wir waren ausersehen, für die Unterhaltung im Lager zu sorgen, und zwar wenigstens einmal wöchentlich. Um allen Häftlingen die Möglichkeit zu geben, unsere Vorstellungen zu sehen, mußten wir oft zweimal wöchentlich spielen. Unser größtes Problem war es, Woche für Woche neuen spielbaren Stoff zu finden. Das Publikum war ja immer dasselbe, daher durften wir uns nicht wiederholen. Hauptscharführer Moll gab besondere Anweisungen, uns genügend Zeit zum Proben zu geben. Aber was sollten wir proben?

Kreuz und quer eilten wir durchs Lager, um uns Geschichten, Erzählungen oder kurze Anekdoten anzuhören. Was verwendbar war, bezahlten wir mit einem Teller Suppe. Dann bauten wir die Witze zu Sketchen aus oder zu Stücken, falls sie dazu taugten. Doch es war nicht leicht, in Gefangenschaft neue Ideen zu entwickeln, und wir beklagten uns beim Lagerältesten über unser Dilemma. Er hatte kein Verständnis. »Am Sonntag gibt es eine Vorstellung«, war sein einziger Kommentar. Wie inständig wir auch darum baten, eine Atempause von zwei Wochen zu bekommen – er sah uns nur an, legte den Kopf schief und meinte: »Wollt ihr in die erste, zweite oder dritte Schicht kommen?«

Das war an einem Mittwoch. Danach schlichen wir auf der Bühne herum wie geprügelte Hunde und murmelten einander zu »Glück auf«. Im Orchestergraben probte Harry unbekümmert ein Potpourri von Johann-Strauß-Melodien mit seinem Orchester. Als sie zur Ouvertüre der Fledermaus kamen, blieben wir stehen, als hätten wir alle gleichzeitig eine Erleuchtung gehabt. Genau. Eine Operette, das war die Lösung.

Freddy zog rasch den Vorhang zur Seite und rief »Stopp«. Harry klopfte mit dem Taktstock aufs Pult und schrie wutentbrannt: »Bist du wahnsinnig geworden? Wie kannst du es wagen, uns zu unterbrechen?«

»Wir bitten um Entschuldigung, aber es ist wichtig. Wir haben nämlich eine Idee für die Sonntagsvorstellung.« Die Musiker durften eine kurze Pause machen, und Harry kam zu uns auf die Bühne. »Harry, wir wollen Operette spielen!« verkündeten wir im Chor. »Welche?« fragte er und fuchtelte mit der Hand vor unseren Gesichtern herum. »Das haben wir noch nicht entschieden«, sagte Freddy. »Wie wäre es mit der ›Gräfin Mariza‹?« Freddy und ich hatten schon einige Duette daraus gesungen, und was wir vergessen hatten, ergänzten wir mit eigenen Texten. Kálmán war außerdem Freddys Lieblingskomponist, und er konnte das meiste auswendig. Harry verzog den Mund zu einer Grimasse. »Ach was, ihr wollt die Mariza spielen? Ohne Textbuch und ohne Noten? Selbst wenn es euch gelänge, einen Text zusammenzubringen, habe ich keine Zeit, die Musik zu schreiben oder einzuüben. Ich brauche jede Minute für das Konzert morgen.«

Er wollte wieder hinuntergehen, aber wir hielten ihn an den Armen fest. »Harry, du darfst uns jetzt nicht im Stich lassen. Wenn du das tust, müssen wir wieder in die Grube.« Er ließ sich nicht erweichen. »Fahrt ihr nur in die Grube und schreibt eure Operette da unten. Wenn ihr fertig seid, werde ich schon dafür sorgen, daß ihr wieder hochkommt.« So leicht aber wurde er uns nicht los. Wir kannten ihn nur zu gut. Hatten wir erst die Dialoge und Liedertexte fertig, konnten wir mit seiner Hilfe rechnen, auch wenn es drei durchwachte Nächte bedeutete. So war er, und das wußten wir.

Wir rannten zur Schreibstube und baten um Schreibpapier, dann legten wir los und skizzierten das, was unser größter Erfolg werden sollte. Wir diskutierten die Bühnenlösung, die denkbar einfach sein mußte. Die Zeit drängte, auch für Claude. Wir beschlossen, ein Hotelfoyer zu bauen. »Wir lassen die ganze Handlung da spielen. Die Gräfin wird vom Prinzen dort hingelockt, sie kommt und wird zum Champagner eingeladen.« Das war unser Ausgangspunkt.

Wir überlegten, wir stritten, wir summten und wir lachten, aber wir schrieben auch. Jeder schrieb seine Ideen auf, und die Operette nahm Gestalt an. Es war nicht unsere Absicht, »Gräfin Mariza« im Original zu spielen, dafür fehlten uns die Voraussetzungen. Wir wollten uns nur an das Grundthema der Handlung halten. Rücksichtslos entlehnten wir Dialoge, Texte und Melodien aus der »Zirkusprinzessin«, dem »Zigeunerbaron« und anderen Operetten. Wir erfanden eine Menge Späße, aber bei der Rollenbesetzung gab es Probleme.

Der Hoteldirektor hatte nach unserem Textbuch eine tragende Rolle und wurde von Kurt gespielt. Der Koffer der Gräfin wurde vom Portier getragen, aber für den hatten wir keine Besetzung. Da kam Kurt mit einem Vorschlag: »Wie wäre es, wenn ich die Rolle übernähme, und wir schreiben sie um auf Frosch, den Gefängniswärter aus der Fledermaus. Damit untergraben wir die Seriosität.«

Seine Idee wurde einhellig angenommen, ohne Diskussion. Nur Freddy kam mit einem berechtigten Einwand.

»Jetzt fehlt noch der Direktor, wir können die Gräfin nicht in einem Hotel wohnen lassen, das keinen Direktor hat.«

»Wieso?« rief Artur, »der Direktor hat Scharlach bekommen.«

Er schien ehrlich stolz auf seinen Einfall. Nach weiteren Diskussionen hatten wir die zündende Idee.

»Kurt spielt eine Doppelrolle. Der Portier nimmt der Gräfin den Koffer ab und trägt ihn hinaus. Dann kommt der Direktor herein und begrüßt sie, geht aber wieder hinaus, um zu essen. Dann kommt der Portier herein und erzählt, er hätte gerade gegessen.«

Als Mitverfasser schlug ich vor: »Und dann sagt die Gräfin, sie hätte Hunger.« Das konnte sie sagen, denn hungrig ist ja manchmal sogar eine Gräfin. Wir brauchten also eine Mütze und eine geeignete Portiersuniform. Keiner würde die Ähnlichkeit bemerken. Außerdem wäre der Portier ständig betrunken, der Direktor hingegen stocknüchtern.

Artur beugte sich über den Tisch und flüsterte: »Aber wenn die Gräfin nun mit dem Direktor reden will, während der Portier die Gläser mit Champagner füllt?« Freddy schlug mit der Faust auf den Tisch: »Wir schreiben schließlich das Stück, und der Direktor kommt herein, wenn es uns paßt – nicht wenn es der Gräfin paßt.« Er stützte den Kopf in die Hand und murmelte vor sich hin: »Die Gräfin will mit dem Direktor sprechen, der Portier geht hinaus, um ihn zu holen, legt rasch Mütze und Mantel ab, betritt die Bühne galant, mit kurzen Trippelschritten – ›die Gräfin wünscht mich zu sprechen‹. Sie reden miteinander, dann geht er ab, zieht Mütze und Mantel an und kommt mit jedem Auftritt betrunkener herein. Die Szene ist komisch, und falls sie beide gleichzeitig sprechen will, gibt es tausend Gründe, warum sich das nicht machen läßt.«

»Mir reicht schon ein einziger Grund«, sagte Kurt. Und nach verzweifeltem Nachdenken kam Kurt selbst auf die Lösung. »Ein Rohr hat ein Leck bekommen, und der Direktor und ich müssen abwechselnd den Finger darauf halten, bis der Klempner eintrifft.« Bei der Vorstellung ging diese Pointe dann in den Lachsalven unter. Als wir spielten, wurde alles über den Haufen geworfen. Weg war alles, was wir so sorgfältig eingeübt hatten, aber komisch war es. Die Szene war für je drei Auftritte geschrieben, dreimal rein und raus, aber da es so viel zu lachen gab und ich als Gräfin verlangen konnte, mit beiden zu sprechen, ließ ich sie mindestens achtmal kommen.

Dabei passierte dann das wirklich Komische, daß Kurt nicht mehr auseinanderhalten konnte, wer er gerade war. Einmal saß die Mütze verkehrt herum auf dem Kopf, dann war der Mantel falsch geknöpft, dann kam der Direktor mit der Mütze schief auf dem Kopf herein, oder mit dem Portiermantel über der Schulter, und nicht zu knapp betrunken. Das Publikum brüllte vor Lachen, die Schauspieler prusteten, die Musiker bogen sich. Nur Kurt ging scheinbar völlig unberührt hin und her und spielte seine Doppelrolle weiter. Um die Lachmuskeln zu entspannen, mußten wir den Vorhang schließen und eine kurze Pause einlegen.

Doch nun habe ich vorgegriffen und muß noch einmal zurückkehren zu dem bereits erwähnten Mittwoch. Noch am selben Abend überreichten wir Harry das in großen Zügen fertige Regiebuch. Mit Erlaubnis des Lagerältesten durften wir auch nachts hämmern, sägen, malen und unsere Rollen einstudieren. Claude baute eine Halle, die den Vergleich mit einem Grand Hotel nicht zu scheuen brauchte. Hohe Palmen schmückten den Eingang zu beiden Seiten, und über die Treppe hatte er einen roten Teppich gebreitet, um der Gräfin und ihrem Gefolge einen würdigen Auftritt zu verschaffen. Am Freitag probierten wir mit den Musikern, die nachts im Schein einer Kerze die von uns ausgesuchten Melodien arrangieren mußten. Samstag Nachmittag war Generalprobe. Der Lagerälteste war anwesend, und als er die Ouvertüre hörte, fragte er, welche Operette wir gewählt hätten. Ohne weiter zu überlegen sagte Harry »Gräfin Mariza«. Langsam ging der Lagerälteste vor zum Orchestergraben, sah erst Harry streng an, dann uns. »Seid ihr komplett übergeschnappt? Eine jüdische Operette? Wie könnt ihr es wagen?« Keiner von uns wagte zu protestieren. Wir wußten, jüdische Autoren und Komponisten waren von deutschen Bühnen verbannt. Aber im Konzentrationslager? Wen könnten wir durch unser Spiel beeinflussen? Die Häftlinge nicht, und schon gar nicht die SS. Es war fraglich, ob sie überhaupt wußten, wer »Gräfin Mariza« geschrieben hatte. Wir waren betrübt, wir waren verzweifelt. Alle Opfer, die wir gebracht hatten, um das Wunderwerk in drei Tagen auf die Beine zu stellen, alles wurde zerschlagen.

Harry legte den Taktstock aufs Pult, verschränkte die Hände auf dem Rücken und schüttelte den Kopf. Auf der Bühne standen wir kostümiert und sagten keinen Ton. Harry war der Leiter, er trug die Verantwortung. Er sagte: »Herr Lagerältester. Vorgestern haben wir Franz Lehár gespielt, und Robert Stolz und Paul Abraham. Da hat sich niemand beschwert.« Der andere unterbrach ihn: »Die Melodien können alle pfeifen, was stört, ist nur der Name.« Mit ein paar langen Schritten war er an der Tür, blieb stehen und drehte sich um: »Ich bin in fünf Minuten wieder da, dann beginnt die Generalprobe. Ändert den Namen.«

Weg war er. Uns blieb der Mund offenstehen. Dann

brach ein fürchterliches Wirrwarr aus. Alle, einschließlich der Musiker, riefen ihre Vorschläge in den Raum. Es gab mehr als dreißig Namensvorschläge für die Gräfin. Angefangen mit Aschenputtel und Dornröschen, allerdings nicht Schneewittchen. Plötzlich fragte einer: »Wie heißt das Hotel?« Das war die Lösung. Claude übermalte das schon halb getrocknete Schild und hängte es draußen an die Tür. »Uraufführung der Operette HOTEL DUNAPALOTA«.

Es wurde ein umwerfender Erfolg. Am nächsten Sonntag wiederholten wir die Aufführung, aber diesmal für Hauptscharführer Moll und seine geladenen Gäste. Es war das erste Mal, daß er Damen eingeladen hatte, aber nicht das letzte Mal.

Meine Ausstaffierung machte mich total unkenntlich, bis ich anfing zu sprechen oder zu singen. Freddy hatte mir eine weiße Jacke genäht, die leger über den Schultern hing, und der Schuster hatte mir Lackstiefel angepaßt. Als ich mit der Würde einer Gräfin langsam die Treppe hinunterschritt, geschminkt, mit Perücke und langen Ohrgehängen, ging ein Raunen durchs Publikum. Von weitem sah ich bestimmt aus wie eine richtige Frau.

Während der Stunden auf der Bühne war ich immer sehr glücklich. Wer nie auf der Bühne gestanden hat, wird das vielleicht nicht verstehen, aber in diesen zwei Stunden war ich weit weg vom Konzentrationslager. Da herrschte Hektik, da war das Hin und Her der Auftritte und Abgänge, das Schminken vor einer Spiegelscherbe und das Überprüfen, ob alles auch richtig saß, die Nervosität vorher, wenn ich zitterte wie Espenlaub, und dann die wunderbare Ruhe, wenn ich die Bühne betrat. Ich sah nicht das Publikum, ich spielte nur meine Rolle. Hätten statt der Häftlinge und der SS-Männer da unten Damen in eleganten Abendroben und Herren im Frack gesessen, ich hätte sie nicht gesehen. Ich dachte an Herschkowitz, der dieses Gefühl so oft gehabt haben mußte, während so vieler Jahre. Wie gern hätte ich es in Freiheit erlebt. Diese beiden Stunden waren ein Fest, nicht durch Suppe oder Brot zu ersetzen. Es waren diese wenigen Stunden, die mir die Kraft und den Willen gaben, dafür zu kämpfen, daß ich diesen Krieg überlebte und die Freiheit gewann.

Mit wenigen Ausnahmen waren alle dankbar für unsere Darbietungen. Nur einige wenige Häftlinge machten herablassende Andeutungen, wir würden für die SS spielen und nicht für sie. Wir erklärten ihnen, daß über fünfhundert unserer Kameraden unsere Vorstellungen sahen und die Entspannung mehr als gern genossen. Und was hätten wir im übrigen tun sollen? Etwa ein Schild aufhängen »SS-Männer nicht erwünscht?« In diesem Fall hätten wir unser eigenes Todesurteil unterschrieben. Aber sie hörten uns nicht zu.

Es gab auch Kapos, die uns nicht mochten und jede Gelegenheit wahrnahmen, um es zu zeigen. Wo Licht ist, ist bekanntlich auch Schatten. Mit Abscheu erinnere ich mich besonders an zwei Kapos. Der eine war Kapo Baruch, ein polnischer Jude aus Lodz, der das Kommando über die Arbeit im Lager führte. Er war beinah zwei Meter groß und kräftig gebaut. Der andere war Kapo Wilhelm, ein Schwerverbrecher, dessen grüner Winkel mit der Spitze nach oben zeigte. Kapo Baruch war ein Bandit und prahlte damit, daß er vor dem Krieg zur Unterwelt gehört hatte. Er war kein Mörder, zumindest hatte er hier in Fürstengrube keine solchen Tendenzen gezeigt, aber er war sadistisch veranlagt und schlug gern. Er nahm dazu nie einen Stock, sondern schlug mit der flachen Hand, die groß war wie ein Klodeckel. »Ich will fühlen, daß es sitzt«, sagte er und genoß es, die Häftlinge zu quälen.

Besonders auf die Schauspieler und die Musiker hatte er es abgesehen. Er zwang uns zur Arbeit, sobald er die Gelegenheit hatte. Schaufelten wir Sand, brüllte er, wir sollten schneller schaufeln. Trugen wir Zementsäcke, gingen wir ihm zu langsam; wir sollten mit den fünfzig Kilo schweren Säcken auf dem Rücken rennen. Wir bekamen zu hören, wir wären faul und der einzige Grund, warum wir diesen Quatsch auf der Bühne produzierten, sei unsere Arbeitsscheu. Ständig fand er Gründe, unsere Proben zu unterbrechen. Wieder und wieder riß er die Tür auf und schrie: »Raus mit euch, ihr faulen Säcke, und ladet einen Wagen Ziegelsteine ab!«

Harry protestierte, aber ohne Erfolg. Baruch war Kapo, er bestimmte, obwohl er genau wußte, daß unsere Proben von Hauptscharführer Moll gebilligt waren. Aber wir würden uns rächen. Vernünftig mit ihm zu reden war unmöglich. Sich mit ihm zu prügeln hätte bedeutet, ihn zum Mörder zu machen. Da wären wir selber die Opfer. Also beschlossen wir, ihm am nächsten Sonntag auf der Bühne einen Streich zu spielen.

Die Vorstellung konnte beginnen. Die SS und unser treues Publikum unter den Häftlingen saßen schon auf den Bänken, die Lichter waren gelöscht. Harry wußte nichts von unseren Plänen. Die Ouvertüre klang aus, doch der Vorhang blieb geschlossen. Hinter dem Vorhang konnte das Publikum jetzt Stimmen ahnen, Stampfen und nervöses Herumgetrappel. Diese Szene war vorher sorgfältig geprobt. Ab und zu murmelten wir, laut genug, daß es draußen zu hören war: »Immer noch nicht. Wo bleibt er bloß. Wir warten noch ein Weilchen.« Harry rief ein paarmal »Vorhang«, doch wir ließen das Publikum im Dunkeln sitzen. Nach ein paar Minuten zogen wir ihn hoch. Nun standen alle auf der Bühne, Schreiner, Beleuchter, Kulissenschieber und wir Schauspieler, und alle redeten durcheinander. Zuerst taten wir so, als hätten wir nicht gemerkt, daß der Vorhang hochgegangen war, aber dann spielten wir die Erschrockenen und sagten zu Harry, Artur sei noch nicht aufgetaucht.

Harry schlug sich an die Stirn und erklärte dem Lagerältesten die peinliche Situation, der wütend zum Orchestergraben gerannt war. Der Lagerälteste ging zu Hauptscharführer Moll und bat ihn um Nachsicht. Es sah mehr und mehr so aus, als hätten wir einen unverzeihlichen Fehler begangen. »Licht an« riefen wir. Der Hauptscharführer stand kurz vor einem Tobsuchtsanfall, als sich plötzlich die Tür auftat und Artur in Häftlingskleidung erschien, fünf Ziegelsteine in den Händen.

»Endlich«, riefen wir auf der Bühne aus. Artur schob sich seitlich durch die Bankreihen und murmelte: »Schweinerei, Überstunden, Pflicht.« Auf der Bühne angekommen, noch immer mit den Ziegelsteinen beladen, wurde er von uns gefragt:

»Aber Artur, wo hast du bloß gesteckt?«

Er legte die Steine ab, ging zur Rampe vor und wandte sich an das Publikum.

»Ich habe gearbeitet.«

Pause.

»Überstunden. Kapo Baruch hat mich gezwungen, allein einen ganzen Wagen mit Ziegelsteinen zu beladen.«

Dann spähte er ins Publikum, und als er Baruch entdeckte, drohte er ihm mehrmals mit der Faust.

»Aber jetzt ist alles leer«, fuhr er fort.

»Was denn?« schrien wir.

»Der ganze Kopf.«

Wir gaben Harry ein Zeichen, den Vorhang zu schließen. Jetzt hatte er verstanden.

Wieder donnerte der Applaus. Das Spiel konnte beginnen. Wir erfuhren nicht, was der Lagerälteste oder der Hauptscharführer zu Baruch gesagt hatten, aber von diesem Tag an störte er unsere Proben nicht mehr.

Mit Kapo Wilhelm hatten wir eigentlich nichts zu tun. Zwar war er »Oberkapo«, aber er konnte seine Macht nicht über die anderen deutschen Kapos ausüben. Hätte er nur eine Chance gehabt, uns zu vernichten, er hätte es getan. Er war als mehrfacher Mörder bekannt, und dank dieser Qualifikation hatte man ihn vom Zuchthaus ins Konzentrationslager überführt und zum Oberkapo ernannt. Er kannte seine Schuldigkeit.

Die Kapos unterschieden sich stark voneinander, je nachdem, woher sie kamen und welche politische Einstellung sie hatten. Kapos wie Wilhelm waren nützliche Werkzeuge für die SS und das gesamte System der Vernichtung. Kapo Wilhelm war eine alte, verbrauchte Kreatur. In seinen Adern floß verdünnte Schwefelsäure statt Blut und in seinen Augen brannte der Haß auf alles und alle, speziell auf die Juden. Und ganz besonders auf die Juden, die irgendeine Art von Sonderstellung innehatten.

Wilhelm war über sechzig, und von der Kohlengrube war er wegen seiner schlechten Lungen befreit. Dafür durfte er die Häftlinge auf der Baustelle quälen. Auf welche Weise er die Häftlinge für ihre Vergehen bestrafte, bestimmte er selbst. Es war unter seiner Würde, eine Bestrafung zu melden, was eigentlich seine Pflicht gewesen wäre. Draußen auf der Baustelle schlug er keinen, das hätte die Arbeit aufgehalten. »Du meldest dich heute abend«, sagte er nur. Was ihn betraf, waren fünfzehn bis zwanzig kräftige Schläge mit dem Knüppel eine gelinde Bestrafung. Seine Spezialität war die »kalte Dusche«. Der »Verurteilte« mußte sich im Waschraum bis auf die Haut ausziehen, dann bespritzte ihn Wilhelm mit eiskaltem Wasser aus einem dicken Schlauch. Zuerst spritzte er Wasser auf den ganzen Körper, näherte sich aber dann dem Häftling Schritt für Schritt, drängte ihn in eine Ecke, und ...

Hatte er sich für die Todesstrafe entschieden, halfen keine Bitten. Er ließ sich Zeit. Methodisch zielte er jetzt auf das Herz, und es war ihm gleich, ob wir gleich daneben warm duschten und Zeugen des Schauspiels wurden. Obwohl der Häftling unterkühlt war, richtete er den Strahl unablässig auf sein Herz, bis dieser erfroren zu Boden fiel. Nachdem Wilhelm sich überzeugt hatte, daß seine Arbeit zuende gebracht war, ging er zum Wasserhahn und drehte ihn zu. Er winkte den Bademeister zu sich her, deutete auf den Toten und sagte: »In die Leichenkammer.«

Ausgerechnet Kapo Wilhelm warf sich bei Kriegsende den von den Russen befreiten Häftlingen vor die Füße und flehte um Gnade. Ich selbst war nicht mehr dabei, aber viele Jahre später habe ich es von einem Augenzeugen gehört. Er kniete weinend zu ihren Füßen, bettelte um sein Leben und um Vergebung: »Laßt mich leben, ich bin ein alter Mann. Laßt mich ein paar Jahre in Freiheit leben.« Sie befanden sich auf offenem Gelände und hatten weder Wasserschlauch noch Holzknüppel, doch sie entdeckten einen rostigen Spaten und schlugen ihm damit den Schädel ein.

Ende 1943 wurde Hauptscharführer Moll versetzt, sein Nachfolger war sein Unterscharführer Max Schmidt. Moll war von allen gefürchtet, von Kapos wie Gefangenen. Er hatte ein dunkles, finsteres Gesicht, dessen starre Züge sich selten aufhellten, es sei denn, er saß im Theaterpublikum und konnte sich entspannen. Er war bekannt unter dem Namen »Der Kindermörder von Auschwitz« und ließ Häftlinge gnadenlos erhängen oder erschießen, ohne nennenswerten Grund. Sein ständiger Begleiter war ein ebenso gut dressierter wie blutrünstiger Schäferhund, der auf Kommando den Häftlingen an die Gurgel ging.

Als unser Geiger Ignatz erkrankte, hatte Moll ihn eine Woche lang täglich besucht, und als das Fieber nicht weichen wollte, hatte Moll den Arzt an beiden Ohren gepackt und gezischt: »Wenn er stirbt, stirbst du auch.« Ignatz war genesen, und der Arzt durfte weiterleben. Wir weinten Moll keine Träne nach, aber wir konnten uns nicht mehr so sicher fühlen.

Oberscharführer Schmidt war ein Mann von vierundzwanzig Jahren. Er war schlank und ansehnlich, und mit seinem unversehrten, schönen Lächeln wäre er bestimmt ein Gewinn für jede vom Konkurs bedrohte Filmgesellschaft gewesen. Nur er selbst konnte wissen, wie ihm zumute war in der maßgeschneiderten, perfekt geschnittenen SS-Uniform mit den blanken schwarzen Stiefeln. Bestimmt hätte er sich als Filmstar wohler gefühlt, aber fürs Theater zeigte er leider kein größeres Interesse. Er verbot uns nicht zu spielen und kritisierte uns nicht direkt. Er war ganz einfach gleichgültig, und das war noch schlimmer. Ohne Einmischung konnte er zusehen, wie Kapo Wilhelm uns grundlos mit gebeugten Knien auf dem Appellplatz herumhopsen ließ und uns mit einem Stock antrieb, als wären wir Zirkuspferde. Das konnte eine Stunde vor unserem Auftritt passieren. Schmidt fehlte selten bei den Vorstellungen, aber es war schwer, ihn zum Lachen zu bringen. Er saß auf seinem besonderen Platz, auf einem bequemen Stuhl, aber er wirkte immer so, als müsse er jemandem zuhören, der sich über ein Thema ausläßt, das ihn nicht im mindesten interessierte. Wir merkten, daß er gelangweilt war, und machten große Anstrengungen, seinen Geschmack zu verstehen. Er verzog den Mund, wenn wir zweideutige Witze rissen, und bei den schmutzigen brach er in lautes Gelächter aus. Leider hatten wir nicht genug schlüpfrige Witze auf Lager, um ihn zwei Stunden bei Laune zu halten.

Wir litten unter ständigem Stoffmangel, eingesperrt und ohne neue Eindrücke. Wir mußten in der Vergangenheit graben und versuchen, uns an Texte und Musik zu erinnern. An einem solchen Tag beschlossen wir, eine Parodie auf »Carmen« zu verfassen. Die Handlung, die wir in Carmens Privatgemach verlegten, war simpel und einfältig. Bizet hätte sich bestimmt im Grab umgedreht, hätte er seine Schöpfung auf diese Art behandelt gesehen. Jedenfalls hatte der Stier die Hauptrolle. Er vergewaltigt Carmen, woraufhin sie schreit: »Stier nicht so, du Stier, nimm mich noch einmal!« Don José wähnt sie in Gefahr und mit gezücktem Schwert eilt er ihr zur Hilfe. Sie weist ihn ab und hebt theatralisch ihre Hand. »Mein lieber José, du vermagst nicht einmal die Hälfte von dem, was ich gerade erlebt habe.« Don José findet daraufhin einen Nagel an der Wand und will sich daran erhängen. Das einzige, was an die ursprüngliche »Carmen« erinnerte, war die Musik, aber wir waren überzeugt, wir hätten einen Treffer gelandet. Oberscharführer Schmidt lachte pausenlos.

Am nächsten Tag, als wir uns im Theatersaal versammelten und uns über den Erfolg freuten, kam Schmidt herein. »Kapellmeister!« rief er. Harry lief ihm entgegen und nahm Haltung an. »Jawohl, Herr Oberscharführer.« Wir dachten, er würde uns loben; es wäre das erste Mal gewesen. Aber statt dessen macht er ein böses Gesicht und sagte: »Ihr habt gestern Carmen gespielt.«

»Jawohl.«

»Es war eine Parodie.«

»Jawohl.«

»Ihr kriegt eine gehörige Tracht Prügel, wenn ich jemals wieder höre, daß ihr unseren großen Komponisten Schubert lächerlich macht. Verstanden?«

»Jawohl.«

Harrys Stimme bat jetzt gehorsam um Entschuldigung. Erklärungen hätten womöglich mehr Schaden angerichtet als genützt, da wir ahnten, daß uns jemand übel wollte.

Wir berichteten dem Lagerältesten von der Rüge, aber er lachte nur und sagte: »Er ist noch so jung und leicht zu beeinflussen. Macht ruhig weiter. Ich fand die Idee großartig.«

Also ging es weiter mit unseren Vorstellungen. Sie waren von unterschiedlicher Qualität, doch meist von ähnlichem Inhalt. Wie gern hätten wir etwas Neues und anderes geschaffen, etwas, das von dem grobschlächtigen Humor abstach, der uns jetzt zum Hals heraushing. Deshalb schrieben wir etwas, das wir »Ein Traumbild« nannten.

Das Stück war ernst und voll seufzender Dialoge. Ein erwachender Clown sieht einen flatternden Schleier und meint darin eine tanzende Fee zu erblicken. Er tanzt, singt und spielt auf seiner Laute. Er ist dazu verurteilt, das zu tun. Dann fällt er vor ihr auf die Knie und bittet sie, ihn von seinem Fluch zu befreien, der ihn zwingt, die Menschen ständig zum Lachen zu bringen. Im Flattern des Schleiers gewahrt er eine Verheißung, und legt sich zufrieden auf den Boden, um in Ruhe seine Befreiung abzuwarten. Dieses Trauerspiel war begleitet von monotoner Musik. Mir persönlich gefiel es, denn ich war endlich meine Frauenrolle los und durfte den Clown spielen. Aber für uns wurde es eine echte Tragödie.

Oberscharführer Schmidt ging mitten in der Vorstellung. Nach wenigen Minuten folgten ihm die übrigen SS-Männer. Sie schlichen nicht davon, nein, sie nahmen keine

Rücksicht darauf, daß andere vielleicht zuhören wollten; geräuschvoll rückten sie die Stühle, stampften mit den Stiefeln und riefen lachend: »Soll das etwa Theater sein, diese Scheiße?« Unsere Kameraden dagegen mochten das Stück und lobten uns, denn sie fühlten sich ebenso stark wie wir vom Inhalt angesprochen.

Am nächsten Tag um zehn hätten wir uns alle versammeln sollen, um die Vorstellung des kommenden Sonntags vorzubereiten. Der Lagerälteste sprach mit Harry, und wir hielten uns zurück, denn wir hatten das deutliche Gefühl, auch er wäre mit uns unzufrieden. Dann trat er auf uns zu. »Da seid ihr ja, ihr verdammten Säue«, sagte er in einem Tonfall, der nicht mißzuverstehen war. Wir standen da und schauten auf unsere Schuhe, während er uns mitteilte, es hätte sich ausgespielt, Schmidt wollte kein Theater haben und wir müßten zurück in die Grube, in die Nachtschicht, fünfte Abteilung.

Bestimmte Stellen in der Grube waren warm, andere kalt und zugig, aber in der fünften Abteilung regnete es andauernd, das ganze Jahr. Es war kein Regenschauer, sondern es tropfte immerzu von der Decke, und es gab keine Möglichkeit, sich davor zu schützen. Unsere Kleider waren für Feuchtigkeit nicht geeignet, und schon nach einer Stunde Arbeit waren wir völlig durchnäßt. Außerdem war es entsetzlich hart, acht Stunden lang feuchte Kohle zu schaufeln. Weder Harry noch die Musiker wurden bestraft. Sie hatten ja »nur« Musik gemacht. Wir aber hatten die Worte ausgesprochen, und das war offenbar unverzeihlich.

Freddy war bereits nach einer Woche von der Grubenarbeit befreit und bekam den Auftrag, für eine der SS-Damen ein Kostüm fertigzunähen, das er vor der Bestrafung angefangen hatte. Das Orchester bestritt jetzt die gesamte Unterhaltung, aber Harry war unzufrieden, denn es kam nicht viel Publikum zu den Konzerten. Mit Wehmut betrachteten wir die verwüstete Bühne. Der Vorhang war weg, und die Kulissen waren abgerissen und zerstört.

Sechs Wochen später, an einem Dienstagmorgen nach einer feuchten Nacht in der Grube, marschierten wir ins Lager ein und riefen »Glück auf!« Der Lagerälteste nahm die Meldung von Kapo Hans ab und rief: »Schauspieler, hierher!« Schon lange hatte uns niemand mehr Schauspieler genannt, und wir traten aus der Reihe. »Am Sonntag wird gespielt«, sagte er. Wir protestierten: »Wie soll das gehen? Wir haben keine Kulissen, keine Requisiten und kein Programm.« Nach seiner Gewohnheit stand er breitbeinig da, die Hände an den Seiten geballt, und meinte mit einem höhnischen Lächeln: »In einer halben Stunde will ich eure erste Probe im Theatersaal sehen. Schaut zu, daß die Kulissen und alles übrige zur Stelle sind.«

Wer sucht, wird finden, sagt das Sprichwort, aber diese Unternehmung schien hoffnungslos. Der Lagerälteste wußte genausogut wie wir, daß alles verbrannt oder auf andere Weise zerstört war. Er selbst hatte den Befehl dazu gegeben. Niemand hatte damit gerechnet, daß das Theater wieder auferstehen würde. Klatschnaß rannten wir im Lager herum und fragten nach Kulissen, wir suchten überall, aber es gab natürlich keine. Wir suchten beim Schreiner, beim Schuster und in der Kleiderkammer bei Harry, aber nichts war übrig geblieben.

Nach exakt einer halben Stunde standen wir auf der Bühne. Der Lagerälteste war genauso pünktlich und kam langsam die Treppe herauf, seinen Stock schwenkend.

»Habt ihr besorgt, was ihr braucht?« fragte er barsch.

»Nein«, antworteten wir.

»Bückt euch«, lautete der nächste Befehl.

Wir bückten uns, und er verpaßte jedem von uns fünf Schläge. Er schlug nicht hart, es wirkte eher symbolisch.

»Das ist als Warnung gemeint«, sagte er. »Heute Nachmittag gibt es mehr, wenn ihr versteht, was ich meine. Moll kommt am Sonntag mit Gästen, und dann wird gespielt.«

Und am Sonntag standen wir auf der Bühne. Man hatte Kulissen gebaut und einen neuen Vorhang genäht. Der Lagerälteste hatte dafür gesorgt, daß alles Notwendige beschafft wurde. Alles wegen Hauptscharführer Moll. Es wurde eine schwere, schlaflose Woche. Obwohl wir von früh bis spät probierten, wurden wir nachts in die Grube geschickt, doch uns glückte das Unmögliche, eine »von-jedem-etwas«-Vorstellung zustandezubringen. Die Vorbereitungen waren nicht eben freudig bei diesen unsinnigen Anforderungen, aber je näher das Ende der Woche kam, um so eifriger wurden wir, das Erwartete zu liefern. Und als wir sahen, wie die anderen sich engagierten, ließen wir uns von ihrem Enthusiasmus anstecken und gaben alles, was noch in uns steckte.

Der Saal war rappelvoll, und Hauptscharführer Moll saß in der Mitte der ersten Reihe, an seiner Seite Oberscharführer Schmidt. Mehrere Reihen waren mit uniformierten SS-Männern gefüllt, Molls Gäste, vermuteten wir. Schon nach den ersten Lachern, dem ersten Applaus spürten wir wieder den Kontakt mit dem Publikum, die Lust am Spielen kehrte zurück. Die Lachsalven lösten einander ab, unsere Zuschauer schienen unermüdlich. Wir machten eine Zugabe nach der anderen, trotzdem schrien sie: »Mehr! Mehr!« Zum Schluß nahmen wir die Karbidlampen mit auf die Bühne, riefen »Glück auf!« und marschierten im Gänsemarsch hinaus, um zu zeigen, daß die Pflicht uns rief. Da jubelten sie noch mehr. Moll stieg auf die Bühne, und bei offenem Vorhang und vor all seinen Gästen umarmte und dankte er uns: »Ihr sollt Dank haben, meine Juden. Ich bin stolz auf euch.«

Noch am selben Abend wurden wir vom Grubendienst befreit. Alle bekamen eine Aufgabe in Lager, damit wir wieder spielen konnten. Artur beaufsichtigte die Latrine, Kurt wurde Chef der Wäscherei. Ich selbst durfte dem Bademeister assistieren; dabei lernte ich Kapo Wilhelms Mordmethoden kennen.

Ein neuer Transport traf ein. Unter den Neuankömmlingen waren fünfzehn Polen. Der Lagerälteste, Josef, hatte sich in den Kopf gesetzt, es sollte ein Swimmingpool gebaut werden, und die fünfzehn Polen waren ausgewählt, um das Ausschachten zu besorgen. Ich war zu ihrem Vorarbeiter bestimmt und trug eine gelbe Armbinde.

Um sechs Uhr früh versammelte ich also meine Arbeiter und teilte Schaufeln und Spaten aus. Ich versuchte ihnen den Zweck des Ganzen zu erklären, aber entweder verstanden sie nicht, was ich sagte, oder sie wollten es einfach nicht verstehen. Sie sprachen kein Deutsch, und ich sprach kein Polnisch. Nach zehn Minuten wilden Gestikulierens gelang es mir immerhin, ihnen das Wichtigste klarzumachen: daß sie schaufeln sollten, und daß ich dafür verantwortlich war, daß sie es taten. Plötzlich hörte ich hinter mir eine bekannte Stimme. Es war der Architekt.

»Wer ist hier der Vorarbeiter?«

»Das bin ich«, sagte ich munter, nicht Böses ahnend.

»Wieso arbeitet ihr nicht?«

»Ich verteile gerade die Aufgaben, und sie versuchen mir Polnisch beizubringen.«

Er sah auf seine Uhr.

»Um sechs fangen wir an zu arbeiten. Jetzt ist es zehn nach. Hol mir meinen Stock.«

»Er will mich bloß zum Vorarbeiter erziehen«, dachte ich

und holte den Stock aus seinem Zimmer. Doch als er mich aufforderte, mich zu bücken, begriff ich den Ernst der Lage. Ich versuchte zu erklären. Wir würden nicht dieselbe Sprache sprechen, das sei der Haken, und außerdem wäre es doch nicht so schlimm, wenn der Pool zehn Minuten verspätet fertig wäre. Wieder hob er den Stock und wiederholte seine Aufforderung: »Bück dich, bück dich!« Aber so taub wie er für meine Entschuldigungen war, so taub war ich für sein Ansinnen.

Gleich darauf knallte es. Der Schlag traf mich oberhalb der Schläfe, und ich spürte noch einen stechenden Schmerz, bevor ich das Bewußtsein verlor. Drei Stunden später wachte ich in der Krankenbaracke auf. In meinem Kopf schwirrte es, und es war, als stächen mich tausend Nadeln. In weiter Fernen hörte ich Stimmen, die mir sagten, ich solle aufwachen, und obwohl ich aufstehen wollte, gelang es mir nicht. Mir wurde heiß, als würde ich innerlich brennen. Ich schlug die Augen auf und sah den Lagerältesten, den Arzt und Schmidt. »Endlich« rief der Lagerälteste aus. Ich versuchte etwas zu sagen, aber der Mund gehorchte mir nicht. Ich wollte wissen, wieso ich in der Krankenbaracke lag, ich konnte mich nicht erinnern, daß ich krank gewesen wäre. Schmidt war inzwischen gegangen, aber der Lagerälteste wich nicht von meiner Seite.

»Du hättest mir die Hölle heiß machen können, wenn du gestorben wärst«, sagte er. Jetzt wurden meine Erinnerungsbilder klarer, und ich erinnerte mich, daß er mich geschlagen hatte. Ich sah zu ihm auf, kniff die Augen bis auf zwei schmale Schlitze zusammen und zischte: »Ich bin tot.« Als ich soweit bei mir war, daß ich aufstehen konnte, ging ich benommen zu ihm hin, gab ihm die Armbinde zurück und nahm eine Schaufel. Vorarbeiter wollte ich nicht mehr sein.

Freddy hatte alles durchs Fenster der Werkstatt mitangesehen und berichtete, Kapo Michel hätte mir das Leben gerettet. Ich wußte, daß er mich mochte. Freddy sagte, Schmidt hätte mit seinem Schäferhund in der Nähe gestanden, als ich niedergeschlagen wurde. Als ich fiel, hatte der Hund sich losgerissen und war auf mich zugestürzt; sie waren auf Anfall dressiert, wenn jemand stürzte. Doch Kapo Michel hatte die Gefahr erkannt, sich in den Weg gestellt und den Hund mit Tritten verjagt. Dann hatte er mich aufgehoben und in die Krankenbaracke getragen. Das Gerücht, man hätte mich totgeschlagen, hatte sich schon im Lager verbreitet, und noch lange danach kam es vor, daß Leute mich ansahen, als wäre ich ein Gespenst.

Das war im Sommer 1944. Kurz darauf wurde es verboten, Häftlinge zu schlagen. Zwangsarbeiter sollten weiter geschont werden, offenbar mangelte es an ihnen. Kapos, die früher bei ihrer Hetzjagd auf uns keine Mittel gescheut hatten, wurden plötzlich unheimlich freundlich. Doch die unbeglichene Rechnung war viel zu groß, als daß wir uns auf einen Vergleich eingelassen hätten. Der Tag der Abrechnung war noch nicht gekommen, aber er schien nicht mehr ganz so fern.

Gewiß gab es einige, die sich nicht nach der neuen Ordnung richten wollten, die es für töricht hielten, eine gefangene Fliege zwischen zwei Fingern zu halten, ohne sie zu töten. Sie griffen sich an den Kopf und äußerten gern die Ansicht, daß die Natur dem Stärkeren das Recht gäbe, auf dem Schwachen herumzutrampeln. Die Tatsache, daß Deutschland kurz davor stand, den Krieg zu verlieren, und daß sie dann ihrerseits schwach sein würden, hatte in ihrer Vorstellungswelt keinen Platz.

Fürstengrube war vielleicht besser als manch anderes Konzentrationslager, trotzdem forderten die magere Kost und die harte Arbeit viele Leben. Der Hunger war wie üblich unser treuer Begleiter, und auch wenn die Suppe aus getrocknetem Gemüse eine Weile sättigte, war der Nährwert zu niedrig. Der Lagerälteste drang streng auf das Prinzip der gerechten Verteilung der wenigen Lebensmittel. »Nimmst du deinem Kameraden das Brot, nimmst du ihm das Leben«, war sein Motto. Wer trotzdem dabei erwischt wurde, wie er Brot stahl, wurde zu harten Prügelstrafen verurteilt, wenn nicht zum Tod. In diesem Fall galten keine mildernden Umstände. Es gab andere Möglichkeiten, sich zusätzliches Essen zu besorgen. Deutsche und andere nicht-jüdische Häftlinge hatten beispielsweise das Recht, einmal im Monat Proviantpakete von ihren Verwandten in Empfang zu nehmen; an solchen Tagen florierte der Tauschhandel, da sie dann ihre Suppe nicht mehr brauchten.

Mit der Suppe bezahlten sie verschiedene Dienstleistungen oder Gebrauchsgegenstände. Alles mögliche war gefragt, und wenn es nur ein Paar gebrauchte Schnürsenkel waren. Alles hatte seinen Preis und seinen Wert. Tabakwaren standen am höchsten im Kurs. War man in den Besitz einer Zigarette gelangt, scharten sich die Leute mit ihren Suppennäpfen um einen. Für einen Zug bekam man drei Eßlöffel Suppe, und man konnte richtig ärgerlich werden, wenn jemand zu tiefe Züge tat, denn man hatte genau ausgerechnet, wie viele Löffel Suppe eine Zigarette erbringen sollte.

Im Lager gab es einen reichen Holländer, der van – irgendwas hieß. Nach eigenem Bekunden besaß er nicht weniger als sechzig Immobilien in Amsterdam. Diese waren zwar jetzt beschlagnahmt, aber nach dem Krieg, so meinte er, würde er sie als rechtmäßiger Besitzer zurückverlangen. Einige seiner Landsleute bestätigten, daß er die Wahrheit sprach. Im Moment lebte er wie wir von Suppe und Brot, und da ihn die Erfahrung gelehrt hatte, daß man ohne Millionen und Immobilien auskommen konnte, entschloß er sich dazu, seine Häuser zu verkaufen.

Anfangs gab es nur wenige Interessenten, denn er wollte sie nicht in Geld bezahlt haben, sondern in Suppe. Er hatte einen Stadtplan skizziert und darin seine Immobilien eingezeichnet. Darunter schrieb er den ungefähren Wert und, in Klammern, die jährlichen Mieteinnahmen. Sein Angebot wurde das große Gesprächsthema im Lager, und immer mehr Klienten bissen an. Er nutzte seine Machtposition nicht zu überhöhten Preisen aus. Ein großes Haus wurde etwa auf einundzwanzig Näpfe Suppe taxiert, ein etwas kleineres auf achtzehn und ein noch kleineres auf fünfzehn. Allerdings ließ er sich von niemandem herunterhandeln. Irgendwann konnte es vorkommen, daß jemand die Straße und das Haus kannte und sagte: »Ich bezahle siebzehn Suppen und keinen Löffel mehr. Schließlich habe ich in derselben Straße gewohnt.«

Wenn das Geschäft zum Abschluß kam, wurde ein Kaufvertrag aufgesetzt, den zwei Zeugen unterzeichneten. Es gelang ihm, alle seine Häuser zu einem Nettopreis von tausend Näpfen Suppe zu verkaufen. Alle waren zufrieden. Es ist mir nicht bekannt, ob dieser Holländer den Krieg überlebt hat – hoffen wir es – aber es wäre interessant zu wissen, was er in den folgenden Jahren mit all diesen Suppen gemacht hat. Ganz überzeugt bin ich allerdings nicht, daß die neuen Besitzer bereit gewesen wären, ihren Kauf rückgängig zu machen.

Wir wußten nicht, was außerhalb des Lagers vorging, aber es war ein ewiges Getuschel unter unseren Kapos, und ab und an schnappten wir einen Satzfetzen auf und zogen unsere Schlüsse. Ein Gerücht besagte, die Deutschen hätten die Absicht, alle jüdischen Gefangenen zu kastrieren. Ein anderes lautete, »Rollkommandos« wären unterwegs durch die Lager, um alle hinzurichten, auch Nicht-Juden, damit es keine Zeugen dafür gäbe, was in den Lagern vorgefallen war. Alle hatten Angst. Der Lagerälteste und unsere Kapos, politische Gefangene und Homosexuelle, Juden und Nicht-Juden, alle waren wir Zeugen, die es zu beseitigen galt. In dieser Hinsicht waren wir gleichberechtigt, denn würde auch nur ein einziger am Leben bleiben und berichten können, würde man ihm glauben, und das durfte nicht geschehen.

Die Knechte, die treu ihren Herren gedient hatten, kannten nur zu gut das Dreimonats-System der Rollkommandos. In diesen drei Monaten waren sie behilflich gewesen, ihre Kameraden zu vergasen und zu verbrennen. Es hieß, sie hätten das bestmögliche Essen bekommen, und außerdem Zugang zu den nahegelegenen Bordellen gehabt. Nach drei Monaten, am Tag vor der Ablösung, waren sie die ersten, die in die Gaskammer gehen mußten. Die Augenzeugen lösten sich in Rauch auf. So war das System aufgebaut. Das wußten Juden wie Nicht-Juden, und all die übrigen hohen Herren in den maßgeschneiderten Häftlingskleidern. Die Verzweiflung wuchs zusehends, je mehr wir uns dem Ende näherten.

Eines Tages verschwanden plötzlich vier deutsche Kapos zusammen mit dem jüdischen Zahnarzt. Doch der Fluchtversuch mißlang. Jemand hatte sie verraten. Das Lager war von einer hohen Mauer umgeben, und offenbar hatten sie es geschafft, einen Tunnel unter der Baracke hinaus in die Freiheit zu graben. Sie müssen ziemlich lange daran gearbeitet haben. Als sie das letzte Stück fertig hatten und am anderen Ende herauskamen, stand da Oberscharführer Schmidt mit zwei SS-Männern und empfing sie mit schußbereiten Gewehren. Ein Galgen mit fünf Schlingen wurde auf dem Appellplatz errichtet, und eine Woche später wurden sie zur Hinrichtung geführt.

Es war an einem Sonntag, da hatten alle frei und konnten der Zeremonie beiwohnen. Die Strafpredigt zog sich endlos hin, bis sie endlich den Opfern die Schlingen um den Hals legten. Sie klagten nicht, gaben keine Reue zu erkennen, sondern warteten nur auf das Zeichen des Henkers. Deutsche Staatsbürger, Kapos, standen da, mißhandelt bis zur Unkenntlichkeit, und riefen mit starrenden Augen nach der Befreiung – dem Tod. Gleich darauf erfolgte das Zeichen. Aber wer hatte sie verraten? Wer hatte ihr Leben auf dem Gewissen?

Die Kapos begannen danach, sich gegenseitig zu verdächtigen. Doch keiner wagte es, seine Vermutungen offen auszusprechen. Man wollte den Anstifter erwischen und ihn zum Schweigen bringen, und sie wußten, er war unter ihnen. Die hohen Herren hatten Probleme bekommen. Wir selbst hatten unsere eigenen Sorgen, aber ich will nicht leugnen, daß ich eine gewisse Schadenfreude empfand.

Die letzten Wochen waren ungewöhnlich ereignislos verlaufen. Die Zeit verstrich, und das Leben ging weiter. Die Vorstellungen hatten einen geringeren Zulauf gehabt als gewöhnlich, und der Lagerälteste hatte nichts dagegen, daß wir eine Woche Spielpause machten. Aber die Stimmung unter den Gefangenen war bedeutend weniger gespannt als unter den Kapos. Der Galgen mit den fünf Schlingen blieb auf dem Appellplatz stehen, aber das berührte uns nicht. Wir hatten uns längst daran gewöhnt.

In der Theatergruppe waren wir damit beschäftigt, eine neugeschriebene Operette mit dem Arbeitstitel »Liebe in den Bergen« einzustudieren. Wir wollten uns etwas Besonderes ausdenken, etwas Neues, das den Häftlingen gefiel und den Zuschauerraum wieder füllen sollte. Der verbindende Punkt im Stück war ein Gasthaus, »Die Goldene Gans«, das irgendwo in den Alpen lag und dessen Wirtin ein junges Mädchen namens Liesl war. Sepp war der Besitzer eines konkurrierenden Gasthauses und in Liesl verliebt. Ein Tenor von Weltrang quartiert sich bei Liesl ein, und sie lädt die ganze Nachbarschaft zu einem Fest, dem illustren Gast zu Ehren. Dabei wird Sepp eifersüchtig auf den Tenor mit der goldenen Stimme, aber da es eine Operette ist, sinken Sepp und Liesl sich am Schluß in die Arme, tun ihre Gasthäuser zusammen und bekommen sechs Kinder. Die Musik borgten wir von anderen Operetten.

Wir hatten emsig geprobt und bis ins Letzte daran gefeilt, konnten aber trotzdem den Tag der Premiere noch nicht festsetzen. Wir hatten ein Problem. Bernhard, unser fantastischer Tenor, war Kantor von Beruf und als solcher daran gewöhnt, gemächlich durch die Synagoge zu schreiten, mit der Thorarolle unterm Arm. Das war im Tempel, doch nun war er ein Heldentenor auf der Bühne im Lager Fürstengrube, und darin bestand der Unterschied.

Das Bühnenbild zeigte das Innere eines Gasthauses, mit einem Fenster in der Mitte und einer Tür auf der einen Seite. Bernhards erster Auftritt geschah am offenen Fenster. Er sollte von außen hereinschauen und fragen: »Ist das die Goldene Gans?« Darauf alle Gäste: »Ja!« Überrascht würde Liesl ausrufen: »Mein Gott, der Tenor ist da! Kommen Sie herein!«

»Wie der Blitz«, entgegnet der Tenor, und das Orchester hebt an und spielt vier Takte. Während dieser vier Takte läuft Bernhard zur Tür, reißt sie auf und schmettert aus voller Kehle die bekannte Melodie »Freunde, das Leben ist lebenswert« aus der Operette »Giuditta«. Und das genau war der Punkt. Der Abstand zwischen Fenster und Tür war ganz einfach zu groß, wenigstens für den Kantor. Wie sehr er sich auch bemühte, »Freunde« blieb immer irgendwo zwischen Fenster und Tür hängen.

Harry war außer sich und zwang Bernhard zu Einzelproben auf der Bühne, Stunde um Stunde. Er jagte den Kantor im Kreis um den Appellplatz, um seine Schnelligkeit zu trainieren, und hatte ihn schließlich soweit, daß man ihn singen hörte »...nde«, während er die Tür aufriß. Das reichte nicht, aber wir wollten nicht die ganze Szene umschreiben. Sie war zu gut. Bernhard versicherte auf nackten Knien, er hätte sein Möglichstes getan. Er hätte sogar Gott um ein Paar Flügel gebeten, weil er selbst nicht mehr vermochte.

Es gab keinen anderen Ausweg, als die Kulisse umzubauen und die Tür näher ans Fenster zu rücken. Wir baten den Lagerältesten, den Architekten, um Rat. Er wollte die ganze Szene durchgespielt sehen, und dann löste er das Problem auf seine eigene Weise. Er stellte sich im Dunkeln hinter Bernhard, packte ihn am Kragen und am Hosenboden, und hob ihn in einem Ruck im richtigen Moment hinüber zur Tür. Das war die perfekte Lösung. Vierzehn Tage später war ein freier Sonntag, und diesen Tag wählten wir für die Festvorstellung. Was wir nicht wußten, war, daß man gleichzeitig eine Vorstellung ganz anderer Art vorbereitete.

Es waren die Schreiner, die den Galgen umbauten, um ihn mit drei weiteren Schlingen zu versehen. »Was ist passiert?« fragten sich alle, »wer soll da hängen?« Keiner von den Handwerkern wußte etwas, und als wir den Lagerältesten fragten, lächelte er nur tückisch und sagte: »Tja, wer mag es sein?« Doch im Lager blieben Geheimnisse nie sehr lange geheim. Bald wußten wir, daß es acht

Polen waren, die man beim Fluchtversuch gestellt hatte. Fünf Katholiken und drei Juden. Wieder hatte jemand geplaudert. Man erwartete zur Hinrichtung Besuch von hohen Herren, und sie wollten bei dieser Gelegenheit unsere Vorstellung sehen.

Plötzlich wurde ich krank. Bei den letzten Proben mußte ich mehrmals hinausrennen und mich übergeben. Zuerst dachte ich, es wäre eine vorübergehende Magenverstimmung, aber dann bekam ich hohes Fieber und mußte mich in die Krankenabteilung legen. Die letzten Proben wurden an meinem Bett abgehalten, aber drei Tage vor der Vorstellung stieg das Fieber wieder heftig an, und der Arzt stellte die Diagnose »Lungenentzündung«.

Am Samstag abend teilte Harry dem Lagerältesten mit, die Vorstellung müsse ausfallen. Der wollte davon nichts hören, und ich sah ihn wie durch einen Schleier, als er sich zu meinem Bett hinunterbeugte und flüsternd fragte: »Bist du krank?« Ich war zu schwach zum Sprechen, aber ich schüttelte verneinend den Kopf. »Er darf nicht krank sein«, sagte er zum Arzt, »es kommt hoher Besuch, der will die Hinrichtung ebenso sehen wie das Theater.« Der Arzt unterbrach ihn: »Der Junge ist zu krank zum Auftreten. Er darf unter keinen Umständen das Bett verlassen.«

»Diesen Unsinn will ich gar nicht hören. Die Vorstellung findet statt.«

»Und wenn er stirbt?«

»Sorgen Sie dafür, daß er es nicht tut!«

Damit ging er. Um zwei sollte die erste Vorstellung anfangen. Das war die Hinrichtung. Bereits um eins marschierten alle Häftlinge aus den jeweiligen Blöcken zum Appellplatz und stellten sich in Reihen auf. Das Orchester spielte unaufhörlich deutsche Märsche vor einer speziellen Bühne, aufgebaut für die Ehrengäste. Alles sollte nach

Anordnung des Lagerältesten sehr festlich sein. Alle Kranken hatte man aus ihren Betten gezwungen, und ich war trotz meines hohen Fiebers keine Ausnahme. Zwischen Freddy und Artur hängend, zitterte ich vor Schüttelfrost.

Fünf Minuten vor zwei holte man die Verurteilten aus dem Bunker, und Punkt zwei bestiegen die Richter und ihre Gäste die Tribüne. Die Zeremonie konnte beginnen.

Der Ankläger legte das deutsche Gesetzbuch aufs Pult, das er sich von Harry hatte geben lassen, und verkündete mit lauter, schriller Stimme: »Die Anklage gilt einem Fluchtversuch.« Dann fuhr er gedehnt fort, mit mindestens einer Sekunde Pause zwischen jedem Wort: »Gemäß« »Paragraph« »Absatz« »zum Tod« »durch Erhängen« »verurteilt«. Der »Prozeß« war entschieden, das Urteil stand fest, aber die Vollstreckung wurde hinausgezögert, er machte sich keine Eile, das erlösende Wort zu sprechen. Die Schlingen baumelten den Verurteilten vorm Gesicht, die Hände waren ihnen auf den Rücken gebunden. Sie fingen an auf den Tisch zu stampfen, auf dem sie standen, und schrien: »Hängt uns jetzt, ihr verdammten deutschen Schweine. Hängt uns!«

Der Ankläger machte eine kurze Pause, um gleich in seiner Litanei fortzufahren. Die acht unter dem Galgen fuhren fort, zu schreien und zu stampfen: »Deutsche Schweine! Deutsche Schweine!« Der Kläger wurde immer fahriger, und jetzt fing er an, zurückzuschreien: »Haltet's Maul, ihr polnischen Hunde!« Die Ermahnung hatte natürlich keine Wirkung. Sie lachten ihn aus und schrien weiter. Es war mittlerweile drei Uhr, und ich war völlig am Ende. Ich hörte die Geräusche wie aus weiter Ferne, und durch meine verschwollenen Lider konnte ich kaum die Gesichter der Verurteilten erkennen. Die Ansprache des Anklägers ging unter im Getöse von Schimpfwörtern und aufgeregten Stimmen.

Plötzlich sprang ein SS-Mann von der Tribüne und brüllte: »Die Schlaufen um den Hals – sofort!« Die beiden polnischen Priester, die den Auftrag hatten, ihre Landsleute zu hängen, stiegen auf den Tisch und machten es, wie sie es gelernt hatten, legten die Knoten am Nacken zurecht und sprangen dann herunter, um auf Kommando den Tisch wegzuziehen. Der SS-Mann hob die Hand und kommandierte mit messerscharfer Stimme: »Langsam, den Tisch. JETZT!« Erst drei Stunden später durften die Häftlinge den Appellplatz verlassen. Die Hingerichteten ließ man bis zum nächsten Tag hängen. Die Priester gingen in die Küche, um ihre Sonderration Suppe abzuholen, die Belohnung für ihre Arbeit. Kurz davor hatte man mich in den Theatersaal getragen.

Die Vorstellung sollte um sieben anfangen, und ich hätte genügend Zeit, um mich vorzubereiten. Viertel vor sieben war der Saal noch leer. Keiner der Häftlinge wollte kommen. Der Lagerälteste war wütend, als er die leeren Bankreihen sah, dann rannte er wie ein Irrer durch die Baracken, den Stock in der Hand. Innerhalb von fünf Minuten war der Saal voll. Die SS kam, und Punkt sieben erloschen die Lichter. Das Lustspiel konnte beginnen. Das Stück wurde wieder ein Erfolg, obwohl ich mich an die Vorstellung kaum erinnern kann, da ich zu schwach war, um mich auf den Beinen zu halten. Sitzend mußte ich meine Lieder und Texte krächzen, aber alle hatten Verständnis dafür. Als ich nach und nach wieder genas, hatten wir noch dreimal die Gelegenheit, das Stück aufzuführen. Seitdem war ich für viele die Liesl, die SS-Männer riefen mich immer mit diesem Namen.

Januar 1945.

Mit dem Theaterspielen war jetzt Schluß. Zum einen fragte kein Mensch mehr nach Unterhaltung. Zum andern wurden die Vorstellungen von Flugzeugen gestört, die ständig das Lager überflogen. Wenn die Bomber kamen, mußten wir sofort alle Lichter löschen und zu unseren Baracken rennen. Wir hatten bald herausgefunden, daß es »der Feind« war, also unsere Freunde. Sie kamen oft zwischen neun und halb zehn, genau dann, wenn die Nachtschicht zur Grube aufbrach. Wenn es Alarm gab, durften die Häftlinge im Bett bleiben und schlafen, bis sie ein paar Stunden später geweckt wurden. Schon gegen neun standen sie gewöhnlich vor der Baracke und spähten und horchten nach dem ersehnten Brummen. Kam es nicht, oder erst zu spät, waren sie verärgert, und am Morgen, wenn sie aus der Grube heraufkamen, galt ihre erste Frage den Flugzeugen. »Na, sind sie gekommen?« Und wir antworteten: »Ja, aber erst um zehn.«

Da wir jetzt nicht mehr Theater spielten, hatten wir auch keine Vorteile mehr. Weder wir Schauspieler noch die Musiker mußten in der Grube arbeiten, doch statt dessen gehörten wir zu einer Baukolonne. Bei eisiger Kälte arbeiteten wir direkt an der Grube. Ich stand an einer Werkbank, und Kurt trug Bretter mit rostigen Nägeln herbei, die ich herausziehen, geradeklopfen und dann wegwerfen sollte. Er brachte nie mehr als ein Brett zu mir und bewegte sich in einem Tempo, nach dem ich mich richtete, wenn ich den Nagel herauszog. So arbeiteten wir Hand in Hand. Unsere Kameraden plagten sich mit Hacken und Spaten und versuchten, Löcher in die hartgefrorene Erde zu graben. Es war zu nichts nütze, und niemand hatte sie dazu aufgefordert. War es ihnen nach einigen Stunden gelungen, blieb ihnen nur, das Loch wieder zuzuschaufeln und es an einer anderen Stelle zu probieren. So trieben wir es zwölf Stunden lang, um die Tage herumzubringen. Und wir froren. In diesen letzten Wochen scherte sich keiner im geringsten darum, was wir am Arbeitsplatz machten, weder die SS-Wachen noch der Kapo.

Auch von der Gaskammer redete keiner mehr. Jetzt sprach man vom Rollkommando. »Wo sind sie jetzt? Wann werden sie hier sein? Wie können wir uns schützen?« Man sprach offen davon, als wäre es ein Wanderzirkus, den wir erwarteten, und nicht eine Bande von motorisierten Mördern. Durch die Buschtrommel erfuhren wir, daß sie sich näherten. Wir waren genau darüber informiert, wie sich das Ganze abspielen würde. Tückisch würden sie alle Häftlinge auf dem Appellplatz versammeln. Die große Einfahrt würde sich öffnen. Ein Panzer oder mehrere würden einfahren und auf alles schießen, was sich bewegte, auf alle potentiellen Zeugen. Und »alle«, das waren in diesem Fall nicht nur die Juden.

Da wir genau Bescheid wußten über diesen Ablauf und ihre Vorgehensweise, hatten wir Zeit, uns darauf einzustellen. Es kam darauf an, daß man nicht in der ersten Reihe landete, aber so dachte vermutlich jeder. Unbedingt notwendig war, daß man sich schon nach den ersten Schüssen zu Boden warf und sich tot stellte. Wir rechneten kalt damit, daß sie sich keine Zeit nehmen würden für eine Kontrolle, ob alle wirklich tot wären. Sie würden es eilig haben zum nächsten Lager. Als einzige Hoffnung blieb uns eigentlich, daß die Russen ihnen zuvorkamen.

Kurt kam gerade mit einem Brett an, als die Leute anfingen zu rufen und zu schreien. »Kolonne, schnelle Aufstellung!« Wir sahen uns nur an, und rannten auch schon los, um uns in unsere Kolonne einzureihen. Kapo Wilhelm ging die Reihen entlang und zählte uns, machte dem

SS-Mann Meldung, und dann marschierten wir zurück ins Lager. Wilhelm ging an der Spitze und hielt ein rasches Tempo. Das machte uns unsicher. Sonst ging er immer am Ende, um uns unter Aufsicht zu haben. Außerdem war es erst elf Uhr vormittags. Das konnte nur eins bedeuten: das Rollkommando.

Im Lager herrschte ein Chaos wie nie zuvor. Alle rannten herum und schrien. Die Nachtschicht war geweckt, und die Morgenschicht war im Anzug. »Appell, Appell, Aufstellung zum Appell!« wurde gebrüllt. Wir Kameraden aus der Theatertruppe begaben uns unverzüglich an die Plätze ganz hinten, und schweigend standen wir da, mit entschlossenen Gesichtern. Sollten sie doch kommen. Wir waren bereit.

Oberscharführer Schmidt stand mit seiner gesamten Wachmannschaft vor uns. Der Lagerälteste stellte sich auf einen Stuhl und rief: »Hört jetzt gut zu. Der Feind ist im Anmarsch. Wir räumen das Lager, und wir haben einen langen und schweren Marsch vor uns. Die Kranken und die, welche nicht gehen können oder wollen, dürfen im Lager bleiben, aber ohne Bewachung. Ich rate allen, mitzukommen. Wir werden gleich ausreichend Suppe austeilen, und jeder bekommt einen ganzen Laib Brot. Nehmt eure Decken mit. In einer Stunde marschieren wir los.« Schweigend löste sich der Appell auf, und alle gingen zu ihren Baracken und hielten sich bereit.

Es war eine schwierige Entscheidung, die wir zu treffen hatten. Sollte man Krankheit vortäuschen und im Lager bleiben? Die Ansichten waren geteilt. Es war das erste Mal, daß uns Häftlingen die Möglichkeit gegeben wurde zu wählen. Wieso? Wir debattierten, kalkulierten, spekulierten und überlegten. Was für ein Feind war es, der sich näherte? Waren es die Russen, oder war es das Rollkommando? Der

Lagerälteste war natürlich nur ein Sprachrohr von Schmidt, doch wir wußten auch, daß er gleichzeitig großen Einfluß auf ihn hatte. Wir vermuteten, daß er sich selber retten wollte und uns dazu. Deutschlands Feind war nicht unser Feind. Es konnte nur das Rollkommando gemeint sein, und alle, die gehen konnten, machten sich auf.

Wir gingen und gingen, Tag für Tag. Unser Zeitgefühl geriet durcheinander. Es wurde dunkel, und es wurde wieder hell, es mußte der dritte Tag auf dem Marsch sein, oder der vierte. Wir waren nicht ganz sicher. Tag und Nacht schleppten wir uns die vereisten Landstraßen entlang, mit nur kurzen Ruhepausen. Anfangs gingen wir in geordneter Kolonne und waren guten Mutes, da es uns gelungen war, dem Rollkommando zu entfliehen. Doch schon in der ersten Nacht waren einige nicht mehr imstande, das zügige Tempo zu halten. Immer öfter blieben sie stehen, um Luft zu holen, und als wir ihnen zuriefen, nicht stehenzubleiben, schüttelten sie nur den Kopf. Der erste Schuß fiel. Und weitere folgten.

Die SS-Männer, die an den Seiten unseres Zuges gingen, nahmen keine Notiz von denen, die aus der langen Reihe traten, aber ganz hinten gingen vier SS-Männer, die dafür sorgten, daß wir keinen lebend zurückließen. Die ermatteten Häftlinge, die zurückfielen, wurden in den Graben gezwungen und erschossen. Warum? Wir wollten so gern glauben, daß sie uns retten wollten. Aber warum schossen sie dann?

Die kurzen Pausen, die man uns gönnte, reichten kaum aus, um Löcher in die Blasen zu stechen und die müden Beine zu massieren. Tausende von anderen Häftlingen mit ihren Wachpatrouillen hatten sich diesem höchst ungeheuerlichen Todesmarsch angeschlossen. Sie sahen nicht besser aus als wir, eher im Gegenteil. Aber wohin waren wir unterwegs? Was hatten sie mit uns vor? Die Bevölkerung der kleinen Dörfer, durch die wir kamen, standen am Wegrand und glotzten uns an. Sie müssen sich doch gefragt haben, was wir wohl für welche waren, die sich da voranschleppten, aufeinander gestützt, in schmutzigen Häftlingskleidern. Besonders Harry fiel das Gehen schwer. Abwechselnd stützten wir ihn, zum Schluß mußten wir ihn fast schleppen. In der Ferne sahen wir Baracken, von Stacheldraht umgeben, und auf einem großen Schild lasen wir »Gleiwitz«. Der Name war bekannt. Es war ein Konzentrationslager. »Endlich«, sagten wir. Wir dachten, wir hätten das Ziel unseres Marsches erreicht. Doch welch ein Irrtum! Auch Gleiwitz war von Häftlingen leergeräumt, und wir mußten in der Eiseskälte vor dem Lager warten. Zwei Stunden lang standen wir da, neben einem Bahngleis, und versuchten, eingehüllt in die Decken, die Wärme zu halten. Sehnsüchtig blickten wir zu den leeren Baracken. Wir drängten uns aneinander und versuchten uns warm zu stampfen, doch die Holzschuhe fühlten sich an wie eisige Bleiklumpen.

Offene Waggons, wie man sie gewöhnlich für Kohletransporte benutzte, wurden vorgefahren, und wir wurden brüsk hinaufgetoßen. Einhundertzwanzig Mann wurden für jeden Waggon abgezählt. Wir hockten uns hin, um unsere müden Beine auszuruhen. Daß wir seit drei Tagen und drei Nächten ohne Schlaf waren, hatten wir völlig vergessen. Aber jetzt müßten wir nicht mehr laufen, sondern würden transportiert. Wir sehnten uns danach, uns auszustrecken, uns auszuruhen. Der harte Holzboden störte uns nicht, wir waren keine Bequemlichkeiten gewöhnt, aber der Platz war knapp. Einhundertzwanzig erwachsene Häftlinge waren zu viele, auch wenn wir klapperdürr waren. Die Beine auszustrecken, daran war nicht zu denken, es war so eng, daß man nicht einmal die Arme bewegen konnte.

Freddy, Artur und ich hockten nebeneinander, und Kurt war ein Stück weiter weg eingezwängt. Alle hatten es gleich eng, außer den acht Kapos, die ein Drittel des Waggons für sich selber abgeteilt hatten. Sie saßen auf ihren ausgebreiteten Decken, aßen Butterbrote und pafften unbekümmert ihre Zigaretten, als hielten sie ein Picknick.

Freddy stieß mich mit dem Ellbogen in die Seite: »Schau mal, wie die sich breitmachen. Wir müssen was unternehmen.« Ich flüsterte zur Antwort: »Wir werfen sie raus, wenn wir anfahren.« Nach vier Stunden setzte sich der Zug mit einem Ruck in Bewegung. Wir nutzten den Ruck, um uns etwas Platz zu schaffen, richteten uns auf und streckten unsere tauben Gliedmaßen. Auch unsere Kapos hatten sich aufgestellt. Sie erhoben ihre Stöcke und brüllten: »Runter mit euch allen. Sofort runter!« Die am nächsten saßen, gehorchten, wir aber nicht. Wir wickelten die Hände in unsere Mützen und näherten uns ihnen.

»Wir sind einhundertzwölf, ihr seid acht. Wir befinden uns in einem Waggon in Gottes freier Natur – nicht in Auschwitz. Entweder macht ihr Platz, oder ihr springt freiwillig ab. Andernfalls schmeißen wir euch raus.« Die anderen drängten nach, feuerten uns an, und jetzt standen wir so dicht vor ihnen, daß eine Schlägerei praktisch unmöglich war. Ganz verwirrt und unsicher fingen sie an, auf Polnisch miteinander zu flüstern. Sie waren unterlegen, aber trotzdem waren sie Kapos und trugen noch ihre alten Armbinden. Einer davon war sogar ein »Oberkapo«. Offenbar fiel es ihnen schwer, zu einem Entschluß zu kommen, doch als sie in unsere haßerfüllten Augen sahen, beschlossen sie, Platz zu machen.

Wir vier Kameraden übernahmen das Kommando, und

bald konnten sich alle hinlegen, ineinandergeschachtelt wie wir es in Auschwitz gelernt hatten, aber jetzt mit einer Decke für jeden. Fünf starben in der ersten Nacht. Wir stapelten sie in einer Ecke und deckten sie zu. Dann sahen wir, wie die aus den anderen Waggons ihre Leichen hinauswarfen, und als weitere zwei starben, machten wir es ebenso. Später wurde das von der SS verboten. Der Todesengel schwebte über uns, folgte unserem Transport und erntete ständig neue Opfer. Er verschaffte uns anderen etwas mehr Platz, und wer am nächsten lag, nahm auch die Kleider der Toten in Beschlag. Leere Waggons wurden für die Leichen beansprucht. Ab und an blieb der Zug stehen, und die Leichenträger schrien: »Runter mit den Toten!« Dann ließen wir sie seitlich von den Waggons herabgleiten.

Es hieß, wir würden nichts mehr zu essen bekommen, die Brotreserven wären erschöpft. Aber es war eigentlich nicht der Hunger, der uns am meisten plagte, es war der Durst. Die kalte Luft war nicht erfrischend genug, um das Wasser zu ersetzen.

Vielleicht lag es an unserer guten Disziplin, aber nur zwölf von den Häftlingen in unserem Waggon starben während der Fahrt, die zehn Tage dauerte. Der schmutzige Schnee rettete vielen das Leben. Wir sammelten Schnüre, Riemen und alles übrige, was sich zu Leinen verknoten ließ, und daran banden wir die Blechnäpfe. Wir ließen sie nur so weit herab, daß sie möglichst nicht hängenblieben, und sammelten den Schnee darin. Den Schnee formten wir zu kleinen Bällen und verteilten sie an alle, und so hatte jeder einen Schneeball zum Lutschen.

Eines Tages, bei einem Aufenthalt, entdeckten wir unseren Lagerältesten, unrasiert und schmutzig, im Gespräch mit einem SS-Mann, nicht weit von uns. Wir schrien und winkten aus Leibeskräften: »Lagerältester!« Er hatte uns gehört und spähte die Reihe der Waggons entlang. Als er uns entdeckt hatte, kam er angelaufen. »Schauspieler! Da seid ihr ja!« Er schien aufrichtig erfreut, uns zu sehen. »Sind alle am Leben?« fragte er. »Ja, wir leben«, antworteten wir. Er fragte, wie es uns ginge, und wir antworteten tatsächlich, es ginge uns gut, obwohl uns die Frage in diesem Moment reichlich unpassend vorkam. »Wohin sind wir unterwegs?« fragte ich. »In den Frühling«, gab er zurück. Mit dieser Antwort konnten wir nichts anfangen, und da uns nicht viel Zeit blieb, rief Freddy: »Alle Geschäfte sind geschlossen, und unsere Vorräte sind erschöpft.« Josef lachte: »Ich habe auch nichts zu essen.« Dann warf er uns ein Päckchen Zigaretten hinauf und rannte los, denn der Zug setzte sich wieder in Bewegung.

Das war der fünfte Tag der Reise, und am achten Tag war der Schnee verschwunden. Die Berge von Leichen wuchsen und wuchsen, und offenbar wurde der Platz für sie knapp, denn der Zug hielt an einem kleinen Bahnhof; die SS gab den Befehl, die Leichen abzuladen und sie an eine freie Stelle neben dem Bahnhofsgebäude zu legen. Der Leichenberg türmte sich drei Meter hoch, und der Stationsvorsteher stand da völlig entgeistert, mit offenem Mund und schüttelte den Kopf. Er brachte kein Wort heraus. Ein paar Reisende kamen aus dem Gebäude, und eine Frau schrie außer sich, als sie die gestapelten Leichname sah: »Mein Gott, was ist denn das? Seid ihr irrsinnig?« Weitere Reisende tauchten auf, es gab einen kleineren Tumult.

Die SS hatte schnell erkannt, daß es unmöglich war, den Leichenberg liegenzulassen. Also gab sie den Befehl, die Leichname wieder in die Waggons zurückzubringen. Da auch in den folgenden Tagen niemand kam und unsere Toten abholte, warfen wir sie irgendwann wieder über Bord.

Den größten Teil der Zeit verschliefen wir. Die Kälte

hatte abgenommen. Obwohl wir die Endstation nicht kannten, war es uns gelungen, die Route festzustellen. Die Tschechoslowakei und Österreich hatten wir durchfahren. Bei einem kurzen Aufenthalt in Wien konnten wir einige rasche Worte mit einem Bahnarbeiter wechseln, der, bevor die SS ihn fortjagte, rief: »Es ist zu Ende, vorbei.« Nach dieser ermunternden Auskunft litten wir weder unter dem Nahrungsmangel noch unter der Wasserknappheit. Doch die Besorgnis wuchs erneut, als wir merkten, daß wir tiefer und tiefer nach Deutschland hineinfuhren.

Nach zehn Tagen wurden wir endlich in Nordhausen ausgeladen, in einem Lager mit dem Namen Dora. Laut Auskunft war es ein Steinbruch, ein Arbeitslager; in unmittelbarer Nähe, so hieß es, würden V1-Bomben hergestellt. Drei Tage lagen wir untätig in den großen Baracken. Wieder bekamen wir Suppe und Brot, und dann gingen wir herum und suchten nach unseren Kameraden aus Fürstengrube. Viele waren während der Reise gestorben; wir konnten die Anzahl der Toten nur schätzen: es sollten ungefähr 3200 Personen in Dora angekommen sein und wir wußten mit Sicherheit, daß man in Gleiwitz 10 000 in die Waggons geladen hatte.

Alle Musiker und Schauspieler hatten jedoch die Kraftprobe überlebt. Aufs neue vereint saßen wir auf dem Stroh und warteten auf die letzte Überraschung. Was hätten wir sonst tun können?

Am dritten Tag, kurz vor der Suppenverteilung, entdeckten wir Schmidt und den Lagerältesten. Sie gingen herum und suchten nach den Überresten der Häftlinge aus Fürstengrube, aber das wußten wir nicht. Wir grüßten, als sie vorbeikamen. Sie blieben stehen, und der Lagerälteste sagte: »Wollt ihr mitkommen? Der Oberscharführer sammelt alle seine Häftlinge und will sie aus diesem Schweinestall wegbringen.« Wir wollten mitkommen. Es gelang uns, über vierhundert von ursprünglich tausend zu finden, und noch am selben Tag wurden wir in Pferdewagen geladen und in ein anderes Lager gebracht, nach Turmalin. Die armen Pferde waren auch nicht allzu wohlgenährt und krochen im Schneckentempo dahin. Für die vierzig Kilometer brauchten wir zwei Tage.

Das Lager Turmalin war ebenfalls ein ehemaliges Arbeitslager, und jetzt im großen und ganzen geräumt. Es bestand aus einigen Steinhäusern, umgeben von Stacheldraht. In allen Zimmern gab es Pritschen, aber keine Matratzen. Die Küche funktionierte nicht, aber wir hatten ja ohnehin keine Lebensmittel. In der Nachbarschaft war ein Arbeitslager der Organisation Todt, und von dort borgte sich Schmidt das Notwendigste, bis er requirieren konnte, was wir brauchten. Er tat sein Bestes, damit wir nicht hungern mußten. Wir arbeiteten in drei Schichten ganz in der Nähe des Lagers. In einem etwa zwanzig Meter hohen Tunnel, der in den Berg gegrieben war, bohrten wir uns weiter voran.

Es war die Rede von einer Bombe, »V2«. Draußen vor dem Tunnel waren riesige, blanke Metallhülsen aufgestapelt, und wir konnten nur ahnen, wozu. Die Arbeit war relativ angenehm und wenig ermüdend, denn wir taten nicht allzu viel. Wir waren zur Stelle. Man mischte uns mit deutschen Zivilarbeitern und französischen Kriegsgefangenen, doch war es uns verboten, miteinander zu sprechen. Auch von den anderen zeigte keiner das geringste Interesse, sich einzusetzen, um die Arbeit voranzutreiben. Sie waren sehr freundlich und steckten uns Nahrungsmittel ebenso zu wie Tabakwaren, wenn sich die Gelegenheit bot. Alle warteten auf das Signal, daß der Kampf beendet wäre.

In der letzten Woche unseres Aufenthalts in Dora bekam ich von Schmidt ein Ehrenamt zugeteilt, das darin bestand, daß ich sein Zimmer sauberhielt und heizte, seine Uniform bürstete und seine Stiefel putzte. Ich ließ mir Zeit und dehnte die Arbeit auf den ganzen Tag aus. Er entlohnte mich, indem er mir einen Teil seines Essens übrig ließ, den ich mitnehmen durfte, und auf diese Weise hatten auch meine Kameraden etwas von meinem Amt.

Vier Wochen währte diese Erholung, dann war es wieder Zeit zum Aufbruch. »Der Feind ist im Anzug«, hieß es. Um zwei wurden wir zum Appell bestellt, um fünf war Abmarsch. Wir fragten wohin, und man sagte, nach Magdeburg. »Was sollen wir in Magdeburg?« fragten wir. »Wir werden mit dem Schiff auf der Elbe fahren, hinauf nach Hamburg.« Nach zwanzigstündiger Fahrt erreichten wir Magdeburg und wurden in einem großen Schleppkahn weiterbefördert. Es war nicht gerade eine Luxusjacht, aber unter Deck war es sauber und warm. Wir bekamen etwas Warmes zu essen und Kaffee und fühlten uns gut aufgehoben.

Die SS-Wache vertrieb sich die Zeit mit Kartenspiel an Deck. Schon am folgenden Tag fühlten wir uns stark und ausgeruht, obwohl wir auf dem nackten Holzboden lagen. Immerhin war es warm genug, daß wir die Decken unter uns legen konnten wie Matratzen. Der Schleppkahn glitt eintönig und langsam dahin. Uns war langweilig, und der Lagerälteste schlug vor, daß wir singen sollten. Das taten wir, aber Kapo Wilhelm, offenbar schlechter Laune, ertrug den Gesang nicht und brüllte: »Schluß mit eurem Gejammer, sonst schlag ich euch die Fresse ein!« Das hätte er besser nicht gesagt. Es war der Lagerälteste, sein Vorgesetzter, der uns zum Singen aufgefordert hatte, und nun stürzte er sich wütend auf Wilhelm, riß ihm die Armbinde ab und schrie ihn seinerseits an: »Jetzt ist Schluß mit deiner Zeit als Kapo. Ich degradiere dich zum einfachen Häftling.«

Von Stund an war Wilhelm sanft und fromm wie ein Lamm. Doch uns stellte sich die Frage, ob der Lagerälteste immer noch Lagerältester war, obwohl wir uns ja jetzt auf einem Schlepper befanden, oder ob er nur so tat.

Die eintönige Reise dauerte fünf Tage und war insgesamt sehr angenehm. Von Hamburg bekamen wir nichts zu sehen. Statt dessen brachte man uns an den Ort Ahrensbök, wo wir in einem großen Blechkasten einquartiert wurden. Die Scheune war zu beiden Seiten eines schmalen Mittelgangs mit Stroh gefüllt. Auf der einen Seite saßen wir, auf der anderen die SS-Männer. Wir waren von jeder Lebensmittelversorgung abgeschnitten, da wir nun keinem Lager mehr angehörten. Damit mußten wir uns abfinden; auch unsere SS-Männer blieben ohne Essen.

Über einen Monat hausten wir in dem Schuppen, und es fehlte uns an allem. Manchmal überlegten wir, ob die SS-Wächter uns wirklich bewachten, oder ob sie uns nur zum Vorwand nahmen, damit sie nicht an die Front mußten. Schmidt hatte sich ein Motorrad besorgt und tauchte nur hin und wieder auf. Er tat bestimmt alles, was in seiner Macht stand, doch es war nicht leicht, Essen aufzutreiben. Am zweiten Tag nach unserer Ankunft erschien ein Mann mit Pferd und Wagen. Er hatte einen großen Eisenkessel dabei und einen ganzen Berg von Zuckerrüben. Gemeinsam luden wir ab, und unter Bewachung gingen wir dann zum Holzsammeln in ein nahegelegenes Waldstück. An einem verfallenen Haus ein paar hundert Meter weiter weg fanden wir sogar eine Pumpe. Schmidt hatte ein paar Eimer beschafft, und bald konnten wir die gewaschenen Zuckerrüben kochen, die so viel süßer schmeckten als in rohem Zustand.

Die Tage und Wochen verstrichen, und nichts geschah. Die Läuse fielen über uns her, und auch die SS-Männer mußten jetzt jeden Morgen Läuse zwischen den Fingernägeln knacken. Das einzige, was uns noch von den SS-Männern unterschied, waren die Kleider, aber so verdreckt und zerknittert wie ihre Uniformen waren, konnte man kaum mehr einen Unterschied sehen. Die Gewehre lagen zwar noch entsichert neben ihnen, aber sie waren kaum zu etwas anderem gedacht als zur Selbstverteidigung. Sicherheitshalber stand auch ein Maschinengewehr vor ihnen, aber auch das betrachteten wir eher als Symbol. Vielleicht hatten sie Angst vor uns. Sie waren zehn, und wir waren über dreihundert. Natürlich spielten wir mit entsprechenden Gedanken, um ehrlich zu sein. Wir einigten uns mit dem Lagerältesten darauf, sie bei Gefahr zu entwaffnen, auch wenn wir dabei riskierten, einige der unseren zu verlieren. Aber wir konnten uns nicht vorstellen, daß sie die Absicht hätten, uns hinzurichten, und unsere Kapos waren in diesem Stadium aus dem Spiel.

Vor dem Schuppen war Frühling. Die Sonne schien und wärmte, und alles wirkte so wunderbar anders. Wenn ich die Nase schnuppernd in die Luft hielt, spürte ich den Duft der Freiheit.

»Warum sollen wir auf diesem schmutzigen Stroh sitzen«, sagte Freddy eines Tages, »wenn draußen die Freiheit auf uns wartet?« Doch Harry riet uns aufs entschiedenste ab. Er hatte seine Informationen vom Lagerältesten, der seinerseits von Schmidt unterrichtet war. »Bleibt«, sagte er, »Deutschland hat den Krieg verloren, und es handelt sich nur noch um wenige Tage. Hier können wir uns sicher fühlen. Draußen handeln die Leute eigenmächtig und können euch niederschießen, ohne daß jemand eingreift. Bleibt, wo ihr seid, und ich garantiere euch, ihr werdet den Krieg überleben.«

Leider mußten wir ein trauriges Zwischenspiel mitansehen. Schmidt hatte etwas Brot für seine SS-Kameraden besorgt, und einer der Häftlinge versuchte es zu stehlen, als er sich unbeobachtet glaubte. Zur Strafe mußte er hinter dem Schuppen sein eigenes Grab schaufeln, sich davorstellen und den Mund aufmachen. Dann erschoß ihn ein Unterscharführer durch den Mund. Er fiel rücklings in die Grube, die er selbst gegraben hatte. Wir, die im Kreis herumstanden, mußten helfen, das Grab zuzuschaufeln.

Mitten in der Nacht zum 30. April wurden wir plötzlich geweckt, und zehn Minuten später marschierten wir los. In völligem Durcheinander gingen wir zuerst eine Straße entlang, dann durch einen Wald, und im Schutz der Dunkelheit machten sich viele davon. Auch die SS-Männer verschwanden zum Teil. Es wurde geflüstert, Schmidt wollte »den Feind« finden und uns übergeben. Es fing an zu regnen, und die Decken, in die wir uns gewickelt hatten, lagen schwer auf den Schultern. Im ersten Morgengrauen kam Bernhard angelaufen. »Ihr dürft nicht fliehen! Grüße vom Lagerältesten, Schmidt sucht nach dem schwedischen Roten Kreuz, das sich angeblich ganz in der Nähe befindet. Denen will er uns übergeben.«

»Freunde, wir sind gerettet!« Trotzdem verstanden wir nicht den Zusammenhang. Das Rote Kreuz sollte uns retten, aber die SS ging noch immer mit scharf geladenen Waffen in unserer Mitte? Was hatte Schweden damit zu tun? Alles war so unwirklich, so fremd, so unklar. Sollten all diese schweren Jahre jetzt wirklich ein Ende haben, und hatten wir nun, die wenigen, die übrig waren, den Krieg überlebt? Wir beschlossen, auf keinen Fall ein Risiko einzugehen. Kein Verrückter sollte uns jetzt das Leben nehmen. Wir verließen uns auf unseren Oberscharführer und sein Versprechen.

Es war sieben Uhr morgens, als wir in dem Ort Süsel ankamen. Vor dem Tor eines Bauernhofs saß Schmidt auf seinem Motorrad und erwartete uns. Er strahlte vor Freude, als er uns empfing. »Halt«, rief er, »hier drinnen könnt ihr Rast machen. Ich bin gleich zurück.« Und dann fuhr er mit einem Blitzstart davon. Durchnäßt, verfroren und total erschöpft warfen wir uns auf das aufgeschüttete Stroh und schliefen ein. Ein wahnwitziges Geschrei weckte uns. Josef, unser Lagerältester, stand in der Tür und schrie aus Leibeskräften: »Franzosen, Belgier und Holländer, kommt heraus! Ihr seid frei!« Wir waren also frei, dieses einfache kleine Wort mit seiner enormen Bedeutung, auf das wir so viele, endlose Jahre gewartet hatten! Jetzt war es also ausgesprochen. Wie auf Kommando erhoben wir uns alle, Musiker und Schauspieler. Wir alle waren Franzosen, Belgier und Holländer, was sie wollten. Wir waren dies oder jenes, Hauptsache wir waren frei. Aber nicht nur wir gehörten diesen Nationen an, sondern alle.

Polen, Ungarn, Tschechen, Österreicher und Deutsche, sogar unsere Kapos waren jetzt Franzosen, Belgier und Holländer. Alle stürzen wir hinaus auf den Hof. Wie eine Horde wilder Tiere stürmten wir den kleinen weißen Rotkreuz-Bus, der da stand. Es gab eine Schlägerei mit dem Leben als Einsatz, und der freundliche Mann mit der Rotkreuz-Binde versuchte vergebens, sich Gehör zu verschaffen. Schmidt und Josef mußten eingreifen und mit Schreien und Schlägen für Ordnung sorgen.

Viele der Berechtigten hatten bereits Platz genommen, als wir mit Harry an der Spitze zum Auto marschierten. Schmidt konnte nicht umhin zu lachen: »Ihr seid natürlich alle Franzosen?« Und wir riefen im Chor »Ja!« »Gut«, sagte er, »ihr habt es verdient, hier wegzukommen, denn ihr habt den Mut gehabt zu lachen, als Tränen das einzig Natürliche waren.« Er stellte sich neben die Tür und ließ uns einsteigen. Der Reihe nach gab er uns die Hand und sagte: »Viel Glück und grüßt Schweden!« Wir winkten den anderen Häftlingen zu, als wir davonfuhren, und sie erwiderten unsere Grüße mit matten Gesten.

Achtundvierzig befreite Häftlinge saßen jetzt zusammengedrängt in einem kleinen Bus und konnten beim besten Willen nicht begreifen, was als nächstes geschehen würde. Wohin waren wir unterwegs? Nach Schweden, hatte man gesagt. Aber was hatten wir mit diesem Land zu tun?

Nach einer kurzen Fahrt hielt der Wagen, und wir wurden ausgeladen.

»Warum sollen wir aussteigen? Sind wir nicht befreit?«

»Habt keine Angst«, sagte ein freundlicher junger Mann. »Bleibt hier, dann kommt ein Lastwagen und bringt euch nach Lübeck. Da werdet ihr erwartet, das Schiff nach Schweden geht um vier Uhr.«

Es war elf Uhr vormittags. Wir standen auf dem kleinen grasbewachsenen Mittelstreifen zwischen den Fahrbahnen der Autobahn. Die Stunden verstrichen, Autos und Militärfahrzeuge sausten vorbei, aber keiner hielt und nahm uns mit.

Das lange Warten setzte uns furchtbar zu. Ein Häftling ohne Bewachung war »vogelfrei«, schutzlos ausgeliefert, und wir wunderten uns, daß die Mitarbeiter des Roten Kreuzes das nicht bedacht hatten. Gegen zwei Uhr hielt ein Militärfahrzeug mit einer kräftigen Bremsung, und ein deutscher Hauptmann kam auf uns zugelaufen.

»Woher kommt ihr?« schrie er.

»Aus einer Scheune«, riefen wir zurück.

»Aber aus welchem Lager?«

»Auschwitz.«

»Auschwitz! Dann gehört ihr nach Hamburg, ich lasse euch gleich holen.«

Schon ging er wieder davon. Ganz verzweifelt schrien wir ihm laut nach. Da wir gehört hatten, daß er Wiener Dialekt sprach, versuchten wir ihm in demselben Dialekt zu erklären, daß wir frei waren.

»Herr General«, schmeichelten wir ihm, »Wir sind unterwegs nach Schweden. Wir warten nur auf unser Auto.«

»Nach Schweden?« fragte er erstaunt. »Davon habe ich nichts gehört.«

Wir baten ihn, zu dem Bauernhof zu fahren, da dieser ganz in der Nähe lag. Dort sollte er mit unserem Oberscharführer sprechen, der ihm alles bestätigen würde. Doch er schüttelte nur mißtrauisch den Kopf. Im selben Moment kam ein Wagen vorbei, gezogen von einer Kuh. Er wurde von einem Mann in französischer Uniform gelenkt, und wir riefen ihm auf Französisch zu. Er straffte die Zügel – »brrr« – und rasch erklärten wir ihm unser Dilemma.

Er kannte den Bauernhof, den wir beschrieben, und versprach, hinzurasen und unseren »Retter« zu holen. Mit einer Kuh »rasen«? Vielleicht war es ein Ochse oder ein Stier, jedenfalls galoppierte das Tier nach der Mahnung *»vite, vite«* los wie ein Vollblutpferd.

Wir mußten nicht lange warten, und doch erschien es uns wie eine Ewigkeit, als wir mit klopfendem Herzen dastanden. Unterdessen konnten wir feststellen, daß der Hauptmann gar nicht so schlimm war. Wir verliehen ihm alle erdenklichen Gradbezeichnungen, und schließlich wurde er »Generalmajor«. Es wurde richtig gemütlich, als wir anfingen, Wiener Lieder zu singen, und er gab uns ein ganzes Päckchen Zigaretten und versorgte uns sogar mit Streichhölzern. Dann kam unser Oberscharführer im Eiltempo an. Er fuhr auf den Grasstreifen und hielt mit einer quietschenden Vollbremsung vor unserem Generalmajor. Schmidt sprang vom Motorrad und hob den Arm zu einem halben Gruß.

»Heil Hitler. Das sind meine Häftlinge!«

»Sie übernehmen die Verantwortung«, erwiderte der andere, grüßte mit »Heil Hitler« und verschwand.

Um keine weiteren Risiken einzugehen, holte Schmidt einen SS-Mann, der den Befehl bekam, uns zu bewachen. Um halb vier tauchte endlich ein weißgestrichener Lastwagen auf, der vor uns hielt. »*Hurry, hurry*«, rief ein junger Fahrer. Er war Kanadier, wie wir unterwegs erfuhren. »Wir haben es eilig. Das Schiff geht um vier Uhr.« Eine Panne hatte ihn aufgehalten, und die Sirenen der Lilly Mathiesen, wie das Schiff hieß, heulten unentwegt, als wir ankamen.

Was für ein Wirbel, als man uns empfing! Frauen und Männer in verschiedenen Uniformen weinten, lachten, umarmten und küßten uns. Sie küßten uns schmutzige Häftlinge. Der Kapitän stand oben an der Reling und rief, »Kommt, kommt, wir müssen ablegen«. Die Nervosität war viel zu groß, als daß wir diese ganze Freude rings um uns her hätten aufnehmen können. Wieder einmal zögerten wir und stellten in Frage, was mit uns geschah: »Ist es wirklich wahr, daß wir frei sind? Ist das ernst gemeint?«

Es war Nacht, und bisher war alles ruhig und friedlich verlaufen. An Bord hatte jeder von uns ein Paket bekommen und damit waren wir unter Deck gegangen. Die Pakete enthielten acht Sorten von Leckerbissen: Schokolade, Kekse, Margarine, Leberpastete und andere Köstlichkeiten, von denen wir die letzten Jahre nur geträumt hatten. Der Kapitän ermahnte uns liebevoll, sehr langsam und vorsichtig zu essen, in kleinen Portionen, da unsere Mägen zu viel auf einmal nicht vertragen würden. Und er hatte recht. Alle, die das Gute in sich hineinstopften, bekamen Durchfall und entsetzliche Bauchschmerzen.

Der Kapitän kam herunter und erzählte uns, wir wären jetzt unterwegs nach Trelleborg, nach Schweden, einem neutralen Land. Wir verstanden nichts von dem, was er sagte. Alles wirkte so unwahrscheinlich menschlich. Einige Norweger, die unter uns waren, erklärten, Trelleborg sei eine alte Hafenstadt in Südschweden, aber das sagte uns nicht viel. So saßen wir da, denn schlafen konnten wir nicht, wunderten und wunderten uns, und kauten bedächtig unsere Leckerbissen. Aber plötzlich ertönte ein Ruf: »Gefahr, Gefahr, ändert den Kurs, kehrt um!«

Auf Deutsch. Dann hörten wir etwas von einer »Seemeile«. Wir stürzten zu der schmalen Treppe, die zum Oberdeck führte, und schrien in Panik: »Nein, nicht zurück! Bitte, bitte, nicht zurück.«

Der Kapitän stand oben an der Treppe und versperrte uns den Weg. Mit sanfter Stimme beruhigte er uns: »Es herrscht keine Gefahr. Habt keine Angst. Wir umfahren nur eine Mine, wir sind bereits in schwedischen Gewässern.«

Früh am Morgen standen wir an der Reling und hielten Ausschau nach dem Land »Schweden«. Ganz Trelleborg war anscheinend zu unserem Empfang auf den Beinen. Langsam gingen wir den Landungssteg hinab und kamen in eine große Halle. Das Zollhaus. Man bestaunte uns wie Sehenswürdigkeiten. Rotkreuz-Schwestern, denen die Tränen über die Wangen liefen, kümmerten sich um die Kranken. Wir wurden fotografiert, einzeln und in Gruppen. Journalisten umschwirrten uns mit Papier und Bleistift und fragten und verhörten uns, ohne zu wissen, wo sie anfangen sollten. Vor allem wollten sie Auskunft über Auschwitz. Doch wir blieben stumm. Der Krieg war noch nicht zu Ende. Das Sprechverbot hatte sich festgefressen, es hatte weiterhin Geltung, und unsere Zungen waren wie gelähmt.

Jemand rief »Achtung«, ohne zu wissen, daß es ein Kommando war, und wir reihten uns gehorsam vor ihm auf. »Freunde«, sagte er, »ihr befindet euch in Freiheit. Schweden heißt euch herzlich willkommen.«

Das war am 2. Mai.

Von den Rotkreuz-Schwestern wurden wir gut versorgt. Sie entkleideten uns bis auf die Haut und nahmen uns die verlausten Kleider ab. Sie wuschen uns von Kopf bis Fuß und zogen uns neue Sachen an. Wir wurden in Schulsäle einquartiert und in Quarantäne gehalten. Rings um die Schule herum hatte man einen hohen Zaun gezogen. Von früh bis spät kamen Leute, um uns zu bestaunen, als wären wir Wesen von einem anderen Planeten, obwohl wir jetzt in unseren neuen, sauberen Kleidern ganz menschlich aussahen. Freiheit war ein Wort, das mir nicht einging. Ich empfand keine Freude.

Wir gingen herum und schwatzten miteinander, aber nicht mit denen, die uns durch den Zaun hindurch ansprechen wollten. Was sollten wir mit denen reden? Der Krieg war ja noch nicht einmal zu Ende, und das einzige, was uns an Menschlichkeit erinnerte, waren das gute Essen, die freundlichen Worte, die man an uns richtete, und unsere feinen Kleider.

Aber dann kam der 7. Mai.

Es war noch früh morgens, doch wir waren schon draußen auf dem Schulhof, als der Quartiermeister angerannt kam und rief: »Der Krieg ist zu Ende, der Krieg ist zu Ende! Die Deutschen haben kapituliert!«

Ich war wie gelähmt. Es überkam mich wie ein Schwindel. Ich sah zu meinen Kameraden hin. Auch sie standen still. Lange, lange standen wir reglos da und sahen uns an.

Aber plötzlich war der Bann gebrochen, und wir schrien, wir hüpften, wir umarmten uns. Wir ballten unsere Hände zum Dank.

Der Krieg war zu Ende. Das Inferno war vorüber. Endlich! Alle vergossen Freudentränen. Und die Leute vor dem Zaun tanzten, schrien Hurra und riefen uns zu »Willkommen in Schweden«!

Epilog

WAS WURDE AUS meinen Kameraden und den anderen namentlich Genannten?

Viele von uns Häftlingen, die nach Schweden kamen, blieben da nur für kürzere Zeit, um sich zu erholen und fuhren dann entweder in ihre Heimat oder in ein anderes Land, wo sie eventuell Verwandte oder andere Beziehungen hatten.

Ludwig Heger, der Verlobte meiner Mutter und mein potentieller Stiefvater, überlebte den Krieg als Soldat an der russischen Front, und wir haben uns später bei zwei Gelegenheiten in Wien getroffen. Wir hatten uns nichts zu sagen. Von meiner Mutter waren ihm zufolge keine Besitztümer von Wert zurückgeblieben.

Mit Onkel Fritz hatte ich bereits in Belgien den Kontakt verloren, über sein weiteres Schicksal ist mir nichts bekannt.

Mein Bruder überlebte das »Rollkommando« im KZ Gleiweitz und wurde von den Russen befreit. Er heiratete und lebte zunächst in Wien, ließ sich scheiden und verheiratete sich dann wieder in Norddeutschland. Er ist später an einem Gehirntumor gestorben.

Kurt Kohn, mein Arbeitskamerad und Begleiter bei der Flucht nach Belgien, überlebte den Krieg in der Schweiz und änderte dann seinen jüdischen Namen in Köstler.

Edi, meinen guten Freund aus St. Cyprien, der zu seiner Schwester nach Santo Domingo gezogen war, habe ich durch die Gesandtschaft suchen lassen, doch ohne Erfolg.

Harry wurde der Leiter des Nordwestdeutschen Rundfunks und Kapellmeister eines großen Orchesters. Leider starb er einen qualvollen Tod als Morphinist.

Freddy, der als frisch Verheirateter seine Frau in Frankreich zurücklassen mußte, fand sie in New York wieder und emigrierte dahin. Er kam dort gut zurecht und hatte das Glück, in der Nachbarschaft von Emmerich Kálmán zu wohnen. Bestimmt hatte er ihm eine Menge davon zu berichten, auf welche Weise wir seine Musik dargeboten haben. Wir blieben Freunde und hielten Kontakt, bis er mit siebzig Jahren starb.

Bernhard, unser Tenor, bekam eine Stellung als Kantor in einer Synagoge in der Nähe von London. Er heiratete eine reizende Polin, und ich habe ihn einmal besucht. Später zog er nach Amerika, von seinem weiteren Lebensweg weiß ich nichts.

Artur hat sich in Stockholm niedergelassen und eine von den Rotkreuz-Schwestern geheiratet, die uns bei der Ankunft in Trelleborg versorgten. Er starb Anfang der neunziger Jahre bei einem Besuch in Wien.

Kurt fand sich in Schweden nicht zurecht und kehrte zurück nach Wien. Einen großen Teil seines Lebens verwendete er darauf, von den Ereignissen des Krieges zu berichten und Schulklassen ins österreichische KZ Mauthausen zu führen, dem sogenannten kleinen Auschwitz, in der Nähe von Linz. Kurt starb 1995, im Alter von 82 Jahren an Lungenkrebs.

SS-Oberscharführer Max Schmidt, der uns Folke Bernadottes Rettungsaktion zuführte und uns damit das Leben rettete, wurde wie im Prinzip alle SS-Männer verhört und durch unsere Aussagen und die anderer Häftlinge entlastet und freigesprochen. Er lebt heute mit seiner Frau ein stilles Leben auf seinem ererbten Hof.

Hingegen wurde Hermann Josef, unserem Lagerältesten in Fürstengrube, der Prozeß gemacht, und er wurde zu einer mehrjährigen Haftstrafe verurteilt, so berichtet Max Schmidt. Wie es heißt, ist er ein völlig gebrochener und kranker Neunzigjähriger.

Und ich? Nun, ich bin in Schweden geblieben, um endlich ein Leben in Freiheit zu führen. Es war ein schwerer und mühseliger Weg, von Null anzufangen, mit all den Problemen, die ein solches Leben mit sich bringt. Doch die Freiheit gibt einem auch die Kraft und den Willen, ein angestrebtes Ziel zu erreichen. Stück für Stück lernte ich, aufzubauen auf diesem Fundament, das Schweden mir bot. Verheiratet, geschieden, wieder verheiratet – das Ergebnis waren vier Kinder und sieben Enkel – bisher.

Ich wurde selbständiger Geschäftsmann, mit wechselnden Erfolgen und Mißerfolgen. Aber es gelang, mit dem Willen, dem Mut und vor allem der positiven Einstellung zu einem Leben in Freiheit – einem Leben in Freude.

PIPER

Antisemitismus

Vorurteile und Mythen. Herausgegeben von Julius H. Schoeps und Joachim Schlör. 310 Seiten. Pappband.

Der Antisemitismus ist kein Problem der Juden, sondern vielmehr ein Problem der Antisemiten: Wer versuchen will, dieses Übel zu bekämpfen, muß sich deshalb mit dem Antisemitismus selbst auseinandersetzen, muß versuchen, die innere Systematik judenfeindlicher Denkweisen bloßzulegen und erkenntlich zu machen. Das ist die Leitlinie dieses Buches. Die Autoren bemühen sich, Denkmuster in antisemitischen Vorstellungen zu erkennen und deutlich zu machen. Sie fragen nach der Herkunft, der Verbreitung, der Wirksamkeit und der Wandelbarkeit antisemitischer Bilder. Sie unternehmen Exkursionen in das Innere des Vorurteils, um herauszufinden, wie in judenfeindlichen Einstellungen gedacht, argumentiert, konstruiert und erfunden wird. Die sozialen Figuren, die Bilder, die Typen, die hier analysiert werden, haben Eingang in viele Darstellungen gefunden, die nicht im ersten Moment als antisemitisch zu erkennen sind.
Mit Hilfe dieser Beiträge soll es gelingen, den Bildern, die uns häufiger begegnen, versteckter auch als wir ahnen, so nahe zu rücken, daß sie kenntlich werden.

PIPER

Verena Lenzen

Jüdisches Leben und Sterben im Namen Gottes

279 Seiten. Geb.

Von den biblischen Anfängen bis in die Gegenwart des modernen Staates Israel bestimmt die Vorstellung von der Heiligung des göttlichen Namens das Judentum: Der Mensch muß Gott in seinem Leben heiligen – wenn es sein muß auch durch die Opferung seines Lebens. Im Laufe der tragischen Geschichte des jüdischen Volkes verdichtete sie sich mehr und mehr zum Begriff des Martyriums bis hin zum Holocaust. Dieser markiert gleichzeitig die Krise und den Wendepunkt des jüdischen Verhältnisses zum Leben und Sterben im Namen Gottes: die Opferhaltung und heroische Duldsamkeit als Erbe der zweitausendjährigen Diaspora werden im Staat Israel von einem kämpferischen Willen zur Selbstbehauptung und Selbstverteidigung abgelöst. Anhand dieses Schlüsselbegriffs von der Heiligung des göttlichen Namens erzählt Verena Lenzen die Geschichte des jüdischen Lebens und Sterbens im Namen Gottes.

MALIK

Ingeborg Prior

Der Clown und die Zirkusreiterin

240 Seiten mit 16 Bildtafeln. Geb.

Was wie eine fast alltägliche Liebesgeschichte beginnt, entwickelt sich zu einem Drama in dunkler Zeit: Die achtzehnjährige Irene verliebt sich in den Clown Peter Bento. Um bei ihm sein zu können, reist sie mit dem Zirkus Althoff als Kunstreiterin, Clownesse, Akrobatin. Aber man schreibt das Jahr 1941 – und Irene ist Jüdin. Was folgt, ist fast ein Wunder: Die Zirkusfamilie nimmt Irene auf und versteckt sie. Eine dramatische Geschichte vom Leben und der Liebe im Untergrund beginnt. Ständig bedroht von Denunziation und Verhaftung, bleibt das junge Paar zusammen und bekommt unter dramatischen Umständen zwei Kinder, von denen niemand wissen darf. Allabendlich muß Irene vor das Publikum treten – und weiß doch, daß jede Vorstellung ihre letzte sein kann.
In langen Gesprächen mit Irene und Peter Bento, mit Zirkusdirektor Adolf Althoff, mit Freunden und Zeitzeugen hat Ingeborg Prior diese einzigartige Geschichte rekonstruiert. Sie erzählt sie wie einen Roman, und dennoch ist alles wahr. Das authentische Schicksal dieser jungen Frau und ihrer Familie macht erfahrbar, was Verfolgung wirklich bedeutet, aber auch, was Zivilcourage erreichen kann.